首都经济贸易大学·法学前沿文库

中国打造国际商事仲裁中心的法治保障研究

张建 著

A Study on the Legal Guarantee of Building International Commercial Arbitration Center in China

中国政法大学出版社
2024·北京

声　明　1. 版权所有，侵权必究。
　　　　2. 如有缺页、倒装问题，由出版社负责退换。

图书在版编目（CIP）数据

中国打造国际商事仲裁中心的法治保障研究/张建著.—北京：中国政法大学出版社，2024.6
ISBN 978-7-5764-1501-8

Ⅰ.①中… Ⅱ.①张… Ⅲ.①国际商事仲裁－研究－中国　Ⅳ.①D997.4

中国国家版本馆CIP数据核字(2024)第108044号

出 版 者	中国政法大学出版社
地　　址	北京市海淀区西土城路 25 号
邮寄地址	北京 100088 信箱 8034 分箱　邮编 100088
网　　址	http://www.cuplpress.com（网络实名：中国政法大学出版社）
电　　话	010-58908437(编辑部) 58908334(邮购部)
承　　印	保定市中画美凯印刷有限公司
开　　本	880mm×1230mm　1/32
印　　张	13
字　　数	315 千字
版　　次	2024 年 6 月第 1 版
印　　次	2024 年 6 月第 1 次印刷
定　　价	60.00 元

首都经济贸易大学·法学前沿文库
Capital University of Economics and Business Library,Frontier

主　编　张世君

文库编委　高桂林　金晓晨　焦志勇　李晓安
　　　　　　米新丽　沈敏荣　王雨本　谢海霞
　　　　　　喻　中　张世君

总　序

　　首都经济贸易大学法学学科始建于 1983 年。1993 年开始招收经济法专业硕士研究生。2006 年开始招收民商法专业硕士研究生。2011 年获得法学一级学科硕士学位授予权，目前在经济法、民商法、法学理论、国际法、宪法与行政法等二级学科招收硕士研究生。2013 年设立交叉学科法律经济学博士点，开始招收法律经济学专业的博士研究生，同时招聘法律经济学、法律社会学等方向的博士后研究人员。经过 30 年的建设，首都经济贸易大学几代法律人的薪火相传，现已经形成了相对完整的人才培养体系。

　　为了进一步推进首都经济贸易大学法学学科的建设，首都经济贸易大学法学院在中国政法大学出版社的支持下，组织了这套"法学前沿文库"，我们希望以文库的方式，每年推出几本书，持续地、集中地展示首都经济贸易大学法学团队的研究成果。

　　既然这套文库取名为"法学前沿"，那么，何为"法学前沿"？在一些法学刊物上，常常可以看到"理论前沿"之类的栏目；在一些法学院校的研究生培养方案中，一般都会包含一门叫作"前沿讲座"的课程。这样的学术现象，表达了法学界的一个共同旨趣，那就是对"法学前沿"的期待。正是在这样的期待中，我们可以发现值得探讨的问题：所以法学界一直都在苦苦期盼的"法学前沿"，到底长着一张什么样的脸孔？

首先，"法学前沿"的实质要件，是对人类文明秩序做出了新的揭示，使人看到文明秩序中尚不为人所知的奥秘。法学不同于文史哲等人文学科的地方就在于：宽泛意义上的法律乃是规矩，有规矩才有方圆，有法律才有井然有序的人类文明社会。如果不能对千差万别、纷繁复杂的人类活动进行分门别类的归类整理，人类创制的法律就难以妥帖地满足有序生活的需要。从这个意义上说，法学研究的实质就在于探寻人类文明秩序。虽然，在任何国家、任何时代，都有一些法律承担着规范人类秩序的功能，但是，已有的法律不可能时时处处回应人类对于秩序的需要。"你不能两次踏进同一条河流"，这句话告诉我们，由于人类生活的流动性、变化性，人类生活秩序总是处于不断变换的过程中，这就需要通过法学家的观察与研究，不断地揭示新的秩序形态，并提炼出这些秩序形态背后的规则——这既是人类生活和谐有序的根本保障，也是法律发展的重要支撑。因此，所谓"法学前沿"，乃是对人类生活中不断涌现的新秩序加以揭示、反映、提炼的产物。

其次，为了揭示新的人类文明秩序，就需要引入新的观察视角、新的研究方法、新的分析技术。这几个方面的"新"，可以概括为"新范式"。一种新的法学研究范式，可以视为"法学前沿"的形式要件。它的意义在于，由于找到了新的研究范式，人们可以洞察到以前被忽略了的侧面、维度，它为人们认识秩序、认识法律提供了新的通道或路径。依靠新的研究范式，甚至还可能转换人们关于法律的思维方式，并由此看到一个全新的秩序世界与法律世界。可见,法学新范式虽然不能对人类秩序给予直接的反映,但它是发现新秩序的催生剂、助产士。

再其次,一种法学理论,如果在既有的理论边界上拓展了新的研究空间,也可以称之为法学前沿。在英文中,前沿(frontier)也有边界的意义。从这个意义上说,"法学前沿"意味着在已有的法学疆域之外,向着未知的世界又走出了一步。在法学史上,这种突破边界的理论活动,常常可以扩张法学研究的范围。譬如,以人的性别为基础展开的法学研究,凸显了男女两性之间的冲突与合作关系,就拓展了法学研究的空间,造就了西方的女性主义法学;以人的种族属性、种族差异为基础而展开的种族批判法学,也为法学研究开拓了新的领地。在当代中国,要拓展法学研究的空间,也存在着多种可能性。

最后,西方法学文献的汉译、本国新近法律现象的评论、新材料及新论证的运用……诸如此类的学术劳作,倘若确实有助于揭示人类生活的新秩序、有助于创造新的研究范式、有助于拓展新的法学空间,也可宽泛地归属于法学理论的前沿。

以上几个方面,既是对"法学前沿"的讨论,也表明了本套文库的选稿标准。希望选入文库的每一部作品,都在法学知识的前沿地带做出新的开拓,哪怕是一小步。

喻 中
2013年6月于首都经济贸易大学法学院

序 言
PREFACE

当前,我国已经成为世界第一货物贸易大国,吸引外资和对外投资规模居于世界前列,正处在从经贸大国向经贸强国迈进的关键阶段。在加速推进"一带一路"建设过程中,我国当事人"走出去"的步伐显著加快,参与国际经济合作与竞争的程度不断加深,遭遇的涉外商事纠纷持续增多。广大企业和法律界期盼尽快将我国建设成为国际商事仲裁中心。仲裁是国际通行的民间商事纠纷解决方式,具有当事人意思自治、专家断案、一裁终局、裁决可依据国际公约在域外得到承认和执行等独特优势。自中华人民共和国成立以来,经过七十多年的发展,我国已经成为仲裁大国,仲裁机构数、受理案件量以及年均增长率等都位居世界前列。根据最近发布的中国国际仲裁年度报告,2022年,全国277家仲裁机构共办理案件475 173件,标的额达9860亿元。但是,我国仲裁业大而不强,突出表现在受理的国际仲裁案件较少。2022年,全国仲裁机构共办理涉外仲裁案件2888件,仅占全国案件总数的0.6%。其中,双方当事人均为外国企业或自然人的仲裁案件数量更少。

仲裁业的发展状况在很大程度上反映出一个国家或地区的法

治水平，体现出一个国家或地区综合软实力和国际话语权的强弱。在我国全面推进依法治国、推动新一轮高水平对外开放的背景下，有必要大力发展仲裁业，提高仲裁公信力，充分发挥仲裁定分止争的功能，更好地维护企业正当权益，推动构建法治化、国际化、便利化的营商环境。

作为中国国际化较早的服务贸易领域之一，法律服务业能够为国际服务业的发展提供法治保障。如何将互联网信息技术的发展和产业结构的优势转变为国际服务贸易领域发展的优势，是业界正在探索的重要课题。北京国际仲裁中心是北京市破解该课题的一个重要着力点。值得一提的是，北京国际仲裁中心有两个含义：第一个含义是从地域或城市的角度加以界定，即将北京作为国际仲裁的优选仲裁地，从而突出北京相比于国内外其他城市更加适合于开展国际商事仲裁；第二个含义是从仲裁机构的角度加以理解，北京国际仲裁中心特指北京仲裁委员会，该仲裁机构具有两个名称，北京国际仲裁中心与北京仲裁委员会都指的是业界通称的"北仲"。北京国际仲裁中心成立于1995年，迄今为止，其已运行了近三十年。随着仲裁受案量的增加，北京国际仲裁中心日益成为一家在国内居于领先地位且在国际上具有影响力的多元化争议解决中心。北京国际仲裁中心的成长和进步，既是我国国内仲裁机构的一个成功样本，也是仲裁参与多元化争议解决的一个缩影。之所以对北京国际仲裁中心的含义进行区分，原因在于将中国打造为国际商事仲裁中心，或者将北京打造为国际商事仲裁中心，主要是在第一个含义下使用这个概念的。如无特别说明，本书在谈到北京国际仲裁中心时，指的是将北京或者将整个中国打造为受到国内外当事人高度认可的仲裁地，其并不仅仅是某一个仲裁机构单独的内部建设问题，而是整个中国仲裁界所要追求的目标。

建设国际商事仲裁中心，是北京"两区"建设的重要内容。

而北京"两区"建设，指的就是北京国家服务业扩大开放综合示范区和北京自由贸易试验区的建设。北京市近年来正在不断加大法律服务业的开放力度，持续优化法律服务业发展环境，进一步完善境外人员来京跨境收支、简化行政审批手续等，不断扩大仲裁业对外开放，为境外知名仲裁机构及争议解决机构在中国（北京）自由贸易试验区设立业务提供更多便利。并欢迎境外仲裁机构到北京设立业务机构，共享"两区"建设成果。这一系列举措，正是为了将北京打造为国际商事仲裁中心而作出的努力。

2021年9月，由北京市司法局、北京仲裁委员会和中国服务贸易协会联合举办的首届中国服务贸易法律论坛在京召开。论坛以"开放与发展：服务贸易全球化与北京国际仲裁中心建设"为主题，旨在积极推进北京国际仲裁中心建设，助力首都高质量发展。服务贸易规则的重构是国际经贸规则重构的重要内容。在这次论坛上，最高人民法院副院长杨万明表示，为服务和保障北京"两区"建设，最高人民法院将健全国际商事纠纷解决机制，支持北京打造面向世界的国际商事纠纷解决中心，加强涉外审判体系和审判能力现代化建设，充分发挥北京在涉外法治建设中的示范引领作用。司法部时任副部长熊选国也表示，健全法治是优化营商环境的重要内容。在北京国际仲裁中心的建设中，应当坚持对标国际先进水平，打造一流仲裁机构，充分发挥北京的资源优势，以仲裁为突破点打造国际商事法律服务的高地。北京市发展和改革委员会、北京市司法局共同发布了《北京市关于改革优化法律服务业发展环境若干措施》，该措施从提供更加便利的工作居留和出入境服务、促进法律业务跨境收支便利化、优化司法行政审批服务、打造国际商事仲裁中心、支持涉外法律服务机构开拓市场、加大涉外法律服务人才培养力度六大方面支持法律服务业对外交流，促进法律服务业专业化、高端化、国际化发展。

序 言

需要说明的是，北京、上海等地都有打造国际商事仲裁中心的愿景，这实际上是欲将中国打造为国际商事仲裁中心的重要组成部分。随着国际商事仲裁的充分发展，世界各国已经意识到了仲裁不再仅仅是一种争议的解决方式，而是意味着国际规则话语权、解释权掌握在谁的手中。故而，国际仲裁格局正在经历新一轮调整，从原本由西方国家主导的垄断式局面逐步向自由竞争发展。在这一过程中，所谓国际商事仲裁中心，就是指仲裁法律制度先进、仲裁业比较发达、受理的国际仲裁案件在全球占有一定比重、对境外当事人具有较强吸引力的国家或地区。目前，国际公认的国际商事仲裁中心主要有巴黎、伦敦和斯德哥尔摩，新加坡、我国香港特区也在推进国际商事仲裁中心建设。相比于一些颇受当事人欢迎的老牌国际商事仲裁中心，如伦敦、纽约、巴黎、斯德哥尔摩、维也纳等，亚洲的国际商事仲裁机构、仲裁立法和营商环境建设起步较晚，但是发展速度非常迅速，如新加坡、中国香港。在伦敦玛丽女王大学和美国伟凯律师事务所共同发布的最新的国际仲裁调查中显示，新加坡与伦敦并列全球最受欢迎仲裁地首位，中国香港排名第三位，而北京和上海已经超越其他一些"老牌"仲裁地，分列第七位和第八位。在这样的发展态势下，继续优化营商环境，将中国打造为全球公认的国际商事仲裁中心，着实是一项十分受欢迎的发展举措，其势必将加强亚洲综合商业、法律及争端解决机制的发展。基于此，本书将以中国打造国际商事仲裁中心的法治保障作为研究对象，分别从现状、挑战、改进几个方面重点探讨，以期为中国仲裁事业的国际化、现代化、法治化提供参照和借鉴。

张建

2023 年 7 月 1 日于北京

目 录 CONTENTS

绪 论 ·· 001
 一、研究背景介绍 ································· 001
 二、研究对象与目标 ······························ 004
 三、国内外研究现状 ······························ 006
 四、主要研究意义 ································· 011
 五、研究思路与重难点 ··························· 012
 六、创新之处 ······································ 013

第一章　背景论：国际商事仲裁中心建设的理论意涵 ······ 016
 本章提要 ·· 016
 第一节　共建"一带一路"与多元化纠纷解决 ········ 017
  一、多元化纠纷解决机制的提出及其演进 ········ 017
  二、仲裁在多元化纠纷解决机制中的定位 ········ 023
  三、"一站式"国际商事纠纷多元化解决平台的创立 ···· 025
 第二节　国际商事仲裁中心的界定 ···················· 031
  一、国际商事仲裁中心的基本含义 ················ 031
  二、打造国际商事仲裁中心应坚持统筹理念 ······ 034
  三、打造国际商事仲裁中心需协同各类关系 ······ 036

第三节 打造国际商事仲裁中心的必要性 ……………………… 039
一、国际商事仲裁是涉外法治建设的重点方向 ……………… 039
二、打造国际商事仲裁中心是共建"一带一路"
的法治保障 …………………………………………… 042
三、打造国际商事仲裁中心是完善中国仲裁制度
的重要机遇 …………………………………………… 045
本章小结 ………………………………………………………… 049

第二章 现状论：中国仲裁服务市场的对外开放 ………… 052
本章提要 ………………………………………………………… 052
第一节 中国具备打造国际商事仲裁中心的条件 …………… 053
一、中国商事仲裁的国际化进程加速 ……………………… 053
二、我国具备构建国际商事仲裁中心的基本条件 ………… 055
第二节 境外仲裁机构在我国内地仲裁的法律问题 ………… 056
一、境外仲裁机构在我国内地仲裁的政策演进 …………… 056
二、允许境外仲裁机构在我国内地仲裁是必然选择 ……… 059
三、境外仲裁机构在我国内地所作裁决的司法审查 ……… 061
四、全面放开境内仲裁业务仍面临的法律障碍 …………… 065
第三节 PICC 在中国仲裁中的适用 …………………………… 068
一、PICC 的制定动因及其性质厘定 ………………………… 068
二、国际商事仲裁法律适用的规范逻辑与实践进路 ……… 071
三、PICC 在国际仲裁中的适用观察 ………………………… 075
四、PICC 在中国仲裁中的适用检视 ………………………… 077
第四节 中国商事争议解决的新发展 …………………………… 082
一、《民法典》对仲裁制度的创新与调整 ………………… 082

目 录

二、仲裁配套的组织机制日渐健全 ……………………… 091
三、构建国际商事仲裁中心需要努力的方向 …………… 094
本章小结 ……………………………………………………… 095

第三章 要素论：国际商事仲裁中心的制度建设 …………… 097
本章提要 ……………………………………………………… 097

第一节 国际民商事争议解决中的禁诉令制度 ……………… 098
一、禁诉令的含义 …………………………………………… 098
二、境外法院签发的禁诉令 ………………………………… 098
三、境外仲裁庭签发的禁诉令 ……………………………… 107
四、境外法院签发的禁止仲裁令 …………………………… 110
五、境外法院针对中国诉讼的禁诉令及应对 ……………… 116
六、我国仲裁禁诉令制度的法律构建 ……………………… 120

第二节 提单管辖权条款及仲裁条款的效力认定 …………… 125
一、关于提单管辖权条款及仲裁条款的探讨 ……………… 125
二、提单管辖权条款的含义与效力 ………………………… 128
三、提单仲裁条款的效力认定 ……………………………… 143
四、对租约仲裁条款并入提单的分析 ……………………… 150

第三节 "长臂管辖权"的产生、发展与回应 ………………… 155
一、"长臂管辖权"的产生与发展 …………………………… 156
二、"长臂管辖权"的适用条件 ……………………………… 160
三、"长臂管辖权"适用的案件类型 ………………………… 163
四、对"长臂管辖权"的评价 ………………………………… 165

第四节 国际民商事争议解决中的不方便法院原则 ………… 167
一、不方便法院原则的学理阐释 …………………………… 167

二、不方便法院原则的比较法观察…………………………… 171
三、不方便法院原则的利弊分析…………………………… 174
四、不方便法院原则在我国的规范演进…………………… 176
五、不方便法院原则在我国的实践运用…………………… 181
本章小结 …………………………………………………………… 198

第四章　本体论：打造国际商事仲裁中心面临的挑战…… 200
本章提要 …………………………………………………………… 200
第一节　各地不断优化仲裁制度与仲裁环境………………… 201
一、北京打造国际商事仲裁中心…………………………… 201
二、上海建设区域性国际商事仲裁中心…………………… 210
三、深圳打造国际商事仲裁新高地………………………… 216
四、重庆打造区域性国际商事仲裁中心…………………… 218
五、香港特区打造国际商事仲裁中心……………………… 222
六、哈尔滨打造东北亚国际商事仲裁中心………………… 226
第二节　构建更为合理的仲裁司法审查规则………………… 228
一、新加坡案例：约定"中国国际仲裁中心"的
　　仲裁条款效力认定 …………………………………… 228
二、福建高院案例：约定"中国国际贸易仲裁中心"
　　的仲裁条款效力认定 ………………………………… 232
三、浙江高院案例：约定"中国国际仲裁中心"的
　　仲裁条款效力认定 …………………………………… 236
四、其他类案：约定"中国国际商会仲裁院"的
　　仲裁条款效力认定 …………………………………… 241
本章小结 …………………………………………………………… 243

第五章 效应论：我国打造国际商事仲裁中心的改进方向 …… 244

本章提要 …… 244

第一节 塑造中国仲裁的全球竞争力与国际公信力 …… 245
一、提升中国仲裁的国际公信力 …… 245
二、探索创建仲裁裁决选择性复裁机制 …… 252
三、多方当事人仲裁中的仲裁员指定规则 …… 257
四、国际航空仲裁的发展与探索 …… 270

第二节 国际商事仲裁域外法查明的路径与方案 …… 281
一、国际商事仲裁中域外法查明的独特性 …… 281
二、国际商事仲裁中域外法查明的主体 …… 283
三、国际商事仲裁中域外法查明的途径 …… 291
四、域外法无法查明的处理方案 …… 301

第三节 仲裁员独立性与公正性的保障机制 …… 303
一、仲裁员披露制度的确立及其价值 …… 303
二、国际商事仲裁中通行的仲裁员披露标准 …… 305
三、国际商事仲裁规则中对仲裁员披露义务的规范 …… 315
四、国际投资争端解决中对仲裁员披露义务的强化 …… 317
五、仲裁员披露制度的共性特征及我国的完善 …… 321

本章小结 …… 324

第六章 实施论：我国打造国际商事仲裁中心的具体举措 …… 326

本章提要 …… 326

第一节 中国仲裁法律制度的修订与完善 …… 328

一、构建国际商事仲裁中心的现实需求……328
　　二、完善我国仲裁制度的总体方向……330
　　三、修订我国仲裁法的具体建议……332
　第二节　国际商事仲裁规则的优化……341
　　一、合理界定仲裁规则与实体法的关系……341
　　二、准确把握国际商事仲裁的发展趋势……342
　　三、全面提升国际经贸仲裁的法治保障……345
　第三节　涉外仲裁人才的培育与养成……347
　　一、我国现有仲裁人才难以满足实践需求……347
　　二、培养涉外仲裁人才的指导思想……349
　　三、培养涉外仲裁人才的重点举措……351
　第四节　国际商事仲裁收费模式的改革……353
　　一、仲裁费用的含义、特征及其收取……353
　　二、先前的北京仲裁委员会收费标准……358
　　三、修订后的北京仲裁委员会收费标准……359
　本章小结……361

结　论……363

附件一　《上海市推进国际商事仲裁中心建设条例》……367

附件二　《境外仲裁机构在中国（北京）自由贸易试验区设立业务机构登记管理办法》……376

参考文献……381

后　记……392

绪　论

一、研究背景介绍

当前,世界正经历百年未有之大变局,经济全球化遭遇逆流,世界经济复苏进程艰难,涉及航运、贸易、投资、服务等领域的商事纠纷日益增多。如何在危机中育新机,在变局中开新局,推动中国商事仲裁机构发展和商事仲裁制度创新,促进新时代国际争端解决的合作与发展,成为我们共同面对的时代命题。仲裁作为国际通行的纠纷解决方式,是我国社会治理体系中多元化纠纷解决机制建设的重要组成部分。中共十八大以来,中国法院统筹推进国内法治和涉外法治,聚焦国际商事纠纷多元化解决机制建设,积极支持商事仲裁的法治化、专业化、国际化,并取得了显著的成效。

为服务高水平对外开放和推动共建"一带一路"高质量发展,我国最高人民法院在建设国际商事纠纷多元化解决机制、完善仲裁司法审查制度、支持中国仲裁机构国际化发展等方面做了一系列有益的尝试和努力,具体体现在以下三个方面。

第一,设立国际商事法庭,健全国际商事争端解决机制机构。2018年6月29日,中国最高人民法院落实中共中央关于建立"一带一路"国际商事争端解决机制和机构的要求,分别在深圳市、西安市设立第一、第二国际商事法庭,成立最高人民法院国际商事专家委员会,分三批选聘了来自多个国家的61名国际商事委员。同时,分两批选定10家国际商事仲裁机构和2家国际商事调解机构，与中国国际商事法庭共同构建了诉讼与调解、仲裁有机衔接的"一站式"国际商事纠纷多元化解决机制。2021年7月21日，最高人民法院"一站式"国际商事纠纷多元化解决平台正式上线运行，为中外当事人提供立案、调解、证据交换等纠纷解决全流程线上办理服务，有力推动国际商事纠纷多元化解决机制落地见效。

第二，规范仲裁司法审查，统一司法审查标准。2018年以来，中国最高人民法院相继出台多份司法解释和规范性文件，实行仲裁司法审查案件归口办理机制，健全仲裁司法审查案件报核制度，规范仲裁司法审查程序规则，统一裁决执行标准等，有力提升了中国仲裁的国际公信力和影响力。此外，我国各级人民法院审结了一批具有重大影响力的仲裁司法审查案件，比如：最高人民法院国际商事法庭审结的英属维尔京群岛运裕有限公司等申请确认仲裁协议效力案，明确了仲裁条款的成立独立于主合同的原则；广州市中级人民法院审结的美国布兰特伍德公司申请承认和执行国际商会仲裁院仲裁裁决案，首次确定了外国仲裁机构在中国内地作出的裁决之籍属。2020年12月23日，中英文版《最高人民法院商事仲裁司法审查年度报告（2019年）》首次发布，进一步统一了仲裁司法审查标准，也有利于中国仲裁法治的国际传播。

第三，支持仲裁制度创新，促进中国仲裁事业国际化发展。自2015年以来，中国最高人民法院先后出台服务保障"一带一路"建设、自由贸易试验区建设、海南自由贸易港建设、北京"两区"[1]建设等司法文件，提出支持国内仲裁机构与境外仲裁机构建立联合仲裁机制，支持在自由贸易试验区、海南自由贸易港探索"三特定"临时仲裁制度，支持境外仲裁机构设立分支机

---

[1] 指国家服务业扩大开放综合示范区、中国（北京）自由贸易试验区。

构开展仲裁业务等创新举措。《"一带一路"仲裁机构北京联合宣言合作机制》是仲裁国际合作的又一创新实践。

外国仲裁裁决的承认和执行是检验一国司法水平的重要窗口。在此类案件的审理过程中，中国法院恪守国际条约义务，遵循条约善意履行原则，秉持《承认及执行外国仲裁裁决公约》（以下简称《纽约公约》）"有利于裁决执行"的司法立场，准确适用《纽约公约》的规定。近年来，中国法院在承认与执行外国仲裁裁决方面呈现出四个特点：一是严格依照法定事由审查，准确分配举证责任。中国法院依照《纽约公约》的规定，仅限于对第5条规定的法定事由进行审查，不审查裁决的实体法律依据。对于第5条第1款规定的拒绝事由，坚持被申请人举证证明的原则。二是依法确定仲裁协议准据法，准确查明和适用外国法。在仲裁协议的准据法为外国法时，中国法院积极查明并适用外国法判断仲裁协议的效力。例如，在上海市第一中级人民法院审结的信息管理服务全球公司申请承认和执行新加坡国际仲裁中心裁决一案中，准确查明和适用新加坡法律及判例，认定仲裁协议有效。三是尊重当事人意思自治，保障仲裁程序的正当性。严格依照当事人约定的仲裁规则及仲裁地法律审查仲裁程序的合法性，充分保障当事人选择仲裁员、参与仲裁程序、提出抗辩等正当程序权利。例如，在北京市第四中级人民法院审结的贸达商品公司申请承认和执行英国咖啡协会仲裁裁决一案中，法院认定由两位仲裁员组成仲裁庭、仲裁通知送达签约代表的邮箱、对多份合同进行合并审理均符合协会仲裁规则的规定，裁决不存在违反法定程序的拒绝事由。四是严格把握公共政策，审慎界定公共利益的标准。中国法院坚持《纽约公约》第5条第2款乙项规定的违反公共政策，仅限于承认和执行外国仲裁裁决将严重违反中国法律基本原则、侵犯中国国家主权、危害社会公共安全、违反善力提出具体的对策正是本书的研究目标所在。

具体而言,本书的研究对象为我国打造国际商事仲裁中心应有的条件、面临的挑战和解决的对策。中国商事仲裁在近几年展现了旺盛的生命力,这说明中国仲裁具有较强的适应性,当事人对以中国为仲裁地的争议解决机制有充分的信心。本书旨在围绕国内国际双循环、"十四五"规划及2035年远景目标,京津冀协同发展,长三角一体化建设,以及粤港澳大湾区、自由贸易试验区、"一带一路"建设,探讨我国发展仲裁事业的着力点,尤其是相应的立法完善方向、司法审查体系、人才培养路径、法治实现模式。

本书试图以国际化视野针对我国仲裁制度进行全面、系统的研究,对当下中国仲裁立法的制度供给与理想的国际商事仲裁所需要的制度进行比照,梳理和提炼出实然与应然之间的差距。对当前仲裁界存在激烈争议的焦点议题,如仲裁机构的性质及定位、仲裁协议的效力扩张、临时仲裁的适当引入、仲裁保全措施中的权力分配、仲裁程序的去诉讼化、仲裁司法审查的优化、涉外仲裁的特别规范等,寻求观点鲜明且连贯的理论依据,提出兼具合理性与实操性的可行建议。力图在勾勒出整个仲裁法制改革、仲裁司法环境优化、仲裁专业人才培养理论框架和完善图景的基础上,着重阐述和论证中外当事人在选择中国作为国际商事仲裁目的地时的主要疑虑,就中国仲裁与国际仲裁不相契合之处进行重点剖析,寻求符合解决"一带一路"跨境商事争议需求的中国方案。

三、国内外研究现状

迄今为止,国内外法学界有关打造国际商事仲裁中心的研究成果丰硕,围绕该主题,分别从"是什么、为什么、怎么样、如何做"等角度展开了探索和研讨,但现有研究也存在明显的不足,主要表现在以下四个方面。

第一,对理想的国际商事仲裁中心(应然)所应当具备的要素形成了清晰的认识,但对仲裁中心的形成原理、境外模式的利弊比较、中国自身的现有条件和不足(实然)欠缺系统的研究。

什么是国际商事仲裁中心?目前,国内外学术界形成了多种观点。根据中国社会科学院国际法研究所的研究报告,国际商事仲裁中心,不是指一家仲裁机构,而是以一定区域为基础,以仲裁机构为引擎,聚合其他上下游法律服务机构或组织,为境内外市场主体预防和解决纠纷提供仲裁及相关法律服务的具有国际公信力的优质生态圈。新加坡国际仲裁专家黄锡义(Michael Hwang S. C.)提出,国际商事仲裁中心应同时符合七项标准:完善的仲裁法律制度、谙熟仲裁制度的法官群体、优秀的仲裁机构、强大的仲裁从业者队伍、成熟的仲裁员培训体系、友好的仲裁环境,以及便利的地理区位优势。我国学者总结道,所谓国际商事仲裁中心,是指仲裁法律制度先进、仲裁业比较发达、受理的国际仲裁案件在全球占有一定比重、对境外当事人具有较强吸引力的国家或地区。目前,国际公认的国际商事仲裁中心主要有巴黎、伦敦和斯德哥尔摩,新加坡和我国香港特区也在推进国际商事仲裁中心建设。相比于一些颇受当事人欢迎的"老牌"国际商事仲裁中心,如伦敦、纽约、巴黎、斯德哥尔摩、维也纳等,亚洲的国际商事仲裁机构、仲裁立法和营商环境建设起步较晚,但是发展速度非常迅速,如新加坡、中国香港。根据伦敦玛丽女王大学和美国伟凯律师事务所的调查,新加坡与伦敦并列全球最受欢迎仲裁地首位,中国香港排名第三位,而北京和上海也已经超越其他一些"老牌"仲裁地,分列第七位和第八位。在这样的发展势态下,继续优化营商环境,将中国打造为全球公认的国际商事仲裁中心着实是一项十分受欢迎的举措,其势必将加强亚洲综合商业、法律及争端解决机制的发展。

第二，国际商事仲裁的法律制度、实践检视、比较分析较为充分，但仲裁业国际化及仲裁中心建设的专题性研究有待加强。

早在 21 世纪之初，中国积极争取加入世界贸易组织之际，就已有学者开始探讨中国仲裁服务市场的对外开放及中国仲裁的国际化问题，并把研究聚焦于应否允许境外仲裁机构准入。鉴于成为最佳仲裁地或成为具有吸引力的国际商事仲裁中心能够带来巨大的经济效益，同时有助于提高一国在国际经贸交往中的国际声誉，并促使国内法治向国际法治转化，从而争夺制定国际规则的话语权，故而国内外均予以高度重视。有观点提出，良好的仲裁法律规范是竞争最佳仲裁地的根本前提之一，故许多国家近年来对国内仲裁立法进行大刀阔斧地修订和完善，其中包括但不限于澳大利亚、荷兰、法国、比利时、印度等。从学术研究的着力点来看，国内已有文献主要聚焦于对国外法制的引入和对中国本土制度的改革两个角度。前一类文献从比较法和国别法的视野出发，分别就英国仲裁法、美国仲裁法、印度仲裁法、德国仲裁法、东盟国家仲裁法等展开了颇有价值的研究；后一类文献主要对中国现行仲裁法律制度与国际通行仲裁制度加以比照，寻找不足和差距，并提出修订法律的具体建议。此外，还有外国学者试图分析中国涉外仲裁法制对外国当事人的影响力，剖析中国最高人民法院关于仲裁司法审查的解释与批复，并据此评估中国作为仲裁地的优劣。但是，现有研究主要偏重于对仲裁法律制度的诠释和仲裁实践的评注，忽视了以市场的眼光对中国仲裁业的对外开放及中国仲裁界的国际影响力加以深挖。

第三，国际商事仲裁司法审查的研究聚焦于司法与仲裁的关系，但对仲裁的行政支持、社会参与、国际合作、人才培养等方面的研究较为薄弱。

有学者指出,打造国际商事仲裁中心,其核心是把中国打造成国际商事仲裁的"目的地"。所谓仲裁目的地,更准确的理解是当事人愿意把国际商事仲裁案件提交到中国,由中国仲裁机构解决或者在中国内解决。换言之,要将中国打造为国际商事仲裁中心,其目标是使中国成为国际上广泛认可并受欢迎的理想仲裁地,使中国的仲裁机构成为具备国际公信力的争议解决机构。中国要打造世界级国际商事仲裁中心,必须符合四个方面的前提条件,概括称为"四个一流",即一流的法治环境、一流的仲裁法律制度、一流的仲裁管理服务、一流的仲裁品牌机构,此种概括涵盖了法律制度、服务质量、人员素质、服务理念等方面,满足仲裁国际化发展所提出的要求。当前,学术界对于仲裁与司法的关系,特别是仲裁司法审查的制度、实践,已有翔实的资料探讨,但对于司法之外的行政支持、社会参与、国际合作、人才交流则缺乏学理上的剖析。

第四,对将北京、上海等城市打造为国际商事仲裁目的地形成了基本共识,但对中国在全球范围内依托国际仲裁实现全球治理缺乏完整规划。

现有的研究大多立足于北京、上海,探讨将其打造为国际商事仲裁中心所具备的优势和有待弥补的缺口。有观点指出,作为全国的政治经济中心,在新形势下,北京应当充分发挥国家战略汇集、涉外人才集聚的区位优势,主动承担仲裁发展先行者的使命,将健全的法律制度、友善的司法环境、完备的政策支持作为国际商事仲裁中心建设的重要指标,协同仲裁资源,统筹推进国际一流争端解决机构建设和北京国际仲裁中心建设,为此总结了"四要素、五协同"的具体方案。另有观点指出,作为中国对外开放的前沿窗口,上海在推进仲裁国际化和建设区域性国际商事仲裁中心方面进行了有益的探索并取得了显著成效,仲裁业务也呈现出专业化、高端化、国际化的特点和良好的发展态势。截至2022年2月，上海共有4家依法登记设立的仲裁机构，有4家境外仲裁机构在上海自由贸易试验区设立了代表机构，还有1家国际组织仲裁机构在上海设立了业务机构，并开展实质化运作，故上海是我国仲裁机构资源最集中、最丰富的城市。然而，这些研究过多地聚焦于城市作为仲裁地的个体发展，没有将视野拓展至整个国家作为国际商事仲裁中心的统合式建设，特别是仲裁程序法、仲裁司法审查、仲裁员队伍的建设，应当从全局着眼进行统筹和协同，否则可能对境外当事人选择在中国仲裁持有疑虑，故有待从国际法基础理论的视角予以论证和解释。

研究现状述评：国际商事仲裁作为一种兼具司法性与契约性的纠纷解决机制，其兴起背后的基本逻辑是国家间制度竞争，特别是司法与法治竞争的恒久命题。作为统筹推进国内法治与涉外法治的重要纽带，国际商事仲裁业发展的成熟与否，不仅关乎营商环境，而且与全球治理息息相关。目前，国内外已就中国涉外仲裁制度的改进、仲裁司法审查理念的完善、仲裁员职业道德等微观命题展开了有价值的探讨。但是，打造国际商事仲裁中心是一项综合性、系统性、长期性的目标，仅着眼于微观具体制度或单独典型个案进行表层解构，并不足以对问题概貌形成全景式了解，相关建议的有效性、实操性也会受到影响。具言之，以涉外法治的视野探讨国际商事仲裁中心的构建，不仅需要融入更多的现实关怀与实践视角，更要关注制度衍生与社会运行的社会背景，从仲裁法律制度、仲裁管理体制、仲裁机构建设、仲裁司法审查、仲裁人才培养等多个层面进行全面、深入、系统地分析和诠释。本书是对中国建设国际商事仲裁中心的整体性研究，受前人启发并在已有研究基础上展开。除了对构建国际商事仲裁中心的要素进行阐释，本书还关注仲裁委员会的内部治理结构、仲裁规则如何实现与国际接轨、仲裁司法审查如何把握范围和尺度等议题，关注仲裁机构之间、仲裁与其他争议解决机制之间、政策支持、人才保障与营商环境构建等元素在吸引当事人选择仲裁地方面的影响力，为中国在国际商事仲裁领域参与全球治理提供参鉴。

四、主要研究意义

首先，国际商事仲裁中心的打造需要我国的仲裁机构不断提升自己的实力，强化仲裁服务的品牌意识。本书尤其旨在激励全国各地仲裁机构、仲裁员更加深刻地认识到提升仲裁公信力对于仲裁的意义，进而促使他们提升所审理仲裁案件的质量。

其次，仲裁是最重要的社会纠纷解决机制之一，它对推动社会治理、经济发展、国际合作等各方面都发挥着积极的作用。所以，将中国打造为国际商事仲裁中心，可以使更多的国际市场主体意识到仲裁制度在解决商事纠纷方面所具有的无可替代的作用。

再其次，将中国打造为国际商事仲裁中心，有益于提升中国仲裁的国际公信力，进而推动仲裁在涉外经贸纠纷解决领域发挥更大的作用；加大解决商事纠纷的处理力度，进而有效地缓解法院的诉讼压力。

最后，构建中国国际商事仲裁中心的过程，离不开高等院校、仲裁机构、司法机关等进行涉外仲裁的人才培养和对仲裁理论与制度进行科学研究。将中国打造为国际商事仲裁中心，有益于向国际社会宣传推广中国的仲裁制度和文化，这是贯通涉外法治人才培养与涉外法治运行实践的纽带，有助于推动形成"仲裁共同体"，形成行业"共识"。

五、研究思路与重难点

（一）研究思路

本书遵循"文献综述—理论建构—现状分析—实证研究—策略建议"的逻辑思路进行研究内容的安排，以"制度—市场—机构—人才"为多元视角，首先通过文献梳理、资料整合分类的方法对国内外关于国际商事仲裁中心的建设进行初步分析，引申出全球仲裁市场竞争是与经济全球化、市场一体化等多种因素交织在一起的法律与社会现象。然后从跨学科角度深度分析仲裁立法完善、仲裁机构建设、仲裁员能力培养在打造国际商事仲裁中心方面的重要意义与实践问题。在此基础上，立足于中国仲裁发展现状，从现实存在的运作模式出发，统筹考虑和综合运用国际国内两个市场、两种资源、两类规则，总结并提炼境外仲裁机构及外籍仲裁员准入后的协同关系，就国际仲裁的发展态势与中国仲裁法的修订、仲裁作为服务行业的全球竞争与中国仲裁市场的对外开放、一流国际仲裁机构需具备的应然条件与中国仲裁机构及仲裁员的优化建言献策。

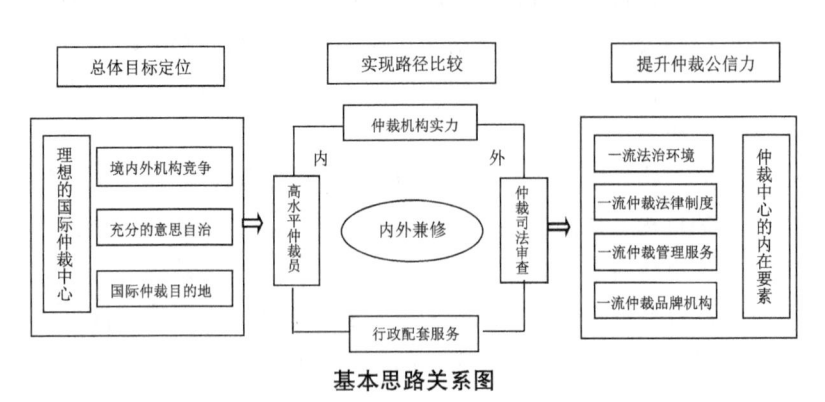

基本思路关系图

(二) 研究重点与难点

1. 研究重点

第一，推动国际仲裁规则体系变革是一项系统工程，需要多方努力、综合施策，但关键是办好自己的事，加快我国国际商事仲裁中心建设，提高我国仲裁的国际吸引力、国际竞争力和国际公信力，为推动构建公正、合理、透明的国际贸易规则体系提供仲裁法治保障。

第二，借鉴伦敦、巴黎、新加坡等地区的经验，归纳不同法域在构建国际商事仲裁方面的具体举措，概括中国仲裁走向国际化所面临的法律障碍，就其原因加以研判，以求对症下药，为克服治理失效精准施策。

2. 研究难点

第一，各国仲裁法与实践深受本国经济体制、文化传统等诸多因素综合影响，我国在构建国际商事仲裁中心时应坚持以国际化为主，同时须适当兼顾中国本土特色，尽力做到求同而存异。

第二，国际商事仲裁中心的构建既需要完善的仲裁立法，亦需要优秀的仲裁员队伍，研究中不仅需要以《联合国国际商事仲裁示范法》为参照蓝本，提出中国仲裁立法的修订建议，还需要探索保障仲裁员独立性与公正性的路径与方法。

第三，仲裁天然具有国际性，但因历史原因，中国仲裁形成了国内仲裁与涉外仲裁"双轨制"，对后者的制度供给严重不足，且与国际通行做法存在显著差距，这对于本研究构成了挑战。

六、创新之处

(一) 学术思想

第一，本书以全球治理和国际交往的眼光为切入点，立足仲裁的同时超越仲裁，重点关注百年未有之大变局下借助国际商事仲裁中心实现良法善治的内在规律和发展趋势，为中国仲裁法修订提供可借鉴的经验和思考。

第二，已有研究着眼于国际商事仲裁的微观命题和具体制度设计，本书则以商事仲裁领域全球规则共塑者的视角探讨国际商事仲裁中心的构建，秉持跨学科视野开展交叉研究，从多维度对国际商事争议解决所需法治和市场环境展开深度剖析及理论检视。

(二) 学术观点

第一，通过揭示体现社会转型期处于"传统"与"现代"两种体制并存与交织的现象，突破传统理论的思维局限，建立适用现代国际社会需要的商事争议解决机制。

第二，仲裁作为现代高端法律服务业，不仅自身可以创造价值，还可以带动律师、公证、鉴定、翻译等相关法律服务业的发展，具有较大的带动效应。大力支持境外知名仲裁机构在北京、上海设立业务机构，将提升我国在全世界商事仲裁领域的影响力。

第三，最高人民法院支持北京打造面向世界的国际商事纠纷解决中心，指导北京国际商事法庭加强国际商事纠纷解决机制建设，支持北京市整合国际一流纠纷解决资源，打造面向世界的国际商事仲裁中心，积极支持国际商事争端预防和解决组织落地、运营。

第四，中国仲裁机构要加快机构改革和内部治理调整，落实中共中央办公厅、国务院办公厅《关于完善仲裁制度提高仲裁公信力的若干意见》提出的各项要求，改革完善内部治理结构和管理机制。

(三) 所采用的研究方法

第一，规范研究与实证研究相结合。本书以质性研究为主，从国际商事仲裁实践中构筑分析样本、筛取典型案例,梳理出以仲裁庭为核心的国际商事仲裁中心的建设模式,通过制度与实践双重视角来促进目标的自我修正和动态平衡,对中国仲裁市场化、国际化的实现路径进行探讨与构建。

第二,宏观数据与微观调研相结合。伦敦玛丽女王大学开展的国际仲裁调查每年会针对全球范围内最受欢迎的十大仲裁地进行排名,部分国家始终名列前茅,而其他国家则竞相角逐,借助数据对比和调研访谈等方式,有助于更审慎地探索打造国际商事仲裁中心的影响因素和实现方式。

第三,计量分析与空间分析相结合。借助统计学工具,本书试图从仲裁受案数量、案源国际化程度、仲裁地司法环境、仲裁立法与国际示范法的对接等要素出发,对评价国际商事仲裁中心和当事人选择仲裁地的影响因素进行分析,并对仲裁中的全球治理路径进行优化。

第一章
背景论：国际商事仲裁中心建设的理论意涵

本章提要

仲裁是国际通行的纠纷解决方式，是我国多元化解纠纷机制的重要"一元"，在保护当事人的合法权益、保障社会主义市场经济健康发展、促进国际经济交往等方面发挥着不可替代的重要作用。诉讼、仲裁、调解常被比喻为国际民商事争议解决的"三驾马车"。相比于诉讼，仲裁更为灵活，且高度尊重当事人意思自治；相比于调解，仲裁裁决具有"一裁终局"的优势，经仲裁庭对争议进行审理和裁断后所作出的仲裁裁决，具有法律认可的既判力和执行力。因此，无论是国际商事争议的当事人，抑或各国的立法机关、行政机关和司法机关，都高度重视仲裁事业的发展和仲裁制度的完善。就其功能而言，仲裁堪称衡量一个国家社会治理水平和对外开放水平的重要标志。习近平总书记高度重视我国仲裁事业发展，提出"把非诉讼纠纷解决机制挺在前面"。党中央、国务院在推进仲裁业健康快速发展方面采取了一系列有力的举措。《中华人民共和国仲裁法》颁布实施30年来，我国现已设立277家仲裁机构，这种发展速度举世罕见。与此同时，全国各仲裁机构的受案数量和仲裁案件的标的额持续攀升，我国俨然已成为举世公认的"仲裁大国"。但另一方面，中国仲裁在全球范围内的影响力和公信力仍有进步的空间，案源的国际化程度仍有待提升。近年来，北京、上海、深圳、重庆等地明确提出要推进仲裁制度改革，打造区域性、亚太乃至全球的国际商事仲

第一章 背景论：国际商事仲裁中心建设的理论意涵

中心。这背后折射的是中国仲裁（特别是中国涉外仲裁）不仅关注受案量的增加，而且越来越关注办案质量。打造国际商事仲裁中心，不仅仅是中国仲裁事业发展的战略目标，而且也意味着从现阶段的"仲裁大国"向"仲裁强国"的"内涵式"发展道路的转变。当前，面对世界之变、时代之变、历史之变，我们应当抓住机遇，对内优化仲裁生态体系，对外提高中国仲裁公信力，将我国建设成为解决国际商事纠纷的重要目的地或国际商事仲裁首选地，为公正高效解决国际经济纠纷提供一个"中国平台"。那么，究竟什么是国际商事仲裁中心？打造国际商事仲裁中心，需要协调和处理好哪些具体的关系？为何要打造国际商事仲裁中心？这背后代表的法治价值取向和仲裁事业发展模式是什么？本章结合国内外学者的一些观点，试图对国际商事仲裁中心予以界定，并在此基础上就打造国际商事仲裁中心的必要性进行探讨。

第一节 共建"一带一路"与多元化纠纷解决

一、多元化纠纷解决机制的提出及其演进

多元化纠纷解决机制是指在一个社会中，多种多样的纠纷解决方式和手段（包括协商、调解、行政处理、仲裁、诉讼等）以其特定的功能和特点，相互协调地共同存在，所结成的一种互补的、满足社会主体的多种需求的程序体系和动态的调整系统。受司法资源投入的限制和诉讼自身局限的影响，司法在纠纷解决中的困境和缺陷也日益显露，当诉讼被当作首要或唯一的纠纷解决途径时，纠纷解决的效率和效益往往不能兼顾，公众在司法资源利用上产生了不平等、正义迟延、"纸面正义"等观点消解了群众对司法正义的认同。多元化纠纷解决机制可以弥补诉讼解决纠纷的缺陷，最大限度地发挥有限司法资源的效能，满足人民群众

的多元司法需求,激发社会力量参与纠纷解决的活力,提高社会治理能力。多元化纠纷解决机制能够发挥其灵活性,更充分地满足"一带一路"建设实施过程中多元主体的多样性需求。"一带一路"纠纷解决机制的设计与建设,一方面需要公正的法律制度作为规则基础,另一方面需要在依托现有纠纷解决机制基础上,借鉴国际上的先进经验,探索更加具有可接受性、统一性和公信度的国际化机制。建立多元化纠纷解决机制,不是对传统机制的颠覆,而是基于维护司法权威性和有效性的目的对当前现行的诉讼纠纷解决方式进行拓展和完善,是实现诉讼、仲裁、调解纠纷解决方式相补充、相衔接、相配合的纠纷解决渠道。

中国作为"一带一路"的倡议者,推进"一带一路"建设,必然会遇到一系列法律纠纷,需要通过高效公正的纠纷解决机制加以解决。各国必然更加关注中国法律制度,特别是纠纷解决机制的运行情况。

根据2004年中共中央转发的《中央司法体制改革领导小组关于司法体制和工作机制改革的初步意见》,最高人民法院印发了《人民法院第二个五年改革纲要(2004—2008)》,其中首次提出加强和完善诉讼调解制度、重视对人民调解的指导工作、依法支持和监督仲裁活动、与其他社会组织和部门探索新的争议解决方法、建立健全多元化纠纷解决机制。此后,最高人民法院先后印发了《关于进一步发挥诉讼调解在构建社会主义和谐社会中积极作用的若干意见》(法发〔2007〕9号)、《关于建立健全诉讼与非诉讼相衔接的矛盾纠纷解决机制的若干意见》(法发〔2009〕45号)、《关于进一步贯彻"调解优先、调判结合"工作原则的若干意见》(法发〔2010〕16号)等一系列文件,全力推进多元化纠纷解决机制的实施、试点、拓展及升级。实践方面,最高人民法院尤其注重在试点法院实施压力测试、形成良好的经验并充分发挥示范效应。2007年，最高人民法院在全国确定了9家法院作为首批多元化纠纷解决机制改革试点。

2012年修正的《中华人民共和国民事诉讼法》在总结、吸收多元化纠纷解决机制改革成果的基础上，规定了先行调解、司法确认等制度，为多元化纠纷解决机制提供了法律保障。为进一步扩大成果，最高人民法院制定了《关于扩大诉讼与非诉讼相衔接的矛盾纠纷解决机制改革试点总体方案》，扩大诉讼与非诉讼相衔接的矛盾纠纷解决机制改革试点。2012年12月，最高人民法院和中国保险监督管理委员会《关于在全国部分地区开展建立保险纠纷诉讼与调解对接机制试点工作的通知》，在保险纠纷等专门领域建立并推行畅通、便捷的诉调对接机制。2014年10月23日，中国共产党中央委员会通过《中共中央关于全面推进依法治国若干重大问题的决定》，提出要健全社会矛盾纠纷预防化解机制，完善调解、仲裁、行政裁决、行政复议、诉讼等有机衔接、相互协调的多元化纠纷解决机制。

2015年1月，最高人民法院印发《关于确定多元化纠纷解决机制改革示范法院的决定》，研究决定50个法院作为多元化纠纷解决机制改革示范法院，开启了多元化纠纷解决机制实体进程。2015年10月13日，中央全面深化改革领导小组第十七次会议审议通过了《关于完善矛盾纠纷多元化解机制的意见》，明确了完善矛盾纠纷多元化解机制的指导思想和基本原则，提出了健全工作格局、推进制度建设、搭建化解平台、促进各类非诉讼矛盾纠纷解决方式健康发展等工作任务。2016年5月25日，最高人民法院、中国证券监督管理委员会《关于在全国部分地区开展证券期货纠纷多元化解机制试点工作的通知》，在北京、上海、南京等31个地区进行试点，并确定中国证券业协会、中国期货业协会等8个试点调解组织。

2016年6月，最高人民法院《关于人民法院进一步深化多元化纠纷解决机制改革的意见》（法发〔2016〕14号）和《关于人民法院特邀调解的规定》，强调了若干方面：首先，支持发展多元化纠纷解决机制，依法及时化解涉"一带一路"建设的相关争议；其次，充分尊重当事人根据"一带一路"沿线各国政治、法律、文化、宗教等因素作出的自愿选择，支持中外当事人通过调解、仲裁等非诉讼方式解决纠纷；再其次，进一步推动完善商事调解、仲裁调解、人民调解、行政调解、行业调解、司法调解联动工作体系，发挥各种纠纷解决方式在解决涉"一带一路"建设争端中的优势，不断满足中外当事人纠纷解决的多元需求。推动各地法院完善诉调对接，规范特邀调解，创新在线调解、在线司法确认、繁简分流等新机制。

2017年5月，习近平总书记在"一带一路"国际合作高峰论坛上指出，从历史维度看，人类社会正处在一个大发展大变革大调整时代。世界多极化、经济全球化、社会信息化、文化多样化深入发展，和平发展的大势日益强劲，变革创新的步伐持续向前，各国之间的联系从来没有像今天这样紧密，世界人民对美好生活的向往从来没有像今天这样强烈，人类战胜困难的手段从来没有像今天这样丰富。"一带一路"建设承载着我们对和平安宁的期盼，将成为拉近国家间关系的纽带，让各国人民守望相助，各国互尊互信，共同打造和谐家园，建设和平世界。最高人民法院在研究和构建"一带一路"纠纷解决机制方面一直发挥着积极的引领作用。2017年，最高人民法院和司法部《关于开展律师调解试点工作的意见》，调动律师在调解中的作用，推进多元化纠纷解决。

2018年1月12日，最高人民法院第六巡回法庭聘请百余名律师志愿者参与多元化纠纷解决机制，确认律师团队以第三方身份协助诉讼服务中心开展诉讼咨询、矛盾化解、心理疏导等工作，是多元化纠纷解决机制的重要环节。

2018年1月23日，习近平总书记主持召开中央全面深化改革领导小组第二次会议并发表重要讲话，会议审议通过了《关于建立"一带一路"国际商事争端解决机制和机构的意见》。会议强调，建立"一带一路"争端解决机制和机构，要坚持共商共建共享原则，依托我国现有司法、仲裁和调解机构，吸收、整合国内外法律服务资源，建立诉讼、调解、仲裁有效衔接的多元化纠纷解决机制。《关于建立"一带一路"国际商事争端解决机制和机构的意见》提出，最高人民法院设立国际商事法庭，牵头组建国际商事专家委员会，支持"一带一路"国际商事纠纷通过调解、仲裁等方式解决，推动建立诉讼与调解、仲裁有效衔接的多元化纠纷解决机制，形成便利、快捷、低成本的"一站式"争端解决中心，为"一带一路"建设参与国当事人提供优质高效的法律服务。

2018年6月25日，最高人民法院审判委员会第1743次会议通过《最高人民法院关于设立国际商事法庭若干问题的规定》（法释〔2018〕11号），其中明确规定：国际商事法庭支持当事人通过调解、仲裁、诉讼有机衔接的纠纷解决平台，选择其认为适宜的方式解决国际商事纠纷。2018年6月29日，最高人民法院分别在深圳、西安挂牌成立第一、第二国际商事法庭。位于深圳的第一国际商事法庭重点处理沿海"路"沿线纠纷，位于西安的第二国际商事法庭将处理陆路"带"沿线纠纷。2018年10月24日，最高人民法院批准设立第一、第二国际商事法庭案件管理办公室，负责国际商事法庭案件的登记、立案及统筹管理相关事务性工作，并分别指定两位巡回法庭主审法官担任第一、第二国际商事法庭案件管理办公室联络人。最高人民法院的两个国际商事法庭，着眼于促进贸易和投资自由化便利化、平等保护中外当事人合法权益，推动贸易强国建设，依法妥善化解"一带一路"商贸和投资争端。为贯彻落实多元化纠纷解决机制的运用，最高人民法院先后制定了《关于成立国际商事专家委员会的决定》（法〔2018〕224号）、《关于聘任国际商事专家委员会首批专家委员的决定》（法〔2018〕225号），特聘32名中外法律专家担任首批专家委员，正式组建国际商事专家委员会。就其职能而言，专家委员有权接受国际商事法庭的委托为当事人解决国际商事纠纷提供调解等服务，为人民法院审理国际商事纠纷案件所涉专门性法律问题提供咨询意见，为最高人民法院制定相关司法解释及司法政策提供意见和建议。

2023年12月18日，《最高人民法院关于修改〈最高人民法院关于设立国际商事法庭若干问题的规定〉的决定》（法释〔2023〕14号）。该决定共计两条：一是扩大当事人协议选择国际商事法庭管辖的案件范围，将《最高人民法院关于设立国际商事法庭若干问题的规定》第2条第1项修改为："（一）当事人依照民事诉讼法第二百七十七条的规定协议选择最高人民法院管辖且标的额为人民币3亿元以上的第一审国际商事案件"。二是拓展外国法律的查明途径。将《最高人民法院关于设立国际商事法庭若干问题的规定》第8条第1款修改为："国际商事法庭审理案件应当适用域外法律时，可以通过下列途径查明：（一）由当事人提供；（二）通过司法协助渠道由对方的中央机关或者主管机关提供；（三）通过最高人民法院请求我国驻该国使领馆或者该国驻我国使领馆提供；（四）由最高人民法院建立或者参与的法律查明合作机制参与方提供；（五）由最高人民法院国际商事专家委员会专家提供；（六）由法律查明服务机构或者中外法律专家提供；（七）其他适当途径"。

第一章　背景论：国际商事仲裁中心建设的理论意涵

二、仲裁在多元化纠纷解决机制中的定位

自"一带一路"倡议提出以来，学术界对于构建符合"一带一路"需求的多元化争端解决机制进行了深入的研究和持续的探讨，相关学术成果已经非常丰硕。[1]探讨构建"一带一路"多元化争端解决机制，主要希冀借此达成以下效果。

第一，形成一套公平公正、专业高效、透明便利且低成本的国际商事争端解决机制。通过设立国际商事法庭，组建国际商事专家委员会，积极培育并完善国际商事诉讼和调解、仲裁有机衔接的多元化纠纷解决机制，能够更好解决国际商事纠纷，切实满足中外当事人多元纠纷解决需求。

第二，持续优化"一带一路"法治化营商环境。"一带一路"建设涉及大量跨国商事活动，需要在法治轨道上有序推进并实现合理预期。通过顶层设计，创新理念，深化司法改革，提出建立"一带一路"国际商事争端解决机制和机构的体系化方案，将优秀司法力量充实到国际商事法庭，吸引优质专家资源参与国际商

---

[1] 参见王贵国：《"一带一路"争端解决制度研究》，载《中国法学》2017年第6期；初北平：《"一带一路"多元争端解决中心构建的当下与未来》，载《中国法学》2017年第6期；石静霞、董暖：《"一带一路"倡议下投资争端解决机制的构建》，载《武大国际法评论》2018年第2期；刘敬东：《构建公正合理的"一带一路"争端解决机制》，载《太平洋学报》2017年第5期；鲁洋：《论"一带一路"国际投资争端解决机构的创建》，载《国际法研究》2017年第4期；廖丽：《"一带一路"争端解决机制创新研究——国际法与比较法的视角》，载《法学评论》2018年第2期；张丽娜：《"一带一路"国际投资争端解决机制完善研究》，载《法学杂志》2018年第8期；石春雷：《国际商事仲裁在"一带一路"争端解决机制中的定位与发展》，载《法学杂志》2018年第8期；王贵国、李鋈麟、梁美芬主编：《"一带一路"争端解决机制》，浙江大学出版社2017年版；殷敏、王珍珍：《"一带一路"争端解决机制：理论与法规》，上海人民出版社2020年版；张正怡等：《"一带一路"沿线国家与投资者争端解决问题研究》，上海社会科学院出版社2019年版；孙佳佳、李静：《"一带一路"投资争端解决机制及案例研究》，中国法制出版社2020年版。

事纠纷的解决，必将极大提升中国司法的公信力，提高我国涉外法律服务水平，营造稳定、公平、透明、可预期的法治化营商环境。

第三，打造国际法治合作新平台。中国积极参与全球治理体系改革和建设，全力维护多边贸易体制主渠道地位，促进国际贸易和投资自由化便利化，不断为全球治理贡献中国智慧和方案。设立国际商事法庭、国际商事专家委员会制度，倡导"一带一路"建设参与国的法律专家参与纠纷解决，使国际商事争端解决机制凸显国际化、中立化和专业化特征，为国际法治提供新型合作平台。

探索构建"一带一路"多元化争端解决机制，与中国打造成为国际商事仲裁中心，是两个紧密联系的法治建设目标，二者在仲裁这一关键点上发生了交叉与融合。具言之，构建"一带一路"多元化争端解决机制，需坚持以下原则。

第一，坚持共商共建共享原则。保持开放包容心态，倡导"一带一路"建设参与国精通国际法并熟练掌握本国法的专家积极参与，尊重当事人选择国内外法律专家解决纠纷的权利，使"一带一路"国际商事争端解决机制凸显国际化特征、体现共商共建共享精神。

第二，坚持公正高效便利原则。研究借鉴现行国际争端解决机制有益做法，设立符合"一带一路"建设参与国国情特点并被广泛接受的国际商事争端解决新机制和机构，公正高效便利解决"一带一路"建设过程中产生的跨境商事纠纷。

第三，坚持尊重当事人意思自治原则。尊重"一带一路"建设参与国当事人协议选择纠纷解决方式、协议选择其熟悉的本国法或第三国法律的权利，积极适用国际条约、国际惯例，平等保护各方当事人的合法权益。

第四，坚持纠纷解决方式多元化原则。充分考虑"一带一路"建设参与主体的多样性、纠纷类型的复杂性以及各国立法、司法、法治文化的差异性，积极培育并完善诉讼、仲裁、调解有机衔接的争端解决服务保障机制，切实满足中外当事人多元化纠纷解决需求。通过建立"一带一路"国际商事争端解决机制和机构，营造稳定、公平、透明、可预期的法治化营商环境。

仲裁在"一带一路"多元化争端解决机制中占据重要地位。特别是作为最重要的一种非诉讼纠纷解决机制，商事仲裁以其契约性、专业化、保密性、高效性、终局性及跨国可执行性等优势而著称。仲裁是目前商业实践中使用率最高的争端解决方式，我国仲裁制度虽然起步晚，但发展较快。在"一带一路"建设背景下，我国陆续出台司法解释，保障对涉外仲裁及国际商事仲裁的支持、协助与监督，遵循内部报核程序，严格监督各级法院拒绝承认和执行外国仲裁裁决的情形；加快对仲裁机构"引进来"与"走出去"的建设，加强国际合作，促进国际有影响力的仲裁中心的建立；以自由贸易试验区试点及仲裁机构创新改革为契机，试点新型仲裁方式，拓展仲裁业务范围，扩大对外宣传。但是"一带一路"商事仲裁也存在着一些问题，如"一带一路"沿线各国仲裁制度、发展程度存在较大差异。因此，积极打造具有影响力的国际仲裁机构及仲裁中心，修改仲裁法，确立临时仲裁制度、明确外国仲裁机构的法律地位，承认与执行投资仲裁裁决，构建有利于仲裁裁决承认与执行的配套措施，积极推进建立沿线各国法律共享平台，对于构建"一带一路"仲裁机制有着重要的意义。

三、"一站式"国际商事纠纷多元化解决平台的创立

值得肯定的是，我们当下已经建立起相对健全的多元化纠纷

解决机制，但纠纷解决的不同机制自成一体，它们之间的有机衔接还不够完善。最高人民法院这次构建的国际商事争端解决机制，实际上是把调解、仲裁、诉讼这些多元纠纷解决方式整合到一个平台里面来，满足当事人的多元纠纷解决需求。

2018年，最高人民法院制定《关于设立国际商事法庭若干问题的规定》以及《最高人民法院办公厅关于确定首批纳入"一站式"国际商事纠纷多元化解决机制的国际商事仲裁及调解机构的通知》《国际商事法庭程序规则（试行）》《国际商事专家委员会工作规则（试行）》等配套规定，通过设立国际商事法庭、聘任国内外专家成立国际商事专家委员会，为形成"一站式"国际商事多元化纠纷解决机制提供了制度保障。根据相关机构的申报，并综合考虑各机构的受案数量、国际影响力、信息化建设等因素，最高人民法院于2018年、2022年分两批确定包括中国国际经济贸易仲裁委员会在内的多家仲裁机构和调解机构作为对接机构。

表1-1 纳入"一站式"国际商事纠纷多元化解决机制的商事仲裁及调解机构

批次	入选的仲裁机构/调解机构名称
首批纳入"一站式"国际商事纠纷多元化解决机制的国际商事仲裁及调解机构	中国国际经济贸易仲裁委员会
	深圳国际仲裁院
	上海国际经济贸易仲裁委员会
	北京仲裁委员会[1]
	中国海事仲裁委员会
	中国国际贸易促进委员会调解中心
	上海经贸商事调解中心

---

［1］ 北京国际仲裁中心特指北京仲裁委员会，因此，本书中这两个名称通用。

续表

批次	入选的仲裁机构/调解机构名称
第二批纳入"一站式"国际商事纠纷多元化解决机制的国际商事仲裁机构	广州仲裁委员会
	上海仲裁委员会
	厦门仲裁委员会
	海南国际仲裁院
	香港国际仲裁中心

根据相关规定，对于诉至国际商事法庭的纠纷案件，当事人可以根据有关规定，协议选择纳入机制的调解机构调解，经调解机构主持下当事人达成调解协议的，国际商事法庭可以依照法律规定制发调解书，或者按照当事人的要求依据调解协议的内容制作判决书，如此有效地实现了"诉调对接"机制。对于纳入机制的仲裁机构受理的国际商事纠纷案件，当事人可以依据相关规定在申请仲裁前或仲裁程序开始后，向国际商事法庭申请证据、财产或行为保全，在仲裁裁决作出后，可以向国际商事法庭申请撤销或执行仲裁裁决，从而保障国际商事法庭对上述仲裁机构受理的国际商事案件行使全方位的司法审查权，有效地实现司法与仲裁的良性互动。此外，《最高人民法院办公厅关于确定首批纳入"一站式"国际商事纠纷多元化解决机制的国际商事仲裁及调解机构的通知》还根据"智慧法院"建设的总体布局，加强"一站式"国际商事纠纷多元化解决机制的信息化建设，优化纠纷解决平台的在线功能。"一站式"国际商事纠纷多元化解决机制的具体运作程序可参见图1-1。

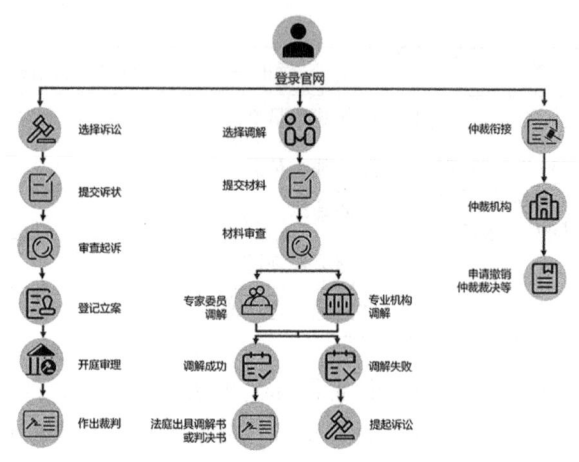

图 1-1 "一站式"国际商事纠纷多元化解决平台运作程序

建立"一站式"国际商事纠纷多元化解决平台，是最高人民法院深入贯彻落实全面依法治国、坚定落实中央改革部署要求的重要举措。党的十八大以来，习近平总书记提出了一系列政法领域全面深化改革的新理念、新思想、新战略，对司法为民作出了一系列重要指示。2020年9月25日，最高人民法院印发《关于人民法院服务保障进一步扩大对外开放的指导意见》（法发〔2020〕37号）。该意见第9条"完善国际商事纠纷多元化解决机制"规定，为了完善国际商事法庭制度，优化"一带一路"国际商事法律服务，提高多元性，国际商事法庭将在其仲裁体系中引入域外知名商事仲裁机构。

根据已出台的国际商事法庭相关规则，国际商事法庭可处理仲裁协议、仲裁保全、国际商事仲裁裁决的撤销或强制执行申请案件。最高人民法院将符合条件的国际商事仲裁机构纳入国际商事法庭体系，将有助于构筑仲裁和诉讼有机衔接的一站式纠纷解决平台，形成我国独具特色的国际商事纠纷解决机制。

启动"一站式"国际商事纠纷多元化解决平台，标志着平台

第一章　背景论：国际商事仲裁中心建设的理论意涵

诉讼与仲裁、调解有机衔接取得的又一项里程碑式成果。在人民法院信息化建设的基础上，"一站式"国际商事纠纷多元化解决平台增加对接仲裁、调解的多元通道，加强联动融合，提升程序效能，为案件当事人提供统一便利化服务，为健全"一站式"国际商事纠纷多元化解决机制，积极营造市场化、法治化、国际化营商环境提供全面保障。"一站式"国际商事纠纷多元化解决平台涉及诉讼、仲裁和调解，要想发挥"一站式"国际商事纠纷多元化解决平台的最大效能，离不开以下几方面的努力。

第一，共同加强国际法治传播能力建设，提高国际法治认同。

加大"一站式"国际商事纠纷多元化解决平台对外宣传力度，要善于讲好中国故事，传播好中国声音。中国国际经济贸易仲裁委员会处理国际商事争议具有60多年丰富的实践经验，并不断推动我国涉外仲裁制度创新和仲裁法治建设发展。近几年，中国国际经济贸易仲裁委员会国际商事仲裁案件受案量、标的额以及当事人国籍数量均名列国际仲裁机构前列，仲裁裁决在全球100多个国家和地区得到执行，以大量的实例铸就了中国仲裁的公信力和影响力。2021年5月，中国国际经济贸易仲裁委员会被业界权威国际仲裁调研报告评为全球最受欢迎的五大仲裁机构之一，这是我国仲裁机构首次跻身前五，体现了国际仲裁界和广大仲裁用户对中国仲裁法治的认可和信任。中国国际经济贸易仲裁委员会涉外优势还体现在其拥有涉及85个国家和地区的483名外籍仲裁员队伍、三家海外分支机构、80多个海外合作伙伴以及中国国际经济贸易仲裁委员会发起有近30家境外仲裁机构参与的"一带一路"仲裁机构北京联合宣言机制，包括中国仲裁周、中国仲裁高峰论坛等架起的广泛的国际交往与合作，中国国际经济贸易仲裁委员会将依托这些资源、渠道、平台，助力最高人民法院国际商事法庭建设及"一站式"国际商事纠纷多元化解决平台对外宣传，扩大国际影响，树立我国良好的法治形象，充分展示我国法治建设成就和司法创新成果，为中国特色"一站式"国际商事纠纷解决机制建设增添助力。

第二，加强国际法治研究，完善国际商事纠纷多元化解决机制。

最高人民法院"一站式"国际商事纠纷多元化解决平台对于依法、公正、及时审理国际商事案件，服务和保障"一带一路"建设具有重大而深远的意义，同时也是对多元化纠纷解决机制有机衔接制度化安排的有益探索和积极创新。在推进过程中，会遇到受理案件范围、管辖权以及法律生效文书域外执行等各种问题。法院判决执行仍面临着不确定性，执行是司法的生命线。除条约、互惠原则和《承认与执行外国民商事判决公约》（即《海牙公约》）以外，"一站式"国际商事纠纷多元化解决平台如何协助法院判决境外执行仍需要进行研究和探索。现有的域外经验，例如，迪拜国际金融中心法院与域外法院签署备忘录进行合作，或者通过事先纳入仲裁条款转化为被《纽约公约》承认和执行的裁决，可以为完善我国国际商事纠纷解决制度提供思路。总之，未来还需要更多配套规则、制度加以完善。"一站式"国际商事纠纷多元化解决平台的争议解决机构配合最高人民法院共同加强对国内外相关法律制度的研究，建立并推动涉外高层次法律人才培养、引进和交流机制，积极为"一站式"国际商事纠纷多元化解决平台建设提供智库服务。

第三，推进信息化智慧争议解决机制建设，促进平台互联互通。

"一站式"国际商事纠纷多元化解决平台最核心的是信息化智能化解决争议机制。近年来，随着大数据、人工智能等科技创新成果同诉讼服务深度融合，诉讼服务进入了智慧时代。借鉴法院经验，中国国际经济贸易仲裁委员会已建成网上立案、在线庭审等平台，正在推动更加人性化、智能化的仲裁网络建设。全国仲裁机构信息化水平也不断提高，调解网络及调解功能得到前所未有的发展，这些都为对接最高人民法院"一站式"国际商事纠纷多元化解决平台，实现诉讼、仲裁、调解有机衔接丰富了经验、提供了条件。在现实中，各争议解决机构信息化水平还存在一定差异。因此，各机构应围绕"一站式"国际商事纠纷多元化解决平台，切实加强信息化建设，优化平台在线功能，加强培训，以实现国际商事法庭从立案、分流到纠纷解决的在线化，低成本、高效率、公正透明地化解国际商事争议。

最高人民法院"一站式"国际商事纠纷多元化解决平台的启动，预示着具有中国特色的国际商事争议解决机制迈入了新的征程。促进"一站式"国际商事纠纷多元化解决平台真正发挥实效，努力营造稳定、公平、透明、可预期的法治化、国际化营商环境，将为中国法治建设作出应有的贡献。

第二节　国际商事仲裁中心的界定

一、国际商事仲裁中心的基本含义

2019年4月，我国司法部公布了"中国仲裁2022方案"，指出中国仲裁事业的发展目标是：立足中国国情、适应国际化发展的多层次仲裁工作体系进一步健全，行政指导和行业自律相结合的管理体制机制进一步完善，仲裁工作人员队伍素质和能力进一步提升，仲裁案件的快速结案率、调解和解率、自动履行率显著提升，仲裁公信力进一步提高，全球性、区域性的中国仲裁品牌基本树立，国际影响力、话语权不断增强，市场主体和人民群众选择仲裁解决纠纷的首选率显著提高，仲裁成为民商事纠纷解决的重要手段，党委领导、政府组建、机构独立、行业自律、司法监督、社会监督的仲裁工作新格局全面建立，仲裁法律制度成为社会所得报酬可否方便快捷地汇出国外？仲裁所得能不能按国际惯例享有优惠的税率？这些都是非常重要的政策支持，相关交通便利配套服务设施等都在里面。

第四，具备竞争力的仲裁机构以及与国际接轨的仲裁管理体制。作为国际商事仲裁中心，这个地方的仲裁机构是否具备足够的国际竞争力？能否撑得起来？对境外当事人是否具有足够的吸引力？其仲裁管理是否与国际接轨？是否拥有业务精湛、职业操守良好的仲裁从业人员？仲裁机构的管理团队是否具有国际视野或者国际仲裁管理经验？是否具备公道正派的仲裁员队伍以供当事人在个案中自由地选定？是否拥有国际仲裁实战经验的律师团队？这些都是国际商事仲裁中心建设的必备要素，仲裁事业最终的支撑一定来自强大的人力资源，来自专业人才的保障。

二、打造国际商事仲裁中心应坚持统筹理念

国际社会普遍认为，仲裁具有非常悠久的历史，其在人类社会以文明方式解决纠纷的过程中发挥了难以替代的作用。早在古希腊时期，仲裁已被用于解决私人主体间的经济纠纷，同时也成为消弭城邦之间纷争的一种手段。古罗马帝国第一部成文法典《十二铜表法》中就有关于仲裁的记录。中世纪商人法的兴起，更是将仲裁尤其是商事仲裁推向鼎盛。在我国汉代，亦有近似仲裁的"三老会"制度，它是由乡间推选三名德高望重的老人担任乡官，具体处理乡间的邻里纠纷和商人间的经济纠纷。1907年，成都商会建立近代中国历史上第一个仲裁机构"商事裁判所"，开启了中西方仲裁制度发展的融通之路。

不过，中国现代的仲裁法律制度属于"舶来品"。无论是在仲裁的理念方面，还是在具体的法律原则、法律规则层面，都深受外国的影响。1994年《中华人民共和国仲裁法》颁布后，中国

第一章 背景论：国际商事仲裁中心建设的理论意涵

的商事仲裁事业迅猛发展，堪称"仲裁大国"，但离"仲裁强国"尚有差距。其中，一个重要的"短板"就在于处理国际仲裁（涉外仲裁）案件能力的匮乏，这与我国世界第二大经济体、第一大货物贸易国、第二大对外投资国的全球经济地位极不匹配。特别是仲裁案件受案量的增加并不是中国仲裁事业发展的唯一目标，重点应立足于如何保证仲裁质量，实现中国仲裁的"内涵式"发展。[1]要想在国际商事仲裁方面有所作为，获得国际认可，进而打造成为国际商事仲裁中心，最关键是要对症下药、补齐短板、苦练"内功"，在坚持中国立场的基础上塑造既有本土特色又符合国际主流的国际商事仲裁法律制度。

那么，如何在打造国际商事仲裁中心的过程中做到坚持中国立场、实现"内涵式"发展呢？在2020年11月中央全面依法治国工作会议上，习近平总书记指出："要坚持统筹推进国内法治和涉外法治。要加快涉外法治工作战略布局，协调推进国内治理和国际治理，更好维护国家主权、安全、发展利益。"这为新时代中国仲裁的发展提供了重要指引。要以"统筹"方式协调推进国内仲裁与涉外仲裁，面向国际优化本土仲裁法律生态系统，在我国培育具有全球影响力的国际商事仲裁中心。如前文所提及，我国司法部在"中国仲裁2022方案"中将"全力支持培育具有全国乃至全球影响力的仲裁中心"作为一项重要任务。国际商事仲

---

[1] 中国仲裁的"内涵式"发展模式，最早由中国政法大学的黄进教授于2017年提出，具体来讲，"内涵式"发展特指从只关注办案数量转变为重点关注办案质量，将仲裁案件的办案质量作为最主要的价值取向和发展模式，以确保每一起仲裁案件的处理结果都能实现公平正义。只有中国仲裁的办案质量提升了，才能够使中国仲裁事业发展，进而为打造国际商事仲裁中心奠定坚实的基础，并从长远上强化仲裁公信力，维系仲裁生命力，使中国仲裁真正地立足长远，走向国际。参见刘曼：《首届自贸区纠纷解决与临时仲裁专题论坛举行：中国仲裁要走内涵式发展道路》，载《人民法院报》2017年11月7日，第4版。

裁中心本质上就是以国内一个或多个城市向外辐射的区域为基础，以仲裁机构为引擎，聚合其他上下游法律服务机构或组织，为国内外市场主体预防和解决纠纷，提供仲裁及相关法律服务的具有国际影响力的优质生态圈。

通常认为，国际商事仲裁具有高度的自治性与契约性，当事人可以合意约定仲裁地，而对仲裁地的选择在很大程度上是基于对当地仲裁法律制度、仲裁司法监督与执行体制、仲裁机构运作效度、仲裁员公正性、仲裁活动成本以及便捷度等多方面的共同认可与协商结果。打造国际商事仲裁中心，要求在发展涉外仲裁的同时统筹改善国内仲裁，优化国际商事仲裁中心所在区域的仲裁法律生态系统，革除现有仲裁机构的体制机制弊端。与此同时，采取措施引导国外仲裁机构和外籍仲裁员来华从事仲裁活动，支持国内仲裁机构和中国仲裁员"走出去"，注重培养高水平涉外仲裁法律人才，打造"中国仲裁"的名片，达到"内外兼修"。[1]

三、打造国际商事仲裁中心需协同各类关系

在打造国际商事仲裁中心的过程中，需要重点协同好以下关系（见图1-3）。

第一，要协同好该城市不同仲裁机构之间的关系。如上海、

---

〔1〕 在不同国家和地区的特定区域内，已经形成了多个国际仲裁生态圈。较为知名的有英国伦敦、法国巴黎、瑞士日内瓦、瑞典斯德哥尔摩、新加坡等。近年来，在阿联酋迪拜、马来西亚吉隆坡等地也有新兴国际仲裁生态圈的出现。这里汇聚了大量从事国际仲裁活动的社会主体，包括高水平的国际仲裁案件管理机构、优秀的国际仲裁员、专业的国际仲裁律师事务所与律师，他们在当地良好的国际仲裁立法、司法以及政府配套政策支持下，为全球当事人提供国际仲裁法律服务。参见毛晓飞：《为公正高效解决国际经济纠纷提供"中国平台"》，载《光明日报》2022年6月18日，第5版。

第一章　背景论：国际商事仲裁中心建设的理论意涵

北京都存在多家仲裁机构相互竞争的问题，再引入境外仲裁机构，将无疑使仲裁市场趋于多元，竞争更趋白炽化，但同时也给了仲裁用户（当事人）更多的选择余地。

第二，要协同好多元解纷。要打造国际商事仲裁中心，光考虑仲裁还远远不够，还要有诉讼、调解等其他争议解决方式，为当事人提供多种选择，形成多元解纷的格局，为国际商事仲裁中心建设提供有效支撑。习近平总书记要求"把非诉讼纠纷解决机制挺在前面"，仲裁和调解则是非诉讼纠纷解决机制（ADR）中最重要的两种。仲裁离不开法院的支持和监督，其裁决需要法院依法强制执行。可以说，没有司法支持和保障，仲裁发展之路难行。有些纠纷，当事人愿意调解，达成和解协议后可经由仲裁转化为仲裁裁决，从而可在国内外由法院强制执行。调解和仲裁可以有机结合。最高人民法院位于首善之区北京，国内最早的商事调解机构——中国国际贸易促进委员会调解中心就在北京，可在有关政策中对多元解纷一并考虑，务实协同，诉讼、仲裁和调解相得益彰，相辅相成。

第三，要协同好人才资源。在专家人才资源方面，北京的优势亦显而易见。截止到2021年5月，中国海事仲裁委员会有826名仲裁员，中国国际经济贸易仲裁委员会有1600多名，北京仲裁委员会有500多名，三家近3000名仲裁员几乎涵盖了国内外绝大多数一流海事商事仲裁专家。与此同时，北京高校林立，科研院所汇集，律师事务所集中，企业法务荟萃，专家资源得天独厚。要协同利用好在京专家资源，切实做好研究、论证、实践、宣传工作，吸引国内外仲裁专家汇聚北京，发挥智库作用，提出北京方案。

第四，要协同好仲裁配套服务、政策支持和资金保障。要做好基础工作，完善集中的设施场所，为仲裁发展提供相应的延伸、支撑或者保障服务。2021年7月，北京市发展和改革委员会、北京市司法局《关于印发改革优化法律服务业发展环境若干措施的通知》，其中明确提出要建立"北京国际争议解决中心，支持国际知名仲裁机构、争议解决机构、律师事务所等落地"。这实际上提供了一个物理场所，是一个载体，是一个公共服务平台。平台落地后可以有效地为仲裁等活动提供服务，比如可以邀请在京仲裁机构和调解机构设立窗口，邀请国际知名争议解决机构入驻，提供开庭、研讨、培训、交流的场所和设施，甚至配套提供餐饮等一体化服务。以该平台为基础还可以进一步孵化、催生高端衍生仲裁服务，比如仲裁庭秘书服务、高端专业培训、专业资格认证，甚至催化有关国际仲裁的高端智库，积极推动参与国际仲裁治理和国际仲裁规则制定等。除此之外，在司法部等部门的协调、统筹与指导下，结合北京地区仲裁实际，对北京国际仲裁中心建设的必备条件进行汇总梳理，深入研究，加强论证，统筹制定区域仲裁发展政策，做好发展规划，为北京国际仲裁中心建设提供有效的政策支持和必要的资金保障。这里笔者想强调一点，仲裁机构的定位是公益性非营利法人，机构和仲裁员仲裁所得的优惠税率非常重要，过重的税率会阻却仲裁服务提供者和仲裁参与人参与该区域仲裁活动的积极性。香港特区仲裁收入即免收"利得税"，如果北京能在这方面有所突破，无疑可在国际范围内有效增加北京仲裁的吸引力。作为国内唯一以解决海事海商、交通物流争议为特色的国家级涉外仲裁机构，中国海事仲裁委员会应与境内外仲裁机构加强协同，发挥自身优势，积极参与北京国际仲裁中心建设，为中国仲裁乃至国际仲裁发展贡献力量。

第一章 背景论：国际商事仲裁中心建设的理论意涵

```
┌─────────────┐        ┌─────────────┐
│ 协同好仲裁与 │        │协同好支持国 │
│其他多元化纠 │        │内仲裁机构与 │
│纷解决机制的 │        │引进国外仲裁 │
│    关系     │        │ 机构的关系  │
└─────────────┘        └─────────────┘

┌─────────────┐        ┌─────────────┐
│协同好法律资 │        │协同好仲裁制 │
│源、人才培养、│        │度建设、法治 │
│政策支持与资 │        │保障与仲裁配 │
│金保障的关系 │        │套服务的关系 │
└─────────────┘        └─────────────┘
```

图 1–3 打造国际商事仲裁中心需要协同的各类关系

第三节 打造国际商事仲裁中心的必要性

一、国际商事仲裁是涉外法治建设的重点方向

涉外法治建设中的国际商事仲裁中心发展，既是研究贯彻落实中央关于加强涉外法治工作的重要举措，也是贴合中国仲裁发展实际提出的推进仲裁高质量发展的有益探索。2018 年 12 月 31 日，中共中央办公厅、国务院办公厅印发《关于完善仲裁制度提高仲裁公信力的若干意见》，明确提出要"提高仲裁服务国家全面开放和发展战略的能力"。2019 年 2 月 25 日，习近平总书记在中央全面依法治国委员会第二次会议上强调，要加快推进我国法域外适用的法律体系建设，加强涉外法治专业人才培养，积极发展涉外法律服务。2020 年 11 月 17 日，习近平总书记在中央全面依法治国工作会议上再次强调，要注重培育一批国际一流的仲裁机构、律师事务所，把涉外法治保障和服务工作做得更有成效。

这为涉外仲裁工作指明了方向，提供了根本遵循。

在将中国打造为国际商事仲裁中心的总体方向和具体路径上，需要重点把握如下方面。

第一，在立足新发展阶段、贯彻新发展理念、构建新发展格局中推进国际商事仲裁中心建设。首先，党的十九届五中全会提出，我国进入新发展阶段，要贯彻新发展理念，构建新发展格局。这是我国"十四五"时期经济社会发展的总基调、总要求。推进国际商事仲裁中心建设首先要定位于仲裁进入新的发展阶段，显著特征是仲裁发展的不充分不平衡性问题。当前，我国仲裁进入了快速发展时期，2018—2020年三年期间，全国仲裁机构受理案件达到140万件，占仲裁法颁布实施以来案件总和的40%。但与我国正在全面推进更高水平对外开放和我国跃居世界第二大经济体的需求相比，仍有较大差距，尤其是在涉外仲裁领域，2018—2020年三年累计受理涉外仲裁案件8000余件，占比不足2%。所以国际商事仲裁中心建设的主要内容仍然是仲裁发展问题。其次，要有新的发展理念。仲裁是一种法律服务，仲裁机构是提供专业仲裁法律服务的主体，仲裁服务好不好、仲裁机构公信力高不高，不是机构自己说了算，也不是政府说了算，最终还是由市场来检验，通过市场主体的选择来体现。推进国际商事仲裁中心建设，要坚持市场化法治化改革方向，使仲裁机构真正成为面向市场提供仲裁服务的非营利性法人。要坚持问题导向，认真研究分析仲裁发展多年来面临的仲裁机构内部治理结构不完善、国际竞争力不强、仲裁发展支持保障不足等制约仲裁健康快速发展的问题，加大改革推进工作力度，破解体制机制障碍，激发行业发展活力。最后，要明确新的发展格局。"加快构建以国内大循环为主体、国内国际双循环相互促进的新发展格局"是《中共中央关于制定国民经济和社会发展第十四个五年规划和二〇三五年远景目标的建议》提出的关系我国发展全局的重大战略任务。中共中央办公厅、国务院办公厅《关于完善仲裁制度提高仲裁公信力的若干意见》也明确了"努力形成党委领导、政府组建、机构独立、行业自律、司法监督、社会监督"的仲裁工作新格局,切实提高仲裁公信力,这为仲裁发展指明了方向。我国仲裁机构众多(据统计,截至2023年,全国已经设立277家仲裁机构),在现行仲裁法律体制下,如何保障所有机构发展而且发展好,是必须考虑的大课题。推进国际商事仲裁中心建设,即是鼓励具备条件、区域基础好、有发展潜力的区域和机构大胆闯、大胆试,尤其是在涉外仲裁服务领域,为全国仲裁改革发展积累经验,创新发展模式,走出一条"先富"之路,引领仲裁发展新格局,推进全国仲裁有序发展。当然,其中要做的工作很多,既有仲裁机构自身建设的工作,也有政府指导支持的工作,还有仲裁发展环境营造的工作,需要群策群力,共同推进。

第二,打造国际一流仲裁机构,提升涉外仲裁法律服务水平。推进国际商事仲裁中心建设,最终目的是提升中国仲裁国际影响力、竞争力,提升涉外服务能力和水平,最核心的工作是加强仲裁机构能力建设,打造国际一流仲裁机构。打造国际一流仲裁机构需要做的工作很多,下面主要就"三个一"的工作提出几点建议。

推进一次改革,主要是指仲裁委员会内部治理结构综合化改革。仲裁委员会内部治理结构不合理不完善、仲裁机构发展积极性不高是制约仲裁机构快速健康发展的重要原因,必须加大仲裁委员会内部治理结构改革推进力度和速度。按照中央明确的市场化法治化改革方向,要建立健全仲裁机构决策权、执行权、监督权相互分离、有效制衡、权责对等的治理机制,赋予仲裁机构在决策、人事、薪酬等方面更大的自主权，激发仲裁发展活力。目前，北京、上海、大连、杭州、武汉等地已纷纷加大改革推进力度，成效显著。

制定一套规则，即建立健全一套与国际接轨的仲裁规则。仲裁机构间的竞争，非常重要的是仲裁规则的竞争。提升机构国际竞争力，需要充分借鉴国际通行仲裁规则，加大对国际知名仲裁机构仲裁规则的学习借鉴力度，健全完善与国际接轨又与中国特色社会主义发展相适应的仲裁规则，尤其要适应现代国际经贸发展需求，提升仲裁程序的高效、便捷，进一步优化立案、庭审、送达等具体程序，加大仲裁员指定、回避等程序信息公开力度等。

建立一支队伍。未来法律服务的竞争，最根本的还是仲裁人才的竞争。这支队伍主要包括三部分：仲裁机构决策人员、仲裁机构工作人员（主要是办案秘书等服务案件的人员）和仲裁员。要充分利用好全面对外开放有利时机，加大人才引进交流，积极探索从境内外遴选、引进具有较高业内声望且热心于推动中国仲裁事业发展的专业人士担任仲裁机构决策或执行机构组成人员，提升决策水平和执行质量。要拓宽仲裁员聘任渠道，加大从国际组织、商会、企业等境内外专业人士中选聘仲裁员力度，优化仲裁机构境外仲裁员比例，以及探索制定具有国际市场竞争力的仲裁员报酬体系等，提升中国对国际高端专业仲裁人士的吸引力。还要研究推进仲裁秘书专业化、市场化、职业化，注重仲裁秘书专业、品行和实践能力提升，鼓励有条件的机构开展仲裁秘书输出。当然，仲裁机构能力建设也需要在加强宣传、国际交流合作等方面持续出力。

二、打造国际商事仲裁中心是共建"一带一路"的法治保障

"一带一路"建设是一项系统工程，包括政治、社会、文化、

生态等各方面的合作交流，但主要还是经济外交，因此必须要有与之配套的商事争议解决机制。法律纠纷解决机制是多元的，除当事人自行协商解决之外，核心机制就是三种：调解解决、仲裁解决、诉讼解决。我国本着共商共建共享原则，理应以"一带一路"建设的深入推进为契机，推动构建适应"一带一路"特色的商事争议解决机制。有效利用中国特色的调解、仲裁、诉讼等多元纠纷解决机制，为中外当事人提供灵活、方便、高效的争议解决服务，打造国际商事仲裁中心，是强化中国在解决"一带一路"争议中的主导地位、服务我国开放型经济新体制的发展需要。

首先，构建"一带一路"商事争议解决中心。构建"一带一路"国际商事争议解决中心是一个大概念，应当包括推动建立"一带一路"国际商事争议的调解中心、仲裁中心和诉讼中心。当然，现有的争议解决机制，例如，国际投资争端解决机制、世界贸易组织争端解决机制，也可以用于解决"一带一路"沿线国家的投资争端，但是从真正为"一带一路"建设服务的角度出发，需要在"一带一路"沿线国家中构建一个公信力比较高的商事争议解决中心。因为一方面，随着"一带一路"倡议的实施，区域内国际贸易及投资纠纷必然会大量增加；另一方面，现存国际争端解决机制自身也存在许多问题。比如国际投资争端解决中心，其自身也存在偏重对投资者的保护、对相同条约规定的解释不同以及仲裁程序透明度不高等问题。更为严重的问题是，国际投资争端解决中心仲裁员的"集团化"和缺乏独立性、中立性。有必要探索如何建立新的"一带一路"国际商事争议解决机制，以更好地维护"一带一路"沿线国家的共同利益，平衡东道国与投资者之间的利益，提升争议处理结果的可预见性，增强仲裁程序的透明度和公正性。

其次，构建"一带一路"商事争议仲裁中心。由于仲裁解决机制具有自主性、保密性、高效性及跨国可执行性等特征，在"一带一路"背景下，商事争议仲裁中心在争议解决机制中的地位必将愈发重要。我国作为"一带一路"建设的倡导者和主导者，商事争议仲裁中心的建立应该由我国主导，由所有"一带一路"沿线国家共同努力参与。新商事争议仲裁中心的建立必须尊重各个国家的国情，以签订多边国际条约为基础。要达成这样一个条约并不容易，因为"一带一路"沿线60多个国家的历史文化传统和法律制度风俗差别较大，短时期内达成共识并非易事。对此，国际商事争端预防与解决组织（ICDPASO）的构建堪称一件具有里程碑意义的重要事件。

最后，关于把我国打造成"一带一路"商事仲裁目的地。要把我国建成"一带一路"建设中的国际商事仲裁中心，其核心要旨是将我国打造成国际商事仲裁的目的地。要想成为真正的国际商事仲裁中心，就要使大量的国际商事案件在我国仲裁。仲裁的核心价值是意思自治，只有越来越多的商事争议当事人愿意把争议提交到我国，由我国仲裁机构或者在我国的仲裁机构内解决，我国才可能成为真正的仲裁目的地。现在我国仲裁机构有270多家，机构仲裁案件量位居世界前列，但处理的都是跟我国有关的仲裁案件，有国际影响力的品牌仲裁机构还没有真正建立起来。为此，我们应做到"四个一流"：一流的法治环境、一流的仲裁法律制度、一流的仲裁管理服务和一流的仲裁品牌机构（见图1-4）。这是我国成为国际商事仲裁目的地，成为世界级国际商事仲裁中心的必要条件。

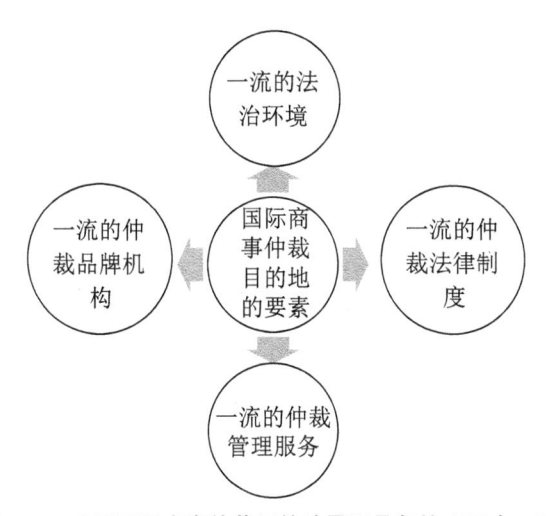

第一章 背景论：国际商事仲裁中心建设的理论意涵

图1-4 建设国际商事仲裁目的地需要具备的"四个一流"

我国传统法律文化中本身就有仲裁这种公断理念存在，只是没有制度化、系统化。我国现代仲裁制度或者说近现代仲裁制度，从民国时期就建立起来了。中国真正有了比较完备的仲裁制度，是以1994年《中华人民共和国仲裁法》的出台为标志，到现在已近30年。我们应该对《中华人民共和国仲裁法》实施近30年来的仲裁实践进行系统的总结、梳理、分析和评估，用面向世界和面向未来的眼光，紧紧围绕"完善仲裁制度，提高仲裁公信力"这个思想来构建中国特色的仲裁理论和仲裁制度。

三、打造国际商事仲裁中心是完善中国仲裁制度的重要机遇

2021年11月，在中国共产党成立100周年之际，党的十九届六中全会通过《中共中央关于党的百年奋斗重大成就和历史经验的决议》。站在新的历史起点上，我们要以习近平新时代中国特色社会主义思想为指导，坚持全面依法治国，继续推动法治中国建设迈出坚实步伐，为全面建设社会主义现代化国家提供坚实

法治保障。

依法治国，或者说法治，通常是从立法、执法、司法、守法的角度来讨论的。其实，也可以从另外一个角度来看待法治，那就是法治的功能，法治的主要功能是调整法律关系、化解法律冲突、解决法律纠纷、维护法律秩序。在这四个环节里面，有一个很重要的方面就是解决法律纠纷。就解决法律纠纷而言，当今社会强调的多元化纠纷解决机制，归根结底涵盖四类方式，即协商解决、调解解决、仲裁解决、诉讼解决。相比于协商、调解、诉讼，仲裁有其得天独厚的优势。建立现代仲裁制度，需要思考三个基本问题：其一，好的仲裁制度是什么？其二，为什么需要好的仲裁制度？其三，怎样构建好的仲裁制度？

第一，在尊重当事人意思自治的基础上优化仲裁法治环境。仲裁的核心价值是意思自治，只有越来越多的商事交易当事人愿意把自己的争议提交到中国来仲裁，提交到中国的某一个仲裁机构来仲裁，也就是说把"仲裁地"选到中国，中国才能成为大家公认的"仲裁目的地"。为此，在推进中国仲裁国际化的过程中，关键是要具备前文提到的"四个一流"的意识，这是中国成为国际商事仲裁目的地，成为世界级国际商事仲裁中心的必要条件。现在中国的仲裁机构有很多，但是真正在国际上有很大影响力的，还很少。基于此，首先应将中国打造为国际商事仲裁中心作为重要理念。

第二，以国际化为契机深化具有中国特色的仲裁理论。我国的现代仲裁制度或者说近现代仲裁制度，从民国时期就建立起来了，新中国的仲裁制度是从 1956 年开始建立的。但是真正有了比较完备的仲裁制度是 1994 年《中华人民共和国仲裁法》的出台。以《中华人民共和国仲裁法》的颁布实施为起点，至今已近 30 年，我国在这段时期积累了颇为丰富的仲裁实践。但是，还没有完全形成中国特色的仲裁理论和仲裁制度。故而，很有必要对新中国的仲裁实践经验进行系统的总结、梳理、分析、评估。客观地讲，中国的仲裁实践是能够总结出一些仲裁经验的，比如说，在仲裁的推进方面，中国立法先行，而且我国把仲裁法律制度的构建放在国家立法的层次，由全国人大立法，放在比国务院行政法规或其他立法更高的位置。另外，仲裁与调解相结合的理论与实践也颇有特色。而且，中国政府的推动、社会各界的支持、仲裁机构的自身发展、司法有力的支持和适度的监督也发挥了很大的作用。我们应该总结经验，找出存在的问题，立足中国、面向世界，立足实践、升华理论，立足当下、面向未来，紧紧围绕党的十八届四中全会通过的《中共中央关于全面推进依法治国若干重大问题的决定》中"完善仲裁制度，提高仲裁公信力"的要求，来构建中国特色仲裁理论和仲裁制度。

第三，关于构建"一带一路"国际投资贸易争议解决机制的问题。"一带一路"国际投资贸易争议解决机制是一个大概念，其实要推进"一带一路"倡议的实施，我们现存的争议解决机制是可以用上的，现存的争议解决机制既有国内机制，也有国际机制，包括谈判、协商、调解、仲裁、诉讼。除了国内机制，现存的国际机制，如国际投资争端解决机制、世界贸易组织争端解决机制，以及其他国际上的一些商事仲裁机制也可以用于解决"一带一路"建设中国际投资贸易争议。但是，我们还应探索如何建立新的"一带一路"国际投资贸易争议解决机制。笔者认为有两个方面值得仲裁界去探索，一个是要探索建立"一带一路"国际投资贸易争议调解中心，另外一个是要探索建立"一带一路"国际投资贸易争议仲裁中心。

"一带一路"建设主要还是经济外交，当然还会有其他的一些政治、社会、文化、生态等方面的合作交流，但主要还是一个经济外交倡议,是由中国倡导并主导的,"一带一路"国际投资贸易争议仲裁中心的建立当然应该由中国来主导,要服务于中国对外开放大局,服务于中国"一带一路"倡议的实施,服务于中国全面参与全球治理。这个中心的建立,不可能是由中国的某一个仲裁机构,或者说是中国现在已建立的某一个仲裁机构能够去担当的重任,尽管各仲裁机构都可能在"一带一路"国际投资贸易争议解决方面有所作为。新的"一带一路"国际投资贸易争议仲裁中心的建立一定是要基于国际条约,要达成一个建立"一带一路"国际投资贸易争议解决机构的多边国际条约,以这个条约为基础,建立"一带一路"国际投资贸易争议仲裁中心。现在,要达成这么一个条约并不容易,因为"一带一路"沿线国家有60多个,各国历史文化传统和法律制度风俗差别较大,统一思想、统一意志、达成共识并非易事。

　　建立这个中心的必要性是不言而喻的,因为这个中心的建立可以优化国际投资贸易争议解决现状,积极应对"一带一路"区域内不断增长的投资贸易争议,还有利于加强地缘性投资贸易保护并推进中国参与乃至引领国际投资贸易规则重构。"一带一路"沿线国家包括中国在内有66个。在这些国家当中,大多签订了数量不一的双边投资保护协定(BIT)。而且,各国签订的双边投资保护协定大多选择了国际投资争端解决中心作为第三方争端解决机构。总部设在美国首都华盛顿的国际投资争端解决中心是世界银行推动建立起来的,尽管过去其对国际投资争端的解决起了很好的促进作用,但是它自身也存在一些问题。比如说,国际投资争端解决中心的一些仲裁庭比较注重对投资者的保护,经常对投资条约规定作出偏向投资者的解释,没有平衡好投资者和投资接受国之间的利益,加剧了东道国与投资者的冲突与矛盾;一些仲裁庭对相同条约规定的解释不同,导致裁决缺乏一致性和可预见性，仲裁程序透明度也不高；有的仲裁员明显缺乏独立性和中立性，仲裁员群体存在"集团化"和"圈子化"问题，利益冲突现象比较严重。就案源来看，截至 2023 年 6 月，国际投资争端解决中心共受理了 933 起仲裁和调解案件，涉"一带一路"沿线国家的案件占全部案件量的 43%，但与此形成鲜明对比的是，国际投资争端解决中心的仲裁员当中只有约 17% 是来自发展中国家的国民，83% 的仲裁员来自西方发达国家，其合理性颇受质疑。以此为镜鉴，要打造国际投资仲裁中心，必须从制度设计、公约规定等方面克服和摒弃国际投资争端解决中心的制度性缺陷，在"一带一路"沿线国家中构建起具有较高公信力的投资贸易争议解决机构。"一带一路"建设是一项系统工程，必须要有与之配套的投资贸易争议解决机制，中国本着共商共建共享原则，理应借此机会积极引导国际规则的制定，构建新的国际投资贸易争议解决机构，创新世界和平解决争议机制。

本章小结

仲裁法律制度是联结中外法治的重要一环，也是对外展现中国法治软实力的重要窗口。在世界经济全球化、各国交往日益密切的大背景下，中国与各国携手推进的"一带一路"建设正向纵深发展，亚投行、丝路基金等重大国际经济合作成果不断涌现，国际商事仲裁已经成为解决国际经贸纠纷、解决投资争端、推进国际法治建设不可忽视的力量，中国仲裁正面临前所未有的机遇和挑战。但与此同时，必须坦诚地指出，中国的仲裁法律制度、涉外仲裁人才储备、仲裁配套的法治保障尚不足以使我们迅速成为国际商事仲裁中心，中国仲裁法治建设需要进一步加强。如何把握机遇发展创新，既立足于国情又具有国际化视野，制定出中国仲裁自己的标准，打造出中国仲裁自己的品牌，提高中国仲裁的公信力、影响力、凝聚力，谋取国际仲裁舞台上中国仲裁更大的话语权和规则制定权，是中国仲裁界、司法界需要共同思考的问题和努力的方向。通过本章的分析可以明确，打造国际商事仲裁中心，并不应该仅是某一个仲裁机构或某几个仲裁机构的目标，而应该是整个城市或整个国家仲裁事业发展的共同目标。具体来讲，西方国家在国际商事仲裁领域起步较早、经验比较丰富、法制比较成熟、仲裁员队伍比较健全，故而许多国际商事仲裁中心均分布于欧美，如伦敦、纽约、巴黎、维也纳、斯德哥尔摩等。这些城市之所以被称为国际商事仲裁中心，在于他们吸引了大量来自世界各地的当事人选择将他们作为仲裁地或选择当地的仲裁机构，他们所受理案件的国际化程度居于世界前列。对我国来讲，一方面，我国在国家层面上通过打造国际商事仲裁中心，可以与西方国家实现法律制度和法治环境上的竞争与博弈；另一方面，我国的部分城市，如北京、上海、深圳、重庆等地，通过打造国际仲裁中心，吸引境外当事人选择到该地仲裁，此时国际仲裁中心主要是指仲裁服务市场的竞争。值得指出的是，每个城市的目标、定位、手段不尽一致。例如，北京主要借助"两区"建设的契机，将打造国际仲裁中心作为服务北京"两区"建设的法治保障。再如，上海打造国际仲裁中心，主要是为了回应中国（上海）自由贸易试验区建设，深圳前海深港现代服务业合作区（以下简称"前海合作区"）始终把法治作为改革开放的核心竞争力和主要驱动力，用110多项法治创新成果，为建设国际商事争议解决中心提供了生动的"前海实践"。未来，前海合作区将进一步强化顶层设计，充分运用特区立法权，推动前海合作区与香港进行全方位法律规则衔接，推动一批标志性的涉外法律事务重大项目，积极完善国际商事争议解决机构布局。当然，具体某个城市在打造国际仲裁中心方面的努力，归根结底要服务于国家大局，通过拧成一股绳，整体上优化和提升中国的仲裁法治环境，使涉及中国当事人的国际商事争议留在本土解决的同时，逐步吸引国外当事人也选择来到中国进行仲裁。打造国际商事仲裁中心，从根本上离不开仲裁法律制度的完善，但是仅依靠仲裁立法的修订，并不意味着中国就必然成了国际商事仲裁中心。从本质上讲，国际商事仲裁中心的打造是一个动态的、系统的法治目标，要实现这一目标，健全的法律制度、友善的司法环境、具备竞争力的仲裁机构、卓越的涉外仲裁人才、与国际接轨的仲裁管理体制缺一不可。

第二章
现状论：中国仲裁服务市场的对外开放

本章提要

商事仲裁作为一个重要的法律服务行业，首要的功能是解决当事人之间的商事争议，从而实现定分止争。从制度的本质来看，仲裁还是实现国家治理法治化的重要手段。通常认为，法治是社会治理的最优模式，也是社会治理现代化的重要标志，推进社会治理的法治化、现代化，关键就是要在法治的轨道上实施社会治理。[1]法治既是一种状态，也是实现状态的动态过程。要实现社会治理的法治化，关键是要善于用法治思维推进社会治理、用法治方式破解社会治理难题，引导社会成员在法治轨道上主张权利、解决纷争。商事仲裁就是以法治化手段化解纠纷、平息矛盾，并且是在法院诉讼之外最重要的一种替代性纠纷解决机制。相比于国内商事仲裁，国际商事仲裁也被称为涉外商事仲裁，其兴起和发展与国家的对外开放同步进行。打造国际商事仲裁中心，从深层次上分析，就是进一步扩大中国的仲裁服务市场，这既是中国商事仲裁国际化进程加速的必然要求，也是中国当事人深度参与国际经贸交往、国际竞争与合作的客观要求。要探讨中国如何打造国际商事仲裁中心，先要了解清楚中国的仲裁服务市场和中国的商事争议解决机制现在已经开放到了什么程度。明晰

---

〔1〕 李坤轩：《社会治理法治化研究》，中国政法大学出版社2020年版，第1页。

第二章 现状论：中国仲裁服务市场的对外开放

我国仲裁业当前所处的发展状态，知晓国际商事仲裁中心所需具备的要素，将二者加以比照，才能清楚地把握我国成为国际商事仲裁中心还欠缺什么，从而有的放矢，知道我国应在哪些方面重点发力，这样才能更好地将有限的资源和精力放在最能起到效果的发力点上。

第一节 中国具备打造国际商事仲裁中心的条件

一、中国商事仲裁的国际化进程加速

作为多元化纠纷解决机制的重要部分，经过多年的发展，仲裁在我国已呈现出繁荣的景象，且未来具有进一步发展的良好态势。自新中国成立70多年来，中国国际商事仲裁发展迅速，领跑多元化纠纷解决机制，这为打造国际商事仲裁中心提供了可能。

第一，中国仲裁领跑多元化纠纷解决机制。与诉讼相比，仲裁以其保密、高效、灵活、域外执行性强以及当事人意思自治等优势，成为市场主体定分止争的有效方式。1956年，中国国际贸易促进委员会组织设立了首家符合国际惯例的涉外仲裁机构——对外贸易仲裁委员会，这就是中国国际经济贸易仲裁委员会的前身。现如今，全国已有270多家仲裁机构。1995年，《中华人民共和国仲裁法》开始实施，中国仲裁的法治环境逐渐形成，我国仲裁事业开始步入发展"快车道"。据统计数据显示，《中华人民共和国仲裁法》实施的第一年，即1995年全年，全国只有7家仲裁委员会，共受理案件1048件。全国仲裁委员会受理案件标的总额仅为2亿元。中国仲裁统计数据显示，全国277家仲裁机构2022年受理案件共计475 173件，标的额达9860亿余元。值得一提的是，我国不仅在仲裁受案量方面有了飞跃性的增长，而

且国际商事仲裁的受案领域不断拓宽，受案范围越来越呈现出多样化的特点。国内仲裁机构受理案件的类型不断增多，而且推出了独具特色的有关金融服务、域名争议、建筑工程等一些特殊案件的争议解决服务。与此同时，中国也非常注重仲裁规则和实践的本土化。其中，仲裁与调解相结合是中国创造并付诸实践的成功做法，不仅有助于解决当事人之间的争议，还有助于保持当事人的友好合作关系，具有很大的灵活性和便利性，被誉为"东方经验"。仲裁庭在作出裁决前，可以先行调解。当事人自愿调解的，仲裁庭应当调解。调解不成的，应当及时作出裁决。中国仲裁发展飞速，不仅仲裁环境好、仲裁机制现代化进程喜人，而且建立起了有力的仲裁裁决执行环境。

第二，中国仲裁不断提升国际公信力。近年来，中国仲裁的受案量不断增加，与诉讼相比，仲裁受案数量不足其1%，还有很大的上升空间。不得不承认，社会上不少人还不了解仲裁、不相信仲裁，认为解决商事纠纷只能走诉讼渠道。仲裁作为多元化纠纷解决机制里面的重要一环，应该发挥更大的作用。尤其是在社会矛盾纠纷的化解方面，应当充分发挥多元化纠纷解决机制的作用，特别是发挥仲裁的作用。仲裁、诉讼、调解各自有其不同的功能和作用范围，应该各司其职，相互配合，多元化纠纷解决机制发挥的作用才能更大。党的十八届四中全会明确要求，完善仲裁制度，提高仲裁公信力。这为我国仲裁事业指明了发展方向。而随着"一带一路"建设的推进和国际商事仲裁中心东移，可以预见，我国仲裁事业将迎来发展机遇期。没有公信力就没有吸引力。不断提高国际商事仲裁的公信力，是中国成为国际商事仲裁中心的关键。而提升仲裁公信力，首先就要推动仲裁理念革新，减少行政色彩；进一步促进仲裁规则与国际接轨，培养国际化仲裁员；提升仲裁裁决质量，打造具有国际影响力的仲裁机构。

二、我国具备构建国际商事仲裁中心的基本条件

现在，我国基本具备了构建国际商事仲裁中心的基本条件，这重点体现在以下方面（见图 2-1）。

第一，党中央高度重视仲裁业发展。党的十八届四中全会通过的《中共中央关于全面推进依法治国若干重大问题的决定》提出，要"完善调解、仲裁、行政裁决、行政复议、诉讼等有机衔接、相互协调的多元化纠纷解决机制""完善仲裁制度，提高仲裁公信力"，为仲裁业发展指明了方向。

第二，已经建立了比较完善的仲裁法律体系。我国于 1986 年加入联合国《纽约公约》，为我国与其他 170 多个缔约国相互承认和执行仲裁裁决提供了重要保障。1994 年颁布的《中华人民共和国仲裁法》，基本确立了与国际接轨的现代仲裁法律制度。

第三，我国各级人民法院大力支持仲裁业发展。近年来，人民法院从宽认定仲裁协议效力，从严适用"公共政策"条款，及时采取财产保全和证据保全措施，依法维护仲裁裁决的效力，积极保障仲裁裁决的执行，极大地提升了仲裁的权威性。

第四，我国一些仲裁机构已经具备较强的国际竞争力。近年来，中国国际经济贸易仲裁委员会等仲裁机构不断完善仲裁规则，加强仲裁员队伍建设，狠抓仲裁质量管理，着力提升服务水平，赢得了国内外当事人的广泛认可，已经具有较高的国际知名度。以中国国际经济贸易仲裁委员会为代表的中国仲裁机构跻身具有国际影响力、受到国际承认的仲裁机构行列，在推进亚太区域仲裁业发展中发挥着越来越重要的作用，为中国打造国际商事仲裁中心奠定了扎实的基础。

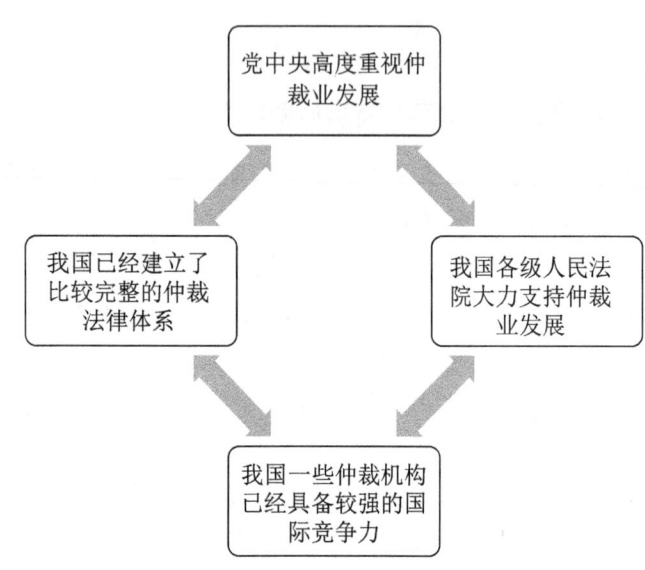

图 2-1　中国已具备构建国际商事仲裁中心的基本条件

（图示内容：党中央高度重视仲裁业发展；我国已经建立了比较完整的仲裁法律体系；我国各级人民法院大力支持仲裁业发展；我国一些仲裁机构已经具备较强的国际竞争力）

第二节　境外仲裁机构在我国内地仲裁的法律问题

一、境外仲裁机构在我国内地仲裁的政策演进

是否放开境外仲裁机构在中国内地开展仲裁业务，一直是理论界和实务界争议的热点问题。对于是否同意境外仲裁机构在我国内地进行仲裁，从国际法层面分析，国际商事仲裁是商业性的法律服务，而不是公共服务的范畴，因此对于境外仲裁机构是否可以在我国内地进行仲裁的问题应当受世界贸易组织下的《服务贸易总协定》调整，有市场准入的限制。[1]然而，根据当事人的

---

[1] 柳正权、牛鹏：《境外仲裁机构内地仲裁的晚近发展、存在问题与展望》，载《南通大学学报（社会科学版）》2022年第3期。

约定，境外仲裁机构管理下的仲裁庭在我国内地进行仲裁的情形和设立分支机构不同，在实践中，这类情形也是无法阻挡的，我国目前已经出现境外仲裁机构管理下的仲裁庭在我国内地进行仲裁的事实。另外，我国打造国际商事仲裁中心的目的就是吸引商事主体在我国内地进行仲裁，把我国打造成为受欢迎的仲裁地。如果当事人的真实意愿是选择境外仲裁机构同时选择中国内地作为仲裁地，而我国却不容许境外仲裁机构准入，这事实上将使当事人关于争议解决的意思自治无法实现，既不合乎仲裁的理念，长此以往，还可能导致当事人今后不会再选我国内地为仲裁地，这与打造国际商事仲裁中心的目标背道而驰。

境外仲裁机构在中国内地设立业务机构并开展仲裁，直接关系到中国仲裁法律服务的市场准入、境内外仲裁机构竞争，属于一个综合性、系统性的工程。2015年，国务院在《进一步深化中国（上海）自由贸易试验区改革开放方案》中，首次提出支持国际知名商事争议解决机构入驻，此后，逐步放开涉外涉港澳台仲裁市场的政策导向已经日趋明朗。2019年7月，国务院印发的《中国（上海）自由贸易试验区临港新片区总体方案》中规定："允许境外知名仲裁及争议解决机构经上海市人民政府司法行政部门登记并报国务院司法行政部门备案，在新片区内设立业务机构，就国际商事、海事、投资等领域发生的民商事争议开展仲裁业务……"基于此，上海市司法局制定了《境外仲裁机构在中国（上海）自由贸易试验区临港新片区设立业务机构管理办法》（沪司规〔2019〕5号）。这些文件的发布和施行，标志着境外仲裁机构在我国内地开展仲裁业务的工作有了实质进展。

按照习近平总书记关于北京"两区"建设、"统筹推进国内法治和涉外法治"的重要指示精神，借中央政府扩大服务业开放及设立自由贸易试验区之机，北京也制定并发布了相应的文件，允许境外仲裁机构在自由贸易试验区设立业务机构。2020年8月28日,国务院批复同意的《深化北京市新一轮服务业扩大开放综合试点建设国家服务业扩大开放综合示范区工作方案》中明确:"允许境外知名仲裁机构及争议解决机构经北京市司法行政部门登记并报司法部备案后,在北京市特定区域设立业务机构,就国际商事、投资等领域发生的民商事争议提供仲裁服务……"2021年1月1日,北京市司法局制定的《境外仲裁机构在中国(北京)自由贸易试验区设立业务机构登记管理办法》正式施行。根据该办法,在外国或者我国港澳台地区合法成立的不以营利为目的的仲裁机构,以及我国加入的国际组织设立的开展仲裁业务的机构,可以在中国(北京)自由贸易试验区设立业务机构。2021年3月,最高人民法院制定《关于人民法院为北京市国家服务业扩大开放综合示范区、中国(北京)自由贸易试验区建设提供司法服务和保障的意见》(法发〔2021〕11号)。该意见中载明,支持境外知名仲裁及争议解决机构在自由贸易试验区内设立业务机构、支持国际商事争端预防与解决组织落地运营。上述文件的发布,为境外仲裁机构在我国内地开展仲裁业务奠定了法律基础。世界知识产权组织(WIPO)在2020年运作的仲裁与调解上海中心成为首家在中国内地开展实质性业务的境外仲裁机构。随着上海、北京等地设立措施的进一步细化,境外仲裁机构在中国内地受理和管理涉外涉港澳台仲裁案件的大门已经徐徐开启。中国仲裁和世界仲裁相互合作、彼此交融的新局面即将形成。

2021年,最高人民法院制定《全国法院涉外商事海事审判工作座谈会会议纪要》,系统回顾并总结了2018年以来全国法院涉外商事海事审判工作情况,针对涉外商事海事审判工作中存在的前沿疑难问题作出了相应规定,以统一裁判尺度。特别是该纪要第 100 条规定："境外仲裁机构以我国内地为仲裁地作出的仲裁裁决,应当视为我国内地的涉外仲裁裁决。当事人向仲裁地中级人民法院申请撤销仲裁裁决的,人民法院应当根据仲裁法第七十条的规定进行审查;当事人申请执行的,根据民事诉讼法第二百八十一条的规定进行审查。"由此,将境外仲裁机构在我国内地所作裁决的性质明确定位为涉外仲裁裁决,进而允许我国法院予以撤销或不予执行。该纪要的出台,意味着在仲裁的司法监督层面,我国已经全面放开了对境外仲裁机构在我国开展仲裁业务的限制,并将此类仲裁裁决纳入了依法审查和监督的范围。这一重大变化,必将对我国仲裁事业的发展产生重大影响,从长远看,甚至可能改变全球仲裁法律服务市场的格局。

二、允许境外仲裁机构在我国内地仲裁是必然选择

允许境外仲裁机构在中国内地自由贸易试验区开设业务机构,是扩大开放之需,是服务中国企业之需,是提升中国内地仲裁机构竞争力之需,更是将中国打造为国际商事仲裁中心的必备要求。

首先,开放仲裁市场是我国进一步扩大开放的需要。仲裁是解决国际商事争议的重要渠道,参与方多是从事国际业务的跨国企业,仲裁员多是法律专家及行业精英。向境外机构有序地开放我国内地仲裁市场,表面看起来是"小"措施,却在世界仲裁业界产生了较大的影响,极具"杠杆"效果。在世界经贸摩擦频发的宏观背景下,中国进一步扩大开放的措施彰显了大国气象。

其次,开放仲裁市场是服务中国企业的有力措施。从事国际业务的中国企业在国际合同中往往约定由境外仲裁机构在境外城

市（比如伦敦、巴黎、斯德哥尔摩、新加坡等）进行仲裁。这无疑给中国企业增加了大量的费用，比如境外差旅费用、聘请境外律师的费用等。允许境外仲裁机构在中国内地设立业务机构，为中国企业在中国内地解决纠纷开辟了新的渠道。这将给中国企业带来便利，也有利于国内企业降低争议解决的成本。

最后，开放仲裁市场是提升国内仲裁机构竞争力的可行举措。近年来，国内仲裁机构通过多种举措不断提升国际化和专业化水平，提升了国际竞争力和影响力。允许境外仲裁机构在中国内地设立业务机构，有利于境内外仲裁机构相互交流和学习管理经验，促进境内外仲裁机构的沟通、合作及互相借鉴。同时，在特定的范围内允许境外仲裁机构参与境内仲裁业务，与境内仲裁机构进行竞争，有助于提高服务水平和国际竞争力。

从实务角度分析，对境外仲裁机构开放我国内地的仲裁市场，利大于弊。首先，限制境外仲裁机构在中国内地设立业务机构并不能阻挡案件外流，反而会阻碍境内仲裁机构竞争力的提升。如果某起案件与中国没有任何联结因素，当事人极少可能会选择在中国境内仲裁。要想将我国建设成为世界一流的仲裁中心，根本之道在于提升我国仲裁机构的核心能力和服务水平，而能力和水平的提升需要通过良性的竞争来促成，限制境外仲裁机构在中国境内开展仲裁业务的做法，只会适得其反。

其次，允许境外仲裁机构在中国内地设立业务机构，有助于拓展中国法律在全球的域外适用，提升我国的软实力。在国际仲裁案件所涉的法律体系中，仲裁地是仲裁裁决作出地，是国际仲裁与具体法域产生联系的重要连接点，其往往决定了仲裁协议效力认定的准据法、仲裁程序所应适用的准据法，仲裁地法院也因此具有撤销仲裁裁决的权力。实际操作中，如果当事人将仲裁地选在某国境内，除非另有约定，否则仲裁员一般应根据仲裁地法判定仲裁协议效力并在仲裁程序推进中严格遵守仲裁地法。而当仲裁裁决作出后，仲裁地法院也有权依据本国仲裁的程序立法来判断裁决是否应予以撤销裁决。

即使当事人依据《纽约公约》到其他缔约国申请承认与执行仲裁裁决，被请求国也有权依据该公约第 5 条适用仲裁地法加以审查。因此，通过允许境外仲裁机构到中国境内开展仲裁业务，能够极大带动境外当事人选择中国内地作为仲裁地，这会有助于拓展境外适用范围，间接提升我国的国际影响力和软实力。

综上，中国内地仲裁市场的大门已经对外开启。我国要进一步做好顶层设计，制定好配套制度，解决好面临的新问题。借着《中华人民共和国仲裁法》修订之机，可以对临时仲裁、仲裁地、境外仲裁机构准入、仲裁裁决国籍的认定、境外裁决的承认与执行等事项进行明确规定，为境外仲裁机构在中国境内设立业务机构提供更为友好、便利、规范、透明的制度环境，吸引更多境外仲裁机构参与中国内地仲裁事业，扩大中国仲裁的世界影响力。

三、境外仲裁机构在我国内地所作裁决的司法审查

（一）明确否定：将此类裁决视为"非内国裁决"

在允许境外仲裁机构在我国内地开展仲裁业务的基础上，需要考虑后续的问题，其中最主要的问题莫过于如何认定境外仲裁机构在我国内地作出的仲裁裁决的国籍，以及我国内地人民法院应如何对此类裁决进行仲裁司法审查。对于仲裁裁决的国籍，我国内地长期以来采取的是"仲裁机构所在地"标准，这与国际通行的"仲裁地"标准存在差异。如前文所言，《中华人民共和国仲裁法》制定于 1994 年，彼时我国的社会主义市场经济建设刚刚起步，对外开放和国际化的发展程度不高。为了便于对仲裁事

业进行监督和管理，我国内地长期以来只认可机构仲裁，不认可临时仲裁，尤其是仲裁机构在仲裁事业发展中的中性地位。相应地，《中华人民共和国仲裁法》的制度设计是以仲裁机构为中心，按照仲裁机构所在地对仲裁裁决进行分类，从而适用不同的法律依据加以司法审查。具体而言，我国将仲裁裁决区分为：外国仲裁裁决、国内仲裁裁决、涉外仲裁裁决、区际仲裁裁决。在这种分类模式下，由于境外仲裁机构不符合《中华人民共和国仲裁法》对"仲裁委员会"的定义和要求，境外仲裁机构在中国内地作出的仲裁裁决不属于中国的国内裁决。与此同时，我国在加入1958年《纽约公约》时，对该公约的适用范围提出了"互惠保留"，按照该保留，中国只对在《纽约公约》另一缔约国领土内作出的仲裁裁决按该公约予以承认和执行，而境外仲裁机构在我国内地作出的裁决不符合地域要求，故而其不属于《纽约公约》的适用范围。按照这种理解，此类裁决可以归入《纽约公约》项下的"非内国裁决"，此类裁决既非中国裁决，亦非外国裁决，最终造成其既无法根据《纽约公约》予以承认与执行，也无法根据《中华人民共和国仲裁法》进行监管与审查的尴尬境地。

受制于仲裁立法的滞后所引发的"非内国裁决"问题，中国法院曾经在一段时间直接拒绝认可此类仲裁协议的有效性，一旦当事人约定境外仲裁机构的同时又约定了以中国内地某地点作为仲裁地，则此种约定本身的合法性就会被否定。在2004年的旭普林案中，最高人民法院认定，当事人约定适用《国际商会仲裁规则》在上海进行仲裁的仲裁协议是无效的，虽然旭普林公司坚持在国际商会推进仲裁程序，但最终取得的胜诉裁决被中国法院以裁决所依据的仲裁协议已被我国法院认定无效为由拒绝承认与执行。2006年，达利特案延续了旭普林案的逻辑，认定仅约定适用《国际商会仲裁规则》、仲裁地点在北京的仲裁协议无效。[1]类似的案例还有2009年的夏新电子案、2011年的江苏外贸公司案、2012年的泰州浩普投资公司案等。

(二)适度放宽:认可此类仲裁协议的有效性

从2013年起,最高人民法院逐步改变了不认可约定境外仲裁机构在中国内地仲裁的仲裁协议效力的立场,开始承认其合法性和有效性。2013年2月发布的龙利得案认可了国际商会仲裁院在上海仲裁的仲裁协议的效力。最高人民法院认为,本案当事人约定适用《国际商会仲裁规则》但未同时约定其他仲裁机构进行仲裁,应当认为当事人的约定属于"按照约定的仲裁规则能够确定仲裁机构"的情形,国际商会仲裁院对当事人之间的合同争议具有管辖权。2013年12月发布的北仑利成案认可了"在北京适用《国际商会仲裁规则》进行仲裁"的仲裁协议的效力。最高人民法院认为,根据2012年生效的《国际商会仲裁规则》,当事人同意按照该规则进行仲裁,即接受由仲裁院对该仲裁进行管理。[2]

(三)立场转变:将此类裁决视为涉外裁决

2020年8月,广东省广州市中级人民法院(以下简称"广州中院")就布兰特伍德工业有限公司(Brentwood Industries)、广东阀安龙机械成套设备工程有限公司申请承认与执行仲裁裁决一案[3](以下简称"布兰特伍德案")作出裁定,明确认定国际商会仲裁院在广州作出的仲裁裁决属于中国涉外仲裁裁决,应当按照《中华人民共和国民事诉讼法》第273条而非《纽约公约》向中

---

[1] 李庆明:《境外仲裁机构在中国内地仲裁的法律问题研究》,载《环球法律评论》2016年第3期。

[2] 李庆明:《境外仲裁机构在中国内地仲裁的法律问题研究》,载《环球法律评论》2016年第3期。

[3] 广东省广州市中级人民法院(2015)穗中法民四初字第62号民事裁定书。

国法院申请执行。本案中，布兰特伍德工业有限公司（以下简称"布兰特伍德公司"）、广东阀安龙机械成套设备工程有限公司、广州市正启贸易有限公司于2010年签订了《建设工程设备采购合同》，合同第16条仲裁约定："凡因本合同引起的或与本合同有关的任何争议，双方应通过友好协商解决。如果协商不能解决，应提交国际商会仲裁委员会根据国际惯例在项目所在地进行仲裁。该仲裁委员会作出的裁决是终局的，对双方均有约束力。除仲裁委员会另有裁定外，仲裁费用由败诉一方负担。仲裁语言为中、英文双语"；第17条适用法律约定："本合同适用法律为中华人民共和国法律"。为履行上述合同，各方当事人签订了补充协议，其中第3条载明，本合同项下的货物用于名称为"广州猎德污水处理厂四期工程"的项目，最终用户名称"广州市污水治理有限责任公司"，地址为广州市某地。

2011年5月，布兰特伍德公司向广州中院申请确认涉案仲裁条款无效。2012年2月，广州中院作出裁定[1]，确认涉案仲裁协议有效。2012年8月，布兰特伍德公司向国际商会仲裁院提起仲裁申请。2014年3月，国际商会仲裁院独任仲裁员简·威廉姆斯（Jane Willems）作出第18929/CYK号最终裁决。2015年4月，布兰特伍德公司向广州中院申请承认本案仲裁裁决。

广州中院认为：仲裁裁决系境外仲裁机构在中国内地作出的仲裁裁决，可以视为中国涉外仲裁裁决。案涉仲裁裁决的被申请人不履行仲裁裁决的，布兰特伍德公司可参照《中华人民共和国民事诉讼法》第273条的规定向被申请人住所地或者财产所在地的中级人民法院申请执行。布兰特伍德公司现主张依据《纽约公约》或《关于内地与香港特别行政区相互执行仲裁裁决的安排》

---

[1] 广东省广州市中级人民法院（2011）穗中法仲异字第11号民事裁定书。

的规定申请承认及执行该仲裁裁决,其提起本案申请的法律依据显属错误,经法院多次释明后又拒不纠正,其应自行承担由此导致的相应法律后果。鉴此,本案不应作为承认及执行境外仲裁裁决案件,依法应予终结审查。本案终结审查后,布兰特伍德公司可依法另行提起执行申请。

广州中院的上述司法认定,是中国法院首次在司法实践中明确境外仲裁机构在中国内地作出裁决的性质,具有重大意义。在作出相关认定时,人民法院未采纳"仲裁机构所在地标准",而采用"仲裁地标准"确定仲裁裁决具有仲裁地所在国国籍,符合国际仲裁的主流观点。同时,法院亦指明了裁决的执行依据,为以后同类裁决的执行提供了参照。如依照本案的裁判理由,撤销境外仲裁机构在中国内地所作仲裁裁决,或可参照《中华人民共和国仲裁法》第70条和《中华人民共和国民事诉讼法》第274条下的司法监督程序。而按照通例,仲裁地法院对仲裁裁决的撤销享有专属管辖权。

从2013年龙利得案到2020年布兰特伍德案,在仅仅七年时间内,司法实践对于境外仲裁机构在中国内地仲裁的态度大步前进,体现了人民法院支持仲裁、开放务实、填缺补漏、解决问题的实践态度。随着政策层面的进一步放宽,既有条件允许境外仲裁机构在中国内地设立业务机构并提供仲裁服务,同时也与时俱进地修订《中华人民共和国仲裁法》并提供配套法律依据,可以预见,中国的仲裁事业将迎来下一段发展高峰。[1]

四、全面放开境内仲裁业务仍面临的法律障碍

必须承认,从司法和政策层面看,放开境外仲裁机构在华业

---

[1] 王生长:《从"龙利得案"到"布兰特伍德案":境外仲裁机构在中国内地仲裁的突破》,载周敏浩、马屹主编:《上海法学研究》集刊2022年第2卷。

务的大趋势已经非常明显，同时也应对《中华人民共和国仲裁法》和《中华人民共和国民事诉讼法》进行相应的修改，以消除制度性障碍。

首先，应在《中华人民共和国仲裁法》层面采纳"以仲裁地确定仲裁国籍"的标准。《中华人民共和国仲裁法》目前以"仲裁机构所在地"为标准来判断仲裁国籍，一直没有引入"仲裁地"的概念。虽然《最高人民法院关于适用〈中华人民共和国仲裁法〉若干问题的解释》第16条规定了在当事人没有约定适用的法律但约定了仲裁地时，仲裁地法律可以作为涉外仲裁协议的效力审查的准据法，《中华人民共和国涉外民事关系法律适用法》第18条也将仲裁机构所在地法和仲裁地法作为仲裁协议适用的法律并列选择，但它们的层级或定位仍不足以在中国仲裁法律框架中确立"仲裁地标准"的概念。如果不能正式引入"以仲裁地确定仲裁国籍"的标准，境外仲裁机构在中国内地作出的裁决就始终无法解决自己尴尬的身份问题。

其次，将境外仲裁机构在中国内地作出的仲裁裁决以"非内国裁决"的名义予以承认与执行，严格来说是缺乏法律依据的。2009年，在德高钢铁公司案中，宁波市中级人民法院裁定执行国际商会仲裁院在北京作出的仲裁裁决，理由是该裁决构成《纽约公约》第1条第1款的"非内国裁决"，此案引起了支持者的热烈欢迎。但仔细研究可以发现，宁波市中级人民法院并未在裁定书中详细说理，也未逐级通过浙江省高级人民法院报最高人民法院请示，最高人民法院亦未就此作出批复，所以此案并不能代表最高人民法院的意见。实际上，宁波市中级人民法院在德高钢铁公司案中的裁定明显违反了我国法律法规和我国在加入《纽约公约》时作出的保留声明，不能作为先例援引。

最后，选择境外仲裁机构在中国境内仲裁的当事人，在仲程序中向中国内地法院寻求支持时缺乏法律依据。根据《中华人民共和国仲裁法》的相关规定，无论是财产保全还是证据保全，当事人都只能通过仲裁委员会按照民事诉讼法的有关规定向人民法院提交申请。不管是《中华人民共和国仲裁法》《中华人民共和国民事诉讼法》，抑或最高人民法院的相关司法解释，都没有为"境外仲裁机构"作为相关申请提交者预留空间，这意味着中国内地法院在实际操作上是无法为此类仲裁提供支持的。此次的《全国法院涉外商事海事审判工作座谈会会议纪要》依然无法解决这个问题。虽然该纪要提出"境外仲裁机构以我国内地为仲裁地作出的仲裁裁决，应当视为我国内地的涉外仲裁裁决"，但"视为"不等于"等同"，该纪要并没有提出此类仲裁案件如何进行财产保全的具体办法。

在承认境外仲裁机构在中国境内仲裁裁决效力的问题上，最高人民法院已经迈出了重要的一步，这样的改革既符合推动"一带一路"建设以构建人类命运共同体的总目标，也为加强中国法域外适用体系建设创造了新的契机，更为中国涉外仲裁事业的发展增添了新的动力。2023年9月1日，第十四届全国人民代表大会常务委员会第五次会议审议通过了《全国人民代表大会常务委员会关于修改〈中华人民共和国民事诉讼法〉的决定》。经过修订的《中华人民共和国民事诉讼法》自2024年1月1日起施行，该法第297条第2款规定："在中华人民共和国领域内依法作出的发生法律效力的仲裁裁决，当事人请求执行的，如果被执行人或者其财产不在中华人民共和国领域内，当事人可以直接向有管辖权的外国法院申请承认和执行。"该法第304条规定："在中华人民共和国领域外作出的发生法律效力的仲裁裁决，需要人民法院承认和执行的，当事人可以直接向被执行人住所地或者其财产所在地的中级人民法院申请。被执行人住所地或者其财产不在中华人民共和国领域内的，当事人可以向申请人住所地或者与裁决的纠纷有适当联系的地点的中级人民法院申请。人民法院应当依照中华人民共和国缔结或者参加的国际条约，或者按照互惠原则办理。"在修改之前，这两个条款采用的措辞分别是"中华人民共和国涉外仲裁机构作出的发生法律效力的仲裁裁决"以及"国外仲裁机构的裁决"，其区分国内裁决与外国裁决的标准是典型的仲裁机构标准，这与国际通行的仲裁地标准不一致。在修改之后，对国内裁决与外国裁决的判定不再考虑是由哪一仲裁机构所作出，而是着眼于仲裁裁决是在中国领域内作出还是在中国领域外作出，这从客观上表明我国允许境外仲裁机构在我国内地仲裁的立场，并且将这类仲裁裁决定性为国内涉外裁决而非外国裁决，为我国人民法院予以司法审查提供了制度保障。

第三节　PICC 在中国仲裁中的适用

一、PICC 的制定动因及其性质厘定

（一）新商人法的复苏

商人法的概念，源于拉丁文 Lex Mercatoria，英文表述为 Law Merchant，也被译为商人习惯法、商业习惯法，主要表现为国际上反复适用的贸易管理和贸易做法，以及国际组织或者专业公司或协会为供当事人签订合同而预先准备的标准格式合同等。[1]正如施米托夫所总结的，商人法的发展历经三重阶段：第一阶段以中世纪的商人习惯法为载体，商人法特指那些在事实上支配商事交易，且在文明世界的港口、集市之间的国际商业中普遍适用的

---

〔1〕 刘晓红、袁发强主编：《国际商事仲裁》，北京大学出版社 2010 年版，第 117 页。

第二章　现状论：中国仲裁服务市场的对外开放

习惯国际法规则；第二阶段始于主权国家的概念得以采纳之后，商人习惯法被纳入各国的国内法制度；第三阶段始于19世纪，各国开始对夸大的国家主权进行公正的批判，国际组织重新从国际角度思考国际商事交易，联合国和大量的国际专门组织开始有针对性地对商人法进行编纂和整合。[1]随着国际社会的共同努力，国际商法的概念得以恢复，并被称为新商人法（New Lex Mercatoria），试图摆脱各国国内法的民族色彩，重获国际生命力。

（二）PICC的初创与演变

总部位于意大利罗马的国际统一私法协会（The International Institute for the Unification of Private Law，UNIDROIT）是重要的政府间国际组织，其在国际商事合同立法统一化方面发挥了重要的推动作用。[2]早在1994年，国际统一私法协会就主持制定了《国际商事合同通则》（Principles of International Commercial Contracts，PICC），冀以消弭大陆法系、英美法系、社会主义法系在商事合同方面的法律冲突，并推动全球化法律思维的趋同，在此基础上构建一套系统化的统一合同法国际规则，其内容涵盖合同的解释、效力、履行及谈判等多个方面。[3]随着时代的发展与技术的进步，为了使PICC的内容符合国际商事交易的变动，自1994年之后，国际统一私法协会先后于2004年、2010年、2016年对PICC做了与时俱进的修订和更新（见表2-1）。

---

[1] ［英］施米托夫：《国际贸易法文选》，赵秀文选译，中国大百科全书出版社1993年版，第4页。
[2] 徐冬根：《国际私法趋势论》，北京大学出版社2005年版，第61页。
[3] Gary B. Born, *International Arbitration: Law and Practice*, Kluwer Law International, 2012, p. 255.

表 2-1　PICC 核心条款及其调整

PICC 版本	适用方式	核心条款及其调整
1994 年	1. 当事人选择 PICC 作为准据法或将 PICC 条款并入合同内容；2. 当事人约定合同受一般法律原则、现代商人法管辖时可视为选择 PICC 作为准据法；3. 法院或仲裁庭在当事人未选择准据法时将 PICC 确定为裁判依据	合同的订立、合同的效力、合同的解释、合同的内容、合同的履行、合同的不履行
2004 年		新增关于代理权限、债权让与、债务承担、合同整体概括转移、时效期间、第三人权利、抵销、禁反言等规定
2010 年		新增关于恢复原状、合同违反强制性规定、附条件合同、多方债权人和债务人的追索权等内容；修改宣告合同无效的理由、合同终止的情形与后果
2016 年		新增关于长期合同的定义、留有空白内容的合同效力、无固定期限合同的终止等规定；修改定价条款、不可抗力条款、恶意谈判条款、当事人之间的长期合作与相关情势条款等内容

（三）国际合同统一立法路径：CISG 与 PICC 关系论析

通常认为，国际条约与国际惯例是国际民商事统一实体法规范的两类主要法律渊源。《联合国国际货物销售合同公约》（The UN Convention on Contracts for the International Sale of Goods，CISG）是国际合同法中最主要和最具有影响力的文件，CISG 与 PICC 虽然均可调整国际商事合同当事人的权利与义务关系，但是二者存在显著的差异。首先，就法律属性而言，CISG 是由主权国家缔结的国际条约，PICC 则主要被视为法律重述或对商人习惯法进行编纂的产物，二者在制定主体、制定方式及约束力方面具有实质差异。[1]

---

[1] 有学者主张，PICC 引入了除国际商事公约和国际商事惯例之外的第三种渊源——法律重述，从根本上解决了商人法零散、不成体系的状态，使新商人法的发展产生质的飞跃。左海聪主编：《国际商法》，法律出版社 2008 年版，第 72 页。

其次，就适用方式而言，CISG 与 PICC 虽然均具有非强制性，但是 CISG 是排除型（Opt-out）任意性，其原则上具有普遍的约束力，当事人可以通过选择法律来排除公约的适用。[1]而 PICC 是选择型（Opt-in）任意性，其适用直接依赖于当事人意思自治原则，供当事人在订立合同时予以约定，其适用的任意性色彩更强。最后，就法律功能而言，CISG 主要是作为有约束力的法律文件而适用于个案的，而 PICC 的法律功能则涵盖了准据法功能、解释法功能、示范法功能三类。就 PICC 的序言来看，其具有多重功能：既可以作为示范法，成为国内立法的蓝本，也能被法院或仲裁庭用作解释立法或合同的辅助工具，还可以发挥填补国内国际立法漏洞的功能，甚至还能用作当事人起草合同的指南或范本。[2]在部分国际商事仲裁案件中，仲裁庭已将 PICC 作为具有说服力的指导性原则适用。[3]

二、国际商事仲裁法律适用的规范逻辑与实践进路

（一）当事人意思自治原则

19 世纪之后，随着国际贸易的逐步发展，各国商人之间的跨国商事与贸易纠纷频发。对于这类纠纷，商人们不愿诉诸国内司法机关，而是更青睐通过国际商事仲裁方式予以解决。仲裁的广泛运用不但推动了国际商事仲裁程序法的完善，而且也催生了大

---

[1] 合同当事人双方的营业地分别位于公约的不同缔约国境内，在这种情况下，如果当事人双方选择了其他法律作为合同准据法，则公约不再适用于合同关系。但如果双方当事人仅选择适用国际贸易惯例，如《国际贸易术语解释通则》，则并不排除公约的适用，二者相互补充。谢海霞、金晓晨、宋成斌编著：《国际商法》，对外经济贸易大学出版社 2017 年版，第 92 页。

[2] 吴思颖：《国际商事合同法统一化：原理、目标和路径》，法律出版社 2011 年版，第 121 页。

[3] 吴德昌：《〈国际商事合同通则〉法律功能研究》，法律出版社 2011 年版，第 56 页。

量国际商事仲裁机构。[1]相比于国内诉讼，国际仲裁在管辖权、仲裁员选任、法律适用、程序安排等方面，都高度尊重当事人意思自治。就准据法的选择而言，在全球贸易中，双方当事人、仲裁庭组成人员、证人、律师等仲裁程序的参与者往往来自不同的国家。在这种涉及多种法律体系的跨文化背景下，当事人往往不愿意选择某一国家的国内法律作为准据法，而是更倾向于选择不具有国家属性的跨国法律作为准据法。传统上，当事人常选择"国际商法的通用原则""商人法"或类似规范，而PICC的出台，逐步成为国际商事当事人的最佳选择之一。[2]就理论而言，国际私法在多大程度上允许当事人将PICC这类文件作为他们的合同准据法还有待观察，毕竟非国家法的法律属性及域外效力常常存在争论。但就实践而言，相比于法院诉讼，国际仲裁中的法律适用更为宽容和灵活。[3]已有大量案例肯定了当事人在合同中对PICC的选择，但PICC的约束力并不能突破国际条约和特定国家国内法的强制性规定。

（二）国际条约优先适用

有学者曾对国际民事诉讼与国际商事仲裁中的法律适用进行比较，并指出：一国法院有义务适用法院地国家参加或缔结的国际条约，不论其方式如何；而国际商事仲裁庭则没有义务适用仲裁地国家参加或缔结的统一实体法条约。此言不谬，却忽视了国际统一合同法条约在国际商事仲裁中的重要地位。[4]以CISG为例，国际商事仲裁庭判定条约是否适用的标准并非仲裁地国家是

---

[1] 谢怀栻：《外国民商法精要》（第三版），法律出版社2014年版，第43页。

[2] 郑春贤：《商事合同法国际统一化发展研究》，中国商务出版社2016年版，第33页。

[3] 宋连斌：《比照适用抑或特别规定：从国际商事仲裁的法律适用谈起》，载《武汉大学学报（哲学社会科学版）》2004年第6期。

[4] 霍政欣：《国际私法》，中国政法大学出版社2017年版，第338页。

否加入了条约，而是取决于合同的双方当事人营业地是否位于不同的CISG缔约国，或者是否根据国际私法规则导致条约的适用。这意味着，如果当事人之间的争议符合国际条约自身的适用范围，则将自动导致国际条约的优先适用，且条约的适用结果对当事人而言具有约束力。然而，CISG的适用并不排除仲裁庭援引或参考PICC的条款解释国际立法。事实上，PICC的起草过程不仅是借鉴和吸收各国合同立法的过程，也是在各方面对传统国际合同统一法进行突破和创新的过程。例如，关于合同的有效性问题向来是国际统一立法与各国国内立法最为敏感、冲突最为明显的交叉点，这涉及两类相互冲突的利益：一方面，有关合同统一法适用的前提是合同已经推定有效；另一方面，合同无效的法定理由代表了基于公共政策的国内考量，这导致运用国际条约方法统一合同有效性规则极其困难。鉴于此，CISG第4条采取了回避的立场，明确排除适用于合同效力问题。但实践中，合同效力问题对当事人保护交易安全的合理预期非常重要，在整个合同法体系中居于关键地位，如不作明确界定，则不利于国际商事活动的顺利发展。相比之下，国际统一私法协会并未回避这一问题，PICC第2.11条、第2.13条、第3.9条作出了明确的规定，试图尽最大可能消解各国在这方面的立法分歧。从这个角度来看，尽管国际条约可以在国际商事仲裁中优先适用，但是对于条约中存在的"立法空白"及任意性规定，容许当事人通过意思自治或仲裁庭依据自由裁量权进行变通和调整，PICC在某些问题上可以对CISG起到补充、辅助、配合、解释等作用。[1]

（三）仲裁地冲突规范指引

通常认为，仲裁地特指国际商事仲裁在法律意义上的所在

---

[1] 邓旭：《合同法统一化的最新发展——〈国际商事合同通则〉简介》，载《国际商务研究》1996年第3期。

地,在当事人没有特别约定的情况下,仲裁程序应受该地法律的管辖,并受该地法院的监督以及获取相应的司法支持。[1]就我国法律文件而言,《最高人民法院关于适用〈中华人民共和国仲裁法〉若干问题的解释》《中华人民共和国涉外民事关系法律适用法》均赋予了仲裁地重要意义,但是并未以立法条款规范仲裁地的确定方法,仲裁实践中主要尊重当事人的约定或者依据案件所适用的仲裁规则来确定仲裁地,再以仲裁地的相关程序法及实体法作出裁决。以瑞士为例,1989年生效的《瑞士联邦国际私法法规》第12编中系统规定了国际商事仲裁事项,其中第182条规定了仲裁程序的法律适用规则,第187条规定了仲裁实体的法律适用规则。[2]这种法律适用"双轨制"的规定显示了仲裁有别于诉讼的独特性,从而为PICC的适用提供了空间。不过,仲裁地立法中的冲突规范指引并未被各国普遍采纳,在当事人意思自治缺位时,仲裁庭适用冲突规范具有相当大的自由度,可以从下列冲突规范中作出选择:适用仲裁地的冲突规范、适用仲裁员本国的冲突规范、适用仲裁裁决执行地的冲突规范、适用与争议有最密切联系国家的冲突规范、适用仲裁员认为适当的冲突规范等。除此之外,在国际商事仲裁实践中,仲裁庭还可以重叠适用与争议有关的冲突规范、国际私法公约中的冲突规范、交货共同条件中的冲突规范以及国际私法的一般原则。[3]

---

[1] 姜秋菊:《仲裁地的确定及其法律意义》,载《商法》2019年第2期。
[2] 丁伟:《中国国际私法和谐发展研究》,上海社会科学院出版社2009年版,第276页。
[3] 韩健:《现代国际商事仲裁法的理论与实践》(修订版),法律出版社2000年版,第145页。

三、PICC 在国际仲裁中的适用观察

（一）国际商会仲裁院仲裁实践

如 PICC 的序言所言，在当事人未约定其合同所适用的准据法时，裁判机关（包括仲裁庭与法院）可以将 PICC 确定为准据法。即使当事人约定了争议适用的准据法，但所约定的法律（无论国际法抑或国内法）对某类事项无所规定或规定模糊不清时，裁判机关仍然可以将 PICC 作为解释或补充准据法的参考资料。由于序言中的措辞是"可以"而非"应当"，这就赋予了仲裁庭自由裁量权，而此种法律适用方面的自由裁量权将决定 PICC 能否在具体案件中得到适用以及在多大程度上被加以适用。由于法律文化背景存在差异，不同的裁判者在运用此种自由裁量权决定法律适用问题上持有不同的态度和立场，他们有的将 PICC 作为对当事人有约束力的法律规则加以适用，有的将 PICC 作为解释和补充准据法的材料加以适用。这种仲裁实践中的不同做法，引发了当事人"挑选法院"（forum-shopping）行为。在当事人未就法律选择达成一致意见时，希望适用 PICC 的当事人将做出"挑选法院"行为。例如，相比于大多数国家的国内法院及其他的国际仲裁机构，国际商会仲裁院对 PICC 的态度最为友好，据波内尔教授统计，国际商会仲裁院每年至少有 30 起仲裁案件的裁决是依据 PICC 作出的。[1] 在一起国际商会仲裁院仲裁案件中，仲裁庭曾明确指出：相比以 PICC 或基本指导原则为依据，PICC 是由按照系统组织排列的、清楚明确且具体的规则组成的。[2]

在国际商会仲裁院第 8502 号裁决中，一个越南的卖方与荷兰买方缔结了一份购买大米的合同，合同没有法律选择条款，但

---

[1] 刘晓红主编：《国际商事仲裁专题研究》，法律出版社 2009 年版，第 120 页。
[2] Partial Awards in ICC Case No. 7110, 10 (2) ICC Ct. Bull. 39 (1999).

规定适用1990年《国际贸易术语解释通则》和1993年《跟单信用证统一惯例》。仲裁庭认为，约定适用《国际贸易术语解释通则》和《跟单信用证统一惯例》表明当事人的意图是使其合同受贸易惯例和普遍接受的国际商业原则管辖，由于争议与《国际贸易术语解释通则》和《跟单信用证统一惯例》无关，仲裁庭决定适用CISG第76条和PICC第7.4.6条决定损害赔偿额，理由是这两个文件证明了被广泛接受的国际商业惯常做法。

（二）俄罗斯国际仲裁实践

在俄联邦工商会国际仲裁院第229/1996号裁决中，俄罗斯和保加利亚当事人订立了一份货物买卖合同，约定合同争议适用CISG解决。但CISG对本案中所涉的迟延支付罚金问题并无规定，于是仲裁庭决定适用PICC以填补立法空白。仲裁庭认为，适用PICC并不仅仅是因为其序言提及"通则可以用于解释和补充国际法律文件"，还因为PICC的有关规定可以被视为CISG第9条第2款所指的为当事人所广泛知道并为他们所经常遵守的惯例。仲裁庭判定，依据PICC，当事人所约定的每天0.5%的罚金过高，最后仲裁庭确定了一个合理的罚金数额。[1]

（三）瑞典国际仲裁实践

瑞典斯德哥尔摩商会仲裁院第117/1999号裁决涉及的基本案情是：两家中国公司与一家欧洲公司签订了一份技术交流与合作协议，协议规定了严格的保密义务和竞业禁止条款。欧洲公司指责其中一家中国公司违反了上述义务，根据仲裁条款申请索赔。协议中对法律适用问题没有约定，双方分别主张适用各自所属的本国法。根据1999年《瑞典仲裁法》，如当事人未约定实体准据法，有两种途径可供选择：其一，根据可适用的冲突规范确定法

---

[1] 左海聪主编：《国际商法》，法律出版社2008年版，第69页。

律适用;其二,无须仲裁庭通过冲突规范迂回决定准据法即可直接确定法律适用。相比之下,前一种方案更具可预测性,但是部分瑞典学者质疑,仲裁庭或仲裁机构在确定仲裁地时,瑞典冲突法是否适用并不确定,国际仲裁中倾向于不使仲裁地法对法律适用产生决定性影响。[1]本案中,仲裁庭根据仲裁规则第24条第1款的规定,在当事人未选择法律的情况下,仲裁庭应适用它认为最适当的法律规则。仲裁庭认为,当事人对其他事宜均作了详尽的约定,唯独对法律适用问题未作约定,如果对于法律适用产生争议,所选择的应是能够充分且合理保护正常商人利益的法律。考虑到PICC充分反映了大多数发达国家商业关系的基本原则并且能够为当事人提供保护,仲裁庭决定将主要依据PICC裁决争议,只有在PICC未作规定时,才考虑适用国内法,即中立的瑞典法。[2]

四、PICC在中国仲裁中的适用检视

(一) 中国国际仲裁法律适用的现行立法

现代商人法在国际商事仲裁中的广泛适用是国际商事仲裁实体法适用的大势所趋。[3]在我国的立法、司法及仲裁实践中,总体上是允许适用商人习惯法的。2023年12月5日,最高人民法院发布了《关于审理涉外民商事案件适用国际条约和国际惯例若干问题的解释》,该解释自2024年1月1日起施行,其允许当事人在合同中援引国际条约确定相关的权利义务。从宽泛意义上理解,此处可以选择的法律范围既涵盖国际法,也涵盖国内法,既涵盖成文法和有约束力的法律体系,也包括了习惯法规则和国际

---

〔1〕 [美] 拉斯·休曼:《瑞典仲裁法:实践和程序》,顾华宁译,法律出版社2012年版,第523页。

〔2〕 左海聪主编:《国际商法》,法律出版社2008年版,第70页。

〔3〕 寇丽:《现代国际商事仲裁法律适用问题研究》,知识产权出版社2013年版,第164页。

软法，因此能够将 PICC 涵盖其中。此外，《中华人民共和国海商法》《中华人民共和国民用航空法》《中华人民共和国票据法》也有类似的国际惯例补缺适用条款。

（二）仲裁规则对法律适用的调整与变通

2024 年《中国国际经济贸易仲裁委员会仲裁规则》第 52 条规定：仲裁庭应当根据事实和合同约定，依照法律规定，参考国际惯例，公平合理、独立公正地作出裁决。当事人对于案件实体适用法有约定的，从其约定。当事人没有约定或其约定与法律强制性规定相抵触的，由仲裁庭决定案件实体应适用的法律或法律规则。2022 年《北京仲裁委员会/北京国际仲裁中心仲裁规则》第 69 条规定：仲裁庭应当根据当事人选择适用的法律对争议作出裁决。除非当事人另有约定，选择适用的法律系指实体法，而非法律冲突法。当事人未选择的，仲裁庭有权根据案件情况确定适用的法律。简言之，在中国进行国际商事仲裁时，法律适用的逻辑基本上是当事人意思自治原则与仲裁庭决定相结合的模式，这对 PICC 在中国仲裁中的适用是有益的。一方面，PICC 是对商人之间跨国交往所形成的国际惯例进行的系统编纂和重述，可以理解为国际惯例的范畴而被仲裁庭参考；另一方面，PICC 亦可经由当事人选择或由仲裁庭依裁量权决定而被适用。

（三）典型案例中适用 PICC 的实践

2004 年，一家瑞士贸易公司与一家中国钢铁进口商签订了买卖冷轧不锈钢薄板的供货协议。在合同约定的交货日期到来之前，被申请人告知申请人他将不履行合同义务，因为其不得不按照另一方签订在先的合同将这批货物转售给另外一个中东地区的消费者，双方遂产生纠纷。申请人对此提出了仲裁请求，要求被申请人向申请人赔偿违约行为所造成的损失。关于本案合同争议所适用的准据法，当事人并未明确约定。仲裁庭认定，由于双方当事人的营业地分别处于 CISG 的不同缔约国，案件应属于 CISG 的适用范围。然而，由于该公约并非一个无所不包的完美法典，公约条款必须结合其他可适用的国内法规定方可准确适用，而由于双方当事人在合同中约定了以中国作为仲裁地，这可以视为当事人默示选择了中国法作为准据法。在答辩中，被申请人指出，合同中存在一条关于违约金的条款，该条规定：如果卖方撤销了合同或者非因不可抗力而未能根据合同交货，则卖方应当按每公吨 2 美元的比例向买方支付罚金，且卖方除此之外不需要再支付额外的赔偿金。据此，卖方认为双方当事人约定的这一违约金条款已经确定了违约索赔的固定金额，申请人无权再提出额外的索赔主张。简言之，依据卖方的观点，尽管 CISG 第 74 条规定违约方有义务支付对另一方造成的全部损失，但是因为双方当事人在合同中对违约金的支付比例已经作出了明确的约定，所以申请人可索赔的金额仅限于合同中的约定，而不论其实际遭受的损失究竟高于还是低于约定的赔偿金额。对此，仲裁庭并未支持被申请人的这一抗辩理由，而是引述了西格·艾泽伦（Sieg Eiselen）教授关于这一问题的意见，他指出：鉴于各国国内立法中关于这一问题的差异和分歧巨大，CISG 的起草者是有意不对违约金条款及罚金条款作出规定的，这一漏洞不能通过 PICC 第 7.4.13 条进行填补，而只能求助于其他可适用的国内法规则。继而，仲裁庭援引了 1999 年《中华人民共和国合同法》第 114 条第 2 款，依据该条，如果当事人约定的违约金低于非违约方遭受的实际损失，任何一方都可以请求法院或仲裁庭对违约金予以增加。在本案中，申请人所实际遭受的损失要远远高于当事人在合同中约定的违约金支付标准，因此有必要对赔偿金额予以适当增加。[1]

---

[1] UNILEX, "Instruments, Cases and Bibliography", available at http://www.unilex.info/case.cfm?id=1355, last visited on 2022-3-22.

值得一提的是，本案中仲裁庭拒绝适用 PICC 的理由并非无懈可击：一方面，默示选择理论难以令人信服，在现代国际仲裁中，选择仲裁地并不等于默示地选择仲裁地国内法作为准据法，如果仲裁庭坚持适用中国国内法作为准据法，似乎通过仲裁规则的法律适用条款援引最密切联系原则是更为妥当的路径；另一方面，漏洞填补理论极具迷惑性，PICC 的存在本身就是为了调和各个法域国内立法的差异，而仲裁庭却指出 PICC 在漏洞填补方面不及国内法，这实在令人费解。

2007 年，在一起由中国当事人与韩国当事人签订的国际货物买卖合同引发的国际商事纠纷中，一方当事人根据合同中的仲裁条款向中国国际经济贸易仲裁委员会提起了仲裁申请。在仲裁庭审程序中，申请人援引了 2004 年 PICC 第 7.4.2 条，试图据此向对方主张完全的损害赔偿。由于本案双方当事人并未运用意思自治原则选定合同准据法，而韩国并非 CISG 的缔约国，CISG 不予适用，仲裁庭根据最密切联系原则确定中国法应作为实体争议的准据法予以适用。此外，仲裁庭还在裁决中将 PICC 界定为国际惯例，并指出只有在案件所适用的国内法没有相关规定的情况下，才能补缺适用国际惯例裁判案件。由于本案中所涉的争议焦点在准据法中已经有非常明确的规定，仲裁庭认定 PICC 不具有可适用性。[1] 换言之，仲裁庭拒绝适用 PICC 的理由是可适用的国内法应当优先于国际惯例，而 PICC 属于国际惯例，因此中国法应予以优先适用，不存在适用 PICC 的空间。笔者认为，一方面，本案仲裁庭对 PICC 的定性存在偏差，另一方面，即便案件准据法为中国国内法，PICC 仍然具有解释国内法的功能。换言之，本案仲裁庭似乎并未意识到 PICC 兼具准据法、解释法、示

---

[1] UNILEX, "Instruments, Cases and Bibliography", available at http://www.unilex.info/case.cfm? id=1355, last visited on 2022-3-22.

第二章 现状论：中国仲裁服务市场的对外开放

范法等多重功能。

在一起法国当事人与中国当事人的纠纷中，双方未选择准据法，但双方的营业地分别位于不同的 CISG 缔约国，鉴此，仲裁庭认定应适用 CISG。在案涉延期支付引发的利息计算问题上，法国当事人主张适用 PICC，而仲裁庭拒绝了这种主张，理由是：PICC 既不是国际公约，当事人也没有在合同中选择适用 PICC，仲裁庭缺乏适用 PICC 的法律或合同理由。然而，匪夷所思的是，仲裁庭虽然否决了法国当事人的主张，但是事实上适用了 PICC 的条款，并称此种适用为"参考性适用"。[1] 详查此案，不难发现，仲裁庭试图证明其并不受 PICC 的约束，却事实上适用了 PICC，这产生了难以克服的矛盾，于是便只得求诸"参考"与"适用"二者的措辞差异。但从长远来看，本案仲裁庭并没有授予自身适用跨国法律规范（如 PICC）的充分自由，反倒束缚了自身在法律适用方面的权限。

事实上，仲裁庭通过在个案中适用 PICC，不仅赋予了 PICC 准据法的效力，而且从规范发展的角度审视，也有助于将 PICC 从"软法"转变为有约束力的"硬法"，并且可以促进国际合同法统一化的不断升级。相比之下，国际商会仲裁院仲裁庭在大量案件中积极适用了 PICC，而根据外国法与比较法研究中心数据库（UNILEX）的统计，目前以中国国际经济贸易仲裁委员会为代表的中国仲裁机构及中国仲裁庭仅在上述三起案件中提及了 PICC，可见 PICC 并没有引起中国仲裁界的足够重视。[2] 从适用的效果来看，中国国际经济贸易仲裁委员会的仲裁庭在前文引述的三起

---

[1] Manjiao Chi, "Application of the UNIDROIT Principles in China: Successes, Shortcomings and Implications", *Uniform Law Review*, Vol. 15, No. 1, 2011, p. 29.

[2] Manjiao Chi, "Application of the UNIDROIT Principles in China: Successes, Shortcomings and Implications", *Uniform Law Review*, Vol. 15, No. 1, 2011, p. 10.

案件中对 PICC 秉持了保守的态度，有时甚至是相互对立的态度，尽管按照现行的中国国内法律体系不能判定这些裁判是否偏离立法，但这些案件的确与以国际商会仲裁院为代表的国际仲裁庭存在一定的差距。为了提升中国仲裁的国际化水平，在仲裁立法及仲裁规则修订的过程中，有必要进一步探索 PICC 在中国涉外仲裁中适用的一般规律，尽量使该领域朝着稳定和可预见的方向发展。

第四节　中国商事争议解决的新发展

一、《民法典》对仲裁制度的创新与调整

2020 年 5 月颁布并自 2021 年 1 月 1 日起实施的《中华人民共和国民法典》（以下简称《民法典》）是中国首部调整民商事法律关系的法典。《民法典》是新中国第一部以"法典"形式命名的立法，开创了我国法典编纂的先河。它既对我国现行相关民事法律进行了合并、整理和重述，也根据形势发展需要作出了创新规定。《民法典》的核心任务之一是为市场经济提供完备的市场交易规则。仲裁是市场主体解决因市场交易产生纠纷的重要方法之一，《民法典》的规定与仲裁工作也息息相关。

首先，《民法典》在法律分类上属于典型的实体法。对于我国当事人之间不具有涉外因素的国内商事仲裁，仲裁庭在审理争议时，原则上应当以《民法典》作为实体法予以适用；在涉外商事仲裁中，当事人可以约定适用《民法典》，没有约定的，仲裁庭可以根据冲突规范决定是否适用《民法典》；在境外进行的仲裁程序中，当事人可以约定、仲裁庭也可以根据案情决定适用我国内地的《民法典》作为解决争议的实体法。

其次，《民法典》在未来的仲裁中将发挥越来越重要的作用。

具言之，在法律规定的可仲裁事项范围内，《民法典》各条文均有可能与仲裁有关联，在仲裁中得以解释和适用。通过检索《民法典》1260个条文，其中直接显示有"仲裁"字样的规定共有18个条文，这些条文可以分为四类（见表2-2）。

表2-2 《民法典》中与仲裁有关的四类规范及其条款序号

类型	内容	《民法典》条款序号
第一类	仲裁可作为特定争议解决方法的规定	第229条、第233条、第944条
第二类	关于仲裁时效的规定	第195条、第198条、第594条、第694条
第三类	仲裁机构对特定争议有裁判权的规定	第147条、第148条、第149条、第150条、第151条、第533条、第565条、第580条、第585条
第四类	在先仲裁作为一般保证人承担保证责任的规定	第687条、第693条

第一类：仲裁可作为特定争议解决方法的规定（第229条、第233条、第944条）。

在涉及民事法律关系的争议解决方式中，协商、调解、仲裁和诉讼是常用的四种争议解决方法。鼓励当事人通过多元化纠纷解决机制来化解纠纷的思想，在原《中华人民共和国合同法》第128条中表达得最为直白："当事人可以通过和解或者调解解决合同争议。当事人不愿和解、调解或者和解、调解不成的，可以根据仲裁协议向仲裁机构申请仲裁。涉外合同的当事人可以根据仲裁协议向中国仲裁机构或者其他仲裁机构申请仲裁。当事人没有订立仲裁协议或者仲裁协议无效的，可以向人民法院起诉……"在《民法典》施行、《中华人民共和国合同法》废止后，仲裁作为主要的争议解决方式的法律地位并没有因此受到影响。这是因为，《民法典》是实体法，它并不会取代仲裁法、民事诉讼法等程序性法律。《中华人民共和国仲裁法》第2条明确规定："平等主体的公民、法人和其他组织之间发生的合同纠纷和其他财产权益纠纷，可以仲裁。"

但是，对于物权纠纷和物业服务纠纷等近年来出现的新类型的纠纷能否仲裁的问题，社会公众存在一定的疑虑。为此，《民法典》第229条、第233条和第944条第2款专门就此作出了规定，达到了释疑解惑的效果。根据这三条的规定，有关物业纠纷和物业服务纠纷，可以交付仲裁解决；仲裁机构出具的法律文书，有物权变动的效力。

表2-3 《民法典》中涉及物权纠纷仲裁解决的条文

《民法典》条文	规定
第229条	因人民法院、仲裁机构的法律文书或者人民政府的征收决定等，导致物权设立、变更、转让或者消灭的，自法律文书或者征收决定等生效时发生效力。
第233条	物权受到侵害的，权利人可以通过和解、调解、仲裁、诉讼等途径解决。
第944条第2款	业主违反约定逾期不支付物业费的，物业服务人可以催告其在合理期限内支付；合理期限届满仍不支付的，物业服务人可以提起诉讼或者申请仲裁。

需要注意的是，即便《民法典》允许物权纠纷和物业服务纠纷通过仲裁方式解决，根据《中华人民共和国仲裁法》第4条的规定，仲裁也须以存在仲裁协议为前提。

第二类：关于仲裁时效的规定（第195条、第198条、第594条、第694条）。

第二章 现状论：中国仲裁服务市场的对外开放

仲裁时效规定于《民法典》之中，其本身就具有深刻寓意。在不同法域，向来存在仲裁时效属于程序性问题还是实体性问题的分歧。如果仲裁时效属于程序性问题，仲裁庭有权主动以诉求超过仲裁时效为由决定诉求的不可受理性或者予以驳回；如果仲裁时效属于实体性问题，则仲裁庭必须尊重当事人的请求权，考虑仲裁时效要以当事人提出了有关仲裁时效的抗辩为基础，仲裁庭不宜主动考虑当事人的诉求是否超过了仲裁时效。《民法典》继承了我国仲裁和司法实践的传统，将仲裁时效规定于实体法中，表明在我国的法律体系中，仲裁时效被视为实体问题而非程序问题。《最高人民法院关于审理民事案件适用诉讼时效制度若干问题的规定》第2条规定："当事人未提出诉讼时效抗辩，人民法院不应对诉讼时效问题进行释明。"在我国仲裁中，仲裁庭有必要参考最高人民法院的这一司法解释，以同样的方法处理仲裁时效问题。

表2-4 《民法典》中涉及仲裁时效的四个条款

《民法典》条文	规定
第195条	有下列情形之一的，诉讼时效中断，从中断、有关程序终结时起，诉讼时效期间重新计算：（一）权利人向义务人提出履行请求；（二）义务人同意履行义务；（三）权利人提起诉讼或者申请仲裁；（四）与提起诉讼或者申请仲裁具有同等效力的其他情形。
第198条	法律对仲裁时效有规定的，依照其规定；没有规定的，适用诉讼时效的规定。
第594条	因国际货物买卖合同和技术进出口合同争议提起诉讼或者申请仲裁的时效期间为四年。

续表

《民法典》条文	规定
第694条	一般保证的债权人在保证期间届满前对债务人提起诉讼或者申请仲裁的，从保证人拒绝承担保证责任的权利消灭之日起，开始计算保证债务的诉讼时效。连带责任保证的债权人在保证期间届满前请求保证人承担保证责任的，从债权人请求保证人承担保证责任之日起，开始计算保证债务的诉讼时效。

仲裁时效的主要功用是让怠于行权的当事人丧失胜诉权，其重要性不言而喻，故而常常成为仲裁当事人在仲裁前期揭幕战中的攻防战场。在仲裁实践中，适用类似《民法典》第195条关于"申请仲裁"的规定经常会引起理解上的差异。主要的争论点是，"申请仲裁"指的是仲裁申请人向仲裁机构提交仲裁申请书的单个行为，还是指仲裁申请人完备整个仲裁申请手续的系列行为？对此，有必要结合具体案件所适用的仲裁规则来综合考虑。以《中国国际经济贸易仲裁委员会仲裁规则》（2024年版）为例。该规则第11条规定："仲裁程序自仲裁委员会仲裁院收到仲裁申请书之日起开始。申请人向仲裁委员会书面提交申请及/或通过仲裁委员会网上立案系统申请仲裁的，仲裁程序开始于最先收到的日期。"单以本条而论，仲裁申请人向仲裁机构提交仲裁申请书的单个行为似乎就足以导致仲裁程序的开始，可以理解为构成仲裁时效中断的"申请仲裁"事由。但是，该规则第13条第3款又补充规定："仲裁委员会仲裁院经审查认为申请仲裁的手续不完备的，可以要求申请人在一定的期限内予以完备。申请人未能在规定期限内完备申请仲裁手续的，视同申请人未提出仲裁申请；申请人的仲裁申请书及其附件，仲裁委员会仲裁院不予留存。"据此，如果仲裁申请人提交的申请文件不符合规则要求，或者申请人没有足额缴纳仲裁费预付金，其仲裁手续不完备，可

"视同申请人未提出仲裁申请",即便申请人提交了仲裁申请书,也无法满足《民法典》中"申请仲裁"的默示条件,不构成仲裁时效中断的事由。

第三类:仲裁机构对特定争议有裁判权的规定(第 147 条、第 148 条、第 149 条、第 150 条、第 151 条、第 533 条、第 565 条、第 580 条、第 585 条)。

仲裁具有契约性和国家授权性的双重属性,在《民法典》中明确仲裁庭对一些可能产生歧义的特定问题的裁判权有助于消除分歧,平衡司法机关和仲裁机关的权力分配,容许当事人事前在仲裁和诉讼两种法律争端解决手段中作出理性选择。《民法典》将司法机关和仲裁机关平等对待,规定在涉及重大误解、欺诈、胁迫、显失公平、情势变更、合同解除、合同终止、违约金调整等争议处理中,仲裁机构和人民法院同样有对相应请求的确认权、裁判权。

表 2-5 《民法典》中涉及确认权、裁判权的条款

《民法典》条文	规定
第 147 条	基于重大误解实施的民事法律行为,行为人有权请求人民法院或者仲裁机构予以撤销。
第 148 条	一方以欺诈手段,使对方在违背真实意思的情况下实施的民事法律行为,受欺诈方有权请求人民法院或者仲裁机构予以撤销。
第 149 条	第三人实施欺诈行为,使一方在违背真实意思的情况下实施的民事法律行为,对方知道或者应当知道该欺诈行为的,受欺诈方有权请求人民法院或者仲裁机构予以撤销。
第 150 条	一方或者第三人以胁迫手段,使对方在违背真实意思的情况下实施的民事法律行为,受胁迫方有权请求人民法院或者仲裁机构予以撤销。

续表

《民法典》条文	规定
第 151 条	一方利用对方处于危困状态、缺乏判断能力等情形，致使民事法律行为成立时显失公平的，受损害方有权请求人民法院或者仲裁机构予以撤销。
第 533 条	合同成立后，合同的基础条件发生了当事人在订立合同时无法预见的、不属于商业风险的重大变化，继续履行合同对于当事人一方明显不公平的，受不利影响的当事人可以与对方重新协商；在合理期限内协商不成的，当事人可以请求人民法院或者仲裁机构变更或者解除合同。人民法院或者仲裁机构应当结合案件的实际情况，根据公平原则变更或者解除合同。
第 565 条	当事人一方依法主张解除合同的，应当通知对方。合同自通知到达对方时解除；通知载明债务人在一定期限内不履行债务则合同自动解除，债务人在该期限内未履行债务的，合同自通知载明的期限届满时解除。对方对解除合同有异议的，任何一方当事人均可以请求人民法院或者仲裁机构确认解除行为的效力。当事人一方未通知对方，直接以提起诉讼或者申请仲裁的方式依法主张解除合同，人民法院或者仲裁机构确认该主张的，合同自起诉状副本或者仲裁申请书副本送达对方时解除。
第 580 条	当事人一方不履行非金钱债务或者履行非金钱债务不符合约定的，对方可以请求履行，但是有下列情形之一的除外：（一）法律上或者事实上不能履行；（二）债务的标的不适于强制履行或者履行费用过高；（三）债权人在合理期限内未请求履行。有前款规定的除外情形之一，致使不能实现合同目的的，人民法院或者仲裁机构可以根据当事人的请求终止合同权利义务关系，但是不影响违约责任的承担。
第 585 条第 2 款	约定的违约金低于造成的损失的，人民法院或者仲裁机构可以根据当事人的请求予以增加；约定的违约金过分高于造成的损失的，人民法院或者仲裁机构可以根据当事人的请求予以适当减少。

人民法院和仲裁机构行使上述九个条文涉及的确认权、裁判权都必须经由一方当事人提出实体请求后，方可进行。换言之，仲裁员和法官不得在上述九个条文所涉情境中主动依职权行使确认权和裁判权。仲裁员违反此规定有可能导致越权裁决甚至裁决违反实体性公共政策。

第四类：在先仲裁作为一般保证人承担保证责任的规定（第687条、第693条）。

《民法典》将保证责任划分为一般保证责任和连带保证责任。当事人在保证合同中约定，债务人不能履行债务时，由保证人承担保证责任的，为一般保证。连带保证是当事人在保证合同中约定保证人和债务人对债务承担连带责任的一种担保方式。一般保证的担保力度相对较弱，一般保证中的保证人享有先诉抗辩权，其负担也就相对较轻。而连带保证中的债务人没有先诉抗辩权，担保力度较强，保证人的负担相对较重。为了使一般保证中保证人的责权平衡，《民法典》将主合同纠纷是否经过了法律程序（仲裁或诉讼）作为保证人是否承担保证责任的杠杆之一。

表2-6 《民法典》中涉及在先仲裁作为一般保证人承担保证责任的条款

《民法典》条文	规定
第687条第2款	一般保证的保证人在主合同纠纷未经审判或者仲裁，并就债务人财产依法强制执行仍不能履行债务前，有权拒绝向债权人承担保证责任，但是有下列情形之一的除外：（一）债务人下落不明，且无财产可供执行；（二）人民法院已经受理债务人破产案件；（三）债权人有证据证明债务人的财产不足以履行全部债务或者丧失履行债务能力；（四）保证人书面表示放弃本款规定的权利。

续表

《民法典》条文	规定
第693条第1款	一般保证的债权人未在保证期间对债务人提起诉讼或者申请仲裁的，保证人不再承担保证责任。

按照上述两个条文的立法主旨进行理解，协商和调解虽然也是解决纠纷的方法，但因其缺乏严格适用法律和依法裁判的特性，显然不是《民法典》所认可的令保证人担责的杠杆。在保证人的先诉抗辩权中，唯有主合同纠纷是否经过了仲裁或诉讼是可用的武器。不言而喻，主合同纠纷如需仲裁，也以存在仲裁协议为前提。

值得关注的是，虽然《民法典》有效融合了原《中华人民共和国合同法》体系下与仲裁有关的内容，却没有将原《中华人民共和国合同法》第128条予以适当吸收，而是直接作删除处理。原《中华人民共和国合同法》第128条曾明确规定了合同争议的多元化、多层次解决方式以及争议解决的优先顺位，即当事人可以通过协商、调解、仲裁或诉讼解决争议；协商、调解不成的，可以依据仲裁协议将争议提交仲裁机构申请仲裁；没有仲裁协议或仲裁协议无效的，则可向人民法院提起诉讼。这一规定为合同当事人在商业交易时选择符合需求的争议解决方式提供了有益指引，而这些指引和政策事关我国仲裁的基础和原则。《民法典》颁布后，《中华人民共和国合同法》废止，却没有考虑纳入上述基础原则。我们猜测其中有两个可能的原因：一是可能与我国签署加入《联合国关于调解所产生的国际和解协议公约》（即《新加坡调解公约》）有关。我国于2019年8月7日正式签署《新加坡调解公约》，该公约旨在解决跨境执行国际商事调解所达成的和解协议。考虑到我国目前与商事调解相关的立法付之阙如，《新加坡调解公约》在我国的落地实施需要国内特别立法与之配套。因此,《民法典》先将相关规定留白,待进一步立法解决,同时亦可避免新法与《民法典》总原则之间发生冲突。二是考虑到我国经济发展和改革不断加深,我国法治系统也与时俱进,力争达到国际标准。而尊重当事人意思自治应为未来法治之导向。原《中华人民共和国合同法》第128条的部分规定已不适应目前商事仲裁和调解的需求。例如,最高人民法院国际商事法庭的"一站式"服务平台相关规定允许当事人可先选择诉讼解决争议,之后仍可寻求仲裁和调解安排。该规定与原《中华人民共和国合同法》第128条之间已然存在一定冲突,因此有待新法予以进一步调整。

二、仲裁配套的组织机制日渐健全

(一)北京国际商事法庭

2021年12月28日,北京国际商事法庭正式成立。这是全国第二个在地方设立的国际商事法庭。据悉,北京市第四中级人民法院自2018年起,集中管辖北京市第一审涉外商事案件、仲裁司法审查案件及司法协助类案件。自集中管辖北京市涉外商事案件和仲裁司法审查案件以来,该院着力强化涉外商事案件审判职能,创新审理机制,审理各类涉外商事案件6000余件,涉及60余个国家和地区,成为全国涉外商事审判的重要力量,也为北京国际商事法庭的设立积累了经验、奠定了基础。经最高人民法院批复,同意在北京市第四中级人民法院设立北京国际商事法庭,作为专门审理涉外商事案件的机构。

展望未来,北京国际商事法庭将充分发挥北京市在法律行业和国际仲裁等方面的突出优势,紧密结合"一带一路"建设、更高水平对外开放和北京"两区"建设、京津冀协同发展要求,深入实施涉外商事审判精品战略,强化审判精细化管理,依法及时公正审理国际商事案件，着力提高涉外商事纠纷解决能力，为中外当事人提供公开参与竞争、同等受法律保护的市场环境。

在支持打造国际商事仲裁中心方面，最高人民法院与北京法院的做法将对全国其他地区产生积极的示范效应和引领作用。特别是立足于北京国际交往中心的功能定位，打造北京国际仲裁中心的过程中，将坚持首善标准，拓展国际视野、对标国际一流，加强国际法研究和应用，深入实施涉外商事的审判精品战略，加强涉外法制人才培养，深化国际私法交流合作，推动涉外审判体系和审判能力现代化，这些正是国际商事仲裁中心建设中最重要的因素。最高人民法院明确表示，其将持续加强对北京"两区"建设的司法服务和保障，支持北京打造面向世界的国际商事仲裁中心，指导北京法院加强国际商事审判工作，支持北京整合国际一流纠纷解决资源。为了加快推进国际商事仲裁中心建设，北京法院将充分发挥首都涉外法制学术研究以及人才资源的优势，加强与高校科研机构合作，加强涉外审判机制创新、涉外审判理论研究和涉外审判人才的培养，形成可复制、可推广的经验，在全国法院发挥示范引领作用。

在2021年召开的第一届中国国际服务贸易法律论坛上，司法部副部长熊选国表示：积极打造中国仲裁国际品牌，努力建设面向全球的国际仲裁新目的地。特别是要认真贯彻落实习近平总书记关于仲裁工作的重要指示精神，不断完善仲裁制度、提高仲裁公信力，注重培育一批国际一流的仲裁机构，把涉外法治保障和服务工作做得更有成效。自1995年仲裁法实施以来，中国共设立270多家仲裁机构，办理仲裁案件400余万件，涉案标的额5万多亿元，案件当事人涉及100多个国家和地区。目前，司法部正在推动修订完善我国仲裁立法，着力完善具有中国特色并达到国际标准的仲裁法律制度，加快构建更加系统完备的涉外法律体系。打造北京国际仲裁中心，需要精准对标国际先进水平，适应现代国际经济贸易发展需求，进一步加大仲裁服务改革开放力度。北京要充分发挥商事服务法律资源数量多、能力强的优势，以仲裁为突破点打造国际商事法律服务新高地，从政策扶持、机构改革、人才培养等多方面着手，有效提升国际仲裁服务水平，不断赢得国内外商事主体的认可。

（二）国际商事争端预防与解决组织成立并运行

2020年10月15日，国际商事争端预防与解决组织在北京正式宣布成立。该组织是第二届"一带一路"国际合作高峰论坛成果清单中的一项，其属于非政府间、非营利性国际组织。该组织由中国国际贸易促进委员会、中国国际商会根据"共商共建共享"的理念，联合有关国家商协会、法律服务机构等共同发起设立。亚洲、欧洲、非洲、北美洲和南美洲20多个国家和地区的45家商协会、法律服务机构和高校智库等均共同参与了该组织的发起设立。

国际商事争端预防与解决组织旨在构建一站式、全链条、多元化的争端解决机制，提供从争端预防到争端解决的相关商事法律服务。该组织的成立将有效促进"一带一路"参与国在司法层面进行合作，共同构建争端解决国际对话通道，进一步提升我国国际营商环境，实现多方共赢。

多国共同参与设立国际商事争端预防与解决组织，具有重大意义。这意味着国际社会已形成共识，高度关注争端预防在整个争端解决中的作用和影响力。但是，考虑到争端预防机制具有多样性和复杂性，如何公平、有效地运行该机制，仍需各参与国进一步协商后安排制度设计。因此，该组织具体将如何运作、国际争端预防工作如何开展、各国之间如何协调并参与相关工作，以及该组织是否与国际商事法庭等已经建立的国际商事争端解决体系整合和衔接等问题，有待相关部门制定详细司法解释或其他指引文件。

三、构建国际商事仲裁中心需要努力的方向

尽管我国已经具备建设成为国际商事仲裁中心的基础条件，但是，将我国建设成为国际商事仲裁中心是一项复杂的系统工程，既需要在仲裁法治建设、仲裁文化培育、仲裁理念普及等方面进行长时期的投入，也离不开社会各有关方面的共同努力。

```
                          ┌─ 进一步完善仲裁法律制度
                          │
                          ├─ 努力营造良好的仲裁司法环境
                          │
建设国际商事仲裁中心的方向 ─┼─ 着力扶持有竞争力的涉外仲裁机构
                          │
                          ├─ 积极引导国内仲裁机构加强自身建设
                          │
                          ├─ 大力推广仲裁制度并普及仲裁理念
                          │
                          └─ 全面加强仲裁员队伍建设和人才培养
```

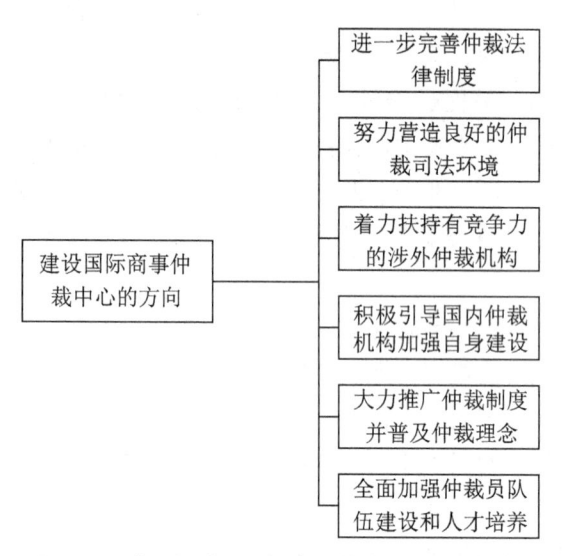

图 2-2　中国打造国际商事仲裁中心的努力方向

第一，要进一步完善仲裁法律制度，更好地体现当事人意思自治、程序灵活高效、司法支持仲裁等仲裁基本理念，充分发挥仲裁立法对仲裁业发展的引领、推动和保障作用，为国际商事仲裁中心建设奠定坚实的法律基础。

第二，要努力营造良好的仲裁司法环境，尊重仲裁的基本特

点和自身规律,进一步规范仲裁裁决撤销和不予执行程序,统一司法监督尺度,依法维护仲裁权威,给予仲裁以"最大程度的支持和最低程度的干预",增强各国当事人选择在中国仲裁的信心。

第三,要着力扶持有竞争力的涉外仲裁机构,通过创新体制机制,调动涉外仲裁机构融入市场谋发展的主动性和积极性,创造条件支持其参与国际仲裁市场竞争,在竞争中做大做强。

第四,要积极引导国内仲裁机构加强自身建设,恪守正确的仲裁理念,不断提高仲裁质量和效率,确保仲裁的独立性、公正性和权威性,进一步提升国际影响力,打造"中国仲裁"的国际品牌。

第五,要大力推广仲裁制度并普及仲裁理念,弘扬仲裁与调解相结合的中国仲裁特色,宣传中国仲裁成本低、高效快捷、裁决质量高等优势,提升企业通过仲裁方式防范和化解法律风险的能力和水平,吸引更多企业在我国仲裁。积极参加联合国国际贸易法委员会和国际商事仲裁理事会等组织的工作,深入参与有关国际规则的制定,争取更多制度性话语权。

第六,要全面加强仲裁员队伍建设和人才培养,打造一批德才兼备、精通仲裁业务的国际化高端仲裁人才。培养具有国际视野、通晓国际法律规则、善于处理涉外法律事务的涉外法治人才。为了打造国际商事仲裁中心,在"修炼内功"的同时,有必要适当地"巧借外力",积极吸引国际一流的仲裁机构、国外权威的国际仲裁专家加入我国的仲裁员队伍,夯实我国仲裁业发展的人才基础。

本章小结

改革开放以来,党中央高度重视仲裁事业发展,我国各级人民法院亦大力支持仲裁事业发展。经过长期的实践积累，我国的仲裁事业，尤其是涉外仲裁事业已经有了长足的发展。此种发展和进步不仅体现在硬实力上，还体现在软实力上。具言之，在硬实力方面，我国的仲裁受案量持续攀升，仲裁机构的数量和仲裁员的人数也在增加，以中国国际经济贸易仲裁委员会、中国海事仲裁委员会、北京仲裁委员会、深圳国际仲裁院、上海国际经济贸易仲裁委员会等为代表的仲裁机构在国际影响力方面有了显著提升。在软实力方面，中国的仲裁立法经历了从无到有的过程，各个仲裁机构在办案实践中经过不断摸索、对标国际通行标准，塑造了与国际主流实践接轨的仲裁规则，并且这些仲裁规则能够与时俱进地不断更新，以最高人民法院为代表的我国司法机关在仲裁司法审查方面锐意进取、主动作为，不仅发布了一系列涉及仲裁协议效力认定、国内仲裁裁决撤销、外国仲裁裁决承认及执行的司法解释，而且通过实施仲裁司法审查的内部报核制，最高人民法院在个案当中审慎地行使仲裁司法审查权。特别是近年来，内地与香港特区在跨境仲裁的司法合作方面取得了新突破，最高人民法院立足新时代、把握新形势，围绕建立"一带一路"国际商事争端解决机制的目标，聚焦建设最高人民法院国际商事法庭和"一站式"国际商事纠纷多元化解决平台，推动多元化纠纷解决体系建设成果显著。此外，在国际社会的多方共同支持和广泛参与下，国际商事争端预防与解决组织于2020年在北京正式成立，这进一步提升了中国在国际商事仲裁方面的影响力。总体而言，我国的仲裁事业发展，无论是在法律制度完善方面，还是在仲裁机构品牌塑造方面，抑或在仲裁员的培养方面，都有了显著的提升，这为我国打造国际商事仲裁中心奠定了扎实的基础。

第三章
要素论：国际商事仲裁中心的制度建设

本章提要

要将中国打造为国际商事从业者优选、首选的仲裁目的地，在很大程度上依赖于配套的仲裁法律制度和争议解决制度是否完善。打造国际商事仲裁中心，法律制度是先导。需要指出的是，与国际商事仲裁有关的制度，并不能狭隘地理解为仅仅是指仲裁法本身，还需要进一步拓宽视野，将目光投向整个国际商事争议解决的流程中进行审视和思考。例如，当仲裁协议或仲裁程序遭到当事人的背弃时，是否存在相应的制度对仲裁协议加以执行或对仲裁程序加以保障。再如，对于国际航运实践中常见的提单管辖权条款和提单仲裁条款，其效力应如何加以认定，需要从制度和实践中找到合理的回应。又如，对于具有涉外因素的案件，如果当事人业已约定了在中国仲裁，但国外法院仍然不遗余力地行使"长臂管辖"权时，我国的制度能否给予强有力的回应。在国际商事案件与多个国家具有法律上的联系时，极易引发诉讼竞合或平行诉讼的现象，能否运用不方便法院原则予以驳回，也会关系到争议解决场所的确定。本章将从四个颇具典型性的具体法律制度入手，探讨我国内地与境外的实践所存在的差距，并试图以此为契机，探索打造国际商事仲裁中心所需要构建的理想制度环境。

第一节　国际民商事争议解决中的禁诉令制度

一、禁诉令的含义

所谓禁诉令，属于禁令的一种。英美法下的禁诉令，顾名思义，是指法院所签发的，旨在禁止或限制当事人从事特定诉讼行为的命令。[1]近年来，随着国际商事海事仲裁和投资仲裁的发展，既有仲裁庭以临时措施禁止当事人向外国法院起诉的禁诉令实践，也出现了国内法院禁止当事人向外国申请仲裁的禁诉令实践。总的来看，世界各国和地区对于仲裁禁诉令的态度不尽一致，有些国家和地区对禁诉令持支持的态度，认为禁诉令维护了本国或地区仲裁和司法管辖权，有些国家和地区持批评的态度，认为禁诉令有悖于国际礼让原则。各国和地区法院的不同做法以及国际商事仲裁庭签发禁诉令的实践，反映了禁诉令的优缺点。对我国而言，有必要博采众长，借鉴先进经验，立足本国国情，根据我国国际商事仲裁的现实需要，探索建立我国的仲裁禁诉令制度。[2]这方面的制度构建，对于打造国际商事仲裁中心而言是有益的。

二、境外法院签发的禁诉令

（一）英国法院签发的禁诉令

英国的禁诉令制度具有悠久的历史，其最初滥觞于衡平法院，特指衡平法院出于良心和正义而作出的禁止当事人在普通法

---

[1]　张丽英：《"最先受诉法院原则"与禁诉令的博弈》，载《中国海商法研究》2012年第1期。

[2]　张建：《国际商事仲裁中禁诉令的适用问题研究——兼论我国仲裁禁诉令制度的立法构建》，载《国际法学刊》2021年第3期。

院起诉或继续诉讼的衡平救济措施。随着禁诉令适用范围的对外扩张以及伦敦涉外仲裁业务的繁荣，为了保护伦敦仲裁的优势地位及其相关的商业利益，英国法院所签发的禁诉令已经成为维护当事方仲裁协议效力，防止一方当事人在外国法院发起平行诉讼的有力武器。英国法院一旦作出禁诉令，理论上被申请人一方就不得再参与外国法院诉讼程序。

禁诉令的签发依据是法院对诉讼当事人具有属人管辖权。这种属人管辖权体现在：当事人在英国出现；在英国法院出庭应诉或向英国法院提交相关法律文件以接受英国法院管辖；双方当事人之间存在管辖权选择协议，并且合意选择了英国法院管辖。

目前，英国法院作出禁诉令的法律依据是《1981年英国最高法院法》。该法第37条第1项规定："高等法院可以以命令方式（无论是中间的还是最后的）作出禁令，或者指定接收人出现在所有法院认为这样做是公平和方便的案件里。"《1996年英国仲裁法》也明确规定英国法院为支持仲裁有作出禁诉令的权力。该法第44条"法院为支持仲裁可行使的权力"规定："（1）除非当事人另有不同约定，为了仲裁目的，法院在与仲裁有关事项上具有同样的权力作出以下命令，包括：……（e）作出中间禁令……"

从功能上讲，英国禁诉令制度的主要目的是保护其仲裁服务业，保障由国际仲裁服务给英国带来的巨大经济收入。由于英国法院对仲裁条款效力的解释非常宽松，禁诉令对维护英国伦敦国际商事仲裁中心的地位发挥了重要作用，伦敦国际商事仲裁无疑为英国律师业和仲裁业带来了巨大的经济收入。

（二）禁诉令在欧盟法体系下的合规性

虽然禁诉令表面上只针对外国私人，而非外国法院，但是实质上影响甚至干涉了外国法院的司法管辖权，以至于有观点认为禁诉令违背了"国际礼让"原则。特别是欧盟法院已通过判例全面否定了英国禁诉令在欧盟的效力,这就是国际上所熟知的西部油轮(West Tankers)案。[1] 在该案中,西部油轮公司于2000年8月将弗龙科莫尔轮出租给埃尔戈石油公司,后者驾驶该轮,在意大利的码头发生碰撞,造成了码头的毁损。租约中明确约定,有关争议应当在伦敦通过仲裁方式解决,并适用英国法。埃尔戈石油公司从其保险人安联保险公司和通用保险公司根据保险合同(不足额保险)获得赔偿后,就保险之外的损失在伦敦对西部油轮公司申请仲裁。2003年7月,涉案的两家保险公司在意大利法院对西部油轮公司提起保险代位求偿之诉。意大利法院和伦敦仲裁庭审理的案件,在争议本质上相同,即船东能否依据航海过失免责。2004年9月,西部油轮公司向英国高等法院提起诉讼,申请宣告其与保险人之间的争议应根据伦敦仲裁条款由伦敦法院仲裁,同时申请禁诉令,禁止保险人继续在意大利的诉讼。英国高等法院于2005年3月作出第[2005]EWHC 454(Comm)号判决,签发了禁诉令。保险人上诉至英国贵族院。英国贵族院向欧盟法院申请作出先行裁决,从而回应英国法院针对仲裁协议作出的禁诉令是否违反欧盟2000年12月22日第44/2001号《民商事管辖和承认与执行判决规则》(即《布鲁塞尔规则》)。欧盟法院判决如下:

一成员国根据在另一成员国诉讼将违反仲裁协议而作出禁止在另一成员国法院开始或继续诉讼程序的命令违反《布鲁塞尔规则》。

欧盟法院判决的主要理由如下:

(1)确定一项争议是否在《布鲁塞尔规则》的适用范围内,应根据诉讼所要保护的实体权利的性质进行判断。因此,禁诉令法律程序并不在规则的适用范围内,但是,该规则适用之外的法院程序也可能会损害该规则的效力和目的(即统一民商事管辖权

---

[1] 杨彩霞:《论欧盟法对仲裁协议效力保障之弱化——兼评欧盟法院West Tankers案》,载《政治与法律》2010年第11期。

（2）两家保险公司所提起的是侵权之诉，根据《布鲁塞尔规则》第5（3）条，意大利法院作为损害发生地法院对该民商事争议具有管辖权，与之相关的仲裁协议是否适用或者有效的附属/预审事项也在该规则的适用范围之内，应由第一个受理案件的意大利法院来审查决定是否让渡管辖权。

（3）英国禁诉令阻止和剥夺了意大利法院行使《布鲁塞尔规则》赋予的自主决定管辖权的权力，一国法院并没有权力决定受理案件在先的他国法院是否具有管辖权。

（4）禁诉令损害了成员国之间应相互尊重法律制度和司法体系的司法互信，而相互信任正是制定《布鲁塞尔规则》下统一管辖权制度的基础。

（5）禁诉令使一方当事人仅凭诉称的仲裁协议和向一国的申请，就可阻止和剥夺认为仲裁协议不适用的另一方当事人根据《布鲁塞尔规则》第5（3）条的规定寻求法院救济的权利。

（6）禁诉令与《布鲁塞尔规则》不相容。根据《纽约公约》第2条第3款的规定，受理诉讼的法院有权决定仲裁协议是否适用及是否指令仲裁，诉称仲裁地的仲裁庭和仲裁法院并没有决定仲裁协议是否适用的绝对权力。因此，禁诉令与《布鲁塞尔规则》不相容这一结论也可得到《纽约公约》的支持。

英国禁诉令制度主要目的是保护其仲裁服务业，保障由国际仲裁服务给英国带来的巨大经济收入，但经济利益并不能作为违反《布鲁塞尔规则》的合法理由。禁诉令损害了国与国之间的"司法互信"，妨碍国际民商事私法冲突规则的统一。允许禁诉令就意味着一方当事人仅凭一个仲裁条款和向另一国法院的申请就可逃避司法诉讼。一国法院本来就没有权力决定他国法院是否具有管辖权，一国法院对他国法院诉讼作出禁诉令，他国法院会根据对等原则也同样作出禁诉令，并且很可能会施加更加苛刻的惩罚，而且还可能导致不承认和执行作出禁诉令的国家的仲裁裁决这样的恶性循环。因此，禁诉令是一种非常不合理的做法。

英国禁诉令在欧盟不被承认也带来了新问题，使非欧盟国家在涉及欧盟国家的民商事争议的管辖问题上更加不确定，国际商贸当事人之间经常约定的英国法院或伦敦法院仲裁的排他管辖协议作用明显降低。因为英国法院再无权作出禁诉令禁止非欧盟国家在其他欧盟法院继续诉讼，迫使依赖排他管辖协议的当事人只能信赖非协议管辖地的欧盟法院能够中止诉讼让渡管辖权，如果第一受理法院不中止诉讼，其就可能被迫参加法院诉讼；如果第一受理法院中止诉讼，也可能有已丧失仲裁时效的风险。另外，《布鲁塞尔规则》虽然阻止禁诉令，但是无法阻止信赖仲裁协议的当事人开始或继续仲裁，还是会出现矛盾的仲裁裁决和法院判决，欧盟成员国之间的管辖权问题并没有得到完全解决。

虽然英国法院的禁诉令制度在西部油轮一案中遭受了重大冲击，但是这并不影响英国法院寻找其他途径支持仲裁协议，并在欧盟范围之外继续行使发出禁诉令的宽泛的自由裁量权。这种宽泛的自由裁量权在以下两个标志性案件中可见一斑。

在英国最高法院于 2013 年审理的一起案件中，双方当事人在仲裁协议中约定，争议将依据《国际商会仲裁规则》在伦敦仲裁解决。随后，仲裁协议被哈萨克斯坦最高法院认定为无效。JSC 公司在哈萨克斯坦法院起诉 AES 公司要求其提供相关信息，AES 公司以双方存在仲裁协议为由向法院申请中止诉讼程序，而法院则以仲裁协议已经被认定无效为由，驳回了 AES 公司的申请。因本案发生在欧盟之外，AES 公司成功向英国法院提起申请禁诉令的程序。而 JSC 公司则以双方还没有在英国进行仲裁程序，英国法院没有作出禁诉令的管辖权为由提出挑战。英国法院驳回了 JSC 公司的抗辩并指出，仲裁程序尚未进行或无意进行都不能限制或限定英国法院对违反仲裁协议已经进行或意图进行的法院程序行使禁令的一般权力。换言之，即便英国国内没有互为冲突的仲裁程序正在进行之中，英国法院也可以对非欧盟法院的诉讼程序发出禁诉令。[1]

在另一起案件中，法国巴黎银行与俄罗斯机械公司订立了一份保函。保函中约定适用英国法在伦敦仲裁解决有关争议。[2]此后，双方当事人在履行保函期间发生争议，法国巴黎银行提出仲裁请求，申请执行该保函，而俄罗斯机械公司则辩称保函无效。仲裁案件审理期间，英戈斯特拉克保险公司向俄罗斯法院提起诉讼，申请法院判令该保函无效，并将俄罗斯机械公司列为被告。法国巴黎银行向英国高等法院申请禁诉令，以俄罗斯机械公司和英戈斯特拉克保险公司合谋为由，阻止两家公司进一步参与俄罗斯法院的程序。英国高等法院同意了法国巴黎银行的申请，英戈斯特拉克保险公司向英国上诉法院提出上诉。本案的独特之处在于，法国巴黎银行申请的禁诉令，不仅针对的是仲裁协议的当事方，还针对非仲裁协议的当事方。英国上诉法院在考虑了两家俄罗斯公司的持有人相同、交易的重要性、仲裁和俄罗斯法院程序、英戈斯特拉克保险公司提起俄罗斯法院程序的时间点及其不具有单独行动的可能性这些因素之后认为，在俄罗斯法院所进行的程序是为了阻止仲裁程序的进行。因此，英国上诉法院维持了英国高等法院作出的禁诉令，英戈斯特拉克保险公司和俄罗斯机

---

[1] Ust-Kamenogorsk Hydropower Plant JSC v. AES Ust-Kamenogorsk Hydropower Plant LLP [2013] UKSC 35.

[2] Joint Stock Asset Management Company "Ingosstrakh-Investments" v. BNP Paribas SA [2011] EWCA Civ 644.

械公司都不得参与俄罗斯法院的程序。[1]

（三）澳大利亚法院签发的禁诉令

除英国之外，其他的普通法系国家也有签发禁诉令的实践。其中，澳大利亚法院的做法比较独特。具言之，澳大利亚法院在考虑是否准许中止审理的申请时，并不关心外国法院是否"明显更适合"审理，而是视申请人能否证明澳大利亚法院"明显不适合审理"而定。换言之，澳大利亚法院在禁诉令方面的审查，与不方便法院原则紧密联系在一起。显然，要向受诉法院证明该院"明显不适合审理"的举证难度要远高于证明另一法院"明显更适合审理"。澳大利亚法院具体衡量该国法院是否"明显不适合审理"的标准是已经被英美等国法院废弃的是否有"压迫和纠缠"（oppressive and vexatious）的检验标准。该标准是英国上诉法院斯科特法官于1936年在一起先例中确立的。[2]而英国早在1974年的一起判例中，就开始逐步废弃这一标准，转向采用苏格兰法院首创的"方便管辖原则"。[3]澳大利亚终审法院迪恩法官1988年在重拾这一标准的判例中给"压迫和纠缠"这一用语注入了新生，他提出"压迫"应指给当事人带来严重和不公的负担、偏见或损害；"纠缠"应指对当事人造成严重和不公的烦扰。[4]这个新解释在一定程度上扫清了法院解读和适用"压迫和纠缠"的困难，但其效果显然是加大了申请中止审理的举证难度和保护了内国法院的管辖权。

根据普通法跟随先例的原则，澳大利亚案下级法院沿用了终

---

〔1〕 Joint Stock Asset Management Company "Ingosstrakh-Investments" v. BNP Paribas SA [2012] EWCA Civ 644.

〔2〕 St. Pierre v. South American Stores (Gath and Chaves) Ltd. [1936] 1 K. B. 382.

〔3〕 The Atlantic Star [1974] A. C. 436.

〔4〕 Oceanic Sun Line Special Shipping Co. Inc. v. Fay [1988] 165 CLR 197.

审法院在海洋太阳能公司案中划定的标准,甚至进一步提高了该标准。澳大利亚联邦法院在另一起案件中指出:如果外国法院不能"全面和适当地处理"(fully and properly entertain)争议,那么即使澳大利亚法院在其他方面有明显不适合审理之处,也得受理该案件。[1]这使得申请人在澳大利亚获得中止审理裁定的难度大大超过其他普通法系国家,同时也令澳大利亚成了备受受偿方欢迎的管辖地和热门的扣船国。

(四)我国香港特区法院签发的禁诉令

我国香港特区也有着禁诉令的立法和实践。我国香港特区的法律允许法院为保护本地的仲裁程序而出具禁诉令,以阻止当事人参与另一法域进行的诉讼程序。2015年4月,我国香港高等法院依据《香港仲裁条例》发出首个禁诉令。[2]在案件中,申请人是一家设立在英属维尔京群岛的船舶公司,是涉案船舶"恒正号"轮的所有人;被申请人作为买方购买了钢制品,并通过信用证结汇取得了涉案提单的全套正本。该批钢制品由申请人所属船舶运输。涉案提单使用简式提单(CONGEN BILL)1994版本,提单背面条款并入了相应租约的仲裁条款;相应租约的仲裁条款约定在中国香港特区仲裁并适用英国法。在土耳其卸货过程中,被申请人发现货物存在严重锈蚀、弯曲、变形等货损,且货物绑扎和积载均不妥当。2014年12月,应被申请人的申请,涉案船舶被卸港法院扣押;涉案船舶随后因申请人提交担保金而被释放。2015年1月,被申请人在卸港法院对申请人提起货损索赔。2015年2月,申请人向被申请人发送了仲裁通知,启动仲裁程

---

[1] Reinsurance Australia Corporation Limited v. HIH Casualty and General Insurance Ltd. (in liquidation) [2003] FCA 56.

[2] Ever Judger Holding Company Limited v. Kroman Celik Sanayii Anonim Sirketi, HCCT6/2015.

序。此后，申请人律师致函被申请人并告知：因存在仲裁协议，被申请人无权在卸港法院提起诉讼程序；被申请人应撤回诉讼程序，如被申请人撤回诉讼程序，申请人愿意将担保金转至中国香港，被申请人可依仲裁结果受偿。对此，被申请人律师回函主张：双方之间不存在有效的仲裁协议，且仲裁通知存在瑕疵。申请人以存在仲裁协议为由向中国香港特区高等法院申请发布禁诉令。最终，中国香港特区高等法院发出了禁诉令。

中国香港特区高等法院认为：

第一，双方当事人在租约中约定的仲裁条款具有积极和消极两方面作用。仲裁条款的积极作用意味着当事人同意将相关争议按照约定的仲裁条款进行审理；消极作用是当事人对彼此承担着不采用约定之外的方式解决争议的义务。禁诉令与仲裁条款的消极作用相关，即限制当事人采用合同约定之外的方式解决争议。

第二，禁诉令与仲裁程序无关，不依赖于已启动的仲裁程序或将要启动的仲裁程序。禁诉令申请的基础不在于其他国家和地区诉讼程序本身，而在于该程序进行将导致对于仲裁协议的违反。

第三，在通常情况下，只要申请人未拖延申请，且其他国家和地区诉讼程序未进行得太深入，法院应签发禁诉令，除非存在合理且充分的理由应当拒绝签发或撤销禁诉令；但主张此种理由的一方应当承担证明责任。在本案中，被申请人提出了三大抗辩理由尝试论证存在充分理由：①被申请人与其保险人就该涉案货物在土耳其存有诉讼；②申请人在土耳其提交了管辖权异议；③船东在中国香港的仲裁申请延迟。但上述抗辩未得到法院的支持。

第四，因禁诉令属于衡平法下的救济，按照衡平法的原则，寻求衡平法救济之人必须清白。本案中，被申请人律师主张涉案船长签署了清洁提单，未按照大副收据的批注签发提单，存在欺诈行为。法官最终判定申请人不存在污手行为，被申请人的抗辩理由不成立。

三、境外仲裁庭签发的禁诉令

仲裁协议是商事仲裁制度的基石，当事人通过仲裁协议将争议提交仲裁解决，就意味着当事人将仲裁条款所能涵盖的任何事项的决定权均授予了仲裁庭。而仲裁庭管辖权自裁原则是国际商事仲裁制度公认的原则。因此，一旦仲裁庭决定其自身对案件有管辖权，那么对于任何妨碍仲裁庭管辖权的行为，仲裁庭都有权予以纠正。一方当事人提起诉讼，视为对仲裁协议的违反，也是对仲裁庭管辖权的妨碍。因此，为了保证仲裁的正常进程，许多仲裁规则规定仲裁庭有权签发禁诉令，要求一方当事人中止或撤回诉讼。[1]

表3-1 境外仲裁中有关禁诉令的规定

相关国际与国内规定	具体条款及规范要旨
《关于解决国家和他国国民之间投资争端公约》（即《华盛顿公约》）	第47条规定："除双方另有协议外，仲裁庭如果认为情况需要，得建议采取任何临时措施，以维护任何一方的权利。"条文本身虽然使用的是"建议"一词，没有赋予仲裁庭采取临时措施的权力，但在国际投资争端解决中心仲裁实践中，可以看出，使用"建议"一词，仅仅是出于对主权国家的一种尊重。即使采用的是"建议"一词，仍然对双方具有约束力。

---

[1] 傅攀峰：《国际商事仲裁中的禁诉令：特殊性及其应对》，载《河北法学》2021年第8期。

续表

相关国际与国内规定	具体条款及规范要旨
《联合国国际商事仲裁示范法》	第17条规定："除非当事各方另有协议，仲裁庭经当事一方请求，可以命令当事任何一方就争议的标的采取仲裁庭可能认为有必要的任何临时性保全措施。仲裁庭可以要求当事任何一方提供有关此种措施的适当的担保。" 仲裁庭作出的临时措施有四类：一是维持现状或恢复原状；二是防止损害或影响仲裁程序；三是财产保全；四是证据保全。而禁诉令则属于第二类防止损害或影响仲裁程序。
《新加坡国际仲裁法》	第12条仲裁庭的权力规定："（1）为了不影响本法及《示范法》所规定的仲裁庭的权力，仲裁庭有权向当事任何一方发出命令或指示： …… （i）临时禁令或其他临时措施……"
中国《香港仲裁条例》	第61条规定："（1）仲裁庭就仲裁程序而作出的命令或指示，不论是在香港或香港以外地方作出的，均可犹如具有同等效力的原讼法庭命令或指示般，以同样方式强制执行，但只有在原讼法庭许可下，方可如此强制执行。（2）凡任何一方寻求强制执行在香港以外地方作出的命令或指示，则除非该方能显示，该命令或指示属仲裁庭可就仲裁程序而在香港作出的命令或指示的类型或种类，否则原讼法庭不得批予强制执行该命令或指示的许可……"

从实践层面来看，最早由仲裁庭作出禁诉令的案件是1972年的假日酒店诉摩洛哥案[1]。在该案中，仲裁庭指令双方"杜绝任何与坚守合同不兼容的措施并且双方要确保已经采取的行动不得在将来导致任何与坚守合同相悖的后果。"在1982年国际商

---

[1] Holiday Inns S. A. and others v. Morocco, ICSID Case No. ARB/72/1, Decision on Provisional Measures, July 2, 1972.

第三章 要素论：国际商事仲裁中心的制度建设

会仲裁院审理的"ICC Case No. 3896"号案件中，该案争议是由法国一家建造商针对伊朗政府代理机构提起的，被申请人根据贷款银团出具的履约保函，指示伊朗银行给申请人打电话担保合约义务的履行。与此同时，伊朗国内法院出具禁令，在仲裁实体裁决作出之前，禁止担保人支付任何款项。被申请人向仲裁庭申请签发禁令，宣称担保构成欺诈并且法院的行为荒谬。仲裁庭以出具一份中间裁决作为回应，陈述如下：

"仲裁庭有义务推荐或者提出合理的措施防止双方争议进一步恶化……双方应杜绝任何可能不利于随后仲裁决定的执行的任何行动，总而言之，应当杜绝实施任何可能使争议加剧或者延长的行为，不论行为是何种性质"。

在俄罗斯天然气公司（Gazprom）诉立陶宛共和国一案中，斯德哥尔摩商会仲裁院（Arbitration Institute of the Stockholm Chamber of Commerce，SCC）的仲裁庭作出了禁诉令。本案中，俄罗斯天然气公司与立陶宛政府以及德国鲁尔区企业意昂集团共同出资设立了立陶宛天然气公司（Lietuvos），作为俄罗斯向立陶宛出口天然气的商业载体，由立陶宛天然气公司供应立陶宛境内90%以上的天然气。此后，立陶宛司法部代表政府（股东）在立陶宛的国内法院提起董事尽职调查诉讼，称由俄罗斯天然气公司指派的两名股东在油气价格谈判中侵害了公司权益。鉴于立陶宛天然气公司的章程中约定了仲裁条款（仲裁地在瑞典），俄罗斯天然气公司遂向约定的仲裁机构斯德哥尔摩商会仲裁院申请仲裁，仲裁庭确认仲裁条款有效，随后作出禁诉令，要求立陶宛司法部停止在立陶宛的国内诉讼。然而，立陶宛的初审法院认为，本案所涉的争议事项不具有可仲裁性，故而其拒绝遵守仲裁庭发布的禁诉令，并未停止诉讼而是继续推进诉讼程序。一审判决作出后，俄罗斯天然气公司提起上诉，并同时依据《纽约公约》申请在立陶宛承认并执行仲裁庭作出的禁诉令，直至案件诉至立陶宛最高法院。立陶宛最高法院向欧盟法院申请作出先予裁决，请求认定拒绝承认与执行该禁诉令是否与《欧盟理事会民商事案件管辖权及判决的承认与执行的条例》（即《布鲁塞尔条例Ⅰ》）相抵触。2015年5月13日，欧盟法院作出判决，认定商事仲裁庭作出的禁诉令不属于《布鲁塞尔条例Ⅰ》的调整范围，故不受欧盟法院先前在西部油轮案判决中确立的规则的约束。

从法律后果来看，仲裁庭签发禁诉令的对象是当事人，当事人不遵守禁诉令，可能面临藐视法庭罪的风险或面临仲裁庭作出惩罚性赔偿的决定。在部分法域，仲裁庭作出的禁诉令，可以转化为法院的禁诉令。因此，如果不遵守仲裁庭签发的禁诉令，与不遵守法院命令一样，同样可能面临着藐视法庭罪的危险。若不遵守其他仲裁地的仲裁庭签发的禁诉令，有何法律后果？这要取决于仲裁地立法的具体规定。在仲裁实践中，存在仲裁庭对当事人不遵守仲裁庭命令而对其作出惩罚性赔偿的先例。[1]

四、境外法院签发的禁止仲裁令

禁止仲裁令是一国法院强化自身管辖权、干预外国仲裁程序的重要工具。国际上关于禁止仲裁令的立法较为模糊，客观上授予了法院相对广泛的司法自由裁量空间，而法律基础的不确定和司法判例的不一致使这项制度本身面临正当性的质疑。[2]尽管如此，近年来，在单边主义、保护主义和强调国家司法主权和管制权等思潮作用下，禁止仲裁令正被日益频繁地适用，伴随禁止仲

---

[1] 翟颖：《仲裁禁诉令的合理性、可操作性及其在我国的应用前景》，载《商事仲裁与调解》2021年第5期。

[2] 杨翠柏、张雪娇：《禁止仲裁令及其对我国企业境外投资的影响》，载《西南民族大学学报（人文社会科学版）》2022年第1期。

裁令的兴起，传统上法院支持国际仲裁的态度已在悄然转变。[1]

(一) 巴基斯坦的典型案例

伊曼纽尔·盖拉德（Emmanuel Gaillard）教授在定义禁止仲裁令时采用了广义的解释，他认为：禁止仲裁令是一国法院签发的阻止当事人在境外的国际商事仲裁庭提出仲裁请求，或者在当事人已经提出此类请求时，命令当事人撤回或者请求中止仲裁程序的命令。[2]在瑞士通用公证行诉巴基斯坦案中，巴基斯坦法院曾作出了禁止仲裁令，引起国际仲裁界的广泛关注。[3]

在该案中，瑞士通用公证行和巴基斯坦政府签订了《装船前检验协议》，约定瑞士通用公证行为巴基斯坦政府提供进口货物的装船前检验服务，合同争议解决条款为在巴基斯坦国内仲裁。在合同履行期间，双方当事人发生争议，巴基斯坦政府终止了合同。2000年9月，巴基斯坦在国内对瑞士通用公证行提起仲裁，瑞士通用公证行对仲裁庭管辖提出异议。而后，2001年瑞士通用公证行根据瑞士和巴基斯坦双边投资保护协定，向国际投资争端解决中心提起仲裁。于是巴基斯坦政府向巴基斯坦法院申请禁令，禁止瑞士通用公证行在国际投资争端解决中心进行仲裁。最终，关于巴基斯坦政府提出的继续在巴基斯坦仲裁，并禁止瑞士通用公证行在国际投资争端解决中心进行仲裁之申请，巴基斯坦最高法院予以准许。

---

[1] 黄旭：《国际商事争议解决中的禁止仲裁令制度研究》，载《北京仲裁》2020年第2期。

[2] Emmanuel Gaillard, *Anti-Suit Injunctions in International Arbitration* (*IAI Seminar, Paris-November 21, 2003*), Juris Publishing, 2005.

[3] Emmanuel Gaillard, "Investment Treaty Arbitration and Jurisdiction Over Contract Claims-the SGS Cases Considered", available at http://www.arbitrationicca.org/media/4/57866533745313/media012178511789070investment_ treaty_ arbitration_ eg.pdf, last visited on 2022-7-11.

2014年，在佩特罗加公司案[1]中，巴西马托格罗索州上诉法院作出裁定，禁止被告第一品牌公司在国际商会仲裁院进行仲裁。具体而言，该禁止仲裁令包括以下内容：其一，第一品牌公司必须暂停在国际商会仲裁院仲裁，等待巴西下级法院就管辖权问题作出决定；其二，如果第一品牌公司不遵从巴西法院的禁令，将对其罚款50万美元，并每日追加罚款20万美元；其三，原告佩特罗加公司无需遵守国际商会仲裁院仲裁庭的命令，这些命令会构成对巴西法院司法主权的侵犯。[2]

（二）印度的典型案例

2017年8月22日，印度德里高等法院作出判决：禁止沃达丰英国公司继续依照英国与印度签署的双边投资保护协定进行投资仲裁。本案的案情如下：

2007年5月，哈金森通信公司将其印度子公司的股权转让给沃达丰公司荷兰子公司，股权转让款所涉金额高达111亿美元。印度税务机关认为，本项交易应从源纳税，但沃达丰公司荷兰子公司拒绝向印度缴税。其后，印度政府推动税法修改，并要求其补税，金额高达数十亿美元。

2015年4月，沃达丰公司荷兰子公司依照荷兰与印度之间的双边投资保护协定发出仲裁通知，正式对印度政府提起国际投资仲裁。2017年5月，沃达丰英国公司向印度政府发出仲裁通知，再次就税务争议对印度政府提起国际投资仲裁。印度政府声称，

---

[1] Jan Tibor Lelley, "Brazil: Enforcement of Arbitral Awards", available at https://www.lexology.com/library/detail.aspx? g=6d563222-3595-4894-b92a-05d558a56d48, last visited on 2022-6-1.

[2] André de A. Cavalcanti Abbud and Gustavo Santos Kulesza, "Interim Measures and Anti-Arbitration Injunctions in Brazil", available at http://arbitrationblog.kluwerarbitration.com/2014/08/04/interim-measures-and-anti-arbitration-injunctions-in-brazil, last visited on 2022-6-1.

沃达丰英国公司依照英国与印度双边投资保护协定提起仲裁，属于滥用诉权，具言之：沃达丰公司荷兰子公司与沃达丰英国公司同属于一个跨国公司集团，二者先后提起的两个仲裁案件，基于同一诉因，针对同一国家，主张相同救济，却根据两个不同的双边投资保护协定组建两个不同的仲裁庭，属于典型的滥用诉权。印度政府还主张：本案纠纷系因东道国的征税行为引发，税收属于主权国家的经济职能，该行为不属于投资，故其不适用双边投资保护协定的保护，仅能在东道国的国内法院寻求当地诉讼。根据印度的政治体制，议会通过的法律不能由仲裁庭进行审查，也不属于任何双边投资保护协定的适用范围。

印度法院认为：在作出禁止仲裁令时，法院可参考禁诉令的发布规则，但应保持高度审慎的态度。此前，印度最高法院在另一起涉及禁诉令的案件判决中曾经指出，只有外国法院的诉讼程序具有压迫性或属于缠讼滥诉，印度法院方可签发禁诉令。而在本案中，两起仲裁案件的当事人及仲裁请求高度重合，虽然仲裁申请人不尽一致，但同属于沃达丰集团，依照印度判例法，构成"单一经济实体"，二者不得提起两个独立的仲裁案，否则即构成对程序的滥用。同时，由两个仲裁庭平行审理本案纠纷，可能导致结果不一致。因此，允许本案被告继续进行投资仲裁程序会导致不公正，印度法院是审理本案纠纷的自然正义法院。据此，印度法院作出判决：禁止本案被告的工作人员、代理人、受托人提起或继续进行国际投资仲裁程序。[1]

本案是国际投资仲裁领域典型的平行仲裁案件，东道国法院依照政府的申请作出的禁止仲裁令，印度政府提出的诸多抗辩，例如，征税行为属于主权行为以及宪法体制的抗辩，恐怕都不能

---

[1] IA Reporter.

成为规避其国际法义务的真正理由。但印度法院在作出禁止仲裁令时的审查，包括单一经济实体的认定，具有借鉴意义。

（三）百慕大群岛的典型案例

2017年8月，百慕大群岛最高法院作出首个禁止外国仲裁令，要求当事人不得在外国进行仲裁程序，而应在百慕大群岛内进行诉讼。[1]本案的案情如下：

本案的两名被告系来自沙特阿拉伯的某个大家族的成员，2016年底，两被告发现自己被第一原告巴克里（Al Bakri）家族集团设立在百慕大群岛的持股公司的股东名单中除名，其股份分别被转给本案第二和第三原告（即两被告的兄弟）。不仅如此，本案原告向百慕大群岛最高法院提起诉讼，其诉讼请求之一是要求确认两被告无权恢复股东身份。本案原告还向被告送达了起诉状，起诉状中详细地引述了股东协议的内容，并主张该协议约束两被告。原告还举证证明有得到转让两被告股份的授权委托书，但起诉状未提及仲裁条款。送达起诉状之后，本案原告发现股东协议中含有仲裁条款，约定纠纷应在沙特提交仲裁予以解决，于是向百慕大群岛最高法院申请中止本案审理，理由是其严重疏忽，未能注意到股东协议中含有仲裁条款。

本案原告还提出：①本案的诉讼请求主要是以伊斯兰法为依据；②本案纠纷主要涉及沙特家族成员之间的股权纠纷；③证人都居住在沙特，使用的是阿拉伯语；④还有许多相关诉讼程序正在沙特进行。因此，本案交由沙特仲裁庭予以审理最为适合。

本案两被告则辩称，本案原告送达的起诉状包含了《联合国国际商事仲裁示范法》第8条规定的"就争议实质提出第一次申述"，不得再要求进行仲裁程序。百慕大群岛最高法院采信这一

---

[1] AK Bakri & Sons Ltd. (& Ors) v. Asma Abdul Kader Bakri Al Bakri [2017] SC (Bda) 40 Com.

第三章　要素论：国际商事仲裁中心的制度建设

辩解，但认为法院仍有自由裁量权，决定是否将本案纠纷交由仲裁解决。两被告还对原告的中止请求表示了反对，并向百慕大群岛最高法院申请作出关于禁止原告在沙特进行仲裁的禁令。百慕大群岛最高法院作出判决，驳回本案原告的中止申请，并批准了本案被告关于禁止仲裁令的申请。

本案中，百慕大群岛最高法院需要审查的问题有两个：其一，是否批准本案原告关于中止本案诉讼的申请；其二，是否批准本案被告关于禁止本案原告作出禁止仲裁令的申请。这两个问题实际上是密切相关的。

依照百慕大群岛1905年《最高法院法》第19（c）条的规定，百慕大群岛最高法院有权作出禁诉令。在审查是否中止审理或作出禁诉令时，重点参考英国高等法院关于禁诉令的先例。[1] 具言之，如果原告申请中止其主动提起的诉讼，其必须证明具有中止的"特别""罕见"或"例外"情形。此外，申请人还必须证明中止程序所带来的好处明显超过了给对方当事人带来的不便。并且，如果平行存在的外国程序无法解决本案纠纷，则法院将拒绝中止本案诉讼程序。

赫尔曼（Hellman）法官认为，本案中，原告虽然主张本案纠纷与沙特有更密切联系，但所提出的相关情况都是一般性的，而不是"特别""罕见"或"例外"的，因此，本案不符合发布禁诉令的条件，故拒绝中止本案诉讼程序。在审查是否准许被告关于禁止原告在外国提起仲裁的申请时，法官认为本案原告在百慕大群岛开始提起诉讼时就已经知道或理应知道相关的情况，其后又提出这些因素，证明了沙特是更为适合的纠纷解决地，这不足以采信，本案原告应受其选择约束。反过来，该法官认为，如

---

[1] Excalibur Ventures LLC v. Texas Keystone［2012］All ER（Comm）933 QB.

果本案原告在沙特提起仲裁，则会使本案被告就相同纠纷被迫在沙特进行仲裁，对本案被告具有压迫性。

五、境外法院针对中国诉讼的禁诉令及应对

(一) 案例一：隆慈轮案

2009年7月，隆慈轮装载约17万吨铁矿石货物从南非装货港出发，驶往目的地中国鲅鱼圈港，开航不久，因发生故障而搁浅，后经荷兰救助人成功救助，部分货物卸下转运，部分货物随原船在拖轮护航下完成航次。该批货物的中国买方持有正本指示提单，因该事故遭受巨额经济损失，遂于2009年12月在大连海事法院对船东卡林福德有限公司提起货损索赔之诉，同时申请法院扣押了隆慈轮，后船东提供了充分担保，解除了船舶扣押。船东提出管辖权异议，认为提单并入了租约仲裁条款，中国法院无管辖权。不久，船东又指定了伦敦仲裁员并向英国法院申请取得禁诉令，命令中国收货人不得继续在中国国内提起诉讼或继续参加诉讼。但我国外交部拒绝协助向中国收货人送达该禁诉令。关于船东在大连海事法院提出的管辖权异议，经最高人民法院批复，大连海事法院裁定提单没有有效并入租约仲裁条款，提单持有人与船东之间不存在提交仲裁的合意，中国法院具有管辖权。这是一起典型的我国外贸企业受英国禁诉令影响的案例。

(二) 案例二：亚历山德罗斯T轮案

在该案中，船东星光有限公司将其船只亚历山德罗斯T租给了兰斯菲尔德有限公司以将铁矿石从巴西运送至中国。租约有伦敦仲裁条款。兰斯菲尔德有限公司以同样的租约条件（即包含同样的伦敦仲裁条款）将船只转租给第二被申请人即货物所有者万国公司。2006年4月出具的提单合并了租约的仲裁条款。万国公司成了提单的持有人。货物以及船只在巴西到中国行程中消失。中国太平保险有限公司在赔付了提单持有人后以星光有限公司、兰斯菲尔德有限公司等为被告在武汉海事法院提起诉讼,要求其为货物损失承担连带责任。星光有限公司认为中国诉讼程序的展开违反了提单中的仲裁条款,因此向英国高等法院申请禁诉令,限制中国太平保险有限公司参与武汉海事法院的诉讼程序。[1]

(三) 案例三:欧新娜轮与新泰海轮船舶碰撞案

2011年7月,中国环球航运有限公司(以下简称"环球公司")所属的新泰海轮与阿特拉斯纳维奥斯航运有限公司(以下简称"阿特拉公司")所属的欧新娜轮在马六甲海峡南部海域发生碰撞,随后欧新娜轮连同船上满载的矿砂沉没。新泰海轮的船东环球公司意识到己方很可能会成为最终的赔偿方,于是抢先向青岛海事法院申请设立了海事赔偿责任限制基金,以求享受中国海商法下相对较低的责任限额。欧新娜轮的船东阿特拉公司则同步采取了两项法律行动:一方面在青岛海事法院登记了债权,另一方面又向适用1996年修正案标准责任限额的澳大利亚联邦法院申请了扣船令(扣船令是单方面申请,无需通知被申请方,且在12个月内有效,涉案轮船一进入管辖范围即可扣押)。半年后,双方谈判破裂,欧新娜轮的船东趁新泰海轮到达澳大利亚之际,申请扣船并对其提起对物诉讼。2012年5月,澳大利亚联邦法院接受新泰海轮船东互保协会出具的数额为3500万美元(相当于当时船价)的担保函,解除对新泰海轮的扣押。而就在当天,青岛海事法院裁定准许新泰海轮船东的申请,发布海事强制令,命令欧新娜轮的船东立即解除在澳大利亚对环球公司所属的船舶新泰海轮的扣押,并在今后不得对申请人的财产行使扣押或

---

[1] Starlight Shipping Co. & Anor v. Tai Ping Insurance Co. Ltd. (Hubei Branch) & Anor Rev 1 [2007] EWHC 1893 (Comm).

其他妨碍措施。对此，阿特拉公司对该海事强制令申请复议，青岛海事法院裁定驳回复议申请，并且强调：即使海事强制令中解除扣押的命令已经没有执行的必要，欧新娜轮船东"不放弃新泰海轮船东提供的担保"仍属强制令所述的"妨碍措施"，是违反海事强制令和中国程序法的行为，必须予以纠正。

此外，为了保住手中的担保，欧新娜轮船东向澳大利亚联邦法院申请禁令，该禁令要求新泰海轮船东立即向青岛海事法院撤回强制退回保函的强制令申请，并采取一切措施撤回或放弃执行回收保函。新泰海轮船东被迫放弃了收回保函，但随即以中国法院先受诉且已设立责任限制基金为由向澳大利亚联邦法院申请中止诉讼，澳大利亚联邦法院经审理认为该院无"明显不适合管辖"的理由，并据此驳回了申请。[1]

（四）我国内地法院对境外法院禁诉令的司法应对

1. 拒绝送达禁诉令

2004年7月，中国某公司向青岛海事法院起诉外国船东。因相关提单中并入租船合同条款，而租船合同条款中约定将相关争议提交伦敦仲裁。外国船东在英国伦敦提起仲裁，并向英国高等法院申请禁诉令，得到英国高等法院批准。外国船东获得禁诉令后，依照《海牙送达公约》向我国中央机关请求送达该禁诉令及相关文件。我国依法拒绝了送达该禁诉令。

2. 间接否定禁诉令

在厦门海事法院审理的"北月神号"案之中，中国收货人厦门A公司在厦门海事法院对船东B公司提起诉讼，理由是货物在厦门卸货过程之中发生损毁。船东在厦门海事法院提起管辖异议，认为案件应该在伦敦仲裁。

---

〔1〕 Atlasnavios Navegacao, LDA v. The Ship "Xin Tai Hai"（No.2）[2012] FCA 1497.

厦门海事法院经请示最高人民法院,驳回了船东的管辖异议,理由是:提单并未直接载有仲裁条款,而是通过并入条款将租约中的仲裁条款并入提单。能并入提单的航次租约应以承运人为一方当事人,而本案双方均非所涉航次租约当事人,包括仲裁条款在内的航次租约均不能有效并入提单对双方产生约束力。此外,因 A 公司在受让提单前及当时不了解航次租约条款内容,不能单从其受让提单的行为推定其即有将纠纷提交仲裁,甚至提交伦敦仲裁的意思表示,故应认定本案双方当事人之间不存在仲裁协议。厦门海事法院作为运输目的地、货损检验地、原告住所地、货物保险人所在地、涉诉货物保险合同纠纷受理法院地,具有管辖权。另一边,船东则开始在伦敦申请仲裁,并申请英国法院签发禁诉令,禁止 A 公司在厦门海事法院继续对船东 B 提起诉讼。

关于"北月神号"案英国法院禁诉令的效力,我国最高人民法院发文批复认为,B 公司主张以伦敦高等法院的禁诉令作为英国仲裁庭确定双方存在仲裁协议的依据,没有事实和法律依据。虽然我国最高人民法院没有直接对英国法院禁诉令的效力表态,但基本实质性地否定了其效力。

3. 海事反禁诉令

2017 年武汉海事法院审结的华泰财产保险有限公司深圳分公司(以下简称"华泰保险公司")与克利伯租船公司申请海事强制令案,是我国海事法院签发反禁诉令的第一案[1]。

本案中,请求人华泰保险公司以其与被请求人克利伯租船公司就提单所涉海上货物运输纠纷于 2017 年 6 月 2 日向武汉海事法院申请诉前海事请求保全,要求扣押克利伯租船公司所属的,停

---

[1] 武汉海事法院(2017)鄂 72 行保 3 号民事裁定书。

泊于中国镇江港的"肯天狼星号"轮。武汉海事法院于当天作出裁定，准予扣船。2017年6月8日，华泰保险公司针对提单所涉纠纷，以海上货物运输合同纠纷为由，向武汉海事法院提起诉讼，要求克利伯租船公司赔偿损失。2017年6月9日，武汉海事法院立案受理，案号为（2017）鄂72民初1018号，并于同日向克利伯租船公司送达了该案的法律文书。克利伯租船公司以该案存在有效仲裁条款为由，向中国香港特区高等法院申请禁诉令。中国香港特区高等法院遂于2017年6月29日签发了HC-CT28/2017号禁诉令，责令华泰保险公司撤回在武汉海事法院的起诉。

武汉海事法院经审查认为，根据《中华人民共和国海事诉讼特别程序法》第19条的规定，武汉海事法院受理请求人华泰保险公司提出的诉前海事请求保全申请并予以实际执行后，已就华泰保险公司和克利伯租船公司之间的海上货物运输纠纷取得管辖权，而克利伯租船公司在收到武汉海事法院送达的开庭传票等法律文书后，未根据《中华人民共和国民事诉讼法》的规定在答辩期内提出管辖权异议，而是向中国香港特区高等法院申请禁诉令，此种行为侵犯了华泰保险公司的合法权益，华泰保险公司申请的海事强制令符合法律规定，遂依照《中华人民共和国海事诉讼特别程序法》作出裁定：准许华泰保险公司提出的海事强制令申请；责令克利伯租船公司立即向中国香港特区高等法院撤回禁诉令申请。

六、我国仲裁禁诉令制度的法律构建

构建仲裁禁诉令制度，可以有效地维护仲裁管辖权，防范当事人滥用诉权对仲裁程序造成破坏，这项制度对于打造国际商事仲裁中心而言十分必要。特别是禁诉令的发布和执行可以在一定

第三章 要素论：国际商事仲裁中心的制度建设

程度上缓和因管辖权冲突而造成的平行诉讼现象，消解一事两诉的同时，尽可能彰显出司法对于仲裁的尊重，进而使当事人关于仲裁的合意得到有效的贯彻。从我国现行立法及司法解释来看，我国法院在处理国际民商事管辖权冲突方面，并不会因外国法院受理案件在先而拒绝管辖，而是对外国法院作出的判决或裁决不予承认和执行，这样容易引发平行诉讼。[1] 相比之下，禁诉令能够提供一种更加积极的冲突解决方案。

放眼全球，目前，禁诉令制度并没有在各国获得普遍接受，即使有部分国家确立了禁诉令制度，其法律规范也存在差异和冲突。如果能够在我国构建起禁诉令制度，在禁诉令的适用上，可以采取互惠模式。具言之，外国仲裁庭不希望中国法院对其仲裁程序进行干预，而中国的仲裁庭同样不希望本国的仲裁程序受到外国的司法干预，禁诉令的适用则可以在一定程度上达到此种效果。此前，在涉及标准必要专利的案件中，中国法院已经对那些在国外提起诉讼或仲裁的当事人发出禁诉令，而以印度为代表的外国法院已经开始对中国当事人签发反禁诉令，涉及跨境司法管辖权的冲突逐步升级。为了打造国际商事仲裁中心，将与我国存在密切关联的案件留在本土法院进行管辖，我国有必要在立法中纳入禁诉令制度，从而扩充我国的涉外法治工具箱，使得司法管辖权的竞争有法可依，在此基础上寻求国家间的协调、对话、沟通乃至合作。

---

[1]《最高人民法院关于适用〈中华人民共和国民事诉讼法〉的解释》第531条规定："中华人民共和国法院和外国法院都有管辖权的案件，一方当事人向外国法院起诉，而另一方当事人向中华人民共和国法院起诉的，人民法院可予受理。判决后，外国法院申请或者当事人请求人民法院承认和执行外国法院对本案作出的判决、裁定的，不予准许；但双方共同缔结或者参加的国际条约另有规定的除外。外国法院判决、裁定已经被人民法院承认，当事人就同一争议向人民法院起诉的，人民法院不予受理。"

值得一提的是，构建禁诉令制度，需要处理好这一制度与我国现行立法的关系。事实上，我国现行立法中的海事强制令制度和行为保全制度与禁诉令制度具有密切联系。具言之，我国《海事诉讼特别程序法》第四章规定了海事强制令。海事强制令是指海事法院根据海事请求人的申请，为使其合法权益免受侵害，责令被请求人作为或者不作为的强制措施。申请海事强制令，应当向海事纠纷发生地的海事法院提出。作出海事强制令，应当具备这些条件：其一，请求人有具体的海事请求；其二，需要纠正被请求人违反法律规定或者合同约定的行为；其三，情况紧急，不立即作出海事强制令将造成损害或者使损害扩大。被请求人拒不执行海事强制令的，海事法院可以根据情节轻重处以罚款、拘留；构成犯罪的，依法追究刑事责任。鉴于海事强制令是责令被请求人作为或者不作为的强制措施，其在内容上包括了禁止被请求人提起诉讼或仲裁行为。[1]

此外，2024年1月1日生效的《中华人民共和国民事诉讼法》第103条第1款规定："人民法院对于可能因当事人一方的行为或者其他原因，使判决难以执行或者造成当事人其他损害的案件，根据对方当事人的申请，可以裁定对其财产进行保全、责令其作出一定行为或者禁止其作出一定行为；当事人没有提出申请的，人民法院在必要时也可以裁定采取保全措施。"从规范的内容来看，《中华人民共和国民事诉讼法》下的行为保全可以"责令其作出一定行为或者禁止其作出一定行为"，实质意义上已经包含了禁令。但有学者已经提出，该条款仅具有维持现状的功能，实际上无法满足权利人立即停止侵害、恢复权利原始状态的

---

〔1〕 袁发强：《完善海事强制令立法 伸张涉外临时措施管辖权》，载《中国社会科学报》2022年1月26日，第A04版。

需求，故其与禁诉令制度还存在一定的差异。[1]

除关于海事强制令和民事诉讼行为保全的规定外，与仲裁禁诉令直接相关的规定来自我国仲裁法关于仲裁协议妨诉抗辩效力的规定。具体来看，《中华人民共和国仲裁法》第20条第1款规定："当事人对仲裁协议的效力有异议的，可以请求仲裁委员会作出决定或者请求人民法院作出裁定。一方请求仲裁委员会作出决定，另一方请求人民法院作出裁定的，由人民法院裁定。"为了在法院与仲裁机构之间有效地划分仲裁协议效力认定的权属，《最高人民法院关于确认仲裁协议效力几个问题的批复》第3项规定："当事人对仲裁协议的效力有异议……如果仲裁机构先于人民法院接受申请并已作出决定，人民法院不予受理；如果仲裁机构接受申请后尚未作出决定，人民法院应予受理，同时通知仲裁机构终止仲裁。"该批复第4项规定："一方当事人就合同纠纷或者其他财产权益纠纷申请仲裁，另一方当事人对仲裁协议的效力有异议，请求人民法院确认仲裁协议无效并就合同纠纷或者其他财产权益纠纷起诉的，人民法院受理后应当通知仲裁机构中止仲裁。人民法院依法作出仲裁协议有效或者无效的裁定后，应当将裁定书副本送达仲裁机构，由仲裁机构根据人民法院的裁定恢复仲裁或者撤销仲裁案件……"该等"仲裁机构终止仲裁"和"仲裁机构中止仲裁"通知在一定意义上起到了"止裁禁令"的作用。

从实践层面来看，我国法院已经有签发海事强制令的案件。申请人环球公司向我国法院申请作出海事强制令案，是中国海事法院在国内当事人所属船舶被外国法院扣押后，作出的具有禁诉

---

[1] 郭小冬：《禁令程序在民事诉讼法典中的体系定位》，载《河北法学》2022年第8期。

作用的海事强制令第一案[1]。

该案中，经被申请人阿特拉公司提出申请，澳大利亚法院对申请人所属的新泰海轮实施了扣押，而申请人则于2012年5月向青岛海事法院提出海事强制令申请，要求责令被申请人立即解除在澳大利亚对新泰海轮的扣押，并在今后不得对申请人的任何财产行使扣押或其他妨碍措施。青岛海事法院经审查后认为，申请人已向青岛海事法院申请享受海事赔偿责任限制并申请设立海事赔偿责任限制基金，法院裁定予以准许，该基金已经有效设立。在此情况下，依照《最高人民法院关于适用〈中华人民共和国海事诉讼特别程序法〉若干问题的解释》第86条的规定，不得再对申请人的任何财产行使任何权利，无论该财产在中国境内或境外，被申请人在澳大利亚申请扣押申请人所属的新泰海轮的行为违反中国法律规定，不立即纠正将对申请人造成损害并使损害扩大。据此，青岛海事法院裁定准许申请人的海事强制令请求，命令被申请人立即解除在澳大利亚对申请人所属船舶新泰海轮的扣押，并在今后不得对申请人的任何财产行使扣押或其他妨碍措施。青岛海事法院的海事强制令为保护我国企业的合法财产发挥了积极作用。

借鉴普通法系国家的立法与实践，结合我国涉外海事司法实践的特点，我国的禁诉令可以采取如下规定方式：

第一，禁诉令的界定应包括禁止在国外法院提起或继续进行诉讼的限制命令（禁诉令），以及禁止在国外提起或继续进行仲裁程序的限制性命令（止裁命令）。

第二，禁诉令应以行为保全方式作出，以避免海事强制令中关于海事请求的要求。

---

[1] 青岛海事法院（2011）青海法限字第2-3号民事裁定书及海事强制令。

第三，明确签发禁诉令的情形及应考虑的因素。

第二节　提单管辖权条款及仲裁条款的效力认定

一、关于提单管辖权条款及仲裁条款的探讨

在共建"一带一路"、推动长江经济带高质量发展和推进自由贸易试验区建设的大背景下，在打造国际航运中心、国际海事司法中心、国际商事仲裁中心的进程中，司法实践也面临新的问题和挑战，如何认定和执行各类合同（提单）所涵盖的管辖权条款，仍是当今各国未解决的难题之一。[1] 提单中的争议解决条款，主要包括管辖权条款和仲裁条款，其效力常在实践中引发争议。故而，对提单中争议解决条款效力的审查和认定，是法院或仲裁庭处理海上货物运输合同纠纷时的先决问题。就提单中协议选择特定法院管辖的条款而言，当前国际上的司法实践普遍趋势是，在总体上对其效力予以认可的基础上，以各类方式限制其效力，并在特定情况下否定此类条款的有效性，从而使涉案纠纷按照诉讼法的规定确定管辖权。相反，提单中的仲裁条款则主要基于争议双方当事人的仲裁合意而拟定，故其契约属性更强，国际上的认定标准较为统一，且各国均认同有效的仲裁协议具有排除法院司法管辖权的效果，故而仲裁条款的效力更易被各国认可。但是，应当注意的是，来自不同国家、不同法域的法院对于提单管辖权条款和仲裁条款的效力仍存在不同的认识。我国各级人民法院，尤其是海事法院对提单管辖权条款和仲裁条款的效力，一方面高度重视当事人的意思自治，另一方面又保持着相对审慎的

---

〔1〕 丁莲芝：《执行国际海运管辖权条款之对比与策略分析研究》，载《中国海商法研究》2018年第2期。

司法态度。

通常而言，提单管辖权条款指的是那些印刷于提单的背面，指明因提单所产生的争议由何国、何地法院予以管辖的条款。[1]从民事诉讼法关于管辖的基本分类来看，提单管辖权条款属于典型的依据当事人的意愿协议确定司法管辖权，可以被视为协议管辖在海事诉讼特别程序法中的应用。[2]实务中，提单管辖权条款一般规定，由承运人所在国的法院对提单项下的争议行使管辖权。有时，提单管辖权条款还常常与提单法律适用条款并行规定，即在明确约定法院管辖权的同时，在提单背面进一步规定法院解决争议时所应当适用的法律。在我国具有代表性的海运企业所印制的提单当中，多数都规定了提单管辖权条款和法律适用条款。例如，中国远洋运输（集团）总公司、中远海运集装箱运输有限公司、中国对外贸易运输（集团）总公司印制的提单，均在背面印有管辖权条款。其中，中远海运集装箱运输有限公司联运提单条款第3条规定："Any dispute arising under or in connection with this Bill of Lading shall be determined by China's law in the courts of the People's Republic of China."（凡产生于本提单或与本提单有关的一切争议，均应按照中国法律受中国法院管辖。）

相比于提单管辖权条款，提单的仲裁条款也是当事人常用的一种用于确定争议解决方式的约定。提单仲裁条款特指托运人和承运人在订立海上货物运输合同时预先表示，当事人双方愿意将相互间在将来履行合同过程中可能发生的争议提交仲裁并相约履行其终局裁决的条款。在海运实务当中，提单仲裁条款具体包括班轮提单中的仲裁条款和并入提单的租船合同中的仲裁条款。例

---

〔1〕 李天生：《论英美提单管辖权条款效力及其对我国的启示》，载《山东社会科学》2012年第10期。

〔2〕 陈晶莹：《浅析提单的管辖权条款》，载《国际商务研究》1988年第3期。

如，中国海事仲裁委员会提供的示范仲裁条款为："凡因本合同引起的或与本合同有关的任何争议，均应提交中国海事仲裁委员会，按照申请仲裁时该会现行有效的仲裁规则进行仲裁。仲裁裁决是终局的，对双方均有约束力。"

当事人之所以常常在提单背面印有管辖权条款或者仲裁条款，主要是源于海上货物运输领域应对特殊风险的现实需要。众所周知，远洋货物运输需跨国、跨洋，具有众多涉外因素，如装货地、转运地、目的地等，常常分别位于不同的国家；运输合同的各当事方、提单持有人等，很可能具有不同国籍或在不同国家具有经常居所地，正因如此，针对同一起海运纠纷，多个国家的法院都有权管辖的现象频频发生，这就容易产生诉讼竞合或平行诉讼现象，即管辖权的积极冲突。如果对于某一国际海运纠纷，其纠纷解决方式不确定，那么将在客观上给承运人带来极大的不便和损耗。因此，出于对自身利益的维护，承运人常常选择在提单背面订入管辖权条款或仲裁条款，用于消除争议解决方式的不确定性，进而有效地缓和或规避海运风险。

在海事审判及海事仲裁当中，有效的提单管辖权条款或仲裁条款，常常是法院或仲裁庭取得相关海事争议案件管辖权的基本前提和依据，其直接关系到法院判决或仲裁裁决能否得到其他国家法院的承认与执行。[1]虽然仲裁与诉讼是并行不悖的两种民商事争议解决渠道，但提单中的管辖权条款和仲裁条款有诸多相似之处。例如，二者都是提单中的格式条款，规定的是提单项下争议的解决方式；二者都具有相对的独立性，即便整个租船合同或提单被认定为无效、失效或者被撤销，并不当然地影响提单管辖权条款或仲裁条款的效力；两类条款的当事人都是不特定的。从

---

[1] 王秋雯、姜政扬：《提单管辖权与仲裁条款中当事人意思自治与承运人强制责任》，载《理论界》2011年第2期。

表面上看，提单管辖权或者仲裁条款都应当基于符合缔约自由的原则而有效。但是，仲裁管辖权与诉讼管辖权仍然存在实质性的差异，二者属于不同性质的管辖权。其中，仲裁管辖权源于当事人之间的协议，它以双方当事人的合意为基础，且不得超出有关法律规定的范围；诉讼管辖权源于国家法律，主要是诉讼法的强制性规定，虽然在某些特殊的情形下（主要指合同争议）允许当事人协议选择法院，但当事人的协议管辖不得突破或违反诉讼法上关于级别管辖与专属管辖的规定。[1]管辖权性质的不同导致各国对两者的态度截然相反。直至现今，提单管辖权条款的效力在世界各国仍然存在很大的争议。

二、提单管辖权条款的含义与效力

将管辖权所涉及的问题划入程序性问题在国际上是普遍的。按照国际私法的一般原则，程序性问题适用法院地法。所以对于提单管辖权条款，一般依据受理原告诉讼的法院地程序法来判断其效力，我国即是如此。[2]而在实践中，也有很多受理案件的国家的法院以无义务适用外国法或不熟悉外国法为由，适用本国法来判断外国法院管辖权条款的效力。

（一）提单管辖权条款的有效要件

有效的提单管辖权条款是其指定的法院行使管辖权的前提。只有根据有效的管辖权条款作出的判决才能得到其他国家的尊重，才能在其他国家得到承认和执行。长期以来，提单管辖权条款的效力问题在国内外学界和实务界存在较大的争议。理论上，

---

[1] 肖永平、车英：《提单中管辖权条款和仲裁条款法律效力的比较分析》，载《武汉大学学报（哲学社会科学版）》1997年第4期。

[2] 邢娜：《提单管辖权条款的理论与实务初探》，载《武汉大学学报（哲学社会科学版）》2007年第5期。

有学者以提单管辖权条款构成格式条款对其效力作出否定性评价。实践中,法院则常常以当事人选择的法院与争议无实际联系或此类条款降低承运人责任为由否定此类条款的有效性。[1]

1. 意思表示明确、真实

一方面,有关管辖权选择的意思表示须明确。如美国联邦最高法院在布雷曼诉萨帕塔案中,具体确立了判断提单管辖权条款有效的原则:首先,该条款必须是明确而具有指令性的;其次,管辖地的表述必须是明确、排他的并被各方知悉的;最后,提单管辖权条款应涵盖所有相关的纠纷,确保之后发生的案件能够适用。只有当提单管辖权条款同时具有以上三个条件时,该条款的效力通常才会得到美国法院的认可。[2]

另一方面,有关管辖权选择的意思表示应当真实。在班轮运输中,承运人签发由班轮公会统一制定的提单,订约托运人大多在接受提单时没有提出任何异议。所以有观点认为,提单中的管辖权条款缺乏双方当事人的协商一致性。虽具有当事人双方合意的表面特征,但其实质并非合意的结果,对双方不具有约束力。但纵观世界上主要海运国家的立法与司法,尚未发现哪个国家仅以提单的管辖权条款不是提单持有人与承运人之间的协议管辖,双方之间不存在以协议管辖为理由直接否定该条款的效力,从而使本国法院取得管辖权。因为从商业习惯看,提单作为运输合同的证明,虽然是承运人接受货物或装船后单方签发的,但提单条款是事先公开的,并已印制于提单背面,托运人(收货人、提单持有人)应当知道提单条款的内容。提单背面含有管辖权条款是

---

[1] 蒋剑伟:《美国格式合同中管辖权条款效力评析——以"根本公平规则"为中心》,载《法学评论》2006年第2期。

[2] 孟淑娴:《浅析美国法院如何认定提单管辖权条款的效力》,载《中国远洋航务》2013年第8期。

国际航运惯例，管辖权条款通常会选择承运人主要营业地的法院管辖也是众所周知的。托运人接受提单时没有提出任何异议，就意味着接受了提单的内容，包括管辖权条款的规定。

但因为提单具有可转让性（记名提单除外），接受提单的第三人对于提单中的条款与提单签发人可能更加缺乏合意要素。那么提单管辖权条款是否可以约束运输合同以外的提单受让人呢？对此认识不一。持否定观点的理由主要如下。

第一，在提单签发时，第三人并不是运输合同关系中的主体，因此其不可能就签发何种提单同承运人进行商定，也不可能在提单之外另行达成特别协议，或者直接对提单的某些条款进行修改，即使不同意该条款也无法再与承运人协商改变。而且囿于提单的物权属性，第三人根本就没有选择不接受提单的可能。所以，第三人的谈判地位远不如托运人，其根本没有选择的权利和判断的机会，若推定其受让提单的行为是默视接受提单条款，非常不合理。

第二，管辖权条款作为解决争议方法的条款具有独立性，在合同转让的场合下，如果合同新的当事人之间没有另行重新订立管辖权协议，即便他们没有明确排除原合同中的管辖权条款，原合同的管辖权条款对于合同新的当事人而言也不再具有约束力。

第三，即使及时充分地通知了第三人，也不能成为第三人接受合同中管辖权条款约束的充分条件。无论是大陆法系还是普通法系，都要求合同的成立要双方的合意或对价。通知并不是合意，也缺乏对价，所以通知不能成为第三人应该接受约束的充分条件。

持肯定观点的理由如下。

第一，提单是运输合同的证明，提单的转让意味着运输合同主体的变更，即原来托运人与承运人签订的运输合同转让后，合同主体则变更为承运人与提单持有人。根据合同法原理，提单条款约束提单持有人是有充分的法律依据的。

第二，大多数国家的法律都有类似《中华人民共和国海商法》第78条第1款的规定："承运人同收货人、提单持有人之间的权利、义务关系，依据提单的规定确定。"基于此，既然第三人接受了提单，就等于认可了提单中任何的权利与义务的规定，也应当受到提单管辖权的约束。

第三，如果提单持有人是收货人，那么尽管他未直接与承运人协商提单条款，却可以在与托运人（卖方）之间的贸易合同或信用证中对签发何种提单或提单内容作出限制性规定。如果提单持有人作为提单受让人，认为提单条款不甚合理，他就完全可以拒绝接受提单。反之，既然他接受提单，就意味着他同时接受了包括管辖权条款在内的全部提单条款。在我国，根据《最高人民法院关于适用〈中华人民共和国民事诉讼法〉的解释》第33条规定："合同转让的，合同的管辖协议对合同受让人有效，但转让时受让人不知道有管辖协议，或者转让协议另有约定且原合同相对人同意的除外。"提单管辖权条款对第三人应当具有约束力。

还需指出的是，除了正常的提单流转，保险人在向托运人、收货人或提单持有人赔偿损失后，提单代表的债权也可能发生转让。但是由于保险人因赔偿被保险人获得的权益转让并非基于合意，而是法定的转让，不同于一般的债权转让。因此，在《最高人民法院关于适用〈中华人民共和国民事诉讼法〉的解释》生效前，我国长期的司法实践认为提单管辖权条款对取得代位求偿权的保险人没有约束力。如在（2012）广海法初字第303-15号民事裁定书中，广州海事法院认为"即使涉案提单背面条款有该协议管辖的约定，该约定是提单关系当事人为解决提单项下纠纷而订立的，是独立于提单项下权利义务的程序性条款。本案原告作为涉案运输货物的保险人依据保险合同取得代位求偿权后，提单中约定的实体权利义务依法转移给原告,而原告非提单列明的当事人,该提单的背面条款也不是原告的真实意思表示,在原告未明确接受提单协议管辖权条款的情况下,该管辖权条款对原告不具有约束力。"在(2014)大海商初字第173号民事裁定书中,大连海事法院认为:"原告作为保险人,依据保险合同向被保险人做出保险赔偿后,依法取得代位求偿权。原告在本案纠纷中的法律地位应与提单持有人即大船重工一致,在涉案提单所证明的海上货物运输合同关系中享有提单持有人的权利,并承担提单持有人的义务,但仅限于实体的权利义务。涉案提单背面第4条中规定的管辖条款属于程序性条款,由于原告并非协商订立该条款的当事人,并非原告的意思表示;被告大森会社亦未提供证据证明原告明确表示接受提单中的管辖条款,故该管辖条款对原告不具有约束力。"

此外,在海上运输案件中,提单欺诈案件占有相当大的比重。倒签提单、预借提单甚至伪造提单等欺诈现象在海运界并不鲜见。在此类提单中,管辖权条款是否是相关当事人之间真实的意思表示呢?伪造提单,就是货物根本未装船而签发提单。具体表现为卖方故意在没有交付货物的情况下,伪造提单进行单据欺诈,以骗取信用证项下的货款;卖方与船公司串通,合谋欺诈,由船公司为卖方伪造提单提供必要的条件。无论哪一种情况,提单都成了纯粹的单据欺诈的工具,根本和海上货物运输无涉,因而提单无效,管辖权条款亦无效。而对于倒签提单与预借提单,从顾全提单商业流通性的目的出发,各国的司法实践均承认提单有效,其中的管辖权条款亦应有效,并且约束承运人和托运人。承运人承担对善意第三人损害赔偿责任后,可以依据提单管辖权条款提起诉讼,向托运人追偿其代付的损害赔偿份额。但是,倒签提单或预借提单情形下如果还要求该管辖权条款约束善意第三人,显然不利于善意第三人利益的公平维护。因此,有观点认为善意第三人可以对承运人与托运人的欺诈行为包括提单中管辖权条款行使撤销权。善意第三人认为管辖权条款有利于维护其利益则可以不撤销;反之则可以撤销该管辖权条款。

2. 管辖权条款具有形式合法性

现代民商事理论和立法对于一般商事合同成立形式要件要求均采取了极为宽松的态度,允许当事人采取任何形式订立合同。但绝大多数国家的法律和有关国际公约都要求管辖权协议采取书面形式。书面要求,既有证据的功能(易于证明管辖权或仲裁条款的存在),同时也有警示的功能,让当事人意识到该条款的重要性。我国十分强调管辖权协议的书面形式。《中华人民共和国民事诉讼法》第277条规定:"涉外民事纠纷的当事人书面协议选择人民法院管辖的,可以由人民法院管辖。"但是何为书面形式,在国际范围内还没有达成共识。在航运实践中,提单往往由承运人单方签发,未经承托双方共同签字,这样一来,各国对提单中的管辖权条款是否符合书面形式的要求存在着不同的解释。

此外,提单作为承运人单方签发的格式合同,常常需要满足特定的条件才能够证明其是双方真实意思的表示。对于管辖权这样的重要条款,法律一般会规定受益一方对合同另一方负有提请注意的义务。这种义务要求必须达到合理、充分的程度,如用醒目的文字表示出来。但是从提单管辖权条款的形式来看,多用英文表述且条款印刷字体小,与一般条款一样,堆挤在提单背面。法国法院就曾因提单管辖权条款的字体不清楚而判定该条款无效。[1]根据我国法律,此类管辖权条款也可能会因违反了法律对格式条款的特别规定而无效。比如天津海事法院在(2015)津海

---

[1] 杨荣波:《论提单管辖权条款》,载《大连海事大学学报(社会科学版)》2005年第3期。

法商初字第 78-2 号民事裁定书中认为:"该条款系作为承运人的被告事先以较小的字体印制在背面,为反复使用未与对方协商的格式条款,作为承运人的被告没有证据证明承运人就管辖条款向作为托运人的原告尽到足够的提醒义务,不能证明就管辖问题与原告达成合意。"

3. 管辖权条款的内容合法性

所谓内容合法,是指管辖权条款符合法律要求,不违反强制性规定。涉及管辖权条款争议事项上一个敏感而核心的问题就是,该条款是否违背了各国相关海商立法和《统一提单的若干法律规则的国际公约》(即《海牙规则》)中的有关禁止订立减轻或解除承运人责任的条款这一强制性规定?

《海牙规则》《1978 年联合国海上货物运输公约》(即《汉堡规则》)等国际公约以及许多国家的国内立法(如《中华人民共和国海商法》第 45 条)都强制性地规定了承运人最低限度的义务和最高限度的权利,承运人以《海牙规则》以外的方式解除、减轻其因疏忽、过失或未履行最低限度的义务而引起的责任的所有条款和协议均属无效。而提单中的管辖权条款确实有使承运人降低责任的可能,因此承认《海牙规则》等公约的国家都可以此为理由不承认它的效力。例如,在马尔维肯号案中,由于英国适用的是《1971 年海上货物运输法》,而该法是从《修改统一提单的若干法律规则的国际公约议定书》(即《海牙-维斯比规则》)转化而来的,所以在英国法院管辖审理时,是以《海牙-维斯比规则》来确定承运人的责任标准的。如果认定管辖权条款有效,荷兰法院将取得管辖权,案件将适用荷兰法。但荷兰采用的是《海牙规则》,其责任限额等责任标准低于《海牙-维斯比规则》,这意味着提单管辖权条款违反了英国《1971 年海上货物运输法》第 3 条第 8 款(该条规定减轻承运人责任的条款无效),因此英国上诉法院作出了否定提单管辖权条款效力，保留英国法院管辖权的裁定[1]。美国《1936年海上货物运输法》移植自《海牙规则》，规定了减轻承运人责任的约定无效。在1957年的印度河号案中，美国法院首次以此为依据判决提单管辖权条款无效，认为约定外国法院管辖的提单管辖权条款对货主追索承运人责任设置了障碍，与在美国法院诉讼相比，将使得货主花费更多的争议解决成本。[2]还有美国联邦第四巡回上诉法院在东京号案中判决提单辖权条款无效，因为该条款约定争议由韩国法院管辖，但韩国没有英美海事法下对货主非常重要的对物诉讼，这将减轻美国《1936年海上货物运输法》下承运人的责任。[3]

除此以外，管辖权条款还需符合《中华人民共和国民事诉讼法》《中华人民共和国海事诉讼特别程序法》中的某些强制性规定。如有的国家不允许当事人在侵权诉因的案件中选择管辖法院。还有不少国家要求受诉法院与争议有实质联系，其目的在于方便查清案件事实，能够公正合理地分配双方当事人的权利义务关系，同时也可增加判决域外执行的可能性。在这点上英美法系国家亦分野明显，英国主张协议管辖不需要实际联系，而美国认为需要实际联系。我国《民事诉讼法》第35条要求当事人选择与争议有实际联系的地点的人民法院管辖。天津海事法院在（2014）津海法商初字第81-1号民事裁定书中即依此认定："本案原、被告住所地均在中国，涉案提单载明起运港为中国天津新港，目的港为土耳其HAYDARPASA（海达尔帕夏——笔者注）

---

[1] [荷]Govert Smallegange著，赵阳、裴剑锋、王庆译：《欧洲法律下的提单管辖权条款》，载《中国海商法年刊》2000年。

[2] 李天生：《论英美提单管辖权条款效力及其对我国的启示》，载《山东社会科学》2012年第10期。

[3] Tokio Marine & Fire Ins. Co., Ltd. v. M/V SAFFRON TRADER, 257 F. Supp. 2d 651 (S.D.N.Y. 2003).

港,但涉案提单记载的管辖法院为意大利热那亚法院,该法院所在地与本案没有实际联系,涉案提单管辖权条款应认定为无效。"

(二) 提单管辖权条款的效力

提单中管辖权条款有效是其约定的管辖法院具有管辖权的前提。但提单的管辖权条款有效并不表示提单中约定的管辖法院具有排除其他法院管辖的权力。管辖协议可以分为排他性管辖协议和非排他性管辖协议。《中华人民共和国民事诉讼法》第280条规定:"当事人之间的同一纠纷,一方当事人向外国法院起诉,另一方当事人向人民法院起诉,或者一方当事人既向外国法院起诉,又向人民法院起诉,人民法院依照本法有管辖权的,可以受理。当事人订立排他性管辖协议选择外国法院管辖且不违反本法对专属管辖的规定,不涉及中华人民共和国主权、安全或者社会公共利益的,人民法院可以裁定不予受理;已经受理的,裁定驳回起诉。"目前,多数国家都不认可提单管辖权绝对的排他效力。这主要是因为在涉外民事诉讼中,法院行使司法管辖权是国家主权的重要组成部分,是一国主权在国际民事诉讼领域的自然延伸。出于"主权不容侵犯"的国家尊严以及保护国内当事人合法权益的美好愿望,在主权林立的当今国际社会,各国立法和司法实践都体现出了"扩大管辖"的趋势。

1. 英国、美国——不方便法院原则下法官的自由裁量权

英国法原则上允许法院有权判定外国管辖有效而中止英国的诉讼程序。判断外国管辖权最经典权威的原则出自布兰登大法官裁决的埃莉芙特丽娅号案,该案体现了英国等英美法系国家对承认或否认提单管辖权的判断标准:①如果订有外国法院管辖权条款而原告在英国法院提起诉讼,但被告以原告违反管辖权条款为由申请中止诉讼时,应当认为就原告所提出的诉讼本身来说,与其他诉讼一样都在英国法院管辖权范围之内,英国法院对此具有

自由裁量权而不是必然要中止诉讼。即无论是否存在或违反他国管辖权条款，首先推定可以管辖，这是英国法院的基本立场。②要有强有力的理由支持不中止诉讼。被告举证违反他国管辖权条款事实后，英国法院强调，需要原告举出强有力的理由才可不中止在英国的诉讼，但什么是强有力的理由须由英国法院行使自由裁量权来决定。③英国法院应对所有与案件有关的特殊情况进行考虑，并在此基础上行使自由裁量权，特别是以下因素必须考虑。

第一，管辖权条款约定的法院是否适用其他国家法律，假如适用，是否会导致与英国法实质不同的结果。

第二，被告提出中止在英国法院诉讼的真正目的，是获得程序上的利益还是寻求外国法院的救济。

第三，比较外国法院和英国法院的管辖，在哪一个法院更容易获得证据，或者在哪一个法院获得有效证据更为方便、成本更低。

第四，管辖权条款约定的是哪个国家的法院，与提出中止诉讼的当事人相关的是哪个国家，是否与案件具有密切的联系。

第五，在管辖权条款约定的外国法院诉讼是否会损害原告的合法利益。例如，使原告受到时效限制，而在英国法院管辖则不存在这样的限制；该外国法院的判决无法执行，或者缺少执行判决的保障；因宗教、种族、政治及其他原因，导致案件得不到公正审判。[1]

针对不同案情，一一回答上述问题，从而衡量英国法院对该案的管辖是否方便合理，如果经过分析发现，在提单中列明的法院诉讼比在英国诉讼对于案件的解决和双方当事人来说更为方便

---

[1] 孙立华、缪六莹：《英国和中国香港法下的提单外国管辖权条款》，载《中国海商法年刊》2004年。

与合理，那么英国法院就会作出诉讼中止的决定，即不终结诉讼或者有条件地终结诉讼，但是仍保留管辖权，并且要求原告向更为方便的法院提起诉讼。这是法官处理提单外国管辖权条款效力争议的基本态度和思路。总的来说，虽然原告负有举证责任，但最重要的是结合重重叠叠的具体因素，在自由裁量权的运用上非常灵活。按照这样的立场，英国法院几乎可以拥有无边的管辖权。

美国作为世界最大货主国之一，其保护货主利益的欲望更加强烈，因此美国关于"方便"的判断标准较英国更为宽泛：①不应让当事人丧失已经获得的权利，即在选择法院诉讼时，不能剥夺原告在美国诉讼已经获得或享有的权利；②新的管辖应该更方便，变更管辖权是为了提供更经济、更迅速和更方便的公正，如果提单中规定的管辖对于当事人和证人不方便，那么变更管辖权将没有意义；③不得违反美国《1936年海上货物运输法》第3条第8款，即在别国诉讼不会降低或减免被告（承运人）依据《海牙规则》所应该负有的责任；④合理性，美国法院认为管辖权条款"只有在不合理时才无效"，只有当事人在选择管辖法院进行诉讼不合理时，才无效，而何为合理是一个事实问题，由审理法院决定。

2. 澳大利亚、新西兰和南非——强制适用本国法院管辖

澳大利亚、新西兰和南非是绝对否定排除本国法院管辖提单管辖权条款的典型。这类国家并不多，他们在采用《海牙规则》的同时又在其国内法中明文规定，凡是进出本国的海上运输提单一律受本国法院的管辖。例如，《1991年澳大利亚海上货物运输法》中规定，从澳大利亚的任何地点至澳大利亚境外的任何地点的货物运输，与之有关的任何提单和单证的各方当事人，应被视为有意根据装船地所实施的法律订立合同，并且任何与此相反的或者主张剥夺或削弱联邦或某一州的法院对于此种提单或者单证

的管辖权的规定或协议,均为非法,并不具有效力;任何协议,不论是否在联邦之内或澳大利亚境外订立,如旨在剥夺或削弱联邦或某一州的法院对于任何提单或单证的管辖权(此提单或单证与从澳大利亚的任何地点至澳大利亚境外的任何地点的货物运输相关),则均为非法,并不具有效力。概括而言,任何提单约定排除澳大利亚诉讼或仲裁的条款无效。而新西兰的相关法律则规定,除非争议双方都是外国人,否则提单中规定外国法院管辖权的条款无效。《1986年南非海上货物运输法》第3条则规定,任何运输货物至南非境内港口或其他地点的提单下的收货人或持有人,均可以在南非法院提起有关该提单的诉讼,不论提单中是否载有仲裁条款。

3. 加拿大——货物索赔人的选择权

尽管加拿大也鼓励在本国国内诉讼或仲裁,但是并非如澳大利亚、新西兰和南非那样严厉和国家主义化。对待提单中外国法院管辖权条款的效力,加拿大并非绝对禁止,而是赋予货物索赔人选择管辖权法院的权利。如果该运输合同受《汉堡规则》调整,那么货物索赔人可以选择在提单中规定的法院或者《汉堡规则》第21条、第22条列明的任何有管辖权的法院提起诉讼;如果运输合同不受《汉堡规则》的调整,那么货物索赔方可以选择提单条款规定的法院提起诉讼,也可以选择在加拿大境内提起诉讼。但是,选择在加拿大提起诉讼必须要满足这些条件:争议发生于管辖权条款成立后;加拿大法院拥有管辖权;加拿大与该纠纷有实际联系,例如,实际装货港或卸货港、合同约定的装货港或卸货港、被告的营业地、分支机构或者代理处、合同订立地在加拿大境内。实质来说就是,究竟在哪个有管辖权的法院提起诉讼,依据的是货物索赔人的选择,而不是说如果提单中存在管辖权条款就一定要对双方发生绝对的约束力。

4. 《汉堡规则》

《海牙规则》和《海牙-维斯比规则》在货物索赔方面并不调整管辖权问题，而将这个问题留给国内法解决。不过，《汉堡规则》为货物索赔人提供一系列地点以供其提起诉讼。《汉堡规则》第21条第1款规定，原告可以在一国以下地点的管辖法院提起诉讼：①被告的主要营业所或（如没有主要营业所）其通常住所；②合同订立地，但该合同须是通过被告在该地的营业所、分支机构或代理机构订立的；③装货港或卸货港；④海上运输合同中双方同意的其他地方。由此可见，《汉堡规则》要求各国对索赔人选择管辖法院予以尊重，但提单中管辖权条款不具有排除外国法院管辖的效力。

5. 《鹿特丹规则》

《联合国全程或部分海上国际货物运输合同公约》（即《鹿特丹规则》）没有对提单并入租船合同的条件作出具体规定，而是将该问题的判断留给各国国内法规定。但是，该公约在第76条第2款规定了租船合同中的仲裁条款对提单持有人约束力及仲裁地的问题。仲裁地的规定是《鹿特丹规则》为防止仲裁成为承运人规避公约"诉讼管辖权"规定的创举，公约规定在提单持有人起诉承运人的情况下，索赔方除可以在协议所约定地点提起仲裁外，还可以在下列任一地点所在国家提起仲裁：承运人的住所地、运输合同约定的收货地、运输合同约定的交货地、货物的最初装船港或者货物的最终卸船港，学者称为"法定仲裁地"。[1]在提单并入租船合同仲裁条款的情形下，提单持有人是否仍可以选择"法定仲裁地"而不是仲裁条款所约定的仲裁地进行仲裁的问题，《鹿特丹规则》第76条分别规定了两种情况下租船提单项下的提

---

〔1〕 张珠围：《提单并入条款的定性与准据法确定——兼评〈鹿特丹规则〉第76条》，载《中国海商法研究》2018年第2期。

单持有人与承运人之间的仲裁地受公约限制的不同情形。在双方是根据明确记载于提单上的仲裁条款进行仲裁的情况下,仲裁地受公约第15章规定的"法定仲裁地"限制,即提单持有人可以选择在提单约定的仲裁地仲裁或选择"法定仲裁地";在提单是以载明租船合同各方当事人和日期及以具体提及的方式纳入租船合同中的仲裁协议条款的情形下,双方之间选择的仲裁地不受"法定仲裁地"限制,应执行租船合同关于仲裁地的约定。

值得一提的是,提单并入租船合同仲裁条款的问题是《鹿特丹规则》起草过程中各国代表争议较大的议题,一类代表团主张尽最大限度在公约中适用仲裁自由的原则,另一类代表团认为,尽管当事人可以利用仲裁,但不应将其用于规避公约所列的管辖地。《鹿特丹规则》最终选择了较为折中的方案:为不经常使用仲裁的班轮运输业提供有限的仲裁,而对主要是以仲裁作为纠纷解决办法的非班轮运输业则允许有广泛的仲裁自由。《鹿特丹规则》最终采用的条款是,通过区分仲裁条款是直接记载于提单还是通过并入条款的方式,以此取得在保护提单持有人及仲裁自由上的平衡。

(三) 我国关于提单管辖权的制度构建

对于一个国家来说,重视主权无可厚非,照顾相对弱势的货物索赔人也是一个通用准则,所以不能绝对肯定提单管辖权条款的效力。但是一概否定提单管辖权条款的效力,又会体现一个国家法律制度的狭隘,也会造成国际海上货物运输效率的降低。所以各国对于提单管辖权制度的设计都是在尊重当事人意思自治、承认当事人约定管辖权条款效力的基础上,用或多或少的限制条款,有"限制"地尊重其效力。而如何限制,这不单是一个法律问题,更是一个牵涉国家利益的问题。

例如英国,其在相关海运服务、金融和法律服务方面的业务日益发达，一直处于世界中心地位。英国劳氏船级社是世界上最大的权威船级社之一，劳合社[1]是世界上最大的海上保险组织，伦敦一直是世界商事海事仲裁的中心。与之相适应地，英国一直站在航运产业立场上，积极维护承运人制定的提单管辖权条款的效力。与之相反，美国航运重要性远不如对外贸易，是典型的外贸货主大国。所以，美国的判例虽然也认可提单管辖权条款效力，但是附加了诸多条件，保留了多项否认提单管辖权条款的规则，异常鲜明地表达了其货方利益立场。英美在认定提单管辖权条款效力上的差异，反映出两国的经济利益和国家利益格局。

我国始终高度重视航运业的健康发展，在起草海商法的过程中，也特别强调要以促进航运业的发展、保护承运人的利益作为制度设计的初衷。随着发展社会主义市场经济，尤其是从加入世界贸易组织以来，中国的对外贸易显著增长。从全国范围看，贸易利益已远超过航运利益。因此，我国司法实践中对管辖权制度的整体安排上，开始越来越重视对那些实践中处于弱势地位的货主利益的保护，坚持采取限制措施，有条件地承认提单管辖权条款的效力。具体而言，我国法院在判定提单管辖权条款的效力时，要求此类条款只能是书面方式拟定，并且只认可约定与运输密切相关的法院地（选择我国海事法院管辖的除外）管辖协议的有效性。通常而言，在因提单引发的海上货物运输合同争议中，只有提单签发地、装船港、转船港、卸货港、货损发生地、海事

---

[1] 劳合社是英国的一家保险人组织。该组织不直接经营保险业务，只是为其会员提供交易场所和有关服务，是世界上由个人承保保险业务的唯一组织。劳合社是由爱德华·劳埃德（Edward Lloyd，约1648—1713年）经营的一家咖啡馆发展起来的。这家咖啡馆开办于1688年，位于伦敦泰晤士河畔，出版过《劳埃德新闻》和《劳合动态》等报纸，是当时从事远洋航运的船东、船长、商人、高利贷者、经纪人交换航运信息的场所，由于这里海事航运信息灵通，许多海上保险的承保人和经纪人便以此作为经营保险业务的中心。

事故发生地等与货物运输合同履行有实际联系地点的法院才有管辖权,当事人也只能从这些具有实际联系的法院中对诉讼管辖权作出选择和约定。与此同时,一方面增加本国管辖的连接点,尽量扩大本国法院的管辖范围,另一方面明确规定提单管辖权不具有排他性约束力。在司法实务中,我国法院还充分运用公共政策原则,借助对格式合同条款的特殊要求、承运人责任是否减轻等理由,对提单管辖权条款的效力进行限制。当事人也可以依据对等原则请求中国法院限制外国当事人要求适用提单管辖权条款的民事诉讼权利。如果不能够证明该国法院尊重我国的管辖权条款,那么我国海事法院便可对该案件行使管辖权。[1]

三、提单仲裁条款的效力认定

(一) 确定提单仲裁条款效力的机构及准据法

在国际商事仲裁理论与实践中,仲裁庭自裁管辖权原则获得了广泛的认可。故而,在争议双方当事人对于涉案仲裁协议的有效性存在分歧时,有权力确认仲裁协议效力的主体首推仲裁庭。在我国现行仲裁立法中,仲裁委员会有权对仲裁协议效力作出认定,但在实践中,仲裁委员会常常将此类权力授权给仲裁庭行使。但是,即便仲裁庭自裁管辖权原则获得了普遍认可,也并不意味着在任何情况下,仲裁管辖权都应由仲裁庭来决定。事实上,在很多国家,法院也有权力对仲裁管辖权作出审查和认定。特别是即便仲裁庭对仲裁协议的效力及仲裁管辖权作出了认定,此类认定也并不具有终局性,必须接受法院的司法审查。究其实质,法院对仲裁管辖权的认定权来源于法院对仲裁的司法监督。此外,证据保全、财产保全和裁决承认与执行等仲裁程序的进

---

[1] 上海海事法院就曾因香港法院在尤蒙案中对内地航运公司的提单管辖权条款予以否认,根据对等原则对香港被告的提单管辖权条款效力予以否认。

行,乃至整个仲裁价值目标的实现,都离不开法院的司法支持和协助。由此可见,司法对仲裁既有监督,也有支持、协助。一方面,基于仲裁协议,仲裁管辖权以其优先效力排除法院管辖权,另一方面,根据"司法最终裁决原则",仲裁管辖权的最终决定权归属于法院。

《中华人民共和国仲裁法》第 20 条第 1 款对此作了规定:"当事人对仲裁协议的效力有异议的,可以请求仲裁委员会作出决定或者请求人民法院作出裁定。一方请求仲裁委员会作出决定,另一方请求人民法院作出裁定的,由人民法院裁定。"《最高人民法院关于适用〈中华人民共和国仲裁法〉若干问题的解释》第 13 条第 2 款规定:"仲裁机构对仲裁协议的效力作出决定后,当事人向人民法院申请确认仲裁协议效力或者申请撤销仲裁机构的决定的,人民法院不予受理。"根据最高人民法院(2013)民四他字第 4 号文中的答复,"仲裁法司法解释第十三条系针对仲裁法第二十条作出的司法解释。仲裁法第二十条所指的仲裁委员会系依据仲裁法第十条和第六十六条设立的仲裁委员会,并不包括外国仲裁机构。故仲裁法司法解释第十三条的规定并不适用于外国仲裁机构对仲裁协议效力作出认定的情形。"

此外,我国还建立了涉外仲裁协议效力司法审查的内部报告制度。早在 1995 年,最高人民法院就发布了《关于人民法院处理与涉外仲裁及外国仲裁事项有关问题的通知》。2021 年,最高人民法院发布了《关于修改〈最高人民法院关于仲裁司法审查案件报核问题的有关规定〉的决定》。根据修改后的《最高人民法院关于仲裁司法审查案件报核问题的有关规定》,各中级人民法院或者专门人民法院办理涉外涉港澳台仲裁司法审查案件,经审查拟认定仲裁协议无效,应当向本辖区所属高级人民法院报核;高级人民法院经审查拟同意的,应当向最高人民法院报核。待最高人民法院审核后,方可依最高人民法院的审核意见作出裁定。根据上述规定,对有关涉外仲裁协议有效与否的认定问题,人民法院在受理这类案件前必须严格、准确地遵照最高人民法院规定的报告制度,在没有最终得到最高人民法院的答复之前,不得受理这类案件。报核制度的确立及实施,表明我国法院对涉外仲裁协议效力的认定持谨慎态度。

对于涉外仲裁协议的法律适用,国际上普遍允许当事人协议选择确定仲裁协议实质有效性的准据法。在当事人没有选择的情况下,各国倾向于适用仲裁地法,我国则将仲裁机构所在地与仲裁地并列作为当事人未选择仲裁协议准据法时的连结点。《最高人民法院关于适用〈中华人民共和国涉外民事关系法律适用法〉若干问题的解释(一)》第12条规定,当事人没有选择涉外仲裁协议适用的法律,也没有约定仲裁机构或者仲裁地,或者约定不明的,人民法院可以适用中华人民共和国法律认定该仲裁协议的效力。《最高人民法院关于审理仲裁司法审查案件若干问题的规定》第14条规定,人民法院根据《中华人民共和国涉外民事关系法律适用法》第18条的规定,确定确认涉外仲裁协议效力适用的法律时,当事人没有选择适用的法律,适用仲裁机构所在地的法律与适用仲裁地的法律将对仲裁协议的效力作出不同认定的,人民法院应当适用确认仲裁协议有效的法律。

(二)提单仲裁条款的有效要件

相比于提单中关于协议选择特定法院解决争议的管辖权条款,提单仲裁条款在有效性要件方面有以下几方面的独特要求。

第一,意思表示真实明确。如果当事人之间将其有关商事争议提交仲裁解决,须有明确请求仲裁解决的意思表示,这是商事仲裁协议的基本因素。请求仲裁的意思表示必须明确肯定,符合仲裁一裁终局的本质以及具有排除法院管辖权的效力,而不得有任何的模棱两可、语义不清或者似是而非。比如,《中华人民共和国仲裁法》第16条规定,仲裁协议应同时具备请求仲裁的意思表示、仲裁事项、选定的仲裁委员会三要素。

一般来说,仲裁协议一旦合法成立,则首先提单仲裁条款对提单双方当事人——托运人和承运人直接产生法律效力。不同于管辖权条款的是,各国的立法和实践更倾向于承认将仲裁条款视为合同整体之一部分,进而随合同之转让而自动转让,对持有提单的第三人具有约束力。[1]《最高人民法院关于适用〈中华人民共和国仲裁法〉若干问题的解释》第9条规定,债权债务全部或者部分转让的,仲裁协议对受让人有效,但当事人另有约定,在受让债权债务时受让人明确反对或者不知有单独仲裁协议的除外。但在我国海事司法实践中,就最高人民法院现有的复函分析,主要强调的是仲裁协议的相对性,即其原则上仅约束仲裁协议的当事人,而不承认提单仲裁条款对第三人的效力。例如,在2007年《最高人民法院关于原告中国·北京埃力生进出口有限公司诉被告日本·太阳航行贸易有限公司、新加坡·松加船务有限公司海上运输合同管辖权异议上诉一案的请示的复函》中,最高人民法院认为:"根据海商法第九十五条的规定,作为承运人的松加船务有限公司与持有提单的北京埃力生进出口有限公司之间的权利、义务关系应当适用涉案提单的约定。虽然涉案提单正面约定因涉案提单所产生的任何纠纷应提交伦敦或纽约仲裁,但提单仲裁条款的约定属于承运人单方意思表示,对持有提单的北京埃力生进出口有限公司并不具有约束力。"

第二,仲裁条款具有形式合法性。多数国家的仲裁立法要求,仲裁协议应当采取书面形式订立。《中华人民共和国仲裁法》

---

[1] 邓瑾:《论并入提单仲裁条款对提单持有人的效力》,载《仲裁研究》2009年第3期。

第16条第1款规定:"仲裁协议包括合同中订立的仲裁条款和以其他书面方式在纠纷发生前或者纠纷发生后达成的请求仲裁的协议。"但如何理解仲裁协议的书面形式?对此,《纽约公约》第2条第2款将"书面协定"定义为"当事人所签订或在互换函电中所载明之契约仲裁条款或仲裁协定。"因此,书面的仲裁协议有两种形式:一是双方当事人签署的订立在合同中的仲裁条款或仲裁协议;二是在双方当事人互换或往来函件、电文中的仲裁条款或仲裁协议。这就表明,第二种形式的仲裁条款无须当事人双方的签名。[1]

就提单的签发而言,其一般做法是:托运人先去轮船公司拿订舱单,然后订舱、填上货物的详细情况,交还轮船公司并由其确认,由此便订立了一份运输合同。轮船公司在给托运人订舱位时,有时会在订舱单上写上依据提单的条款和条件。[2]现在,绝大多数国家达成的共识是,提单的签发经过了双方当事人之间文书的交换,其仲裁条款即使只有承运人或其他代理人一方签名,也符合《纽约公约》规定的有效条件。

第三,仲裁条款的内容合法性。如果当事人要订立一份有效的仲裁协议,其最基本的前提是约定的仲裁事项必须具备法律规定的可仲裁性。但是,在确定可仲裁性方面,国际上尚未达成统一的方案,《纽约公约》对此也没有规定,而是将这一问题留给各国的国内法自行规定。这意味着,任何国家均可以根据本国国情、传统或公共利益的需要来确定争议事项可仲裁性的范围。

此外,对于仲裁条款,同样不能违背各国相关海商立法和

---

[1] 韩健:《现代国际商事仲裁法的理论与实践》(修订版),法律出版社2000年版,第95—96页。

[2] 杨良宜:《国际商务与海事仲裁》,大连海运学院出版社1994年版,第39—40页。

《海牙规则》中有关"禁止订立减轻或解除承运人责任的条款"这一强制性规定。实践中，各国对于仲裁条款方面的审核比较宽松。例如，在英美法中，通常认为仲裁条款本身并非减轻或免除运输责任的约定。美国联邦最高法院在1995年天空缩帆水手号案中认为，《1936年海上货物运输法》中承运人的责任指的是法律责任，而前述印度河号案所理解的最终费用等不能包含在责任的含义之中，为了参加仲裁所需支付的成本和造成的不便，并不是判断提单仲裁条款是否减轻《1936年海上货物运输法》下承运人责任的标准，否则，将无法对国外仲裁条款和国内仲裁条款进行区分。比如，提单国外仲裁条款约定西雅图货主到加拿大温哥华仲裁，与提单国内仲裁条款约定该货主到纽约仲裁相比，后者将使货主承担更高的费用和负担。[1]总的来说，只有承运人利用这一漏洞大获其利而使他方遭受损失之时，提单仲裁条款才有可能被认定是减轻了承运人的责任，才有理由认定《海牙规则》所规定的以本规则以外的方式减轻了承运人责任。

（三）《纽约公约》体系下提单仲裁条款的效力

提单仲裁条款的效力包括两部分。首先，对仲裁机构（仲裁庭）而言，主要有两方面：其一，有效的仲裁协议是仲裁机构受理争议案件的依据；其二，仲裁协议限定了仲裁机构的审案范围。其次，对法院的法律效力，主要表现为仲裁协议可排除法院的司法管辖权，法院对仲裁协议所涵盖争议的是非曲直等实体问题将不再进行审理。尽管提单仲裁条款往往是事先印刷在提单背面的，未经当事人之间反复协商，且提单的主体一方不特定，但其效力得到绝大多数国家和地区的承认与支持，这点是提单中的

---

[1] 李天生：《论英美提单管辖权条款效力及其对我国的启示》，载《山东社会科学》2012年第10期。

第三章　要素论：国际商事仲裁中心的制度建设

法院管辖权条款所无法比拟的。[1]例如，美国马里兰联邦地区法院在1991年审理的日商岩井株式会社诉海桥公司案中，法院承认提单中当事人约定在东京仲裁的条款的有效性，驳回了货主的起诉。[2]我国香港特区法院在审理某轮从马来西亚港口载货运往香港时发生的货损案中，确认了提单中关于在内地仲裁的条款的效力，中止了在香港法院的诉讼。[3]

提单中的仲裁条款之所以能获得如此广泛的支持，主要是因为同诉讼管辖权相比，仲裁管辖权建立在当事人之间私人意思自治的基础上，并不直接涉及国家司法主权。正如英国学者施米托夫所言："仲裁实质上是解决争议的一种合同制度。"[4]加上《纽约公约》的广泛签署，使得国际商事仲裁在全球范围内有着较高的统一化和趋同化。《纽约公约》第2条第3款规定，如果缔约国的法院受理一起案件，而就这起案件所涉及的争议事项，当事人已经达成仲裁协议，除非该法院查明该仲裁协议是无效的、未生效的或不可能实行的，应该应一方当事人的请求，让当事人把案件提交仲裁。这就表明，有效的仲裁协议具有排除法院管辖权的效力，其排除的对象既包括内国法院的管辖权，也包括外国法院的管辖权。截至2023年1月，已有172个国家加入了《纽约公约》，这些国家不会仅因仲裁条款在提单中而否认它的效力。因此，同协议选择管辖权的条款相比，提单中的仲裁条款更易于有效成立。

---

〔1〕赵建伟、杨文升：《论提单中仲裁条款的效力》，载《社会科学辑刊》2009年第4期。

〔2〕黄进主编：《国际私法与国际商事仲裁》，武汉大学出版社1994年版，第239页。

〔3〕刘书剑：《北京海事仲裁最新裁决案例》，载《中国海商法年刊》1992年。

〔4〕[英]施米托夫：《国际贸易法文选》，赵秀文选译，中国大百科全书出版社1993年版，第674页。

四、对租约仲裁条款并入提单的分析

(一) 租约仲裁条款并入提单的准据法

航次租约提单的特殊性在于,它与航次租约并存,并受到航次租约的影响。在航次租船合同中,当承运人(出租人)签发提单给托运人(承租人)之后,提单在承租人手中仅能充当货物收据,同时也是承运人据以交付货物的凭证。但是当提单转让时,航次租约提单的持有人为承租人以外的其他人时,就由提单约束承运人与提单持有人的关系。相比较而言,提单受法律规制的程度较高,承运人依法所承担的义务和责任较重;而租约中当事人依据意思自治原则可以就权利义务问题自由地作出约定,承运人在很大程度上可以不受法律中某些规定的约束而在合同中适度降低自己的责任和义务。承运人为了使提单与航次租船合同内容具有统一性,避免对承租人和承租人以外的提单持有人承担不同的义务,通常签发与标准格式租约相配套的简式提单,并在航次租约提单上载入并入条款。不同并入条款的措辞决定了租约中可以并入提单条款的范围。此类并入最宽泛的条款措辞如:"All terms, conditions, clauses and exceptions",即(租约下的)所有的条款、条件、条文和除外条款(并入提单)。并入范围最狭窄的条款可能仅是"Freight and all other conditions as per charter",即运费和其他条件根据租约约定。

判断涉外租船合同中的仲裁条款并入提单问题,首先要考虑提单所应当适用的准据法。[1]对此,司法实务中主要存在三类观点:一是认为应该适用提单本身的准据法,如广州海事法院作出的(2004)广海法他字第1号民事裁定书;二是认为应当适用仲

---

[1] 王克玉:《从法律适用的视角看租约仲裁条款并入提单的效力问题——兼论我国的立法与司法实践》,载《北京仲裁》2014年第4期。

裁协议的准据法;三是认为应该适用法院地法。我国法院在审查租约仲裁条款是否有效并入提单并约束提单持有人的问题上,认定应适用法院地法,主要是基于这些考量:租约仲裁条款并入提单是否对提单持有人具有约束力,实际上属于仲裁协议是否成立的问题,而非仲裁协议的生效问题,换言之,问题的关键在于判定提单持有人与承运人之间是否存在仲裁协议,在查明该事实时,应当适用法院地法,即中国法。此外,还有观点认为,提单并入仲裁条款的问题属于程序性问题,区别于租约中的实体权利义务,而且从维护国家司法主权和本国当事人利益的角度出发,对于并入问题的审查应确保适用本国法,而法院地法是用来解决程序问题和有关法院公共利益问题的系属,因此应适用法院地法。[1]

(二) 国际社会的司法实践

国际上通常认为,租船合同,包括其中的仲裁条款,可以有效地并入提单,并约束承运人及提单持有人。[2]例如,《德国民事诉讼法典》第10编第1031条规定,如海运提单明确援引了租船合同的仲裁条款,则提单的签发也可以达成仲裁协议。英国的相关法律对租约仲裁条款并入提单持高度支持的态度,其在司法实践中认定,当事人在提单中如果明确表示将租约并入其中,包括租约中的仲裁条款,均可视为仲裁条款的有效并入。[3]《中华人民共和国海商法》第95条规定:"对按照航次租船合同运输的货物签发的提单,提单持有人不是承租人的,承运人与该提单持有人之间的权利、义务关系适用提单的约定。但是,提单中载明适用航次租船合同条款的,适用该航次租船合同的条款。"《汉堡

---

[1] 成明珠:《论租约仲裁条款并入提单之司法审查——以审查方法的确立和立法建议为核心》,载《法律适用》2007年第4期。
[2] 徐少林:《论并入提单的仲裁条款》,载《法学评论》1998年第4期。
[3] 黄永申:《英国"租约并入提单"百年史话及现状》,载《中国海商法年刊》2009年第Z1期。

规则》第22条第2款对并入条款作了特别说明,即:"如租船合同载有该合同引起的争端应提交仲裁的条款,而依据租船合同签发的提单并未特别注明此条款对提单持有人具有约束力,则承运人不得对诚实的提单持有人援引该条款。"也就是说,如果载有特别注解,则承运人可以援用该条款对抗正当取得提单的人。

与并入提单的仲裁条款的效力相关的案件中,所涉的核心问题在于,租约中的仲裁条款应以何种方式、何种措辞才能有效并入提单,从而约束提单持有人或提单受让人。[1]早期,英美法系对仲裁条款采取了一种比较严格的观点,认为只有"与标的事项直接关联"的内容,才可以不加特别注解地合并到提单里。这意味着,可直接并入提单的租船合同条款,必须属于与货物运输直接关联的实体权利义务条款。而诸如管辖权条款、仲裁条款、解除合同条款等附属性条款,由于与合同双方执行权利义务并无直接关系,不能自动包含在一般的合并条款中,除非以明示条款表明并入提单内。[2]

当今,按照英国航运界和司法界的通常做法,通过四种方式可使仲裁条款有效并入提单:①当只有一份租约时,在提单的合并条款中明确指明仲裁条款一同并入。②有两份或两份以上的租约时,将租约中的仲裁条款的序号在提单的合并条款中言明,即在同一航次存在多个租约的情况下,提单正面应当注明并入提单的租约日期和当事人。[3]例如,"×年×月×日由×与×签订的租约的一切条款、条件和免责事项,包括仲裁条款和法律适用条款均并入本提单"。③若存在多个未指明的租约时,并不能使当事人

---

〔1〕 张国军:《提单并入仲裁条款的有效识别》,载《人民司法》2014年第8期。

〔2〕 金小菲、万炬:《租约仲裁条款是否能够有效并入提单问题探析》,载《河北法学》2002年第S1期。

〔3〕 李海:《关于提单仲裁条款效力若干问题的思考》,载《中国海商法年刊》2004年。

第三章 要素论：国际商事仲裁中心的制度建设

并入条款无效，而应认识到当事人确有要并入租约的意图，至于意图并入的是哪个租约，需具体分析确定。④合并条款所援引的租约条款本身，既包括了仲裁等用来解决租约争议的内容，又包括了用来解决提单争议的实体内容。[1] 以上第一、第二种方式实际上是指租约仲裁条款必须通过合并条款中的专门用语进行明确援引方能有效并入提单，第三种方式则是要求租约仲裁条款的内容对于提单具有可执行性方能有效并入。[2] 总的基本态度是不轻易否定并入条款。而美国法律对提单中的并入条款则不作严格要求。依据美国法，提单中对租约条款和条件的一般性关联，简单笼统的并入条款足以将租约中的仲裁条款并入提单，并能约束非租约当事人。[3]

(三) 我国的司法实践及制度构建

我国法院对于将租约中的仲裁条款并入提单的做法，持严格并入态度。[4] 因为中国进口的货物中，有不少是散装货，买卖与结汇中常会使用 1994 年版康金提单（Congenbill 1994）。这样，外方承运人如果要求去伦敦仲裁，中国收货人及中国保险公司将会面临前往伦敦解决争议的成本问题，既需要支付昂贵的仲裁费用，又需要长途跋涉，既不经济，亦不便利，导致在一些标的额不高的货损货差争议中，中方当事人不得不放弃仲裁。故而，从实务的角度来看，承认租约仲裁条款并入提单，很可能会对中国

---

[1] 曲天明、兰庆洲:《租约仲裁条款并入提单的若干问题》，载《国际贸易问题》2004年第3期。

[2] 贺万忠:《论涉外商事交易中的仲裁条款援引问题——以〈仲裁法解释〉第十一条（仲裁条款的援引）规定为基点》，载《国际法学刊》2020年第4期。

[3] 蔡鸿达:《中国远洋运输提单仲裁条款问题评说》，载《仲裁与法律》2002年第5期。

[4] 高升、曾祥军:《航次租船合同仲裁条款并入提单有效性的认定标准》，载《山东科技大学学报（社会科学版）》2018年第3期。

的收货人造成费用和成本上的巨大冲击。根据最高人民法院的有关复函，认定租船合同包括租船合同中仲裁条款是否有效并入提单，应审查提单正面是否明确载明所并入的租船合同，包括是否特别载明租船合同中的仲裁条款亦并入提单，且应载有具体的租船合同号码、租约当事人、签订时间地点等信息，即应当将并入提单的租船合同特定化，以使提单持有人能获知仲裁条款的存在。[1] 例如，天津海事法院在（2012）津海法商初字第811-2号民事裁定书中认为："提单条款为承运人事先拟定的格式条款，在提单持有人不是租船人时，要使租船合同中的仲裁条款对其具有约束力，应在提单正面明示租船合同中的仲裁条款并入提单，且以显著区别于其他条款的形式表示出来，提请对方注意。虽然涉案提单正面载有租船合同并入提单的内容，但并未特别明示租船合同中的仲裁条款并入提单。原告的被保险人天津中联进出口贸易有限公司作为提单持有人，不是被告所称租船合同的当事人，不能在提单记载中获知仲裁协议的具体内容。因此，涉案租船合同仲裁条款未有效并入提单"。

不过，过于轻易地否定租约的并入，在司法实践中也会引发麻烦。比如，有关货物的装船、运输以及交付（如承运人责任、装卸、速遣费和滞期费、责任终止和留置权、免责条款、运费支付等）的条款，如果不允许并入提单，会大大降低当事人之间订约的便捷性，也会对租约提单的解释与履行造成不便。正如英国著名大法官丹宁勋爵所言，"如果不合并租约，会难以解释一份租约提单，许多条款与安排都需要默示才能让这份运输合约履行下去。但如果能合并租约，则解释起来会十分简易与完美。"[2] 著名

---

〔1〕〔2006〕民四他字第26号、〔2008〕民四他字第50号、〔2009〕民四他字第13号。
〔2〕 The SLS Everest [Z]. [1981] vol. 2 Lloyd's Rep. 389.

海商法专家杨良宜也主张:合并条款同所有合约的明示条款一样,要寻求双方订约的意愿,而如条款本身写得不够明确,有了争议仍是要客观地找出双方订约意愿应是什么,到底双方想合并什么。而难以找出或难以解释并不表示法官或仲裁员可轻易去否定或漠视合并条款。[1]

因此,建议我国法院在处理提单中并入租约的问题时,应当更加充分地尊重并探索当事人并入租约时的真正意图,尊重海事运输合同中的当事人意思自治,根据具体情形展开更为符合当事人真意的解释。特别是对除了仲裁条款以外的租约的并入,尽量不要采取直接否定的态度。也即,有关货物运输的条款的并入,可以通过一般性引述即可实现。而租约中的仲裁条款,由于其是双方当事人对争议解决方式的重大安排,选择纠纷解决方式对于当事人的诉权实现有直接影响。通过提单并入,把出现在其他合同中的仲裁协议并入,相当于引入了对当事人权利有重大影响的格式条款,且仲裁条款与提单双方当事人的主权利义务没有直接关系。考虑到提单的流通性,此种并入不仅在提单正面应当有更为具体明确的表述,还需受到注意义务的限制。换句话说,在举证责任分配上,主张仲裁条款有效并入的一方,应当证明对方当事人对于并入仲裁协议明知或应知。

第三节 "长臂管辖权"的产生、发展与回应

打造国际商事仲裁中心,关键是争取对国际商事案件的管辖权,重点包括司法管辖权与仲裁管辖权两个方面。值得一提的是,滥觞于美国的"长臂管辖权",本质上系其国内法院过度扩

---

[1] 杨良宜:《提单及其他付运单证》(修订版),中国政法大学出版社2007年版。

张自身的域外管辖权,在客观上容易诱发国际民商事管辖权的积极冲突。对我国而言,要打造国际商事仲裁中心,有必要对"长臂管辖"的产生进行充分的研究,并探讨可能的应对方案。

一、"长臂管辖权"的产生与发展

长臂管辖权的产生与美国的政治和法律制度存在密切的关联。通常认为,这一概念最初起源于1945年的国际鞋业公司诉华盛顿州案。[1]在产生之初,"长臂管辖权"只适用于美国国内各州之间,旨在弥补跨州司法管辖的漏洞,本土特色明显。由于"长臂管辖权"这一术语并没有准确的定义,再加上"最低限度联系"原则的模糊性和灵活性,这一制度的内涵与外延被美国法院不断拓展。[2]随着实践的发展,该制度不仅适用于美国的州际民商事诉讼,同时也被广泛地适用到美国法院受理的国际民商事诉讼。从措辞上来看,"长臂管辖权"这一表述既被美国的有关法典采用,也为一般学者所使用,但两种情况下含义有所不同。法典中"长臂管辖权"是指依据有关"长臂"法规所主张的管辖权,是法定的;有关学者认为的"长臂管辖权",则指的是在国际民事诉讼中,对作为非法院地居民且不在法院地,但与法院地有某种联系,同时原告提起的诉讼又产生于这种联系时,法院对被告所主张的管辖权。本书所探讨的属学者意义上的对非法院地居民所主张的管辖权。

"长臂管辖权"在美国的产生与发展,有其内在的必然性,主要表现在以下几个方面:①美国在世界军事、科技、经贸、金融等领域占据优势地位,并拥有利用这种优势维护其国家利益的能力,

---

[1] John J. Cound, *Civil Procedure: Cases and Materials*, 3rd ed., West Publishing, 1980, p.65.

[2] 高伟:《美国"长臂管辖"》,中国财政经济出版社2021年版,第1页。

第三章　要素论：国际商事仲裁中心的制度建设

故而其根据国内的法理逻辑，不断升级和拓展域外管辖，将手臂伸向全球。②现代社会的侵权行为越来越多，传统普通法所调整的行为也日益复杂，只有根据社会生活的需要及时发展出新的管辖依据，才能适应社会生活的要求。"长臂管辖权"诞生之初，原本是为了使原告获得当地的保护与救济，从而有利于原告合法权益的实现，其具有一定的灵活性和合理性，但是其内核是司法管辖权的单边主义扩张，一旦被滥用，将可能冲击国际民商事秩序，造成管辖权的冲突、诉讼竞合乃至平行程序。[1]③美国的国家实力不断增强，经济地位提高，使其在国际民事诉讼中也有能力"以效果原则和自愿服从原则"主张管辖权。这也是同属英美法系的"英国对本国法院国际民事诉讼管辖权限制较多，而美国法院的国际管辖权则更为广泛"[2]的原因之一。

传统的美国民事管辖权分为属人管辖权和属物管辖权。属人管辖权，指的是法院可以作出对被告具有人身约束的判决，或者是命令他为或不为，或者是允许原告从他那里获得一定的损害赔偿，这种损害赔偿的范围甚至可以扩张至被告拥有的全部财产。属物管辖权，指法院可以作出判决以澄清或变更所有请求人对一样特定财产或一件特定事情中所各自具有的权益。"长臂管辖权"是由属人管辖权发展而来的。传统的属人管辖权是基于传统普通法的效果原则和自愿服从原则，以"权力支配"理论为基础，并通过1877年彭诺耶诉纳夫案所确立的"领土主权的方法"来行使的。这项原则把法院管辖权定义为：法院对其领土范围内的人和物具有司法权力，其他非法院地州不具有这一权力；任何行使

---

[1] 霍政欣、金博恒：《美国长臂管辖权研究——兼论中国的因应与借鉴》，载《安徽大学学报（哲学社会科学版）》2020年第2期。
[2] 参见徐宏：《国际民事司法协助》（第二版），武汉大学出版社2006年版，第276页。

域外管辖权的企图与行为都是对他州主权的侵犯。

在彭诺耶诉纳夫案中，美国联邦最高法院通过确认对其领域内的人和物拥有管辖权，从而确立一般管辖权行使的依据是"存在（presence）"。被告在法院辖区内的"实际存在"成了确定对其行使管辖权的基本依据。自然人的"存在"包括三种情形：①被告的居所或住所在法院的辖区；②被告出现在法院辖区；③被告放弃管辖权异议。这些在现在仍然被认为是确定对人管辖权的传统基础。[1]在彭诺耶诉纳夫案中，美国联邦最高法院宣布这三种关于自然人存在的传统基础是宪法所允许的仅有的基础，即对一个持异议的非居民被告，法院不能随意行使管辖权，除非当被告出现在该州时被合法传唤。这种普通法上对人管辖行使的原则和方法使得法院对非居民被告行使管辖权面临十分苛刻的限制，即如果送达时，被告未在该州出现，则要对其行使管辖权几乎是不可能的。

此后，传统的管辖权理论受到了质疑和挑战，对传统的以"实际存在"为基础的管辖权的改变，始于国际鞋业公司诉华盛顿州一案中。在该案中，美国联邦最高法院对宪法"正当程序条款"限制下的属人管辖权作出了全新的发展，法院指出：在历史上，法院在属人诉讼中的管辖权产生于其对被告人身的实际支配能力，因此被告出现在法院所管辖的地域内是被告受法院判决拘束的前提条件……但是既然拘捕被告的命令已被传票或其他形式的通知取代，正当法律程序所要求的仅是，如果被告没有出现在法院的辖区，法院要想使其服从属人诉讼的判决，则被告与法院之间应有某种最低联系。因此，该案件的审判不会与传统的公平和公正观念相抵触。该案是美国民事诉讼中的一个重要里程碑，成为"长臂管辖权"萌生的开端，本案中，管辖权的确定不再以

---

[1] 覃斌武、高颖：《美国民事诉讼管辖权祖父案件——彭诺耶案的勘误与阐微》，载《西部法学评论》2015年第6期。

拟制外州（国）公司的"存在"或"同意"作为衡量尺度，而代之以"最低联系"，即被告与法院地州之间的"最低联系"成了一种新的管辖权确立依据。

汽车的发明使传统的以"存在"为基础的对人管辖权原则再次遭受挑战，汽车使人们更便利地进行跨州驾驶，而此类驾驶常常是许多侵权诉讼的致损原因。例如，当甲州居民驾驶汽车进入乙州，并在乙州造成交通事故，按照"权力支配"理论，除非在离开乙州之前被合法传唤，否则一个持异议的甲州居民并不隶属于乙州法院的对人管辖权。为弥补此种缺憾，一些州开始通过颁行"长臂"管辖立法的方式拓展管辖权，要求任何人（无论是本州居民抑或外州居民），只要在该州道路上驾驶车辆，就视为其同意接受本州法院对驾驶所引发的侵权诉讼的管辖权。[1]

此后，美国联邦最高法院在一系列的判例法中继续发展了"最低联系"标准。1957年，在麦吉诉国际人寿保险公司案中，美国联邦最高法院认为，诉讼所依据的保险证书构成了与加州的"最低联系"，因为合同订立地与保险费寄出地均在加州，这些事实足以使加州法院对被告的管辖是合宪的。在1958年汉森诉登克拉案中，美国联邦最高法院以缺少"最低联系"为由，认为佛罗里达州法院无权管辖一桩涉及遗产信托的复杂案件。1977年，在夏弗诉海特纳案中，美国联邦最高法院明确指出，"准对物管辖权"的行使也需要有"最低联系"，因为准对物诉讼将通过决定财产法律地位来影响约束财产所有人的权利义务，所以法院还须满足对人管辖权的合理依据，而不能仅以财产所在地为依据行使管辖权。1980年，在世界大众汽车公司诉伍德森案中，美国联邦最高法院提出了"可预见性"的标准，从而对"长臂管辖权"

---

[1] 戚凯：《霸权羁縛：美国在国际经济领域的"长臂管辖"》，中国社会科学出版社2021年版，第7页。

的形式设定了必要的约束。1984年,在南美哥伦比亚纳西雷尔斯直升机运输公司诉霍尔案中,美国联邦最高法院指出,当诉因并不是产生于外州法人在法院所在地州内的活动时,"最低联系"标准要求被告在法院地州内的活动必须达到"持续化和系统化"的程度。1985年,在波哥肯公司诉拉兹维茨案中,美国联邦最高法院表示,合同中被选择适用法律的州并不据此而获得管辖权。1987年,在阿萨西金属公司诉高等法院案中,美国联邦最高法院的诸位大法官对"商业流通"标准产生分歧,但一致认为即使在符合"最低联系"标准的情况下,法院也并非当然就具有管辖权,还应考虑其他因素,即管辖权的行使应具有合理性。

二、"长臂管辖权"的适用条件

(一)正当程序原则

学术界在探讨域外管辖权的合法性及其边界时,常常会引用常设国际法院于1927年审理的莲华号案的判决。在该判决中,确立了一项重要原则,即国家对管辖权的划定拥有较为宽泛的自由裁量权,国际法对国家司法管辖权的约束是有限的。[1]但是,这并不意味着各国法院可以肆无忌惮地滥用"长臂管辖权"。事实上,无论是美国联邦法院还是州法院,在依据"长臂"法规行使"长臂管辖权"时,都必须符合正当程序原则。所谓正当程序原则,是通过美国宪法中的正当程序条款加以确立的,该条款具体指的是美国联邦宪法修正案的第5条和第14条,按照这两个条文,非经正当法律程序,不得剥夺任何人的生命、自由或财产。[2]因为

---

〔1〕 戚凯:《霸权羁缚:美国在国际经济领域的"长臂管辖"》,中国社会科学出版社2021年版,第14页。

〔2〕 蒋龑:《正当程序条款的不同命运——美国宪法和印度制宪会议旧事》,载《华东政法大学学报》2016年第3期。

其保护公平权利的原则性和全面性,所以被广泛援引在各类案件的审判中,是美国宪法适用中频率最高的条款。具体落实到实践中,正当程序原则有两方面要求:一是实体性正当权利,即法院必须有权力去管辖;二是程序性正当权利,即被告必须被给予充分的告知和应诉的权利。在确定"长臂管辖权"时,正当程序两方面的要求都应得到满足。[1]一方面,根据实质性正当法律程序,法院行使"长臂管辖权"时需不违背传统的公平和实体正义观念,满足"最低联系"原则的要求;另一方面,根据程序性正当法律程序,法院须对非本州被告进行有效送达,州外送达必须符合法律规定,使当事人得到充分听审的机会。

(二)最低限度的联系

在美国无论是法院还是学者都没有对"最低联系"作出确切定义,但《美国第二次冲突法重述》将各州"长臂管辖权"的内容归纳为十个方面:①当事人在该州出现;②当事人在该州有住所;③当事人居住在该州;④当事人是该国国民或公民;⑤当事人同意该州管辖;⑥当事人出庭应诉;⑦当事人在该州从事业务活动;⑧当事人在该州曾为某项与诉因有关的行为;⑨当事人在国(州)外做过某种导致在该州发生效果的行为;⑩当事人在该州拥有、使用或占有与诉因有关的产业。凡具备以上情形之一,均可被视为该当事人与该州有最低联系,该州法院可对其行使管辖权。"最低联系"标准要求法院在行使管辖权时满足有意利用、可预见性、合理性标准。

1. 有意利用

在确定是否存在"最低联系"时,考察的核心在于被告与法院地、与诉讼之间的关系。如果联系是由于原告的行为建立的,

---

[1] 许庆坤:《美国长臂管辖权的多维检视及我国因应之策》,载《环球法律评论》2021年第6期。

而不是出自被告本身有意识的行为,则此联系不能作为成立"长臂管辖权"的依据。[1]在库尔科诉高等法院案中,美国联邦最高法院认为原告允许其子移居加州没有证明其"有意识利用加州法律给予其的保护利益",从而否认高等法院主张的管辖权;在拉什诉萨夫丘克案中,法院认为,由于原告与被告的保险人都在明尼苏达州非由被告有意识建立,该事实不构成被告与法院地的最低联系,不能对被告行使管辖权。

2. 可预见性

在世界大众汽车公司案中,美国联邦最高法院确认,并非任何与法院地的联系均构成"长臂管辖权"的充分依据,被告应当对在法院地提起诉讼的可能有所预见。因此在此案中,美国联邦最高法院认为下级法院对零售商和地区代理商没有管辖权,只维持了下级法院对进口商和制造商的管辖权。[2]可预见性条件也印证了前述"最低联系"应由被告"有意识地"建立,而不是"随意地""微弱地"或者"片面地"。[3]

3. 合理性

公平合理传统上没有和"最低联系"分开考虑。在国际鞋业公司诉华盛顿州案中,法院引入"最低联系"原则作为检验管辖权是否正当的方法;"可预见性"原则更进一步,仅有某种联系不构成法院行使管辖权的正当依据,还要求被告能够预见在法院地提起诉讼。"合理性"与前两项标准一样,都可用来检验管辖权是否公正。在阿萨西金属有限公司诉美国联邦最高法院案中,

---

[1] 肖永平:《"长臂管辖权"的法理分析与对策研究》,载《中国法学》2019年第6期。

[2] 郭玉军、甘勇:《美国法院的"长臂管辖权"——兼论确立国际民事案件管辖权的合理性原则》,载《比较法研究》2000年第3期。

[3] 郭玉军、向在胜:《网络案件中美国法院的长臂管辖权》,载《中国法学》2002年第6期。

美国联邦最高法院便采用了这一标准。在判定合理性时，法院可考虑以下因素：①被告的负担；②法院地的利益；③原告获得的经济利益；④有效解决争议中，州际司法系统的利益；⑤各州之间在社会公共政策上的共同利益等。

三、"长臂管辖权"适用的案件类型

(一) 侵权案件

在侵权行为地的认定上，美国各州的"长臂"法规往往规定，非本州被告只有"在州内实施侵权行为"的条件下，州法院才能对非本州被告行使对人管辖权。但是，对侵权行为地的理解，各州并不一致：有些州认为，只有被告的侵权行为与原告所受损害皆发生于本州，本州才构成侵权行为地，进而享有案件管辖权；有些州则认为，侵权行为发生地可以与损害结果发生地等同起来，无论侵权行为人是否曾经到访过法院地，只要其行为或产品在法院地造成损害，法院便可取得对人管辖权；有些州规定，只要侵权行为或损害之一发生于法院地，该州法院即有管辖权。由此可见，侵权行为地的认定本身存在一定的混乱。[1]

依据《美国第一次冲突法重述》，在产品责任案件中，"侵权行为地"是指构成行为人负侵权行为责任的最后事实要件发生地，因此通常是侵权损害的发生地。这一标准在实践中较容易认定，但其缺点显而易见，因损害发生地可能具有一定的偶然性，有时与当事人并无重要联系，如此适用可能会导致不合理结果，损害当事人利益。为此，美国联邦最高法院确认了"商业流通"标准，对"长臂管辖权"的适用作出限制。该标准是产品责任案件所特有的确定"最低联系"的理论，即凡是产品制造商或销售

---

[1] 陈隆修：《国际私法管辖权评论》，五南图书出版公司1986年版，第139—144页。

商将其产品投入商业流通中,使其能"合理地预见"其产品将在他处被使用,因而可能使他人受损,则在任何产品可能被使用处,法院均有管辖权。在产品责任案件中,涉及的主要是外州或外国的公司,有的甚至是国际性的公司,如果依据上述标准,当他们把自己的产品投入庞大的国际销售网时,就有可能在世界的任何一个地方被诉,这时考虑"合理性"标准就显得尤为重要。在世界大众公司诉伍迪森案中,美国联邦最高法院确立了该标准,但实际上和正当程序分析中的"传统的公正和实体正义观念"是一致的。

(二) 合同案件

在合同领域,铂格凯因公司诉鲁德兹维奇案最具典型性。[1]该案中,法官进一步阐释了可预见性标准,为以后类似案件的管辖权审查提供了参考。美国联邦最高法院认为,双方在合同中一致同意适用佛罗里达州法律,这一法律适用条款已经表明,被告有意识地接受法院所在地州的法律保护并希望获得有关利益。因而,尽管该合同的法律选择条款本身尚不足以使佛罗里达州法院获得管辖权,但该条款可以作为确认法院管辖权的重要考虑因素,并且合同的规定本身和交易过程都提醒被告该合同关系将受佛罗里达州总部而非密歇根办事处的监督,被告与佛罗里达州总部已经建立了实质上的持续联系。这些均表明被告与佛罗里达州存在最低联系。因此,佛罗里达州法院对本案具有管辖权。

(三) 商业案件

商业经营与普通的交易行为不同,它不是偶然的、单一的,而必须达到"持续性和系统性"程度。普通交易行为一般以在"州内进行任何交易行为"作为法院行使"长臂管辖权"的依据,

---

[1] Burger King Corp. v. Rudzewicz, 471 U.S. 462 (1985).

只要诉讼请求产生于被告的该行为,法院就可对非本州被告主张管辖权。而在商业经营案件中,法院可以就任何诉讼请求对非本州被告主张管辖权,法院需要考虑的仅仅是连结点的数量以及与法院地联系的紧密程度,而不论诉因是否产生于州内或者是产生于被告在州内的行为。在这方面,普肯斯诉本奎特联合矿业公司案具有典型意义。[1]该案中,被告是国外的一家矿业公司,该公司的矿业经营位于菲律宾,二战期间由于日本的入侵而中止活动。其总裁(也是主要的股份持有人)便回到家乡俄亥俄州,并设立了一个办公室打理公司的业务,同时,也保存了公司的文件。原告起诉要求被告给付其在菲律宾经营活动中的红利。就案由来看,本案并不涉及被告在俄亥俄州的活动。美国联邦最高法院认为,在诉因并不产生于法院所在地州的商业活动的情况下,宪法上的正当程序要求被告在州内实际从事的经营活动应具有"持续性和系统性"的特征,从而使公司在该州被迫应诉并不失公平。美国联邦最高法院并不反对俄亥俄州法院的管辖权,同时也确立了必须满足"持续性和系统性"的标准,才能够构成商业经营领域的最低联系,使法院对非本州被告主张管辖权。为了防止"持续性和系统性"的标准被滥用,美国联邦最高法院通过判例来限制该标准的适用。例如,在南美哥伦比亚纳西雷尔斯直升机运输公司诉霍尔案中,法院认定:如果诉讼请求不是产生于被告在州内的活动,即使这些活动已进行了多次,也不足以构成"最低联系"。[2]

四、对"长臂管辖权"的评价

"长臂管辖权"制度对法律确定性造成了极大挑战。由于美

---

[1] Perkins v. Benguet Consolidated Mining Co., 342 U.S. 437 (1952).
[2] Helicopteros Nacionales de Colombia S. A. v. Hall, 466 U.S. 408 (1984).

国联邦最高法院对"最低联系"原则没有作出具体规定,这一制度实际上赋予了法官十分宽泛的自由裁量权。管辖权扩张还导致国际民事管辖权的积极冲突加重,造成国际民事案件管辖权冲突的泛滥。

对我国而言,要打造国际商事仲裁中心,关键是要确立一套完备的国际民商事争议管辖权规则体系,将涉外争议的管辖权留在中国。《中华人民共和国民事诉讼法》第276条规定:"因涉外民事纠纷,对在中华人民共和国领域内没有住所的被告提起除身份关系以外的诉讼,如果合同签订地、合同履行地、诉讼标的物所在地、可供扣押财产所在地、侵权行为地、代表机构住所地位于中华人民共和国领域内的,可以由合同签订地、合同履行地、诉讼标的物所在地、可供扣押财产所在地、侵权行为地、代表机构住所地人民法院管辖。除前款规定外,涉外民事纠纷与中华人民共和国存在其他适当联系的,可以由人民法院管辖。"该条第2款在既有的管辖权依据的基础上,增设了适当联系原则,明确允许我国法院基于适当联系原则对住所地不在我国境内的被告行使管辖权。该原则的引入,对现有的涉外民事诉讼管辖权体系进行了适当的突破,以兜底性条款为我国法院拓展涉外民事管辖权提供了自由裁量的空间。为了正确地理解和适用该条款,既要拓展本国的管辖权,使之能够覆盖中国公民的海外利益保护,又要防范外国"长臂管辖权"的不当扩张。具体而言,需要构建起体系化的反制裁、反干涉、反"长臂管辖"立法及执法机制,加快建设中国法域外适用法律体系,提升中国司法和执法能力建设。[1]管辖权的确定基础存在着从原则(合理原则)到具体标准(联系标准)再到原则(合理原则)的演变过程。如果仅有管辖权的原

---

[1] 白雪、邹国勇:《美国"长臂管辖"的欧盟应对:措施、成效与启示》,载《武大国际法评论》2021年第5期。

则而无具体的标准,会使法官自由裁量权过大,因此从基本原则出发,为了防止法官对权力的滥用又制定了具体的管辖权规则,而为了避免硬性的管辖权规则或没有管辖权时给当事人造成不公平的结果,又在一定程度上给予法官自由裁量权。[1]在国际民商事争议解决领域,探寻管辖权的内涵与外延颇为必要,而合理管辖原则可以用于确定诉讼与仲裁的边界,对外国法院的"长臂管辖权"形成必要的约束。具言之,合理管辖原则可在两个场合发挥主要作用:其一,在立法上,既要防止无端扩大本国法院管辖权的倾向,以尽量避免和减少国际民事管辖权的积极冲突,又要注意在特定条件下赋予本国法院以必要的管辖权或紧急管辖权,防止国际民事管辖权的消极冲突的产生。其二,在司法上,管辖权的行使应注意,既要使原告有诉讼的机会,又不至于对被告造成诉讼的不便。

第四节 国际民商事争议解决中的不方便法院原则

一、不方便法院原则的学理阐释

(一) 引入不方便法院原则的制度价值

在国际民事诉讼中,因案涉争议通常与多个国家具有法律上的联系,而各国法院主要根据本国的诉讼程序法对案件行使管辖权,故常会引发管辖权冲突的问题,此即所谓的平行诉讼现象,亦称为诉讼竞合。[2]平行诉讼的存在,其实质是不同国家基于各自的司法主权对相同当事人之间的相同争议或关联争议分别行使

---

[1] 郭玉军、甘勇:《美国法院的"长臂管辖权"——兼论确立国际民事案件管辖权的合理性原则》,载《比较法研究》2000年第3期。

[2] 刘仁山、陈杰:《我国面临的国际平行诉讼问题与协调对策》,载《东岳论丛》2019年第12期。

管辖权,具体涵盖同一当事人作为原告在不同国家先后提起诉讼,此即重复诉讼,还包括不同当事人分别作为原告在不同国家对另一方提起诉讼,此即对抗诉讼。[1]因各国的冲突法、实体法、证据法存在差异,平行诉讼的存在导致对立裁决难以避免,故极易引发"同案不同判"的现实矛盾,既不利于国家间判决的相互承认及执行,也不利于对当事人实体权利的保护。[2]从长远来看,平行诉讼的存在,还会诱发当事人"挑选法院"、竞相向有利于己方的法院先行提起诉讼,从而加速矛盾激化,形成无序状态,无益于国际民商事秩序的良性构建。[3]

故此,各国采取多种途径规制平行诉讼现象,具体包括:其一,签订国际条约协调缔约国之间的管辖权,避免就同一争议重复行使管辖权。例如,欧盟在 2001 年制定的《布鲁塞尔条例Ⅰ》确立了先系属优先原则(principle of lis alibi pendens),强化管辖权的确定性与稳固性,此后又于 2012 年《布鲁塞尔条例Ⅰ(修订版)》中突出了当事人排他性管辖协议优先于先系属优先原则的适用,防范"鱼雷诉讼"(torpedo actions)对国际司法秩序的冲突。[4]其二,完善国内关于涉外民事诉讼案件管辖的立法,或对司法管辖涉外民事案件提供指引,合理确定本国管辖权的行使范围。例如,扩大协议管辖以允许当事人通过合意达成法院选择的安排,限缩专属管辖以弱化各国竞相行使管辖权所引发的对立裁决风险,在司法上贯彻谦抑、礼让的理念,运用一事不再理原

---

[1] 李旺:《国际诉讼竞合》,中国政法大学出版社 2002 年版,第 12 页。
[2] 刘乃忠、顾崧:《国际民商事诉讼竞合问题研究》,社会科学文献出版社 2016 年版,第 24 页。
[3] 刘懿彤:《国际民事诉讼管辖权与和谐国际社会构建》,中国人民公安大学出版社、群众出版社 2017 年版,第 154 页。
[4] 黄志慧:"欧盟协议管辖制度实施之保障研究",载《现代法学》2017 年第 6 期。

则、未决诉讼原则等制度对管辖权予以合理的自我约束,减少"禁诉令"等具有对抗色彩的制度工具,采取对话的模式增进与其他国家的司法互信及合作等。[1]

在上述讨论的基础上,不方便法院原则最初是作为英美法系国家规制平行诉讼现象所构思的制度设计。但是,与前述解决对策不同的是,不方便法院原则并不是在平行诉讼发生后才予以介入的事后解决方法,而是通过合理限制,消极行使管辖权的手段,从事先预防的角度避免管辖权积极冲突的方法,故其具有更为独特的制度价值。

(二) 不方便法院原则的界定及其构成要件

通过文献综述,笔者检索到,迄今为止,我国学者已经对不方便法院原则开展了大量学术研究。[2]对这一原则的学理界定,我国著名法学家李双元先生称:所谓不方便法院原则(forum non conveniens),是指法院在受理某一涉外民事案件时,发现在本国法院受理该案对法院与当事人并不方便,并且又存在另一国法院可作为受理此案的充分可替代法院,于是法院便以本院是非方便法院为由拒绝行使管辖权,以避免平行诉讼的发生,同时协调各国法院对同一案件的管辖权。[3]

---

[1] 刘敬东:《大国司法:中国国际民事诉讼制度之重构》,载《法学》2016年第7期。

[2] 笔者通过在中国期刊网检索了解到,自1996年至2020年,我国学者已经在中文核心刊物上发表了33篇直接以"不方便法院原则"为题的文章。在这一主题下,早期的研究侧重于对美国制度的介绍,近期研究则逐渐回归到重点探讨中国的制度设计及司法运用方面。除此之外,我国学者出版了多部相关主题的学术论著,如徐伟功:《不方便法院原则研究》,吉林人民出版社2002年版;谢海霞:《论国际民商事诉讼中的不方便法院原则》,对外经济贸易大学出版社2012年版;彭幸:《不方便法院原则适用中的人权保障问题研究》,厦门大学出版社2019年版。

[3] 李双元、欧福永主编:《国际私法》(第四版),北京大学出版社2015年版,第362页。

据此，不方便法院原则应符合三个构成要件：首先，该原则的适用要求受诉法院对涉案争议有管辖权，如法院对案件并无管辖权，则直接以无管辖权为由拒绝管辖，并不涉及该项原则的适用；其次，该原则适用的内核是，受诉法院认定其行使管辖权对法院本身以及当事人并不方便，这种不方便包括证据收集、参与庭审、文件提交、事实认定、法律适用、判决执行等各方面存在现实上的障碍；最后，该原则的适用以预防和避免平行诉讼现象为必要，旨在解决不同国家对同一案件行使管辖权的积极冲突，但是物极必反，该制度不应走向极端，如果各国均以不方便为由拒绝行使管辖权，又会引发管辖权的消极冲突，使当事人投诉无门、失去救济机制，故该原则的适用存在的另一项前提是，存在充分可替代法院，即可以合理推断拒绝行使管辖权后，另一个更方便的国家法院会对案件行使管辖权。

不过，不方便法院原则存在制度上难以回避的困境：一方面，该项原则具体适用的效果是导致一国拒绝行使管辖权，但在部分大陆法系国家，存在禁止拒绝裁判原则，如何从学理上协调好不方便法院原则与禁止拒绝裁判原则的冲突，是无法回避的；[1]另一方面，该项原则以受诉法院不方便为前提，但是判定法院对某一案件的管辖及审理究竟是方便抑或不方便，缺乏客观、明晰的判定标准，在理解与适用时最终需要通过法官行使自由裁量权，如此便难以保证判断的中立性，也不可能是绝对价值无涉的，恐将导致程序的滥用，故必须设置合理的方案。笔者认为，除国家间订有涉及不方便法院条款的条约外，就目前而言，不方便法院原则归根结底是国内法上的制度产物，其是在坚守国家司法主权原则的基础上为避免国家间的平行诉讼现象所确立的制度，

---

[1] 肖凯：《国际民事诉讼中未决诉讼问题比较研究》，载《中国国际私法与比较法年刊》2001年。

第三章　要素论：国际商事仲裁中心的制度建设

故对上述问题的回应，不应从抽象层面探讨，而需要立足于各国的制度现状进行分析和解构，才能够提出具有针对性的方案。

二、不方便法院原则的比较法观察

据学者考证，不方便法院原则可以追溯至英国苏格兰法院于1610年审理的一起案件。[1]在该案中，法院特别述及了"非管辖法院"（forum non competence）理论，其原本是指法院缺乏管辖权的情况下拒绝管辖，而在法院拥有管辖权但因当事人是非居民导致在苏格兰法院诉讼不方便的情况下，亦可适用。[2]通常认为，非管辖法院理论是不方便法院原则的前身，后者首次被现代司法实践采用是苏格兰法院于1873年审理的麦克亚当诉麦克亚当案。[3]申言之，这项原则产生之初的目的原本是减少以扣押财产作为行使管辖权的依据而引起的麻烦。在社会油气公司案[4]中，萧勋爵（Lord Shaw）总结道："在一个案件的所有情形下，从审理的便利或者当事人各方的居所或住所考虑，或者从缔约地或履行地考虑，如果允许选择一个不是自然的（natural）或者适当的（proper）审理地对于诉讼一方当事人实在不公平，适用不方便法院说就是恰当的。"[5]此后，该学说被不断探讨和完善，逐渐被世界各国司法界关注，并在司法实践中被不同程度地加以运用。不方便法院原则，也称"非方便法院原则"或"不便管辖原则"。

---

〔1〕 C. Mclachlan, *Lis Pendens in International Litigation*, Martinus Nijhoff Publishers, 2009, p. 57.

〔2〕 Ardavan Arzandeh, "The Origins of the Scottish Forum non Conveniens Doctrine", *Journal of Private International Law*, Vol. 13, No. 1, 2017, pp. 130-151.

〔3〕 刘卫翔、郑自文：《国际民事诉讼中"不方便法院"原则论》，载《法学评论》1997年第4期。

〔4〕 I. e., Société du Gaz de Paris v. Société Anonyme de Navigation "Les Armateurs Francais"（hereinafter: Société du Gaz), cf., (1926) Sess. Cas. (H. L.), p. 13.

〔5〕 胡振杰：《不方便法院说比较研究》，载《法学研究》2002年第4期。

对于其概念,有不同的学说,但通常认为,它指的是在国际民事诉讼活动中,原告选择一国法院提起诉讼,该法院认为审理此案将给当事人或者司法带来不便,不能使争议得到公正或者迅速有效的解决,故该法院运用自由裁量权,以其为不方便法院为由而拒绝或者放弃行使管辖权,从而促使案件在更为方便的法院进行诉讼。

(一)英美法系

1. 美国:"最适当法院"模式

美国是运用不方便法院原则最为灵活也是运用最多的国家。在海湾石油公司诉吉尔伯特案[1]和派珀航空公司诉里诺案[2]中所建立的不方便法院原则为两步骤分析法。首先分析是否存在一个适当的替代法院,接着平衡所有相关的私人利益因素和公共利益因素,其次才能决定是否批准不方便法院的动议。美国不方便法院原则的主要观点是:将公共利益因素放在极为重要的地位,尤其是把法院的工作负担作为不方便法院分析的一个主要因素;区别外国原告与本国原告,对外国原告的法院选择赋予较少的权重;替代法院的法律对原告不利的变化并不能阻碍法院运用不方便法院原则。[3]

2. 英国:"更适当法院"模式

英国法院在阿比丁戴夫案[4]和斯庇利雅达海运公司诉堪萨克斯公司案[5]建立的不方便法院原则的核心内容就是:为了所有当事人的利益以及正义的目的,如果外国替代法院是审理案件更为适当的法院,内国法院可以根据不方便法院原则中止诉讼。

---

[1] Gulf Oil Corp. v. Gilbert, 330 U. S. 501 (1947).

[2] Piper Aircraft Co. v. Reyno, 454 U. S. 235 (1981).

[3] 徐伟功:《不方便法院原则在中国的运用》,载《政法论坛》2003年第2期。

[4] The Abidin Daver AC398 (1984).

[5] Spiliada Maritime Corporation v. Cansulex Ltd. Ac (1987).

第三章　要素论：国际商事仲裁中心的制度建设

其具体的分析方法分为两个阶段：第一阶段要求被告承担举证责任证明外国存在一个比本国法院明显更为适当的可适用的替代法院。如果被告不能证明，法院就会拒绝中止诉讼。第二阶段主要涉及实质正义的问题，由原告证明正义的因素要求案件在该国法院审理。[1]

3. 加拿大："明显不合适法院"模式

加拿大最终采用的是"明显不合适法院"的标准。由于证明受诉法院明显不合适要比证明另一替代法院明显更合适更为困难，这一规定实际上有利于案件在受诉法院的继续审理。另外，加拿大法院更加注重对当事人尤其是原告利益的分析，司法资源的耗费对其来说并不是很重要。[2]

4. 澳大利亚："明显不适当法院"模式

澳大利亚注重诉讼在本地法院进行的有利方面与不利方面，而不对本地法院与外国法院作比较分析。因为判断诉讼与本地法院之间的联系程度比比较外国法院的利益更为容易，法官能更好地评价在特殊案件中本地法院是否是明显的不适当法院，对当事人来说也具有更多的预见性。[3]

(二) 大陆法系

1. 荷兰：法律直接规定不方便法院原则

《荷兰民事诉讼法典》第429c条第11节规定："如果申请与荷兰的法律领域没有足够的联系，则法院没有管辖权。"这一条被认为是关于不方便法院原则的书面规则。

---

[1] 徐伟功：《不方便法院原则在中国的运用》，载《政法论坛》2003年第2期。

[2] 吴一鸣：《两大法系中的不方便法院原则及在中国的合理借鉴》，载《西南政法大学学报》2008年第2期。

[3] 徐伟功：《不方便法院原则在中国的运用》，载《政法论坛》2003年第2期。

2. 日本：有类似于不方便法院原则的一般制度

日本在1981年的马来西亚航空公司案中发展了特殊情况（special circumstance）理论，即利用法官的自由裁量权在个案中来改变原先不合理的与公正原则相悖的法定管辖权。但是该制度并不要求以存在一个更适当的法院为前提，法院只考虑诸如证据的获得、判决的执行和公平对待当事人、适当及迅速审判等私人利益，且法院只能选择行使管辖权或者完全驳回诉讼，而不能中止诉讼。[1]

3. 德国：在个别领域存在类似制度

德国法中的管辖权不存在关于不方便法院原则的总的原则和实践，但是，《德国民事诉讼法典》《非讼事务法》和保护未成年人的相关法律等都在管辖权方面规定了有限的司法裁量权。在司法实践中，如果一个替代法院比国内法院与案件的联系更密切，在合理的范围内，并在考虑了当事人的客观利益后，德国法院有限制其国内法院管辖权的趋势。不同的法院都将效率和费用作为主要的考虑因素。

三、不方便法院原则的利弊分析

（一）不方便法院原则的裨益

1. 平衡过分宽泛的管辖权扩张，减少管辖权的积极冲突

国际民商事诉讼管辖权是指一国法院依国际条约和国内法受理和审判涉外民商事案件的权限。为了充分维护司法主权，很多国家都通过各种连结点竞相扩大本国的管辖权，从而直接影响案件的法律适用、诉讼程序、裁判结果以及判决的承认和执行。英美国家在管辖权领域内采用的有效控制原则和"长臂管辖权"原

---

[1] 吴一鸣：《两大法系中的不方便法院原则及在中国的合理借鉴》，载《西南政法大学学报》2008年第2期。

则更是导致国际民商事诉讼管辖权冲突的现象频繁发生。虽然宽泛的管辖权原则可以扩大法院的案件管辖范围,更好地保护本国当事人的权益,但同时也会产生不公平或者不便利的情况。管辖权冲突导致的管辖权竞合可能造成同案不同判,难以得到他国的承认与执行,从而影响国际贸易的顺畅进行和国际经济秩序的稳定。不方便法院原则是在案件与法院地联系不大且存在更为方便的外国替代法院的情况下,放弃对某一案件本来具有的司法管辖权,从而避免管辖权的冲突,更好地体现了互惠礼让,为国际民商事管辖权的国际协调提供了空间。

2. 防止当事人挑选法院,平衡法院、原告和被告的利益,有助于实现司法公平和高效

原告在提起诉讼时往往都会选择法律制度对自己最为有利的法院,以便实现最大化利益。不方便法院原则的运用能够限制原告择地诉讼的权利,避免原告对诉讼权利的滥用,均衡双方当事人的权利义务。各国法院在行使自由裁量权适用不方便法院原则时,通常都会考虑到主权的行使、案件与本国的联系程度、案件的性质与特点、当事人的利益等因素。极不便利的诉讼会增加被告的负担,最终可能导致实体结果的不公正。同时,法院审理的不便及困难也会增加错案的风险。不方便法院原则的适用是通过灵活的自由裁量权,对原告提起的诉讼加以限制,从而减轻法院积案压力,节约司法资源、提高司法效率,追求诉讼的最大便利,以实现真正的司法公正和快速高效。

(二) 不方便法院原则的弊端

1. 过于宽泛的自由裁量权易于导致司法管辖的不确定性

目前,大多数国家的司法机关在适用不方便法院原则时,主要采用"最适当审理地"这项宽泛的标准,而该标准在各国的实践中存在不同的理解,需要考虑的因素和具体运用的程序存在较

大差异。尤其是在举证责任分配、公共利益和私人利益的平衡、本国原告和外国原告的公平待遇等方面，并不统一。就功能来看，不方便法院原则赋予法院拒绝管辖的自由裁量权，但是，由于自由裁量权过于宽泛，国际民商事管辖权缺乏必要的确定性。如果各国均断定自己是最适当的审判地并竞相要求行使司法管辖权，则该原则将被架空，难以缓和管辖权的积极冲突。反之，如果与案件有联系的多个国家经过裁量，均断定自己不是最适当的审判地，进而均拒绝行使管辖权，将导致当事人陷入投诉无门的尴尬境地，从而产生拒绝司法现象。

2. 纵容被告滥用权利提出管辖权异议

当原告选择具有管辖权的法院提起诉讼时，被告请求法院适用不方便法院原则驳回原告的诉讼，有时就是为了避免承担更大的赔偿责任，并不是因为法院的审理不便利，更不是因为其可能受到不公正的对待。被告出于不正当的目的，利用不方便法院原则，实际上是在间接地挑选法院，避开于己不利的法院，从而使争议能够在于己有利的法院得到解决，争取实现判决利益的最大化。应当讲，不方便法院原则对抑制过分管辖权具有其独特的效用，但是有些国家的法院为了不让本国对原告有利的实体规则适用于外国原告，从而减轻本国被告承担的责任，即使其对案件具有充分管辖权且可以恰当审理，也依然会利用不方便法院原则驳回外国原告提起的诉讼，长此以往，无益于国内外当事人的平等保护，更难以长久维持国际商事仲裁中心的地位。

四、不方便法院原则在我国的规范演进

正如有学者所言，不方便法院原则是一个全球性议题，其虽然滥觞于英美法系，但并非英美法系国家的专属制度，大陆法系国家也可以并且事实上已经在立法及司法实践当中引入了这项制

度。[1]具言之,凡是因为国内法上的"过度管辖权"条款可能引发的潜在诉讼竞合,或者因为国际条约中规定了多重连结点作为管辖权依据,但又未对各项管辖权依据的效力大小、强弱、先后顺序进行区分时,均有可能引发潜在的管辖权积极冲突,而不方便法院原则正是解决这一难题的钥匙,其适用并不以特定法域为限。

不方便法院原则在我国的确立经历了"否定—尝试—发展—认可"的历程。尤其是在早期,关于中国是否应当引入不方便法院原则这项制度,是存在不同观点的。支持者称,不方便法院原则对缓解国际民商事管辖权的积极冲突,平衡当事人双方诉讼权益,节省一国的司法资源和当事人的财力和精力都有着积极作用。随着中国涉外民事案件日益增多,管辖权积极冲突所带来的负面影响也愈发明显,确立这项制度既有必要性,也有可行性。[2]反对者称,从这一制度在其他国家的运作环境与功能效果来看,主要是普通法系国家拒绝管辖权行使的重要原则,其赋予法官极大的自由裁量权,具有极大的灵活性,而我国法官在运用自由裁量权方面受限颇多,这一制度在我国发挥作用的空间比较有限,且制度本身也具有较多难以克服的不足。[3]

即使在支持我国引入不方便法院原则的观点内部,关于应当规定什么样的不方便法院条款,也并未形成一致意见。有观点称,我国立法确立不方便法院原则,不仅应严格规定其适用条件,同时还应规定其适用程序。[4]有观点着重参考了香港的实践,提出应确立不方便法院原则的"三阶段法":第一阶段,由提出不方便法院申请的被告举证,证明要点为受诉法院不适合而

---

[1] 袁泉:《不方便法院原则三题》,载《中国法学》2003年第6期。
[2] 黄秋丰:《中国应确立不方便法院制度》,载《河北法学》2010年第4期。
[3] 徐伟功:《我国不宜采用不方便法院原则——以不方便法院原则的运作环境与功能为视角》,载《法学评论》2006年第1期。
[4] 王祥修:《论不方便法院原则》,载《政法论丛》2013年第2期。

另一法院更适合审理案件；第二阶段，由向我国法院起诉的原告举证，证明另一法院审理案件不利于原告的合法个人利益或司法利益；第三阶段，由法官综合审查双方当事人各自的证据，在自由裁量的基础上判定是否应该中止本案诉讼，是否应当拒绝管辖。[1]还有观点主张，有必要采取不方便法院原则对协议管辖制度施加限制，从便利性角度对所选择的法院与当事人之间的关系进行审查，明确法院必须与争议具有实际联系，否则将以不方便法院为由拒绝管辖。[2]

无论是否认可这一制度，落实到具体的规范层面，不方便法院原则作为制度在中国是客观存在的，有关的条文也已经进入公众视野。在1989年《全国沿海地区涉外、涉港澳经济审判工作座谈会纪要》（以下简称《1989纪要》）关于管辖的规定中，强调司法主权，扩张我国司法管辖权，不承认不方便法院原则。限于当时的历史背景，我国对不方便法院原则这一域外制度的舶来品并不了解，出于维护国家司法主权、不放弃任何可予管辖的案件角度出发，经谨慎考虑，明文拒绝承认该项原则。在2004年最高人民法院《涉外商事海事审判实务问题解答（一）》（以下简称《2004解答》）中，第7条首次明确不方便法院原则的具体含义，明确规定可以适用该原则的案件类型及适用条件。2005年最高人民法院印发的《第二次全国涉外商事海事审判工作会议纪要》（以下简称《2005纪要》）第11条进一步完善和规定了不方便法院原则的适用条件。2015年公布的《最高人民法院关于适用〈中华人民共和国民事诉讼法〉的解释》（以下简称《民事

---

[1] 张淑钿：《香港不方便法院原则的实践及对内地的启示》，载《法律适用》2009年第8期。

[2] 刘晓红、周祺：《协议管辖制度中的实际联系原则与不方便法院原则——兼及我国协议管辖制度之检视》，载《法学》2014年第12期。

诉讼法司法解释》）第532条正式以司法解释的形式规定了不方便法院原则。

2024年1月1日生效的《中华人民共和国民事诉讼法》第282条对不方便法院原则作出了明确规定，首次以立法的形式肯定了这项制度在我国的适用。

表 3-2　中国关于不方便法院原则的规定

规范名称	具体规定
《1989纪要》	关于管辖的规定：维护国家主权的原则。根据我国法律和国际条约的规定，凡是应当由我国法院管辖的案件，人民法院都必须行使司法管辖权。
《2004解答》	第7条：我国《民事诉讼法》没有规定"不方便法院原则"。在审判实践中，一方当事人就其争议向人民法院提起诉讼时，另一方当事人往往以我国法院为不方便法院为由要求我国法院不行使管辖权。如果人民法院依据我国法律规定对某涉外商事案件具有管辖权，但由于双方当事人均为外国当事人，主要案件事实与我国没有任何联系，人民法院在认定案件事实和适用法律方面存在重大困难且需要到外国执行的，人民法院不必一定行使管辖权，可适用"不方便法院原则"放弃行使司法管辖权。
《2005纪要》	第11条：我国法院在审理涉外商事纠纷案件过程中，如发现案件存在不方便管辖的因素，可以根据"不方便法院原则"裁定驳回原告的起诉。"不方便法院原则"的适用应符合下列条件：（1）被告提出适用"不方便法院原则"的请求，或者提出管辖异议而受诉法院认为可以考虑适用"不方便法院原则"；（2）受理案件的我国法院对案件享有管辖权；（3）当事人之间不存在选择我国法院管辖的协议；（4）案件不属于我国法院专属管辖；（5）案件不涉及我国公民、法人或者其他组织的利益；（6）案件争议发生的主要事实不在我国境内且不适用我国法律，我国法院若受理案件在认定

续表

规范名称	具体规定
	事实和适用法律方面存在重大困难；（7）外国法院对案件享有管辖权且审理该案件更加方便。
2015年《民事诉讼法司法解释》	第532条：涉外民事案件同时符合下列情形的，人民法院可以裁定驳回原告的起诉，告知其向更方便的外国法院提起诉讼：（一）被告提出案件应由更方便外国法院管辖的请求，或者提出管辖异议；（二）当事人之间不存在选择中华人民共和国法院管辖的协议；（三）案件不属于中华人民共和国法院专属管辖；（四）案件不涉及中华人民共和国国家、公民、法人或者其他组织的利益；（五）案件争议的主要事实不是发生在中华人民共和国境内，且案件不适用中华人民共和国法律，人民法院审理案件在认定事实和适用法律方面存在重大困难；（六）外国法院对案件享有管辖权，且审理该案件更加方便。
2024年《中华人民共和国民事诉讼法》	第282条：人民法院受理的涉外民事案件，被告提出管辖异议，且同时有下列情形的，可以裁定驳回起诉，告知原告向更为方便的外国法院提起诉讼：（一）案件争议的基本事实不是发生在中华人民共和国领域内，人民法院审理案件和当事人参加诉讼均明显不方便；（二）当事人之间不存在选择人民法院管辖的协议；（三）案件不属于人民法院专属管辖；（四）案件不涉及中华人民共和国主权、安全或者社会公共利益；（五）外国法院审理案件更为方便。裁定驳回起诉后，外国法院对纠纷拒绝行使管辖权，或者未采取必要措施审理案件，或者未在合理期限内审结，当事人又向人民法院起诉的，人民法院应当受理。

《民事诉讼法司法解释》虽然先后在2020年、2022年进行修正，但并没有对不方便法院原则进行调整。2022年《民事诉讼法司法解释》第530条对我国法院适用不方便法院原则设定了六个

方面的条件,只有这些条件同时满足,法院方可拒绝行使管辖权,这种较为苛刻的要求导致我国法院极少适用不方便法院原则。特别是《民事诉讼法司法解释》第 530 条要求,不方便法院原则的适用必须以案件不涉及中国国家、公民、法人或者其他组织的利益为前提,这意味着只要纠纷与中国主体存在关联,法院就无法拒绝管辖,由此导致法院事实上在多数情形下难以适用该项原则。对比之下,2023 年修正后的《中华人民共和国民事诉讼法》第 282 条对不方便法院原则作出三方面调整:首先,适用不方便法院原则的第 4 项条件改为案件不涉及中国主权、安全或者社会公共利益,这一表述更符合国际私法上对于公共秩序保留原则的阐释,其适用较为严格,由此大大拓展了不方便法院原则的适用空间。其次,修正后的《中华人民共和国民事诉讼法》第 282 条删除了 2022 年《民事诉讼法司法解释》中关于案件不适用中国法律的要求,这主要是考虑到管辖权与法律适用是涉外民商事审判中两个相对独立的环节,只有确立管辖权之后法官才会进一步考虑法律适用,将案件不适用中国法律作为适用不方便法院原则的前提条件,实质上要求法院在处理管辖权问题时预先评估法律适用,不仅在逻辑上混淆了这两个问题,而且在顺序上出现错位,将这项条件予以删除,更符合裁判规律与实践逻辑。最后,原有的《民事诉讼法司法解释》仅仅着眼于法院审理案件不方便,修正后的《中华人民共和国民事诉讼法》第 282 条则进一步规定法院审理案件和当事人参加诉讼均明显不方便,既考虑到当事人参加诉讼的便利程度,又要求不方便必须构成"明显",系"两便原则"在涉外民事诉讼领域的直接体现。

五、不方便法院原则在我国的实践运用

(一)《民事诉讼法司法解释》施行前的司法实践

在中国公民赵某琰确认产权案中,我国法院经审查认定,该

案系一起国际财产诈骗侵权案，与中国和日本都具有法律上的联系。虽然本案的原告位于中国，部分证据和证人亦位于中国，且部分涉嫌诈骗的当事人还在中国被捕，但因涉讼财产位于日本，主要诈骗人也在日本，法院最终认定，从传讯证人、搜集证据等方面看，日本法院受理案件对当事人更为方便，遂基于"便利性"原则放弃管辖权，裁定不予受理，告知当事人可向日本法院主张权利。[1]

在日本公民大雄诉请离婚案中，原告大雄系日本籍公民，其与中国上海妇女朱某华结婚后，双方在日本共同生活数月即发生纠纷，大雄遂向上海市中级人民法院起诉要求离婚。因本案的夫妻双方婚后住所在日本，婚姻事实以及有关夫妻财产也在日本，法院认为如果诉讼在中国进行，既不便于双方当事人的诉讼，也不利于弄清夫妻关系的真实情况，更无法查明大雄在日本的财产，难以保护当事人的合法权益。为此，上海市中级人民法院决定不行使司法管辖权，告知大雄可前往日本法院起诉。

在东鹏贸易公司诉东亚银行信用证纠纷案中，当事人以双方当事人均为香港法人、纠纷的产生与内地无关为由提出管辖权异议，广东省高级人民法院依据最高人民法院的批复，为方便诉讼起见，裁定驳回原告的起诉。此后，在住友银行有限公司诉新华房地产有限公司贷款合同纠纷管辖权异议上诉案中，最高人民法院作出（1999）经终字第194号民事裁定书，再次适用不方便法院原则，认定内地法院虽然具有管辖权，但可以视具体情况，从方便诉讼的原则考虑，放弃享有的司法管辖权。此外，我国法院在蔡某祥与王某心离婚案，佳华国际有限公司、锐享有限公司与永侨企业有限公司及中侨国货投资有限公司股东权益纠纷案，韩

---

[1] 郭树理：《不方便法院原则在中国的适用》，载《法学杂志》1999年第6期。

第三章　要素论：国际商事仲裁中心的制度建设

国海一株式会社诉韩国东西产业株式会社及第三人威海东西游艇有限公司买卖合同纠纷案等案件中，均适用了不方便法院原则。这些案件引起了学术界的研究兴趣，学者开始对不方便法院原则予以探讨并逐步展开类型化分析，尤其是该项原则在海事诉讼、版权诉讼、环境侵权诉讼、航空案件当中的理解与适用在一段时间内受到高度关注。[1]

例如，河北精神船务有限公司诉三星物产株式会社和三星重工业株式会社案即为不方便法院原则在海事案件中适用的典型案例。2007年12月7日，由两艘拖轮和被拖浮吊船构成的拖航船队，在韩国海域与河北精神船务有限公司（以下简称"河北公司"）所有的油轮发生碰撞，油轮被撞后货舱破裂，满载的原油发生泄漏，使当地韩国海域产生严重的海洋污染。韩国主管机关以及相关当事人在韩国海域当即采取了清污措施及预防污染措施。案涉油轮挂中国香港特区区旗，其所有人为在中国香港注册的船务公司；三星拖航船队，其拖轮、辅助拖轮、锚辅助船、浮吊船及被拖船均挂韩国国旗，其所有人及承租人分别为三星物产株式会社和三星重工业株式会社。2008年12月4日，韩国海事主管机关就此次碰撞事故及油污损害事故调查及行政处罚作出了裁决。2009年1月18日，河北公司和1992年国际油污赔偿基金分别以三星重工业株式会社在宁波具有可供执行的财产为由，向宁波海事法院提起了针对三星物产株式会社和三星重工业株式会社的两案诉讼，分别要求法院判令两被告连带赔偿原告因船舶碰

---

[1]　参见徐伟功：《美国跨国版权诉讼中的不方便法院原则》，载《新疆大学学报（哲学社会科学版）》2003年第2期；向明华：《论船舶扣押管辖权领域中的不方便法院原则》，载《法学评论》2008年第5期；姜明、蔡守秋：《博帕尔案的不方便法院原则研究：兼谈跨国公司环境法律责任问题》，载《华中科技大学学报（社会科学版）》2009年第4期；方旭辉：《探析不方便法院原则在韩亚航班空难案的适用》，载《河北法学》2014年第7期。

撞及溢油所遭受的经济损失共计2亿美元。三星物产株式会社和三星重工业株式会社向宁波海事法院提起管辖权异议被拒绝后,又向浙江省高级人民法院上诉。浙江省高级人民法院于2011年2月10日作出终审裁定,以案涉事实及主要证据均发生在韩国境内、准据法应为韩国法、被告为韩国法人等为由,适用不方便法院原则驳回了河北公司的起诉。[1]

(二)《民事诉讼法司法解释》施行后的司法实践

如前文所言,《民事诉讼法司法解释》可以视为不方便法院原则在中国"落地"的分水岭,相比于之前,该司法解释第532条虽然明确了这项制度的适用要件,但是因为启动门槛较高,即使当事人不时提出有关受诉法院不方便管辖的主张,但实际上很难为司法实践所支持,否定性实践比较多见。例如,在华映科技公司与映管百慕大公司、大同公司、中华映管公司合同纠纷管辖权异议案中,华映科技公司因与映管百慕大公司、大同公司、中华映管公司合同纠纷一案,向福建省高级人民法院(以下简称"福建高院")提起诉讼。华映科技公司诉称:2014年9月11日,映管百慕大公司与案外人中华映管(纳闽)股份有限公司向华映科技公司作出《关于收购完成后上市公司关联交易比例及重组方对未来上市公司业绩的承诺》,其中明确承诺:自2014年起的任一会计年度内,如果华映科技公司的关联交易金额占同期同类交易金额的比例未低于30%,则映管百慕大公司及中华映管(纳闽)股份有限公司需确保上市公司即华映科技公司现有液晶模组业务公司模拟合并计算的每年度净资产收益率不低于10%,不足部分由映管百慕大公司向华映科技公司补足。2018年12月13日,映管百慕大公司的母公司中华映管公司发布公告,告知映

---

[1] 韩立新:《应用不方便法院原则 维护国际海事司法秩序》,载《中国社会科学报》2011年6月28日,第10版。

管百慕大公司与中华映管公司均发生了债务无法清偿等严重事宜，并据此向中国台湾地区桃园地方法院申请重整及紧急处分。为维护合法权益，华映科技公司请求判令：①映管百慕大公司向华映科技公司支付业绩补偿款 19.14 亿元人民币；②本案全部诉讼费用由映管百慕大公司、大同公司、中华映管公司承担。大同公司、中华映管公司在一审答辩期内提出管辖权异议。

大同公司称：①本案中的三名被告均不是中国大陆企业，住所地均不在中国大陆，故福建高院对本案无管辖权。②根据 2015 年《民事诉讼法司法解释》第 531 条，涉外合同纠纷，依法可以选择被告住所地、合同履行地等与争议有实际联系地点的外国法院管辖。涉台民事诉讼案件，亦可参照该规定。本案中，华映科技公司迳行向福建高院起诉，又未提出各方当事人同意选择中国大陆法院管辖的协议，与上述规定相悖。③大同公司、中华映管公司的住所地在中国台湾地区，映管百慕大公司系中国台湾地区公司在百慕大设立的公司，本案明显与中国台湾地区具有更加密切的法律联系，故而由中国台湾地区法院审理更为方便，根据 2015 年《民事诉讼法司法解释》第 532 条之规定，本案应裁定驳回华映科技公司的起诉。④大同公司并未与华映科技公司签订过任何协议，亦未就案涉承诺书出具任何担保或承诺，不是案涉合同或保证关系的当事人，华映科技公司将大同公司拉入本案纠纷，没有事实和法律依据。中华映管公司称：本案符合 2015 年《民事诉讼法司法解释》第 532 条规定的应当驳回原告起诉的条件。华映科技公司就上述管辖权异议答辩称：①福建高院对本案有管辖权。映管百慕大公司是华映科技公司的股东，其所持有的华映科技公司股权在中国领域内，根据《中华人民共和国民事诉讼法》第 265 条规定，原告所在地法院对本案有管辖权。同时，根据 2015 年《民事诉讼法司法解释》第 18 条之规定，合同对履行地点没有约定或者约定不明确的,争议标的为给付货币的,接受货币一方所在地为合同履行地。本案中,接受业绩补偿款的主体是华映科技公司,其住所地在福建,故福建高院拥有管辖权。②本案不符合2015年《民事诉讼法司法解释》第532条规定的情形。首先,案件审理结果涉及中国法人的利益,不符合第532条第4项之规定。其次,本案争议的主要事实发生在大陆,案件应适用中华人民共和国法律,故由福建高院管辖和审理本案不存在事实认定或法律适用方面的困难,不符合第532条第5项之规定。最后,大同公司、中华映管公司均未提供任何证据证明本案存在境外法院对案件享有管辖权,且审理该案件更加方便的情形。③大同公司依据《中华人民共和国民事诉讼法》第21条之规定主张本案由被告住所地法院管辖,属法律适用错误。本案为涉外涉台合同纠纷,应参照适用《中华人民共和国民事诉讼法》第265条关于涉外合同纠纷的管辖权条款。④大同公司提出的2015年《民事诉讼法司法解释》第531条之规定不适用于本案,本案中华映科技公司是基于法定管辖的相关规定向福建高院提起诉讼,而第531条系关于协议关系的相关规定,故该条不能成为主张管辖权异议的依据。⑤管辖权异议是程序性救济制度,大同公司主张其并非案涉合同或保证合同的直接当事人属于实体问题,不应作为管辖权异议的理由。福建高院在一审中认为:首先,华映科技公司系依据映管百慕大公司作出的承诺书以及大同公司与中华映管公司共同作出的承诺函主张业绩补偿款。本案为涉外涉台合同纠纷,应根据涉外涉台民商事案件集中管辖的有关规定确定本案的管辖法院。因各方均无证据证明就合同履行地点存在约定,根据2015年《民事诉讼法司法解释》第18条之规定,争议标的为给付货币的,接收货币一方所在地为合同履行地,本案华映科技公司为接收货币一方,而其住所地在一审法院辖区内，且本案标的已经超过8000万元人民币，根据《最高人民法院关于明确第一审涉外民商事案件级别管辖标准以及归口办理有关问题的通知》之规定，一审法院对本案具有管辖权。因本案各方不存在管辖协议，故2015年《民事诉讼法司法解释》第531条不适用于本案，大同公司主张的管辖权异议不予支持。其次，本案系中国大陆企业对境外企业提起的诉讼，案件的审理结果直接关系到作为中华人民共和国企业法人的华映科技公司的权益，不符合2015年《民事诉讼法司法解释》第532条第4项的规定，不方便法院原则不适用于本案。最后，大同公司主张其并非案涉合同的直接当事人，该事项涉及实体审查，不能构成其提出管辖权异议的有效依据。据此，一审法院裁定：驳回大同公司、中华映管公司的管辖权异议。

大同公司与中华映管公司均不服一审裁定，分别向最高人民法院提起上诉。

大同公司上诉称：一审裁定认定事实不清、适用法律错误。首先，福建高院错误认定本案适用合同履行地确定管辖。本案中，三名被告的住所地均不在大陆，且各方当事人未就诉讼管辖作出约定，根据最密切联系原则及《中华人民共和国民事诉讼法》第23条之规定，本案应由中国台湾地区法院管辖。其次，即使本案属于中国大陆法院管辖的范围，因本案有重大影响，一审应由最高人民法院审理，而不应由福建高院审理。此外，大同公司不是案涉承诺书的当事人，与本案无关，不应被列入本案被告。中华映管公司上诉称：一审裁定适用法律错误。首先，中华映管公司与华映科技公司之间不存在合同关系，本案不属于合同纠纷，不应适用2015年《民事诉讼法司法解释》第18条之规定。即使本案属于合同纠纷，也属于涉外涉台合同纠纷，应参照适用2015年《民事诉讼法司法解释》关于涉外涉台民事诉讼管辖之特别规定，而 2015 年《民事诉讼法司法解释》第 18 条系关于境内合同纠纷的一般规定，不予适用。其次，一审法院错误理解 2015 年《民事诉讼法司法解释》第 532 条关于不方便法院的规定，该条第 4 项中"中华人民共和国国家、公民、法人或者其他组织的利益"应该针对公共利益而言，而非案件当事人的单方利益。本案符合 2015 年《民事诉讼法司法解释》第 532 条规定的适用情形。

除此之外，我国各级人民法院还在其他一些案件中否定了 2015 年《民事诉讼法司法解释》中不方便法院原则的适用，例如，深圳市中级人民法院在中国信托商业银行股份有限公司与刘某汉、陈某妃保证合同纠纷案[1]中，法院重点审查了涉案纠纷是否同时符合 2015 年《民事诉讼法司法解释》第 532 条第 5 项的"存在重大困难"和第 6 项的"更加方便"法院的条件。对于"存在重大困难"的认定，司法解释并未作出具体明确的统一规定。结合法律精神与司法实践，在认定事实和适用法律上"存在重大困难"应根据案件的情况具体分析，并综合权衡考虑相关因素。一般来说应当考虑的因素有：案件争议的主要事实发生地；当事人各自注册登记营业地；主要办事机构所在地；证据来源的分布和收集的难易；证人的分布与出庭作证的难易；法律文书送达的难易；适用的准据法，即查明和适用外国法律的难易；等等。本案在认定事实方面，在向法院提交证据上，虽然根据《中华人民共和国民事诉讼法》的规定，来自香港特区的证据需要经中国法律服务（香港）有限公司认证，但内地委托公证人为原、被告双方认证提供了便利，这不构成重大困难。在被告参加诉讼、证人出庭作证的便利程度上，深圳与香港特区地理位置相

---

[1] 广东省深圳市中级人民法院（2017）粤 03 民辖终 86 号民事裁定书。

邻、交通方便快捷，往来十分便利，并不存在被告进行诉讼与证人出庭作证的重大不便。在适用法律方面，本案也并不存在重大困难。本案所涉协议约定适用香港特区法律而非内地法律，涉港案件可以参照执行《中华人民共和国涉外民事关系法律适用法》第10条第1款中，当事人选择适用外国法律的，应当提供该国法律的规定。因此，一方面，当事人有义务提供其约定适用的香港特区法律；另一方面，如果双方对其所提供的香港特区法律适用产生争议，一审法院具有健全的法律查明途径。2015年9月20日，最高人民法院在深圳前海合作区设立了"中国港澳台和外国法律查明研究中心"。深圳前海合作区人民法院集中管辖深圳全市涉外、涉港澳台商事案件，具有专业化的审判机制，建立了港籍陪审员制度，亦具备比较完善的法律查明机制，在认定事实和适用法律上并不构成重大困难。2015年《民事诉讼法司法解释》第532条第6项"更加方便"法院与上面论述的"重大困难"法院针对的虽是不同的对象，但是两者是相互联系，甚至是此消彼长的关系。如上所述，一审法院对本案的审理不论是在认定事实，还是适用法律方面都不存在重大困难，换句话说，一审法院对本案的审理还是相对比较方便的。这就在一定程度上增加了香港特区法院成为审理本案的"更加方便"法院的难度。本案当事人对香港特区法院为审理本案的"更加方便"法院也没有提出充分的证据和理由，因此，本案不符合上述2015年《民事诉讼法司法解释》第532条第6项规定的"更加方便"法院的条件。综上，本案没有同时全部符合司法解释规定的适用不方便法院原则的条件，一审法院可以驳回被告的管辖异议申请，继续行使对本案的管辖权。

值得重点关注的是，在最高人民法院2019年审理的黄松盛、黄振豪侵权责任纠纷案中，法院正面肯定了不方便法院原则的适用。在该案中，一审法院认为：本案被告黄振豪具有美利坚合众国国籍，同时具有香港特区永久居民资格，被告海外投资公司为在加拿大注册成立的公司法人，被告恒昇公司为在中国香港特区注册成立的公司法人，故本案系涉外涉港侵权责任纠纷。黄松盛提交了黄振豪于2012年8月3日向加拿大不列颠哥伦比亚省高等法院递交的宣誓书及公证翻译件，该证据已经公证认证。黄振豪、海外投资公司、恒昇公司及加华公司虽对此不予认可，但没有相反证据予以反驳，故一审法院对该证据的真实性予以确认。依据该宣誓书，黄振豪承认其与黄松盛之间《股权转让协议》于中国珠海签订，即合同签订地为我国珠海。依照《中华人民共和国民事诉讼法》第265条的规定，我国内地法院对黄松盛与黄振豪之间的股权转让合同纠纷具有管辖权。但由于黄松盛与黄振豪均为境外当事人，双方当事人之间签订的《股权转让协议》不存在选择我国内地法院管辖的条款，双方当事人也未另行达成由我国内地法院管辖的补充协议。另外，黄松盛与黄振豪协议转让的是海外投资公司的股权，协议及转让行为均不涉及我国内地居民、法人或者其他组织的利益。最后，黄松盛与黄振豪之间股权转让关系的主要事实不是在我国内地发生，不适用中华人民共和国法律，亦不属于我国内地法院专属管辖的范围。且黄松盛已在加拿大的法院就此提起了诉讼并被受理。因此，根据2015年《民事诉讼法司法解释》第532条关于不方便法院原则的规定，黄松盛的第一项诉讼请求由加拿大的法院审理更为方便。黄振豪主张黄松盛的第一项诉讼请求适用不方便法院原则，法律依据充分，一审法院予以支持。故该院认为依据2015年《民事诉讼法司法解释》第532条的规定，应驳回黄松盛第一项诉讼请求的起诉。

二审法院认为：涉案《股权转让协议》系由黄松盛本人与黄

第三章　要素论：国际商事仲裁中心的制度建设

振豪签订的转让注册于加拿大的海外投资公司的协议。二人皆系境外当事人，对于该协议的法律效力及赔偿争议，黄松盛已经在2012年向加拿大不列颠哥伦比亚省高等法院提起诉讼，该法院亦已依黄松盛的申请颁发了关于黄振豪不得转让、处置、抵押海外投资公司股份的法庭命令。因此，即使该合同签订于中国珠海，中国内地法院对涉及该合同的纠纷具有管辖权，在黄振豪提出管辖权异议的情况下，也要审查是否存在不方便管辖的情形，即2015年《民事诉讼法司法解释》第532条所规定的情形。正如一审法院所述，黄松盛与黄振豪之间不存在选择我国内地法院管辖的协议、因《股权转让协议》产生的纠纷不属于我国内地法院专属管辖、因《股权转让协议》所产生的争议的主要事实亦不是发生在中华人民共和国境内。根据《中华人民共和国涉外民事关系法律适用法》第14条和第41条的规定，境外当事人因转让境外公司股权所产生的纠纷亦不适用中华人民共和国内地法律，人民法院如审理此类案件，在认定事实和适用法律方面是极不方便的。《股权转让协议》的当事人、标的物都在境外，而黄松盛和黄振豪亦不持有加华公司的股权。公司法人人格独立，即使加华公司股权由《股权转让协议》所涉的标的公司即海外投资公司持有，也不能据此认为海外投资公司原股东黄松盛与黄振豪之间的纠纷会涉及加华公司的利益。一审法院认定加华公司与黄松盛所称股权转让导致其损害并无事实上的关联，黄松盛起诉加华公司承担侵权责任属于制造管辖连结点的行为，并无不当。对与黄振豪的纠纷，黄松盛最初的第一选择就是在加拿大起诉，加拿大法院受理该案并依据黄松盛的申请发出法庭命令，表明加拿大法院对该案具有管辖权且审理案件更加方便。该事实本身亦说明与该案有最密切联系的地点是加拿大。一审法院依据2015年《民事诉讼法司法解释》第532条的规定，驳回黄松盛基于《股权转让协议》的起诉是正确的。除此之外,在其他一些案件中,我国人民法院也试图从不同方面对不方便法院原则的适用加以澄清。

表 3-3 适用不方便法院原则的相关案例

裁判规则	案件名称	案号
涉外民事案件中适用不方便法院原则时,应确定我国法院对于案件本身具有管辖权,且符合 2015 年《民事诉讼法司法解释》第 532 条规定的六项要件,才能拒绝行使案件的管辖权。同时,域外平行程序的存在并不构成不方便法院的当然理由。	北京神通文化俱乐部有限公司、周松塔股权转让纠纷案	最高人民法院(2018)最高法民辖终 261 号
涉及不方便法院原则适用的案件中,应充分考虑我国涉外民事案件管辖权制度维护司法主权、提供便捷解纷途径的精神,以促进案件的公正解决和维护当事人的合法权益为宗旨,综合考量相关因素依法作出裁决。	中国信托商业银行股份有限公司诉刘念汉、陈滢妃保证合同纠纷案	一审:广东省深圳市前海合作区人民法院(2016)粤0391 民初 852 号;二审:广东省深圳市中级人民法院(2017)粤 03 民辖终 86 号
2015 年《民事诉讼法司法解释》第 532 条规定了不方便法院原则以及该原则的审查标准。审理涉外民事案件中适用该原则时,应确定我国法院对于案件本身具有管辖权,且符合 2015 年《民事诉讼法司法解释》规定的六项要件,才能拒绝行使案件的管辖权。	天卓国际发展有限公司诉盈发创建有限公司借款合同纠纷案	一审:天津市第一中级人民法院(2015)一中民五初字第 112 号;二审:天津市高级人民法院(2016)津高民终 45 号

续表

裁判规则	案件名称	案号
适用不方便法院原则的前提是我国法院对案件本身享有管辖权,且必须同时满足2015年《民事诉讼法司法解释》第532条规定的六项条件。	国泰世华商业银行股份有限公司与高超保证合同纠纷案	一审:上海市第二中级人民法院(2016)沪02民初4号之一;二审:上海市高级人民法院(2016)沪民辖终99号
注册地在境外但实际经营和管理活动均在我国境内的,我国法院不应轻易适用"不方便法院原则"拒绝管辖。	尚德电力控股有限公司诉尚德电力投资有限公司企业借贷纠纷管辖权异议案	一审:上海市第一中级人民法院(2014)沪一中民四(商)初字第S17号;二审:上海市高级人民法院(2015)沪高民二(商)终字第S7号
不方便法院原则适用的前提之一为争议发生的主要事实不在中国境内且不适用中华人民共和国法律,人民法院若受理案件在认定事实和适用法律方面存在重大困难。	陈宏昌诉翁雅贞、周发翙、吴百勋退伙纠纷案	上海市第一中级人民法院(2013)沪一中民四(商)初字第S3号

(三)不方便法院原则在我国海事诉讼中的司法适用

目前,各国在国际民事诉讼立法或者司法实践中,均尽力扩大自己的涉外诉讼管辖权。宽泛的管辖基础使得各国法院对同一海事案件由于不同连接因素而享有管辖权,从而为当事人选择有利的管辖法院和有利的实体法的适用提供了充分的可能[1],但

---

[1] 贺万忠:《国际海事诉讼管辖权问题研究》,世界知识出版社2008年版,第11页。

也造成了各国管辖权的冲突和判决难以得到承认和执行的结果。

我国涉外海事诉讼管辖权的依据主要源于我国缔结或者参加的国际条约以及有关国内立法。根据《中华人民共和国海事诉讼特别程序法》第2条的规定，在我国领域内进行的海事诉讼，适用《中华人民共和国民事诉讼法》和本法。本法有规定的，依照其规定。因此，《中华人民共和国海事诉讼特别程序法》作为特别法，其有关管辖的规定要优先适用；《中华人民共和国海事诉讼特别程序法》没有规定的，应当适用《中华人民共和国民事诉讼法》的一般规定。

根据《中华人民共和国海事诉讼特别程序法》《中华人民共和国民事诉讼法》以及相关司法解释的规定，涉外海事诉讼管辖权的确定包含了属地原则、属人原则、专属管辖原则和保全管辖原则等。涉外海事诉讼管辖权的连结点要多于一般的涉外民事诉讼，除通常的被告住所地、侵权行为地、合同履行地、诉讼标的物所在地之外，还包括船籍港所在地、转运港所在地、船员登船港或者离船港所在地、船舶最先到达地等。基本上，只要当事人或海事争议与我国有一定联系，我国就对该案件享有管辖权。特别是《中华人民共和国海事诉讼特别程序法》中有关通过海事请求保全、海事强制令、海事证据保全等强制措施而取得实体管辖权的规定[1]，更是在一定程度上扩张了中国法院的管辖权。这种较宽泛的管辖权原则在很多国家的海事诉讼中都普遍存在，对保护本国当事人合法权益、充分行使本国司法管辖权都具有积极的作用，但同时也增加了我国与其他国家产生管辖权积极冲突的可能性。

2007年12月，在中国香港注册的河北公司所有的"河北精神"轮与韩国三星物产株式会社（以下简称"三星物产"）所

---

[1] 参见《中华人民共和国海事诉讼特别程序法》第19条、第61条、第72条。

有、三星重工业株式会社(以下简称"三星重工")租赁和经营管理的"三星一号"轮在韩国海域发生碰撞,造成"河北精神"轮所载原油大量泄漏,导致韩国迄今为止规模最大的海洋环境污染事故。2009年1月,河北公司向宁波海事法院提起诉讼,要求三星重工和三星物产赔偿两亿美元的损失,并申请冻结了三星重工在三星重工业(宁波)有限公司和三星重工业(荣成)有限公司的所有股权和投资收益。三星重工和三星物产提出管辖权异议,认为本案应当由韩国法院管辖。2010年9月,宁波海事法院作出一审裁定,以该案的审理并不构成重大困难为由驳回了两名被告所提出的管辖权异议。三星重工和三星物产遂向浙江省高级人民法院提出上诉。2011年2月,二审法院作出裁定,以不方便法院原则为由,撤销了一审裁定,驳回了河北公司的起诉。[1]河北公司不服二审裁定,向最高人民法院申请再审。就同一油污事故向三星物产和三星重工另案提出追偿请求的,还有一审原告于1992年设立的国际油污赔偿基金,其也因为浙江省高级人民法院驳回起诉的二审裁定,向最高人民法院提出了再审申请。

河北公司提起的诉讼案件标的额高达2亿美金,涉及瑞典保赔协会、斯库尔德保赔协会等相关国际协会组织的利益,也涉及中韩两国司法管辖权问题,引发了国际社会的高度关注。本案中,三星重工等韩国当事人对于在中国法院诉讼非常抵触,司法文书海外送达花费了很长一段时间,一审法院耗时近两年才对管辖权异议作出裁定。河北公司向最高人民法院申请再审后,韩国当事人又再次采用拖延策略,迟迟不肯委托代理人。此外,涉案船舶碰撞及油污事故发生在韩国水域,并由韩国主管机关对事故进行了调查和证据采集。涉案事故导致多起刑事案件和民事案件

---

[1] 浙江省高级人民法院(2010)浙辖终字第135号民事裁定书。

的产生，韩国有关法院已经受理了11件相关诉讼案件。河北公司在韩国设立了油污赔偿责任限制基金，三星重工在韩国设立了海事赔偿责任限制基金。本案由韩国法院管辖，在法律的查明适用、相关证据的解释使用、基金的分配、判决的执行等各方面都更加便利。如果在中国诉讼，确实存在诸多不便。但是，由于当时法律对不方便法院原则的适用并未作出明确规定，司法实践中对该原则的认识并不统一。且河北公司虽然系在中国香港注册的公司，但与我国内地企业具有密切利益关系，案件的处理结果必然涉及我国内地当事人。如果轻易适用不方便法院原则，可能会导致我国内地当事人的合法权益无法得到充分保护。最高人民法院并没有匆忙作出裁定，而是积极开展了和解工作。最终该案双方当事人达成和解协议，一揽子解决了所有的纠纷，河北公司撤回了再审申请。

对于一审原告1992年国际油污赔偿基金提出的再审申请，最高人民法院最终予以驳回。[1]该民事裁定书在依据《中华人民共和国民事诉讼法》（2007年修正）第241条的规定肯定宁波海事法院具有管辖权的同时，认为在认定事实和适用法律方面，韩国法院比中国法院更为便利，本案并不存在专属管辖和协议管辖的情形，在被告提出管辖权异议的情况下，中国法院综合各方面因素，放弃行使管辖权并不违反民事诉讼法的相关规定。且1992年国际油污赔偿基金也并未提供充分证据，证明该案由韩国法院审理可能会产生不公正的结果，故对其关于不应适用不方便法院原则的主张不予支持。

从上述两个案件不同的处理思路和处理结果，已经可以清晰地看出当时我国涉外海事诉讼适用不方便法院原则的标准，为后

---

〔1〕 最高人民法院（2011）民申字第400号民事裁定书。

第三章 要素论：国际商事仲裁中心的制度建设

来民事诉讼法司法解释中有关规定的制定奠定了实践基础，充分发挥了借鉴的作用。

从上述案例可以看出，涉外海事诉讼管辖原则中的一些连结点虽然可以使我国法院取得管辖权，但我国法院很有可能不是最方便审理的法院。特别是基于海事保全措施而取得的管辖权，不要求法院地与案件存在特定的地域联系，往往具有任意性和偶然性，法院在查明事实和适用法律上会十分不便。当然，不方便法院原则仍然有适用的空间和必要，通过主动放弃管辖权可以与当事人自由选择法院构成"反向平衡"，在一定程度上也可以避免各国海事诉讼管辖权的积极冲突。在涉外海事诉讼领域有条件地适用不方便法院原则，有利于法院有效审理案件，维护司法公正，保障当事人利益，充分体现了便利人民群众诉讼、便利人民法院审判的两便原则。

由于《中华人民共和国海事诉讼特别程序法》及相关司法解释中并未对不方便法院作出规定，2015年《民事诉讼法司法解释》第532条有关不方便法院原则的规定应当同样适用于涉外海事诉讼管辖。在适用该条规定的同时，也要充分考虑到涉外海事诉讼与一般涉外民事诉讼的区别，考虑到涉外海事诉讼的国际性、流动性等特点，更为谨慎地适用该原则。要根据涉外海事案件的特点，在坚持国家主权原则，依法积极行使司法管辖权的同时，尊重他国或地区的司法权，建立与海事诉讼"方便管辖"相呼应的不方便法院原则，在与国际社会司法管辖相协调的基础上，尽量实现海事诉讼管辖的统一，真正体现公平和效率的目的。

不方便法院原则是内国法院抑制自身的管辖权，解决平行诉讼问题的平衡器。其以保护本国公民或居民的利益为目的，赋予法官更大的自由裁量权。涉外海事诉讼中，不可避免涉及不同法域管辖权的冲突，我国《民事诉讼法》规定了不方便法院原则，涉外海事司法实践中也曾适用。如何利用好不方便法院原则，切实依法维护本国国民或居民的合法权益，又彰显大国司法的合理性，赢得国际认同，是需要深入研究的课题。适当扩张管辖，并完善不方便法院原则，赋予法官适当的自由裁量权，通过个案中对具体案情的考量，审慎选择适用，不失为一个有效的解决途径。

本章小结

在国际商事争议解决实践中，诉讼与仲裁经常发生碰撞和冲突，这在表面上体现为两类争议解决方式之间的竞争，但由于案涉争议不仅关系到相同当事人之间的相同纠纷，而且所涉及的国际民事诉讼的法院地和国际商事仲裁的仲裁地常分处于不同的国家，故而背后很可能牵涉不同国家之间的管辖权博弈。打造国际商事仲裁中心，不能消极地回避平行诉讼、程序竞合这些现实问题，必须探讨相应的制度设计，优化相应的解决方案，才能够从法治层面予以保障。本章着重选取四个颇具争议的法律制度，即禁诉令、提单管辖权条款和提单仲裁条款、"长臂管辖权"、不方便法院原则展开探讨，这几项制度均围绕着国家之间的管辖权竞合而展开，其有效运用将关系到国际商事仲裁中心的建设。值得注意的是，各国的法律制度、仲裁理念、司法传统深受历史、文化等多重因素的影响，故而即便各国均采取某一类表述，但制度本身仍然带有明显的本土特色。但另一方面，要想使国际商事仲裁充分发挥其在全球治理中的应有作用，有必要对各国的法律冲突加以弥合，从多边主义视角探求合理的解决方案。就禁诉令而言，我国现行民事诉讼法和仲裁法中均没有明确规定这项制度，但是，我国仲裁法认可仲裁协议具有妨诉抗辩效力，即一旦当事人之间订立了有效的仲裁协议，则法院不应当再就仲裁协议所涵盖的争议行使诉讼管辖权，禁诉令制度的构建，可以强化仲裁协议的域外效力，避免当事人破坏仲裁协议在外国进行择地行诉。就提单中的管辖权条款和提单仲裁条款而言，其将在很大程度上决定海运纠纷在何地通过何种方式加以解决。特别是对于租约中的仲裁条款能否有效地并入提单，我国海事审判中对此持相对保守的立场。笔者认为，提单中的此类条款需要满足准据法当中关于协议管辖与仲裁的形式要件与实质条件，体现当事人的真实意思表示。无论是打造国际商事仲裁中心，抑或打造国际海事司法中心，关键是要在经济全球化的大背景下以开放、包容的心态处理法律事务，因此，法院应当在充分尊重当事人真实意愿的基础上，依法合理确认提单中争议解决条款的效力。相比于其他制度，不方便法院原则在我国现行《民事诉讼法司法解释》当中已有明文的规定，但其在实践中得到有效运用的案例较少。这项原则与打造国际商事仲裁中心的关联之处在于，我国如果能够拒绝管辖那些虽然本国拥有司法管辖权但是行使管辖权非常不便的案件，这实际上可以将有限的司法资源更好地集中于那些与我国具有更密切关联的案件审判上，同时如果我国与他国均确立了不方便法院原则且以互惠的方式对彼此适用这一原则，有助于将那些与我国存在密切联系的争议留在本土解决，这对于协调我国与其他国际商事仲裁中心的关系将起到积极的作用，避免因竞相对同一争议行使管辖权而引发管辖权冲突。

第四章
本体论：打造国际商事仲裁中心面临的挑战

本章提要

习近平总书记曾明确提出，要注重培育一批国际一流的仲裁机构、律师事务所，把涉外法治保障和服务工作做得更有成效。近年来，北京、上海、深圳等地积极建设国际商事仲裁中心已初见成效，对照国际商事仲裁中心较为公认的要素标准主要包括完善的法律制度、优秀的人才队伍、有国际竞争力的仲裁机构、吸引较多的国际仲裁案件等，我们还需要做很多工作。笔者建议：一是进一步借鉴国际通行规则，提高我国仲裁法律制度的国际竞争力。重视加强司法对仲裁的友好支持和适度监督，尤其坚持国际通行的司法审查程序性标准，审慎研究国内仲裁与涉外仲裁衔接问题，有力维护仲裁独立性。二是进一步推动机构改革发展，强化仲裁机构独立性、专业性和公信力。通过立法明确仲裁机构的非营利法人性质和具体类型，加快治理结构改革。具备条件的机构进一步探索引入境外专家参与治理。同时，分类支持仲裁机构发挥区位与行业优势，在解决新型争议方面创新探索。三是进一步开放国内仲裁市场。在目前局部探索实践基础上，允许和支持境外仲裁机构入驻内地，吸引更多外国当事人来华仲裁，增强国际商事仲裁中心的资源配置能力；同时发挥境外仲裁机构"鲶鱼效应"，促进国内仲裁市场的竞争发展。四是打造高素质国际化仲裁人才队伍。加强统筹规划，系统推进仲裁员队伍建设，加

第四章　本体论：打造国际商事仲裁中心面临的挑战

快培养一批专业精、外语好、有国际视野的优秀仲裁人才。积极推荐优秀人才到国际仲裁机构和国际组织任职交流。完善仲裁员准入和退出管理，强化行业自律与监督，督促仲裁员规范履职行为、强化职业操守。支持仲裁机构选聘更多优秀国际仲裁员，努力建立更国际化、多元化、更高水平的仲裁员名册。本章首先对我国各地在打造国际商事仲裁中心方面作出的努力进行介绍，继而就中国仲裁塑造全球竞争力和国际公信力的问题加以探讨。在此基础上，本章试图引入若干典型案例，以仲裁司法审查为视角，对当事人约定"中国国际仲裁中心"的仲裁协议效力认定进行分析，从而增强实践视角和中国元素。

第一节　各地不断优化仲裁制度与仲裁环境

一、北京打造国际商事仲裁中心

（一）以北京"两区"建设为契机，加强法律服务业创新发展

2014年2月，习近平总书记考察北京时对北京的核心功能进行了明确定位，即全国政治中心、文化中心、国际交往中心、科技创新中心，要求努力把北京建设成为国际一流的和谐宜居之都。北京再度面临着全新的城市格局重塑。2015年6月，中共中央、国务院印发实施《京津冀协同发展规划纲要》，对北京的核心功能定位再度进行了明确。2017年9月，北京发布了《北京城市总体规划（2016年—2035年）》，明确了北京的一切工作必须坚持"四个中心"的城市战略定位，"有所为、有所不为"。2022年1月15日，《北京对外开放发展报告（2021）》蓝皮书正式发布，其中围绕北京"两区"建设、融入"一带一路"、构建国际交往中心等重要议题进行了全方位、多视角、深层次的解析报告，旨在为推动北京加快实现更高水平对外开放新格局提供智力支持。当前，北京对外开

放已经初步形成了全方位、多领域、高层次的对外开放新格局,对全国对外开放产生了积极的引领和示范作用。

在经贸领域,北京借助自由贸易试验区建设、国家服务业扩大开放综合示范区建设和国际服务贸易交易会等制度创新推动对外开放,不断优化营商环境,助力北京建设全球服务贸易枢纽型城市。服务业扩大开放是北京当前对外开放的重点领域,这与北京自身经济结构密切相关。在新形势下,北京对外开放既蕴含重要机遇,也面临挑战。在国际经济形势复杂多变的背景下,北京应深化对内开放,激发市场主体活力和发展动力;营造数字贸易创新发展环境,打造北京创新链;提升服务业开放创新能级,打造双循环的交互节点;依托"两区"建设优化营商环境,强化国际经贸枢纽功能。

北京将国家服务业扩大开放综合示范区建设以及自由贸易试验区建设放在同等重要的位置,深化"放管服"改革,持续优化营商环境,同步稳步推进"两区"建设,以实现叠加效应,早日实现由 1 个自由贸易试验区、3 个综合保税区、N 个开放园区构成的"1+3+N"式开放型经济新发展格局。

2022 年 4 月,北京市商务局印发《把握 RCEP 机遇 助推"两区"高水平发展行动方案》,其中第 18 条强调,完善国际争端解决机制。建设完善多元化纠纷解决机制,强化诉讼与仲裁、调解、公证、行政复议、行政裁决等非诉讼方式有机衔接。积极吸引知名商事仲裁机构、国际商事调解组织等在京落地,充分发挥国际商事争端预防与解决组织作用,为企业提供"事前预防、事中调解、事后解决"全链条商事法律服务。鼓励 RCEP(《区域全面经济伙伴关系协定》)成员国外籍调解员参与涉外纠纷解决。引导"走出去"企业在与 RCEP 成员国企业签署涉外合同时选择北京仲裁机构进行商事仲裁,并约定北京作为仲裁地。

第四章 本体论:打造国际商事仲裁中心面临的挑战

关于将北京打造为国际商事仲裁中心面临的问题与解决的方案,近几年受到了理论与实务界的高度关注。法律服务业发展是北京市建设国家服务业扩大开放综合示范区和自由贸易试验区的重要领域,为推进"两区"建设,加强法律服务领域体制机制创新,促进法律服务业专业化、高端化、国际化发展。2021年7月,北京市发展和改革委员会、北京市司法局印发《北京市关于改革优化法律服务业发展环境若干措施》,聚焦"优服务、降低制度性交易成本"和"促发展、提高国际化服务能力"两大方面,为发挥好北京商事服务优势、吸引国际优秀仲裁资源,明确指出北京将打造国际商事仲裁中心。

仲裁作为现代高端法律服务业,不仅自身可以创造价值,还可以带动律师、公证、鉴定、翻译等相关法律服务的发展,具有较大的带动效应。大力支持境外知名仲裁机构在北京设立业务机构,开展民商事争议领域的涉外仲裁业务,将提升我国在全世界商事仲裁领域的影响力。为了实现将北京打造为国际商事争议解决中心的目标,北京市不仅支持国际知名仲裁机构、争议解决机构、律师事务所等在北京落地,而且为境外仲裁机构来京设立业务机构提供友好、便利、规范、透明的制度环境。此外,在提高国际化服务能力方面,《北京市关于改革优化法律服务业发展环境若干措施》中指出,北京将支持涉外法律服务机构开拓市场,同时加大涉外法律服务人才培养力度。对于国内的律师而言,打造国际商事仲裁中心具有重要意义。具言之,将北京打造为国际商事仲裁中心,可以让中国律师更好地在北京为境内和境外的客户提供相关服务。

在"优服务、降低制度性交易成本"方面,北京将提供更加便利的工作居留和出入境服务,针对在京律所普遍反映的工作居住证数量不足问题,提出进一步优化工作居住证办理服务,加大保障力度。同时,将促进法律业务跨境收支便利化。针对律所提出的进一步简化外汇审批流程、提高涉外法律业务办理效率,提出优化法律服务机构服务贸易外汇收支单证审核,以及便利跨境贸易人民币结算及资本项目人民币收入境内依法合规使用、法律服务机构无需事前逐笔提交真实性证明材料等便利化措施。

(二)坚持"四个中心"城市定位,协同好北京市的仲裁资源

作为全国的首都,北京被视为首善之区,在坚持"四个中心"城市战略定位的同时,北京围绕着推进"两区"建设、融入"一带一路"、构建国际交往中心等重要议题,初步形成了全方位、多领域、高层次的对外开放新格局。作为全国的政治经济中心,在新形势下,北京应当充分发挥国家战略汇集、涉外人才集聚的区位优势,认真落实《北京市推进"一带一路"高质量发展行动计划(2021—2025年)》,主动承担仲裁发展先行者的使命,将健全的法律制度、友善的司法环境、完备的政策支持作为国际商事仲裁中心建设的重要指标,协同仲裁资源,统筹推进国际一流争端解决机构建设和北京国际仲裁中心建设,为北京市国家服务业扩大开放综合示范区和自由贸易试验区建设提供有力的法治服务和保障。具体来看,在仲裁领域,北京拥有得天独厚的资源优势,具备打造国际商事仲裁中心的重要条件。有效地利用现有仲裁资源,精心筹划、通力协作,可更好地发挥合力。当前,北京既有市属仲裁机构——北京仲裁委员会,也有国家级的仲裁机构——中国国际贸易促进委员会所属的中国海事仲裁委员会和中国国际经济贸易仲裁委员会,还有中国国际商会牵头发起成立的国际商事争端预防与解决组织。此外,北京现已正式出台政策,积极引进境外仲裁机构和国际仲裁机构。其中,中国国际经济贸易仲裁委员会与中国海事仲裁委员会早在20世纪50年代就已经存在,在涉外海事商事仲裁中发挥着中国仲裁目前无可替

代的作用,其自身优势显而易见。在此基础上,仍然要引进外部仲裁机构到境内仲裁,其目的正是聚集优势仲裁资源,形成合力,产生聚集效应。建设国际商事仲裁中心得有抓手,得有体现的形式和发力的路径。境外机构入驻不一定表明已经成为国际商事仲裁中心,但是如果中国仲裁市场采取保守立场,对境外机构一概予以排除,则显然无益于国际商事仲裁中心的建设与评估。与诉讼不同,仲裁实行协议管辖,要靠中外当事人约定选择。有了比较、选择和竞争,就有了质量、发展和影响,也就形成了中心。只要多家知名机构在,其优质仲裁资源就会随之而来,涉外/国际案件就会来,从而境外当事人、律师、仲裁员,甚至专家证人、事实证人、鉴定评估机构等也都会来,直接带动当地律师、公证及司法业务国际化发展,整体提升首都法律服务业高质量发展,间接带动仲裁地交通、住宿、餐饮等服务业发展,这也是新加坡和我国香港特区所持续努力推动的。为此,必须协同好在京仲裁机构,制定公平合理、有利于仲裁健康发展的政策,积极引导、指导在京机构优势互补、公平有序、良性竞争、协同发展、同向发力。

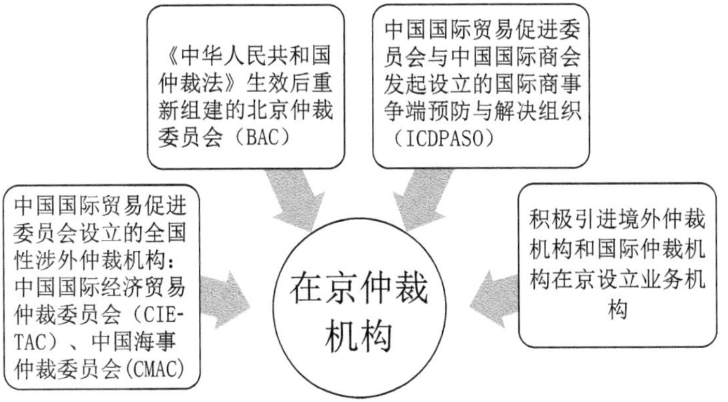

图 4-1 北京市现有的仲裁机构

在京仲裁机构包括:
- 《中华人民共和国仲裁法》生效后重新组建的北京仲裁委员会(BAC)
- 中国国际贸易促进委员会与中国国际商会发起设立的国际商事争端预防与解决组织(ICDPASO)
- 中国国际贸易促进委员会设立的全国性涉外仲裁机构:中国国际经济贸易仲裁委员会(CIETAC)、中国海事仲裁委员会(CMAC)
- 积极引进境外仲裁机构和国际仲裁机构在京设立业务机构

除了协同好在京仲裁机构之间的关系,为了真正实现打造国际商事仲裁中心的目标,还要进一步协同好五类关系:其一,协同好国内仲裁机构建设与境外机构准入的关系;其二,协同好国际仲裁与其他多元纠纷解决机制的关系;其三,协同好吸引优质境外仲裁员集聚与强化本土的涉外法治人才培养的关系;其四,协同好律师事务所、司法机关等仲裁配套服务;其五,协同好政策支付、资金保障与法治化营商环境构建。

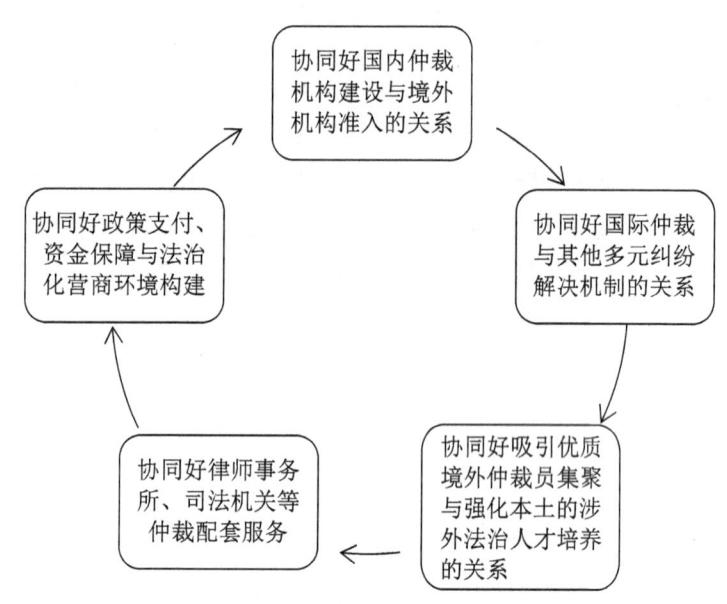

图 4-2 北京打造国际商事仲裁中心需要协同的五类关系

(三) 北京具备打造国际商事仲裁中心的优质资源

如前文所述,北京在国际商事仲裁方面具有充分的实力和难以匹敌的优势。北京不仅拥有中国国际经济贸易仲裁委员会、北京仲裁委员会、中国海事仲裁委员会三家仲裁机构,而且依托于首都的政治中心,区域内经济发达,央企和世界500强企业比比皆是，且北京的仲裁事业发展紧扣"一带一路"倡议，特别是凭借最高人民法院、北京市高级人民法院、北京市第四中级人民法院等司法机关的大力支持，仲裁事业在短时间内取得了迅猛的进步。除此之外，在众多高等院校和仲裁学术研究机构的理论支撑下，北京在国际商事仲裁的理论研究方面也取得了令人瞩目的成绩。当前，以北京大学、中国人民大学、中国政法大学、对外经济贸易大学等高校为主导的学术力量开始与最高人民法院等司法机关以及中国国际经济贸易仲裁委员会、北京仲裁委员会等仲裁机构开展深度合作，分年度出版关于国际商事仲裁发展的年度报告，其中最具影响力的莫过于中国国际商事仲裁年度报告和中国商事争议解决年度观察，这两项报告在仲裁理论与实务界得到了广泛的认可。2020年12月，《最高人民法院商事仲裁司法审查年度报告（2019年）》正式发布，这是最高人民法院首次发布仲裁司法审查年度报告，并以中英文双语版的方式发布，便于国内国际社会了解人民法院的仲裁司法审查工作，对于统一法律适用、深化多元纠纷解决机制改革、加强仲裁法治的国际传播，具有重要意义。

值得关注的是，作为产学研有机结合的成果，高等院校的仲裁学术研究力量与司法机关、仲裁机构的合作越来越深入，影响力越来越广泛。这类机构包括但不限于：中国政法大学仲裁研究院、最高人民法院民事审判第四庭的"国际商事与投资仲裁研究基地"、对外经济贸易大学的"国际商事与投资仲裁研究中心"、中国法律援助基金会的"一带一路国际商事调解中心"等。其中，中国政法大学仲裁研究院自成立以来，潜心研究、锐意发展，在仲裁制度改革、仲裁法修法建议、仲裁员培训等方面取得了显著成绩，已逐渐为仲裁业内所认可。在商事仲裁理论研究领域，北京的学术水准明显高于其他几个区域中心，独占鳌头的优势地位十分明显。此外，在北京，全国律师协会和北京市律师协会对商事仲裁的支持度和参与度极高，全国知名律师事务所在这里云集，国际一线律所驻华代表处众多。尽管专注从事国际商事仲裁和国际投资仲裁案件代理的仲裁律师数量目前仍然较少，但此类律师基本上云集于北京，这是国内其他城市所难以企及的。东西方的法律文化和仲裁理念在这里交集碰撞，有效地推动了商事仲裁的实践创新和理论发展。

作为当代中国商事仲裁的发源地，北京中心的仲裁底蕴和历史传承，也是其他区域仲裁中心所不具有的。在这个中心里，三家仲裁机构充分发挥各自的竞争优势：2021年5月，由业界权威英国伦敦玛丽女王大学发布的《2021年国际仲裁调查报告》中，中国国际经济贸易仲裁委员会获评全球最受欢迎的五大仲裁机构之一。这是我国内地仲裁机构首次在全球权威仲裁机构调研报告中跻身前五，体现了中国仲裁发展的重要进步，更体现了国际仲裁界和广大仲裁用户对中国仲裁法治的认可和信任。

中国国际经济贸易仲裁委员会，堪称当代中国仲裁的开山鼻祖。自1956年成立迄今近七十年来，中国国际经济贸易仲裁委员会积极借鉴吸收国际先进仲裁理念，通过其符合国际潮流的仲裁规则、公正高效快捷的仲裁理念和仲裁实践，创造性地开创了中国商事仲裁事业，扩大了中国仲裁在国际上的知名度和影响力，在国际社会赢得了广泛的声誉，成为目前国际社会知名的常设仲裁机构。特别是中国国际经济贸易仲裁委员会受理和审理的涉外仲裁案件持续在国内仲裁界中处于领先地位，其辉煌成绩是其他仲裁机构难以企及的。在中国商事仲裁二次创业发展的新时期下，中国国际经济贸易仲裁委员会在参与国际商事重大活动和国际商事争议解决规则的制定方面，长期代表中国，巩固和强化了中国在国际商事仲裁领域的话语权，也进一步巩固了自己在中

第四章 本体论：打造国际商事仲裁中心面临的挑战

国乃至世界仲裁界的主导地位。

中国国际经济贸易仲裁委员会所受理的案件中，共涉及93个国家和地区，其中当事人来自74个国家和地区，涵盖36个"一带一路"国家和地区。[1]从仲裁案件涉案标的额到仲裁国际化程度，中国国际经济贸易仲裁委员会目前依然雄踞中国仲裁机构榜首。

从仲裁受案数量和涉案标的额来看，北京仲裁委员会已雄踞中国仲裁机构的前列，从仲裁的国际化程度来看，北京仲裁委员会也获得了区域外和境外当事人/律师的相当认可。这些年来，北京仲裁委员会勇于创新、锐意进取、潜于研究，获得了快速发展，成绩斐然。在推动仲裁机构改革、提升仲裁规则国际化程度、维护仲裁裁决社会公信力等方面，做了大量工作，使得其声名远扬，已俨然成为国内仲裁界的新贵，其触角也不断向国际延伸。

成立于1959年的中国海事仲裁委员会，业界将其简称为"中国海仲"。根据《中国海事仲裁年度报告》显示：全国半数以上的海事仲裁案件均由中国海事仲裁委员会受理，剩余案件由上海国际航运仲裁院、东南国际航运仲裁院、大连国际仲裁院、广州国际航运仲裁院、武汉仲裁委员会海事仲裁院等少数几个地方仲裁机构受理。基于历史原因，源于海事仲裁的特殊性，国内其他仲裁机构极少受理海事仲裁案件。由此可见，中国海事仲裁委员会在中国海事仲裁领域拥有难以撼动的主导地位，其在国际海事仲裁领域也具有重要的影响力。2021年10月1日，《中国海事仲裁委员会仲裁规则（2021年版）》正式生效实施。修订后的新规则回应了近几年给仲裁带来的深刻变化，首次对电子送达、

---

〔1〕《贸仲委2021年工作报告》，载http://www.cietacjs.org.cn/index.php?m=Article&a=show&id=18217，最后访问日期：2022年6月1日。

视频开庭、视频作证、电子签名以及网络安全和隐私及数据保护作出系统规定,以满足实践需求。为进一步增强仲裁程序透明度,充分发挥中国机构仲裁的优势,《中国海事仲裁委员会仲裁规则(2021年版)》首次较为系统地规定了证据规则,便于仲裁庭正确查明案件事实、保障当事人正当权益;首次区分机构案件经办人和仲裁庭秘书,明确规定仲裁庭秘书职责,厘清机构和仲裁庭的职责划分,进一步实现机构管理与仲裁庭独立裁决的有机结合;将实践中行之有效的专家咨询委员会制度纳入规则,首次明确专家咨询意见的性质及其与仲裁庭的关系,公开透明,以充分发挥我国机构仲裁的优势,提高仲裁公信力;首次规定经当事人同意,脱密后的裁决书可公开发布;首次引入责任限制条款等。综上所述,北京在打造国际商事仲裁中心方面具有得天独厚的资源优势,其在未来很有潜力,极有可能发展为引领中国国际商事仲裁事业发展的"领头羊"。

二、上海建设区域性国际商事仲裁中心

(一) 开放型经济促进上海国际仲裁的充分发展

作为中国对外开放的前沿窗口,入世二十多年来,开放型经济已成为上海最鲜明的特征。相应地,上海在推进仲裁国际化和建设区域性国际商事仲裁中心方面进行了有益的探索并取得了显著成效,仲裁业务也呈现出专业化、高端化、国际化的特点和良好的发展态势。目前,上海共有3家依法登记设立的本地仲裁机构(上海仲裁委员会、上海国际经济贸易仲裁委员会/上海国际仲裁中心、中国海事仲裁委员会上海总部),有4家境外仲裁机构(香港国际仲裁中心、新加坡国际仲裁中心、国际商会和韩国大韩商事仲裁院)在上海自由贸易试验区设立了代表机构,还有1家国际组织仲裁机构(世界知识产权组织仲裁与调解上海中

第四章 本体论：打造国际商事仲裁中心面临的挑战

心）在上海自由贸易试验区临港新片区设立了业务机构，并开展实质化运作。因此，有观点提出，上海是我国仲裁机构资源最集中、最丰富的城市。为了持续推进仲裁体制机制创新，上海正全力打造面向全球的亚太仲裁中心，向国际仲裁之都不断迈进。其所采取的举措包括但不限于：对上海仲裁委员会进行改制，注销事业编制，成为面向市场提供仲裁服务的非营利法人，初步建立起国际化的现代法人治理结构；出台《境外仲裁机构在中国（上海）自由贸易试验区临港新片区设立业务机构管理办法》，引进境外仲裁机构在上海开展仲裁业务，形成"鲶鱼效应"，促进仲裁市场的高水平竞争。[1]

（二）上海首次跻身全球十大最受欢迎国际仲裁地

上海正加快打造面向全球的亚太仲裁中心。日前，国际仲裁权威研究机构伦敦玛丽女王大学发布的《2021年国际仲裁调查报告》显示：上海首次跻身全球十大最受欢迎的国际仲裁地，位列第八。自1995年中国第一部仲裁法实施以来，截至2021年底，上海仲裁机构累计处理各类案件6万余件，总标的额超过4000亿元，案件当事人遍及全球80余个国家和地区。而上海之所以受到国际商事仲裁当事人的高度认可，这体现的是当事人对上海仲裁业处理国际经贸争端的一种专业能力和服务能级的认可。为了进一步吸引国际仲裁的当事人选择到上海仲裁，上海仲裁行业正抓紧修订相关仲裁规则，推动行业发展，助力更优更好营商环境和创新环境，对标国际高标准经贸规则，优化合作生态，赋能国内外市场主体，推动城市深度融入全球治理网络。

经贸交往活动丰富后，难免发生纠纷。相较于诉讼，仲裁这一解决争端的途径和手段，具有简易、专业、高效等特点，受到

---

[1] 刘雪妍：《上海打造面向全球的亚太仲裁中心》，载《解放日报》2022年2月14日，第1版。

各类商事主体青睐,在国际经贸往来中也扮演着越来越重要的角色。实践中,越是商业文明发达的地区,越是开放包容的市场环境,也越利于仲裁制度的实践发展。

当今世界具有重要影响力的国际大都市很多也是仲裁法律服务非常发达的城市,如纽约、伦敦、新加坡等。上海为何能名列前茅?究其原因,关键在于上海有着培育和支撑仲裁行业高质量发展的深厚土壤。自开埠以来,上海逐渐成为东西方商业往来、文化融合最充分的城市之一,讲法治、重契约、守规则日益融入城市文明文化基因,有力推动上海成为我国商事仲裁的重要发祥地。

上海仲裁协会会长俞卫锋指出:《2021年国际仲裁调查报告》提道,"对当地法院和司法机构仲裁的更大支持""提高当地法律体系的中立性和公正性"以及"在执行仲裁协议和仲裁裁决方面的更好记录"等,这些"得分项"是仲裁地更具吸引力的关键举措。从这个角度看,上海在法治化、国际化和便利化方面都做得不错,即通过公平、高效、便利的仲裁来解决商贸类经济纠纷。下一步将继续推动本地仲裁机构国际化发展,吸引国际高端仲裁机构落沪,提升仲裁行业透明度和公正性。

当下,上海仲裁行业不断自我革新,提升服务能级与水平。一方面,抓紧修订新规则,充分吸收国际先进仲裁规则理念和做法,并与中国实践相结合,提供更专业、多样化的仲裁服务,满足多元化、专业化、国际化的争端解决服务需求。同时,改革后的上海仲裁委员会加速数字化赋能,投入语音识别、人工智能同声翻译等新技术,实现了中英文、线上线下和远程化数字化的无壁垒交流。还将进一步完善大数据应用体系,依托区块链电子证据存取等先进信息技术,提升仲裁效率。配合仲裁程序研发更多应用场景,让仲裁更便捷、更权威。

第四章 本体论：打造国际商事仲裁中心面临的挑战

上海市司法局公开表示，将更高水平推进仲裁业务对外开放的信心和决心，完善国际商事纠纷解决机制，提升仲裁处理国际经济贸易争端的专业能力和服务能级，助力当下经济贸易复苏更有韧劲和活力。

（三）上海具备丰富的仲裁资源

改革后的上海仲裁委员会注销事业编制，成为面向市场提供仲裁服务的非营利法人。新一届委员会由15名境内外仲裁专家组成，初步建立起国际化的现代法人治理结构。2021年4月，国际仲裁权威研究机构伦敦玛丽女王大学发布的《2021年国际仲裁调查报告》显示，上海首次跻身全球最受欢迎仲裁地前十，位列第八。仲裁，是国际上最有效、最受欢迎的商事争议解决制度之一。上海作为我国仲裁机构资源最集中、最丰富的城市，正持续推进体制机制创新，全力打造面向全球的亚太仲裁中心，向国际仲裁之都不断迈进。

上海市国际贸易促进委员会副会长马屹表示，仲裁裁决具有跨国执行力，签署过《纽约公约》的169个国家之间互相承认仲裁裁决的效力并支持强制执行，在国际商事争议解决上具有比较优势。实践证明，商业文明发达的地区，拥有开放包容的市场环境，十分需要也有利于仲裁发展。诸多国际大都市，仲裁法律服务普遍发达，比如纽约、伦敦、新加坡、中国香港等。

上海仲裁协会会长俞卫锋说："上海自开埠以来，逐渐成为东西方商业和文化充分融合的城市。讲法治、重契约、守规则的城市基因推动上海成为我国商事仲裁的重要发祥地之一。"

（四）上海引进境外仲裁机构入驻从而加速国际化

2015年4月，国务院印发《进一步深化中国（上海）自由贸易试验区改革开放方案》，首次提出上海要加快打造面向全球的亚太仲裁中心，一个重要原因就是为了增强我国涉外法治话语权。从本质上分析，上海打造亚太仲裁中心，就是要打造受境内外当事人欢迎的仲裁目的地。仲裁业务对外开放，不但有利于使境内当事人在更为熟悉的司法环境中解决争议，而且有利于吸引更多境外当事人选择在上海仲裁。

而从措施上看，加速推进上海仲裁市场的国际化，吸引国际高端仲裁机构入驻是第一步。2019 年，首届上海国际仲裁高峰论坛亮相中国国际进口博览会，开幕式上发布了《境外仲裁机构在中国（上海）自由贸易试验区临港新片区设立业务机构管理办法》，这是全国首份仲裁业务对外开放实施的文件。同年，世界知识产权组织仲裁与调解中心获批在上海自由贸易试验区设立业务机构，2020 年 10 月正式运营，成为首家国际组织仲裁机构在我国境内登记设立的仲裁业务机构。

截止到 2024 年 1 月，上海既有上海仲裁委员会、上海国际经济贸易仲裁委员会等本地仲裁机构，又有国际组织仲裁机构在上海设立的代表处，还有多家境外仲裁机构在上海设立的代表处，是我国仲裁机构资源最集中、最丰富的城市。引进境外仲裁机构落户上海，必然会与上海本土仲裁机构形成竞争。特别是国际商事仲裁不受地域管辖限制，当事人可以自主选择境内外仲裁机构，竞争客观存在。扩大开放不仅可以增加仲裁法律服务供给，从某种意义上说也有"鲶鱼效应"，有利于本土仲裁机构加速国际化发展。

（五）上海旨在打造国际仲裁"中国主场"

除了"请进来"，上海仲裁机构也在通过"自我革命"，努力打造中国国际商事仲裁的"主场"。上海正下大决心、花大力气对上海仲裁委员会进行机构改革。

2021 年 1 月，上海出台全国首个主流仲裁机构退出事业单位体制的改革方案——《上海仲裁委员会深化改革总体方案》，明

第四章 本体论：打造国际商事仲裁中心面临的挑战

确改革后的上海仲裁委员会退出事业单位序列，注销事业编制，成为市政府组建、由市司法局登记管理、面向市场提供仲裁服务的非营利法人。同年8月，改革任务基本完成，新一届委员会由15名境内外仲裁专家组成。初步建立起国际化的现代法人治理结构，实行决策权、执行权、监督权相互分离、有效制衡的治理机制。

上海仲裁委员会常务副主任范铭超说："脱离体制内就如同走出'舒适区'进入未知的深海，但改革更是体制松绑、活力迸发，我们坚信'阵痛'过后必是一片光明。"这次改革，也吸引了一批有境外争端解决机构工作背景的人才加入。尤其值得一提的是，上海仲裁委员会改革后的新一届委员包括3位专长于不同领域的法学教授和1位专长于信息化的工科教授，2位法律专业行业协会会长，3位商界领袖，3位分别来自美洲、欧洲和亚洲的境外资深仲裁员和3位具有丰富仲裁机构管理经验的专职驻会领导。国际著名仲裁员杨良宜正是委员之一。他对于上海仲裁委员会交由对国际仲裁十分了解并有经验的专业人士领导印象深刻。他说："这是上海仲裁委员会专业化、国际化发展的基石，只有依托对国际了解与有经验的专业人才，上海仲裁委员会才能不断提升国际竞争力、公信力和影响力。"2021年，上海仲裁委员会成为中国第一个获得联合国国际贸易法委员会（United Nations Commission on International Trade Law，UNCITRAL）第一工作组（中小微型企业）观察员席位的仲裁机构。上海仲裁委员会主任刘晓红公开表示，上海仲裁委员会未来将加强国际交流，不断向世界传递上海、中国仲裁界的声音，与国际仲裁界携手共进，优化营商环境。[1]

---

[1] 刘雪妍：《上海打造面向全球的亚太仲裁中心》，载《解放日报》2022年2月14日，第1版。

三、深圳打造国际商事仲裁新高地

2013年11月，深圳市中级人民法院公布《关于涉外仲裁司法审查若干问题的裁判指引》，在规范涉外仲裁案件司法审查标准等方面作出积极尝试。作为较早系统明确涉外仲裁案件司法审查标准的我国地方法院，深圳市中级人民法院是内地法院中对商事仲裁支持力度最大的几家中级法院之一。2019年2月18日，中共中央、国务院印发的《粤港澳大湾区发展规划纲要》要求，"构建多元化争议解决机制，联动香港打造国际法律服务中心和国际商事争议解决中心。"《全面深化前海深港现代服务业合作区改革开放方案》也提出，在前海合作区内建设国际法律服务中心和国际商事争议解决中心，探索不同法系、跨境法律规则衔接。为此，深圳市采取了多方面的举措，全力打造国际范十足的商事仲裁高地。深圳国际仲裁院（粤港澳大湾区国际仲裁中心）作为涉外法治的重要支点和发力点，自觉肩负起这一职责使命。

2020年8月，深圳市人大常委会审议通过《深圳国际仲裁院条例》，首开以地方立法支持仲裁机构对标国际标准的先河。国际仲裁作为全球通行的国际商事争议解决方式，在尊重当事人意愿、便捷高效解决纠纷、跨境管辖执行等方面，具有独特优势。早在1989年，深圳国际仲裁院就开创了中国仲裁裁决按照联合国《纽约公约》在境外获得承认和执行的先例。三十多年来，深圳国际仲裁院裁决在海外普遍获得执行，体现了仲裁裁决的中国质量。

"走出去投资、拉回来仲裁。"深圳国际仲裁院正以其不断提升的国际公信力实现对国际案件的协议性管辖。中国企业在全球，尤其是"一带一路"沿线国家投资和交易，可以通过合同约定选择回到深圳前海合作区仲裁，以更好地防范法律风险，获得

第四章 本体论：打造国际商事仲裁中心面临的挑战

更具确定性的法律保障。

在国际仲裁中如何落实统筹涉外法治与国内法治的要求？深圳国际仲裁院的答案是推动"双向开放"适用法律。即提升适用域外法经验能力，更为重要的是努力推动适用中国法解决国际案件。近年来，越来越多国际商事仲裁当事人约定在深圳国际仲裁院仲裁，而其中约定适用中国法的案件迅速增加，制度自信、规则自信日益增强。

截至 2021 年 12 月 24 日，深圳国际仲裁院共受理仲裁案件 6878 宗，涉案金额合计人民币超过 850 亿元。其中，涉外案件 333 宗，涉及金额超过人民币 200 亿元，涉及美国、日本、新加坡等 22 个国家和地区，有效发挥了仲裁在跨境争议解决方面的特殊作用，扩大了中国仲裁和中国法的全球影响力。

值得特别一提的是，国际化是深圳国际仲裁院的鲜明特色。目前深圳国际仲裁院 13 名理事中，有 7 名来自港澳和海外。境外仲裁员 385 名，占比超过 40%，覆盖 77 个国家和地区，基本实现"一带一路"沿线国家全覆盖。深圳国际仲裁院还与联合国国际贸易法委员会、国际投资争端解决中心、国际商会仲裁院等国际组织建立了深入的合作关系。

为联动香港打造国际法律服务中心和国际商事争议解决中心，2013 年，深圳国际仲裁院牵头在前海合作区创设了粤港澳商事调解联盟。2014 年，粤港澳商事调解联盟受理首宗"港人港案港式调解案"，顺利解决两名香港居民在内地长达 5 年的投资纠纷。目前，联盟成员已经增加到 18 家。2016 年，深圳国际仲裁院出台了相关指引将香港作为默认仲裁地。2019 年，深圳国际仲裁院又在香港设立华南（香港）国际仲裁院，作为独立运作的香港仲裁机构，团结了一批爱国爱港的法律界专业人士。

四、重庆打造区域性国际商事仲裁中心

(一) 区域性国际商事仲裁中心的界定与评估

所谓区域性国际商事仲裁中心，与国际商事仲裁中心的概念存在类似的问题，仲裁理论界和实务界对其缺乏一致公认、相对固定的概念。有学者提出，所谓区域性国际商事仲裁中心，是指在一个相对特定的区域内，成立了在全国或国际上有代表性或地标性的仲裁机构，在仲裁理念和仲裁文化上形成自己独特的特点，在仲裁业态上有所创新和实践，在引流仲裁潮流和仲裁发展上具有一定影响力，在仲裁发展道路上既能借鉴中国商事仲裁实践、又能吸收国际仲裁先进做法的带有区域性和群体性色彩的商事仲裁中心。从某种程度上讲，区域性国际商事仲裁中心与国际商事仲裁中心的概念之间存在一定的交叉关系，据以评估某地是否构成区域性国际商事仲裁中心的因素也可以参考并用于评估国际商事仲裁中心是否形成。这些因素涵盖：①区域经济和产业基础以及对周边地区的辐射和拉动作用，包括与商事仲裁有关联的产业链是否形成。商事仲裁的发展基础取决于区域经济的发达与否，国际商事仲裁的发展水平离不开区域外向型经济的体量和活跃度。②行政机关、司法机关对商事仲裁的支持力度，这是衡量区域性国际商事仲裁中心是否能够形成、能否持续发展的一个重要因素。③区域法治环境的优劣以及国际社会对该地法治状况的整体评价和认可程度，特别是区域内的法律文化是否具有充分的开放性和包容性。显然，公平公正、开放包容的法治环境更容易吸引中外当事人在该地仲裁，而法院对仲裁是否持有支持和协助司法理念，至关重要。④区域内仲裁理念和仲裁文化的先进性和与时俱进性，在保留和发扬具有中国本土仲裁特色元素的同时，借鉴国际社会当下仲裁理念和仲裁文化，这是衡量区域性国际商

事仲裁中心是否形成的重要指标。⑤区域范围内一线仲裁机构的活跃度和影响力,在国际仲裁界是否具有影响力,对周边区域、周边国家和国际社会的商事争议是否具有妥善解决的能力。在仲裁实践上,有符合市场发展趋势、契合商事仲裁固有理念的新型仲裁业态的呈现,在部分仲裁领域上,有对整个仲裁界具有引领作用的示范意义。⑥区域内主要仲裁机构的案件数量、争议金额,特别是涉外和国际案件数量和金额,仲裁规则的开放度和国际化程度,外籍仲裁员参与度高低。对于多数仲裁机构来说,其所受理的案件主要为国内案件,涉外案件或国际案件所占比例相对有限。但是,案件数量和涉外案件占比并非唯一的国际化衡量指标,还需综合考虑该仲裁机构当中外籍仲裁员所占比例、实际参与程度等因素,以及该地仲裁业务在境外商事主体及代理律师群体中的认可度。

建设区域性国际商事仲裁中心,目的是打造国际商事仲裁中心,而要成为国际商事仲裁中心,首先不是看本国当事人的接受程度,而是看本国之外的商事主体/律师的认可程度,看涉外案件和国际案件的所占比重,这就促使我们的视野不得不国际化。[1]

(二) 完善仲裁制度规则,确保案件办理质效

近年来,重庆推进仲裁制度改革创新,聚焦打造中国区域性国际商事仲裁中心,不断提高仲裁公信力,服务保障全市高质量发展、高品质生活。特别是重庆市围绕着提高仲裁公信力这一目标,全力完善仲裁制度规则,不断提升仲裁案件办理质效。在健全制度规范方面,重庆市建立了以《重庆仲裁委员会仲裁规则》为主体,《中国重庆两江国际仲裁中心仲裁规则》《中国(重庆)

---

[1] 曲扬波:《浅论中国商事仲裁区域中心建设》,载 https://mp.weixin.qq.com/s/QHrdTDrmSse7tfOS1Q_ pJw,最后访问日期:2022年6月28日。

自由贸易试验区仲裁中心仲裁指引》《重庆仲裁委员会金融仲裁规则》《重庆仲裁委员会互联网金融仲裁规则（试行）》等相配套的专业化国际化仲裁规则体系，并完善了《重庆仲裁委员会仲裁员管理办法》《仲裁庭审规范》等系列制度。同时，重庆市先后设立了建筑房地产、国际国内贸易、金融证券保险和涉外等四个仲裁员专业委员会，出台工作规则，推进专业办案。

通过改革创新，重庆仲裁委员会仲裁案件办理效率大幅提升，个案平均结案时间缩短为40个工作日，金融案件平均结案时间为23个工作日，互联网案件平均结案时间为8个工作日，被法院裁定撤销或不予执行案件和当事人投诉举报数量均逐年下降。在第二届中国仲裁公信力评选中荣获"全国十佳仲裁机构"称号。

（三）严格仲裁员选聘，提升专业队伍能力

随着仲裁案件量的逐年增多，专业人员队伍建设显得越发重要。为此，重庆市提高了准入门槛，在法定基础上，明确不同职业、专业领域的仲裁员申报条件更高，如《中华人民共和国仲裁法》规定从事律师工作满八年即可，重庆市则进一步规定，有资格担任仲裁员的执业律师，其执业年限须在十年以上，或者担任律师事务所主任、合伙人八年以上。此外，重庆市还畅通申报渠道，改"单位推荐制"为面向社会"公开招聘制"，建立"考试+遴选"的选聘模式，细化选聘流程，促进选聘公平。

截至2021年底，重庆在境内外共聘任667名多领域、多地区、多层次、多专业的高水平仲裁员，其中具有博士以上学位的仲裁员196名、硕士以上学位的仲裁员264名，具备高级职称的仲裁员137名，呈现出高学历、高职称、高素质的"三高"特点。同时，重庆市发挥建筑房地产、国际国内贸易、金融证券和涉外仲裁等四个仲裁员专业委员会作用，定期组织开展专题教育、廉政宣讲活动，制订职业素养提升计划，增强仲裁员的政治素养和职业操守。

建立仲裁员全流程、动态化考核机制，实施一案一评、一年一评。将考核评分作为仲裁员奖惩、续聘、淘汰的主要依据，对考核不合格的仲裁员，给予诫勉谈话、通报批评、暂停执业、解聘和除名等处分。

（四）创新行业发展模式，优化仲裁法律服务

在促进行业发展上，重庆市主动适应社会发展趋势，探索仲裁行业发展新模式。特别是重庆市率先在金融仲裁领域推出多项新举措，如专门成立金融仲裁机构、量身定制金融仲裁规则、组建专业的金融仲裁员队伍、配强职业化金融仲裁秘书队伍、大幅降低金融仲裁收费标准、开辟保全与执行绿色通道等。这些举措提高了金融案件办理效率，降低了金融纠纷解决成本。

近几年来，重庆仲裁委员会办理金融借款、民间借贷、担保、证券保险等案件近5000件，涉案标的额250.36亿元，防范化解了金融风险。同时，重庆市针对银行、小贷公司和融资担保公司等地方金融机构维权案件存在的立案难、耗时长、费用高、执行难等问题，推行互联网金融仲裁模式，开启金融领域网络借贷业务的互联网金融仲裁试点。

目前，重庆仲裁委员会与重庆银行、重庆三峡融资担保等十余家商业银行、担保公司建立"互联网+金融+仲裁"多元协作机制，受案量显著增加，案件审理质效不断提升。

此外，重庆市还围绕"一带一路"倡议和内陆开放高地建设、中新互联互通项目、自由贸易试验区、长江经济带建设等，分别于2016年和2018年设立中国重庆两江国际仲裁中心、中国（重庆）自由贸易试验区仲裁中心，截至2021年，共办理涉外商事仲裁案件96件，标的额68亿元。

2009年1月和2011年11月，中国国际经济贸易仲裁委员会西南分会和中国海事仲裁委员会西南分会分别在渝设立，重庆成为全国同时设立中国国际经济贸易仲裁委员会和中国海事仲裁委员会地方分会为数极少的几个城市之一，也是目前整个西部地区唯一实现引进国际知名仲裁机构落地的城市。重庆市政府申请中国国际经济贸易仲裁委员会和中国海事仲裁委员会在当地落户的举措，不仅显示了重庆以及西部地区积极彰显国际化发展道路的决心，也为当地仲裁市场注入了新的活力，更好地满足了西部地区对外开放和市场主体多元化选择。

2021年6月，重庆市高级人民法院、重庆市司法局、重庆仲裁委员会、中国国际经济贸易仲裁委员会西南分会联合举行"商事仲裁与司法审查"新闻发布会。会上，重庆仲裁委员会明确表示，将建立中国区域性国际商事仲裁中心，推动仲裁创新发展，切实提升仲裁服务能力，提升国际竞争力和服务国家全面开放和发展战略的能力。

五、香港特区打造国际商事仲裁中心

历史上，我国香港特区就是世界金融中心和国际航运中心，商业贸易、投资会展以及金融航运等异常活跃和发达。商事仲裁成熟且快速发展的基础土壤优势可谓得天独厚。

在这个中心里，有完善的商事仲裁法律制度，对商事仲裁起到了长期良好的法律支撑作用，香港特区法院对仲裁的友善支持态度，长期以来一直为中外当事人和律师所称道。2015年，香港特区高等法院总结公布了香港特区法院执行仲裁裁决的十项基本原则，成为香港特区法院对执行仲裁裁决总态度和大原则的经典论述，其核心体现了法治精神和支持仲裁的政策，这些原则对香港特区法院办理涉及仲裁的案件具有重要的指导意义，对外界意

第四章 本体论：打造国际商事仲裁中心面临的挑战

欲了解和对照检查香港特区法院的仲裁司法政策，提供了简单明确的答案。

在这个中心里，香港国际仲裁中心、中国国际经济贸易仲裁委员会香港仲裁中心、国际商会仲裁院香港办事处等一批国际知名仲裁机构云集，国际性多元仲裁文化在这里交集。香港特区有亚洲一流的律师事务所、会计师事务所等诸多对商事仲裁起到支撑和服务作用的良好平台。

有别于内地的社会主义法系，香港特区适用英美法系，这一突出特点是香港区域仲裁中心与内地目前北京、上海、广东三个区域仲裁中心最大的不同点。也正是基于此，国际社会和国际仲裁界已经认同香港特区成为亚太区域的国际商事仲裁中心。在由国际权威的伦敦玛丽女王大学国际仲裁学院与美国伟凯律师事务所联合作出的《2015年国际仲裁调查报告：国际仲裁的完善与创新》中，对香港特区作为国际最佳仲裁地（欧洲以外地区）进行了评价：最受仲裁当事人/律师青睐的，同时也是被使用次数最多的五大仲裁地包括香港特区。香港国际仲裁中心位列全球最受青睐的五家仲裁机构之一。

2021年，香港国际仲裁中心共受理514起案件。其中，277起为仲裁案件、225起为域名争议案件、12起为调解案件。在277起仲裁案件中，183起为香港国际仲裁中心管理的机构仲裁案件。所有仲裁案件的争议总金额达到546亿港元（约70亿美元）。机构仲裁的平均争议金额为1.938亿港元（约2481万美元）。

2021年提交香港国际仲裁中心的仲裁仍以国际案件为主要特点，由来自41个国家或地区的当事人参与。82%的全部仲裁案件以及93%的机构仲裁案件为国际案件（较2020年分别增长10%和7%）。香港特区是国际案件最常选择的仲裁地，其他仲裁地包括莫斯科、新加坡、英格兰和威尔士。所有争议涉及13个不同的准据法。

当事人受益于香港国际仲裁中心机构仲裁规则下多当事人多合同的规定。2021年提交香港国际仲裁中心的277起仲裁案件共涉及801名当事人及475份合同。277起仲裁案件中，131起涉及多方当事人或多份合同。其中，有1/3的案件适用了香港国际仲裁中心机构仲裁规则下的追加、合并和多份合同下启动单个仲裁的规定，流程得以简化。2021年香港国际仲裁中心共作出142项仲裁员的指定。其中，31项（22%）为女性仲裁员，44项（31%）为香港国际仲裁中心过去三年中未指定过的仲裁员。鉴于时间效率和成本效益考量，香港国际仲裁中心仲裁庭秘书服务愈发受欢迎。香港国际仲裁中心法律顾问在20起案件中被指定为仲裁庭秘书，这是自2014年香港国际仲裁中心推出该服务以来的又一个创纪录的年份。这些数据不仅显现出香港国际仲裁中心很强的国际性色彩，也展现了香港区域仲裁中心的国际化地位。

在商事调解方面，香港特区借鉴国际社会经验，取得了为业内所普遍认同的优异成绩。无论是香港特区法院的调解还是1973年成立的劳资审裁处对劳资案件的调解，都颇有特点。2009年7月起，香港特区对所有建筑物管理案件，无论各方是否有律师代表，都以调解为先，调解不成，再予诉讼。2010年和2013年，香港特区相继制定颁布《调解守则》和《调解条例》，进一步推动民商事调解。在香港特区政府和司法机构对调解的大力支持下，其有望在"一带一路"建设推进下，成为国际性的商事调解中心。鉴于商事仲裁是多元纠纷解决机制中的一个重要组成部分，多元纠纷解决机制的发达水平对区域仲裁中心的建立注定起到相辅相成、互相推动的作用。

2014年，香港特区政府为推进香港特区建设争议解决枢纽，

第四章 本体论：打造国际商事仲裁中心面临的挑战

将原中央政府大楼西翼以及前法国外方传道会大楼提供给法律机构，旨在增强香港特区作为区域和全球仲裁中心的地位。将香港特区定位为区域性国际商事仲裁中心，还有一个很重要的因素，就是中央政府对香港特区的大力支持，中央政府支持香港特区发展成为亚洲区域仲裁中心。在具体措施上，包括应香港特区政府的请求，中国国际贸易促进委员会积极响应中央政府的号召，于2012年9月批准中国国际经济贸易仲裁委员会在香港特区设立了"中国国际经济贸易仲裁委员会香港仲裁中心"。2016年10月，深圳国际仲裁院发布新仲裁规则，将根据《联合国国际贸易法委员会仲裁规则》受理的投资争端案件的仲裁地默认为香港特区，将有助于推进香港特区作为商事仲裁和投资仲裁的区域中心地位。笔者揣测深圳国际仲裁院此举应有多重考虑，其中的两点尤为重要：一是由于《联合国国际贸易法委员会仲裁规则》，当时是以临时仲裁为设计目标，而内地目前在立法和司法上还没有正式承认临时仲裁，如此，将依据《联合国国际贸易法委员会仲裁规则》管辖的仲裁案件的仲裁地默认到毗邻深圳的香港特区，较为保险，对当事人也显得更稳妥。二是将这类案件的仲裁地默认为香港特区，则此类仲裁裁决即为香港仲裁，这体现出内地对香港特区的一种支持态度。

近年来，最高人民法院与香港特区先后签署《关于内地与香港特别行政区相互执行仲裁裁决的安排》《关于内地与香港特别行政区法院就仲裁程序相互协助保全的安排》《关于内地与香港特别行政区相互执行仲裁裁决的补充安排》，允许香港仲裁程序的当事人向内地人民法院申请保全，实现内地与香港仲裁协助全流程覆盖，为香港特区建设亚太区国际法律及争议解决服务中心提供新动能，注入新活力。在今后发展中，香港特区作为区域仲裁中心遇到的最大竞争对手将是新加坡。同属于英美法系的新加坡，近些年来频繁立法修法，顺应国际仲裁服务市场的发展变化，不断加大司法对仲裁的支持力度，进一步满足仲裁行业的特殊需求，以打造作为国际争议解决中心的枢纽地位。

六、哈尔滨打造东北亚国际商事仲裁中心

哈尔滨仲裁委员会是《中华人民共和国仲裁法》实施后我国第一批成立的七家仲裁机构之一。这几年来，仲裁业务发展较为迅速，新意频出，成为东北地区颇具代表性的商事仲裁机构，在中国仲裁界初步形成"哈仲形象"。2016年8月，"哈尔滨仲裁周"高峰论坛在哈尔滨举行，该项活动由中国仲裁法学研究会、中国政法大学仲裁研究院、哈尔滨仲裁委员会联合举办，来自全国80余家仲裁机构、20余家律所以及10余所高校等方面的代表300余人参加，在此次论坛上提出打造"东北亚国际商事仲裁中心"的口号。哈尔滨市成立哈尔滨市仲裁法研究会，这在地级城市中较为少见。

2021年，哈尔滨仲裁委员会共受理案件4896件，受案标的额达79.11亿元；共审结各类民商事纠纷案件3896件（线下案件审结2700件，裁决结案1294件，调解及撤案1406件，调撤率为52.07%；互联网仲裁裁决结案1196件）。[1] 仲裁受案量与案件标的额的显著增加，彰显了哈尔滨仲裁委员会努力打造东北亚区域有影响力的国际仲裁机构的决心和信心。

近年来，哈尔滨仲裁委员会主动对标国际国内仲裁机构的先进标准，开展涉外仲裁业务，提高自身国际化水平，推动哈尔滨仲裁委员会国际化发展进程。2021年，哈尔滨仲裁委员会正式决定加挂东北亚国际仲裁中心名称。同时，率先在国内建立海外代

---

[1]《乘风破浪 行稳致远——哈尔滨仲裁委员会2021年仲裁工作综述》，载http://www.hrbac.org.cn/newsshow.php? id=4968，最后访问日期：2022年6月1日。

第四章 本体论：打造国际商事仲裁中心面临的挑战

表制度，在俄罗斯、哈萨克斯坦、美国、马达加斯加、乌兹别克斯坦、日本等国分别聘任六名长期从事海外法律业务的专家为海外代表，开展国际仲裁宣传推广工作。打造东北亚国际商事仲裁中心，主要是考虑到东北地区具备毗邻俄、蒙、日、朝、韩五国的地理优势，有着适度辐射海外的功能，而这一功能是其他地区所缺少的。

2021年，哈尔滨仲裁委员会参与承办第二届仲裁国际法律服务论坛，以"聚力打造东北亚仲裁中心 完善后疫情时代国际商事争端解决机制"为主题，探索和开辟东北亚仲裁新思路、新途径。该论坛有俄罗斯、日本、韩国等多国代表及国内20余家仲裁机构参与，哈尔滨仲裁委员会通过国际会议向世界宣传仲裁法律制度，在东北亚地区响亮有力地打出"国际"牌，不仅优化了哈尔滨的法治化营商环境，也提升了哈尔滨在东北亚仲裁领域的国际影响力。

值得一提的是，本节所列出的仅仅是我国部分城市及仲裁机构在打造国际性或区域性商事仲裁中心方面所作出的努力和取得的成就。事实上，其他未被提及的仲裁机构也取得了令人瞩目的成绩。例如，2021年，广州仲裁委员会共受理传统案件20 096宗，居全国前列，同比增长7.1%，争议金额536.1亿元，同比增长62.1%，其中包括4宗标的额超20亿元的案件；受理涉外、涉港澳台案件466宗，标的额73.9亿元，同比增长近3倍，国际仲裁业务量跃居全国前列，涉外案件从以东南亚为主扩展到覆盖世界六大洲。据悉，广州仲裁委员会2021年受理涉巴西、泰国案件实现了从无到有，涉欧美国家案件同比增长1倍多，涉新加坡、马来西亚案件分别是2020年的15倍和10倍。2021年8月，在中美贸易摩擦背景下，广州仲裁委员会的仲裁裁决获得美国联邦法院认可执行。[1] 其在受案数、标的额、涉外案件数上均处于全国前列地位，仲裁影响力不可谓不强悍。

第二节　构建更为合理的仲裁司法审查规则

一、新加坡案例：约定"中国国际仲裁中心"的仲裁条款效力认定

2022年3月18日，新加坡高等法院作出判决，认定依据新加坡法律的相关规定，合同双方约定在"中国国际仲裁中心"仲裁应当解释为约定在中国国际经济贸易仲裁委员会仲裁。[2] 本案系申请承认和执行外国仲裁裁决案件，申请人为中国某企业（以下简称"中方当事人"），被申请人为新加坡某企业（以下简称"新方当事人"）。双方曾签署两份中英双语合同文件，约定中方当事人向新方当事人供应材料，用于建造新加坡一个住房项目的外墙，以及为同一项目安装玻璃幕墙。两份合同中均约定合同条款以英文文本为准，且两份合同中均包含以下仲裁条款："Any dispute arising from or in relation to the contract shall be settled through negotiation. If negotiation fails, the dispute shall be submitted to China International Arbitration Center for arbitration in accordance with its arbitration rules in force at the time of submission."该仲裁条款翻译为中文，应为："任何由合同引起的或与合同有关的争议应通过谈判解决。若谈判失败，应将争议提交至中国国际仲裁中心，按照

---

[1] 薛江华：《单宗涉案金额30亿元！广仲再次刷新案件受理标的记录》，载 https://baijiahao.baidu.com/s?id=1723167054617349649&wfr=spider&for=pc，最后访问日期：2022年6月1日。

[2] Re Shanghai Xinan Screenwall Building & Decoration Co., Ltd., [2022] SGHC 58.

第四章　本体论:打造国际商事仲裁中心面临的挑战

提交时有效的仲裁规则进行仲裁。"

后来双方在合同履行的过程中发生纠纷,中方当事人向中国国际经济贸易仲裁委员会提起仲裁。中国国际经济贸易仲裁委员会接受了仲裁申请并组成仲裁庭。仲裁庭经过审理,于 2020 年 11 月 27 日作出仲裁裁决,要求新方当事人向中方当事人作出经济赔偿约 150 万元。新方当事人全程未参加仲裁程序。2021 年 8 月 3 日,新加坡法院判决批准了中方当事人关于在新加坡承认和执行中国国际经济贸易仲裁委员会裁决的单方申请。2021 年 8 月 22 日,新方当事人向新加坡法院提起申请,反对新加坡法院承认和执行中国国际经济贸易仲裁委员会裁决,要求撤销 2021 年 8 月 3 日的判决。

具体而言,新方当事人反对仲裁裁决的理由之一是:双方约定了一个不存在的仲裁机构,因此依据《中华人民共和国仲裁法》第 18 条之规定,仲裁条款无效。新加坡高等法院的菲利普·惹耶勒南(Philip Jeyaretnam)大法官在判决中认为,虽然仲裁条款适用中国法,但是本案中应当部分适用新加坡法的相关规定,并按照新加坡法认定仲裁条款应当视为约定中国国际经济贸易仲裁委员会仲裁,从而依据中国法认定仲裁条款有效。

本案的争议焦点在于:中方当事人与新方当事人所签订合同中约定纠纷应提交"China International Arbitration Center"(中国国际仲裁中心)解决,这一条款是否有效?新加坡高等法院从当事人的意图出发,对仲裁条款进行了解释,认为双方协议中约定的"中国国际仲裁中心"应理解为中国国际经济贸易仲裁委员会,这一认定引发了两国仲裁界的高度关注。

新方当事人主张,协议约定的"中国国际仲裁中心"并不存在,依照《中华人民共和国仲裁法》第 16 条和第 18 条的规定,仲裁协议对仲裁事项或者仲裁委员会没有约定或者约定不明确的，当事人可以补充协议；达不成补充协议的，仲裁协议无效。故本案仲裁协议无效。

惹耶勒南大法官认为：合同约定英文文本优先于中文文本，本案的问题在于合同中约定的"中国国际仲裁中心"在本案中是否指中国国际经济贸易仲裁委员会。依照新加坡上诉法院所审理的浙大网新科技股份有限公司诉阿尔斯通科技公司案，仲裁协议应像任何其他商事协议一样被解释，以实现当事人在其中客观表达的意图。仲裁法中的有效解释原则是努力使仲裁条款有效和可执行，从而促进和保护当事人的意思自治。加里·博恩（Gary Born）在其著作《国际仲裁》中也曾指出：如果双方当事人表明了通过仲裁而非其他方式解决争议的意图，那么这一意图就应该被赋予效力。即构成了仲裁协议，该协议执行中的存在的缺陷或不确定性不应排除其执行。[1]循此思路，几乎所有司法管辖区的法院都表现出明显的意愿，即无视或尽量减少当事人仲裁协议中的不完善之处，推断缺失的条款和/或采取宽松的解释，以补充遗漏的条款或调和明显不一致的条款。

惹耶勒南大法官指出：本案的出发点是当事人确实打算通过仲裁解决其争议，在中国进行仲裁，并由他们称为"中国国际仲裁中心"的机构管理。当事人并没有选择一个不存在的机构来管理他们的仲裁。理性的商业当事人不会故意选择一个不存在的机构，就如同他们不可能虚拟一个国家作为仲裁地一样。当事人在仲裁协议中没有采用中国国际经济贸易仲裁委员会的正式名称或简写，但这并不意味着他们没有表示出选择中国国际经济贸易仲裁委员会作为仲裁机构的共同意图。考虑到主要文本是英文文本，协议使用了"中国国际经济贸易仲裁委员会"名称中的前两

---

[1] Gary B. Born, *International Commercial Arbitration*, 2nd ed., Kluwer Law International, 2014, pp. 775-776.

个词，即"中国"和"国际"；他们还使用了"中国国际经济贸易仲裁委员会"名称中的另一个词，即"仲裁"；协议省略了"中国国际经济贸易仲裁委员会"名称中的另外两个词，即"经济"和"贸易"；最后，他们使用了"中心"一词，而不是中国国际经济贸易仲裁委员会名称中的"委员会"。

法院注意到新方当事人的意见中列出了中国的五个主要仲裁机构。第一个是中国国际经济贸易仲裁委员会，其余四个是深圳国际仲裁院、北京国际仲裁中心、上海国际仲裁中心和中国海事仲裁委员会。这四个机构中的三个甚至没有"中国"这个关键的国家名称，而是采用了城市的名称。因此，法官认为可以毫不犹豫地得出结论，即这三家机构没有任何一家体现了双方的选择意图。第四个机构确实使用了"中国"一词，但用"海事"一词加以修饰。公允地说，商务人士不会约定用一个海事仲裁机构来解决非海事纠纷。因此，法官认为，协议约定"中国国际仲裁中心"时，当事人实际上是约定"中国国际经济贸易仲裁委员会"。仲裁协议中使用的名称不准确，并不能使双方同意仲裁或选择中国国际经济贸易仲裁委员会仲裁失效。

新方当事人还提供了浙江省高级人民法院（2016）浙民辖终字第278号民事裁定书，即神农资源有限公司与宁波慈美国际贸易有限公司国际货物销售合同纠纷案二审裁定。该案中，协议约定纠纷应提交"中国国际仲裁中心"进行仲裁，一二审法院均认为，约定仲裁机构不应理解为指中国国际经济贸易仲裁委员会，该仲裁条款因约定仲裁机构不存在而无效。

惹耶勒南大法官认为：上述中国法院裁定并不代表中国法下任何选择"中国国际仲裁中心"的仲裁条款都是无效的。正如新加坡法律下一样，中国法院也认为应当对仲裁协议进行合同解释，以确定当事人虽然采用了错误的名称但客观上是否指特定的仲裁机构。在该案中，中国法院的结论是考察了当事人意图后，"无法推断出具体的仲裁机构"。而在本案中，法官考察当事人意图，并得出结论，合同各方的客观意图是其争议应提交给中国国际经济贸易仲裁委员会。

2024年版《中国国际经济贸易仲裁委员会仲裁规则》第1条规定："（一）中国国际经济贸易仲裁委员会（以下简称'仲裁委员会'），原名中国国际贸易促进委员会对外贸易仲裁委员会、中国国际贸易促进委员会对外经济贸易仲裁委员会，同时使用'中国国际商会仲裁院'名称。（二）当事人在仲裁协议中订明由中国国际贸易促进委员会/中国国际商会仲裁，或由中国国际贸易促进委员会/中国国际商会的仲裁委员会或仲裁院仲裁的，或使用仲裁委员会原名称为仲裁机构的，均视为同意由中国国际经济贸易仲裁委员会仲裁。"

二、福建高院案例：约定"中国国际贸易仲裁中心"的仲裁条款效力认定

本案中，YH公司与FN公司就印尼动力煤出售事宜达成一致，签订十份煤炭购销合同。就争议解决事宜，合同中约定，经协商一致，双方同意纠纷若未能协商解决，则可提交"中国国际贸易仲裁中心"按照国际仲裁规则进行仲裁，仲裁地为北京，此裁决为终局，对双方具有约束力，所有因仲裁产生的费用由败诉方承担。并自编号为No.2017/16-20煤炭购销合同起，即在编号为No.2017/16-20、No.2017/16-21、No.2017/16-22、No.2017/16-23、No.2017/16-24、No.2017/16-25的六份煤炭购销合同中均明确约定有仲裁条款，将纠纷提交"中国国际贸易仲裁中心"裁决，仲裁地为北京。

在合同履行期间，双方因履约发生纠纷，FN公司向福建省福州市中级人民法院提起诉讼。YH公司以存在有效仲裁条款为

第四章 本体论：打造国际商事仲裁中心面临的挑战

由提出管辖权异议，理由是：在YH公司与FN公司的交易中，就争议解决事宜，YH公司希望能够由中国国际经济贸易仲裁委员会香港仲裁中心进行争议解决，而FN公司则希望由中国国际经济贸易仲裁委员会在内地的机构进行争议解决。结果，经协商一致，双方同意将争议交由中国国际经济贸易仲裁委员会仲裁解决，同时均希望选择一个非双方经营地的地点进行裁决，故同意仲裁地为北京。YH公司所在地为香港，中国国际经济贸易仲裁委员会在香港的机构全称为"中国国际经济贸易仲裁委员会香港仲裁中心"，而因双方将仲裁地约定为北京，根据上述约定将"中国国际经济贸易仲裁委员会"在香港的机构的表述方法，在进行一定的缩略表述后，约定为"中国国际贸易仲裁中心"裁决，并明确仲裁地为北京，即本案协议中约定的"将纠纷提交中国国际贸易仲裁中心裁决，仲裁地为北京"。因此，双方约定的内容、所处的区域位置等实际情况，以及双方的实际意思表示，可以确定双方就争议解决已经约定具体的仲裁机构，即YH公司与FN公司就争议解决已约定为提交中国国际经济贸易仲裁委员会仲裁，仲裁地为北京。

FN公司认为：其一，部分煤炭购销合同中的仲裁条款，因不能确定具体的仲裁委员会，应当认定为无效条款。①根据《中国国际经济贸易仲裁委员会仲裁规则》第1条第1款的规定，双方约定的"中国国际贸易仲裁中心"显然不属于中国国际经济贸易仲裁委员会的法定名称，不能认定为双方选定的仲裁委员会为"中国国际经济贸易仲裁委员会"。②《中国国际经济贸易仲裁委员会仲裁规则》第1条第2款已然对当事人签订的仲裁条款以列举的方式进行了扩大解释。在此基础上，双方约定的"中国国际贸易仲裁中心"仍不在前述条款规定所列举的名称范围内。因此，不能认定为双方选定的仲裁委员会为中国国际经济贸易仲裁委员会。③"中国国际贸易仲裁中心"与"中国国际经济贸易仲裁委员会"在文义解释上存在较大区别。合同约定的"中国国际贸易仲裁中心"不能直接等同于"中国国际经济贸易仲裁委员会"。④根据合同约定,仲裁中心须按照国际仲裁规则进行仲裁。但在中国国际经济贸易仲裁委员会现行的仲裁规则中,没有国际仲裁规则,亦证明了双方没有达成选定仲裁委员会为"中国国际经济贸易仲裁委员会"的意思表示。⑤北京仲裁委员会的另一官方名称为北京国际仲裁中心,上海国际经济贸易仲裁委员会的另一官方名称为上海国际仲裁中心,均与合同约定的"国际贸易仲裁中心"相类似。因此,双方合同约定的"国际贸易仲裁中心"存在歧义,即可以按照YH公司的解释,理解为由中国国际经济贸易仲裁委员会管辖,也可以按照其他释义方式理解为由北京国际仲裁中心或者其他仲裁机构管辖。综上,"中国国际贸易仲裁中心"与"中国国际经济贸易仲裁委员会"存在显著不同,不能认定双方选定的仲裁委员会为"中国国际经济贸易仲裁委员会"。双方关于仲裁条款的约定存在歧义,对仲裁委员会约定不明确,应当依法认定双方签订的仲裁条款无效。一审裁定认定事实清楚、适用法律正确。其二,根据《中国国际经济贸易仲裁委员会香港仲裁中心担任指定机构的规则》第1条的规定,中国国际经济贸易仲裁委员会的官方缩略表述为"贸仲委",中国国际经济贸易仲裁委员会香港仲裁中心的官方缩略表述为"贸仲委香港仲裁中心"。同时,中国国际经济贸易仲裁委员会香港仲裁中心以及中国国际经济贸易仲裁委员会的官方网站上,均无"中国国际贸易仲裁中心"或与之相似的缩略表述方式。因此,YH公司关于"中国国际贸易仲裁中心"系"中国国际经济贸易仲裁委员会"与"中国国际经济贸易仲裁委员会香港仲裁中心"的共同缩略表述明显不能成立。其三,双方签订的十份煤炭购销合同并非

第四章 本体论：打造国际商事仲裁中心面临的挑战

全部约定有仲裁条款，因此，即使部分煤炭购销合同中的仲裁条款有效，也不影响无仲裁条款的讼争合同继续审理。

YH 公司管辖权异议被福建省福州市中级人民法院驳回。[1] 此后，YH 公司就一审裁定向福建省高级人民法院提起上诉。福建省高级人民法院经审查认为：本案为买卖合同纠纷，YH 公司系我国香港法人，本案为涉港案件。因约定的仲裁地为北京，故应依据我国法律审查案涉仲裁条款的效力。YH 公司与 FN 公司先后签订十份煤炭购销合同，根据时间顺序来看，前四份煤炭购销合同无争议解决条款，后六份均有仲裁条款。在后六份煤炭购销合同中尽管双方约定的仲裁机构为"中国国际贸易仲裁中心"，与北京现有的三家仲裁机构名称不完全一致，但从"中国""国际""贸易"这三个关键词来看，可以确定双方指向的应为"中国国际经济贸易仲裁委员会"。上述仲裁条款符合我国《仲裁法》第 16 条的相关规定，应为有效。故，案涉编号为 No. 2017/16-20、No. 2017/16-21、No. 2017/16-22、No. 2017/16-23、No. 2017/16-24、No. 2017/16-25 的六份煤炭购销合同因约定有仲裁条款，当事人应当向中国国际经济贸易仲裁委员会申请仲裁，人民法院对该部分合同所涉纠纷无管辖权，原审法院对 YH 公司提出的该项异议不予支持错误，本院予以纠正。但案涉编号为 No. 2017/16-04、No. 2017/16-07、No. 2017/16-10、No. 2017/16-18 的四份煤炭购销合同，因未约定纠纷解决方式，一审法院将因该四份合同产生的纠纷立案受理并不违反法律规定。根据《最高人民法院关于明确第一审涉外民商事案件级别管辖标准以及归口办理有关问题的通知》以及《最高人民法院关于调整高级人民法院和中级人民法院管辖第一审民事案件标准的通知》，福建省福州市中级人

---

[1] 福建省福州市中级人民法院（2020）闽 01 民初 137 号民事裁定书。

民法院管辖诉讼标的额为 1000 万元以上 50 亿元以下的第一审涉外、涉港澳台民商事案件。该四份煤炭购销合同涉及的货款超过 1000 万元，属于原审管辖范围，原审对本案享有管辖权。[1]

值得一提的是，不少仲裁机构都有多个名称，包括冠以国际仲裁中心名称，例如，北京仲裁委员会的另一官方名称为北京国际仲裁中心，上海国际经济贸易仲裁委员会的另一官方名称为上海国际仲裁中心，称国际仲裁中心的还有南沙国际仲裁中心，北海亚洲国际仲裁中心、海南国际仲裁院国际贸易调解/仲裁中心。因此，在拟定仲裁协议（仲裁条款）时应注意准确的仲裁机构全名以及官方规范缩略语，以免引起歧义。

本案也体现了中国法院在审理仲裁司法审查案件中支持仲裁、构建仲裁友好型司法环境的做法。法院根据当事人签约过程以及使用的用语"中国""国际""贸易"认定双方约定的应为中国国际经济贸易仲裁委员会。这一做法也符合最高人民法院国际商事法庭（2019）最高法民特 1 号民事裁定书所体现的将仲裁协议视为合同，并依照合同法原则（包括解释原则）对仲裁协议进行效力认定的思路。

三、浙江高院案例：约定"中国国际仲裁中心"的仲裁条款效力认定

在神农资源有限公司（以下简称"神农公司"）与宁波慈美国际贸易有限公司（以下简称"慈美公司"）的案件中，慈美公司以神农公司根本违约为由，向宁波市中级人民法院提起诉讼，请求法院判决解除合同并要求神农公司赔偿损失。神农公司在提交答辩状期间，对管辖权提出异议，理由是：①涉案合同明确约

---

[1] 福建省高级人民法院（2020）闽民辖终 112 号民事裁定书。

定：" 基于本合同或者由本合同衍生出的任何争议、冲突、区别和声明……最终由中国国际仲裁中心裁决,仲裁地点应在中国北京。" 由此可见,双方已约定争议的处理方式为仲裁,已排除人民法院的诉讼管辖。②即使无仲裁条款,宁波市中级人民法院也无权管辖。根据《中华人民共和国民事诉讼法》第23条的规定,因合同纠纷提起的诉讼,由被告住所地或者合同履行地人民法院管辖。《最高人民法院关于适用〈中华人民共和国民事诉讼法〉的解释》第18条第1款规定,合同约定履行地点的,以约定的履行地点为合同履行地。本案中,神农公司住所地在香港,合同约定的履行地在天津,均与宁波市无关,故宁波市中级人民法院无权管辖,请求依法处理。

经审查,宁波市中级人民法院认定：首先,涉案采购合同约定的仲裁机构"中国国际仲裁中心"并不存在,也无法推定具体的仲裁机构,事后双方亦不能达成关于确定仲裁机构的补充协议,故依据《中华人民共和国仲裁法》第16条、第18条的规定,涉案仲裁条款无效。其次,涉案采购合同虽未约定合同签约地点,但慈美公司提供的证据可以证明涉案采购合同由神农公司先盖章后发送给慈美公司,慈美公司盖章后再发送给神农公司,根据《最高人民法院关于适用〈中华人民共和国合同法〉若干问题的解释（二）》第4条的规定,合同没有约定签订地,双方当事人签字或者盖章不在同一地点的,人民法院应当认定最后签字或者盖章的地点为合同签订地。根据该条规定,应当以慈美公司在采购合同上盖章的地点为合同签订地。鉴于慈美公司住所地在浙江省宁波市,在神农公司没有相反证据的情况下,一审法院认定浙江省宁波市为涉案采购合同签订地。根据《中华人民共和国民事诉讼法》第265条的规定,一审法院作为合同签订地法院对本案有管辖权。

神农公司不服上述裁定,向浙江省高级人民法院上诉称:①一审裁定适用法律错误。虽然涉案采购合同约定的仲裁机构"中国国际仲裁中心"并不存在,但根据《最高人民法院关于适用〈中华人民共和国仲裁法〉若干问题的解释》第3条的规定,可推知当事人选定的仲裁机构是在北京的"中国国际经济贸易仲裁委员会"。一审法院适用《中华人民共和国仲裁法》第16条、第18条的规定认定涉案仲裁条款无效,属适用法律错误。②无证据证明合同签订地点为宁波市。其一,本案举证责任分配不公,合同签订地点在宁波的举证责任应分配给慈美公司而非神农公司。其二,慈美公司的实际住所地在上海而非宁波。根据慈美公司提供的(2016)浙永甬证民字第3313号公证书上显示的办公地点以及慈美公司开证申请信用证书上所留联系电话为上海地区,可知慈美公司的办公地点及邮件接收地点均为上海市。③即使无仲裁条款,在合同签订地点无法查清的情况下,本案也应由合同履行地天津市第二中级人民法院管辖。综上,请求撤销一审裁定,确认一审法院对本案无管辖权,驳回慈美公司的起诉。

经审查,浙江省高级人民法院认为:本案系国际货物买卖合同纠纷,神农公司系在香港特区登记注册的法人,故本案属于涉港商事纠纷,双方的管辖争议应参照《中华人民共和国民事诉讼法》第四编涉外民事诉讼程序的特别规定。首先,涉案采购合同虽然约定了仲裁条款,但约定的仲裁机构为"中国国际仲裁中心"并不存在,也无法确定具体的仲裁机构,双方亦不能达成关于确定仲裁机构的补充协议,故依据《中华人民共和国仲裁法》第16条、第18条的规定,涉案仲裁条款无效。其次,根据《中华人民共和国民事诉讼法》第265条的规定,因合同纠纷或者其他财产权益纠纷,对在中华人民共和国领域内没有住所的被告提起的诉讼,如果合同在中华人民共和国领域内签订或者履行,可以由合同签订地人民法院管辖。本案中，慈美公司提供的证据可以证明涉案采购合同由神农公司先盖章后发送给慈美公司，慈美公司盖章后再发送给神农公司，根据《最高人民法院关于适用〈中华人民共和国合同法〉若干问题的解释（二）》第4条的规定，合同没有约定签订地，双方当事人签字或者盖章不在同一地点的，人民法院应当认定最后签字或者盖章的地点为合同签订地，而慈美公司住所地在浙江省宁波市，据此可认定浙江省宁波市为涉案采购合同签订地。综上，神农公司上诉理由不能成立，一审法院依法对本案有管辖权。依照《中华人民共和国民事诉讼法》第170条第1款第1项、第171条的规定，裁定驳回上诉，维持原裁定。[1]

这则案例主要涉及以下关键问题：

第一，约定"中国国际仲裁中心"仲裁的仲裁条款效力认定。《中华人民共和国仲裁法》第18条规定：仲裁协议对仲裁事项或者仲裁委员会没有约定或者约定不明确的，当事人可以补充协议；达不成补充协议的，仲裁协议无效。《最高人民法院关于适用〈中华人民共和国仲裁法〉若干问题的解释》第3条规定：仲裁协议约定的仲裁机构名称不准确，但能够确定具体的仲裁机构的，应当认定选定了仲裁机构。本案中，当事人约定的仲裁机构为"中国国际仲裁中心"，仲裁地点在北京。从全国范围来看，内地并无任何一个机构命名为"中国国际仲裁中心"；从双方选定的仲裁地点北京来看，北京有北京仲裁委员会（2015年4月1日同时启用"北京国际仲裁中心"名称）、中国国际经济贸易仲裁委员会、中国海事仲裁委员会三家仲裁机构。当下，法院审查仲裁协议效力呈现出越来越宽松的趋势，尽量使仲裁协议有效。

---

[1] 浙江省高级人民法院（2016）浙民辖终278号民事裁定书。

在确认双方有仲裁意愿的前提下，首先从约定的机构文字表述来寻找最为近似的仲裁机构。本案中，如果严格按照字面表述来看，"中国国际仲裁中心"与北京国际仲裁中心仅仅有两字之差，因此，有观点认为，可以认定双方约定的仲裁机构为北京仲裁委员会。但是，仍然需要关注当事人签署仲裁条款的时间以及北京仲裁中心名称启用的时间。也有观点认为，在各大仲裁机构均启用国际仲裁中心这一名称的情况下，国际仲裁中心并不具备较强的识别性，不能仅仅通过国际仲裁中心的表述来认定仲裁机构，尤其是涉及中国这一层面的表述时，认定标准更应当谨慎。根据该观点，该类仲裁条款应当无效。也有观点认为，与中国国际经济贸易仲裁委员会相比，其他的仲裁机构均为地方设立的仲裁机构，只有中国国际经济贸易仲裁委员会作为商事仲裁机构带有"中国国际"的头衔，因此，从尽量使仲裁协议有效的原则出发，应当认定双方约定的机构为中国国际经济贸易仲裁委员会。从司法实践来看，该类仲裁条款被认定为无效的情况更为普遍。

第二，合同签订地的认定。本案中，双方争议的另一个焦点在于合同签订地的认定。这里神农公司在法律适用上存在一定的失误，其依据《中华人民共和国民事诉讼法》（2012年修正）第23条的规定，主张因合同纠纷提起的诉讼由被告住所地或者合同履行地人民法院管辖。由于其住所在香港，因此，应由合同履行地天津法院管辖。但是，由于神农公司系香港法人，案件诉讼管辖应优先适用《中华人民共和国民事诉讼法》（2012年修正）第四编涉外民事诉讼程序的特别规定。根据《中华人民共和国民事诉讼法》（2012年修正）第四编第265条的规定，因合同纠纷或者其他财产权益纠纷，对在中华人民共和国领域内没有住所的被告提起的诉讼，如果合同在中华人民共和国领域内签订或者履行，可以由合同签订地、合同履行地、诉讼标的物所在地、可供扣押财产所在地、侵权行为地或者代表机构住所地人民法院管辖。因此，合同签订地是有权管辖的。关于签订地的认定，2009年《最高人民法院关于适用〈中华人民共和国合同法〉若干问题的解释（二）》第4条规定，合同没有约定签订地，双方当事人签字或者盖章不在同一地点的，人民法院应当认定最后签字或者盖章的地点为合同签订地。在仲裁条款效力的认定中，有时也会涉及签订地的认定。对于合同签署的当事人，应当保留好合同签署的相关证据，例如，签署时间、方式以及地点。如此，才能够最大限度地保证类似于"在合同签署地仲裁机构仲裁"的仲裁条款有效。在（2017）京02民特38号民事裁定书以及（2018）苏02民特26号民事裁定书中，均因当事人不能提供有效证据证明合同签署地，导致仲裁条款被法院认定无效。

四、其他类案：约定"中国国际商会仲裁院"的仲裁条款效力认定

实务中，有的当事人在拟定仲裁条款时，约定争议提交至"中国国际商会仲裁院"或"中国国际仲裁院"，不同的法院对于此类仲裁协议的有效性持不同意见。为了打造国际商事仲裁中心，有必要统一法律适用、明晰此类案件的裁判规则。

（一）北京市朝阳区人民法院（2021）京0105民初19847号民事裁定书

本案中，仲裁协议约定："由本合同产生或与本合同有关的一切争议应根据中国国际商会的仲裁规则最终解决"。法院认定：根据《中国国际经济贸易仲裁委员会仲裁规则》的内容，中国国际经济贸易仲裁委员会同时使用"中国国际商会仲裁院"名称。当事人在仲裁协议中订明由中国国际商会仲裁，视为同意由中国国际经济贸易仲裁委员会仲裁。《中国国际经济贸易仲裁委员会仲裁规则》第4条第4款规定"当事人约定按照本规则进行仲裁但未约定仲裁机构的,视为同意将争议提交仲裁委员会仲裁。"因此,双方当事人合同中的仲裁条款实际约定了由中国国际商会仲裁院依据其仲裁规则对本案当事人之合同纠纷进行仲裁,本案按照双方约定的仲裁规则能够确定仲裁机构,故该仲裁条款有效。

(二)秦皇岛市海港区人民法院(2020)冀0302民初7807号民事裁定书

本案中,仲裁条款约定:"因本合同而发生的或与本合同有关的一切争议……应提交中国国际仲裁院申请仲裁,仲裁地在北京"。法院认定:中国国际仲裁院并不存在,故该约定无效。

(三)山东省济南市中级人民法院(2019)鲁01民终10021号民事裁定书

本案中,仲裁协议约定,"在六个月内无法以友好协商方式达成一致的,甲乙双方均有权提交中国国际仲裁委员会,按照申请仲裁时该会现行有效的仲裁规则在北京进行仲裁,仲裁裁决是终局的,对双方均具有约束力"。

法院认定:合作协议是主合同,涉案安装协议为附属协议,系在合作协议的框架性约定下签署的。合作协议中明确约定争议解决机构为中国国际经济贸易仲裁委员会,安装协议中仲裁条款约定的仲裁机构中国国际仲裁委员会虽不够明确,但名称中的关键词"中国国际"与中国国际经济贸易仲裁委员会并不矛盾,且根据双方签订的主合同确定了具体仲裁机构,故应认定安装协议中的仲裁条款能够确定具体的仲裁机构,应认定选定了仲裁机构,安装协议中的仲裁条款为有效条款。

第四章　本体论：打造国际商事仲裁中心面临的挑战

本章小结

打造国际商事仲裁中心是实现中国式现代化、推动仲裁业对外开放、促进国际仲裁资源汇聚的重要抓手。本章以我国各地建设国际商事仲裁中心的经验、已经取得的成效、有待继续探索的突破口作为切入点，以北京、上海、深圳、香港等地具有代表性、示范性的做法为本体，展开了回顾和展望。2023年12月1日，《上海市推进国际商事仲裁中心建设条例》生效实施，首次将打造国际商事仲裁中心提升到了立法的高度。接下来，如何对标国际、总结经验、优化措施，确保境外仲裁机构能够在境内设立业务机构并开展仲裁服务，从而塑造具有国际竞争力的中国仲裁市场，需要仲裁界继续展开研究和论证。需要说明的是，我国法院对于涉外仲裁的司法审查，是打造国际商事仲裁中心的关键要素。本章以当事人约定提交"中国国际仲裁中心"解决纠纷的仲裁协议为例，遴选若干典型案例，对我国法院的仲裁司法审查实践进行了梳理。需要说明的是，有的法院对于这类仲裁协议，直接以当事人约定的仲裁机构不存在为由否认了仲裁协议的有效性，另一部分法院则采取了对仲裁更为友好的支持性立场，虽然仲裁机构名称约定不准确，但是通过当事人约定的仲裁规则或仲裁地，能够确定具体的仲裁机构的，可以判定仲裁协议有效。应该说，后一类处理方式，更加符合打造国际商事仲裁中心的现实需要，值得其他法院在仲裁司法审查中加以借鉴和学习。

第五章
效应论：我国打造国际商事仲裁中心的改进方向

本章提要

"一带一路"倡议的稳步推进，为跨境商业交易活动的繁荣发展提供了广阔的空间，国际贸易、投资、工程承包等经济合作在广度和深度上有了前所未有的提升。在新形势下，我国仲裁事业的发展正面临难得的机遇，中国仲裁提升国际化，将是时代的必然要求。中国仲裁的国际化，具体体现之一就是把中国打造成为国际仲裁的"目的地"，吸引来自世界各地的当事人自愿选择将争议提交至中国仲裁，或者选择由中国的仲裁机构解决其争议。只有当事人真正愿意把纠纷放到中国仲裁解决，尤其是把"仲裁地"约定在中国，才能够真正把中国建设成为国际商事仲裁中心。不过，就当下的情况来看，我国离建设成为国际商事仲裁中心仍有差距，还需要推广并落实一系列改革措施，以加快我国仲裁国际化发展步伐，从而更好地为"一带一路"建设助力。学术界已有不少专业人士对中国仲裁法的修改提出了非常翔实且中肯的建议，并认为当务之急是修改国内仲裁立法，使之内容完备、体例科学，对标国际通行规则，符合仲裁行业的发展规律，从而弥补我国仲裁立法的缺陷，统筹推进国内法治与涉外法治的建设，进一步彰显仲裁制度的国际化及优越性。不过，理想的国际商事仲裁中心，不仅仅需要"良法"，更需要"善治"，不仅仅

第五章 效应论：我国打造国际商事仲裁中心的改进方向

需要完备的立法体系，更需要良好的法律实施和法律适用机制。本书第一章所提到的，构建国际商事仲裁中心，离不开对中国仲裁事业发展理念的更新。我国仲裁事业发展的方向应从现有的"仲裁大国"转变为"仲裁强国"，走一条以铸造和提升仲裁公信力为核心的"内涵式发展"道路。具体而言，国际商事仲裁的本质是由当事人所信赖的仲裁员对争议进行公正审理并作出裁断，提升中国仲裁的国际公信力，需要从人力资源角度强化仲裁员的人才培养和队伍建设。本章将对中国国际商事仲裁机制的完善进行探讨，重点涵盖选择性复裁机制、多方当事人仲裁中的仲裁员指定规则、国际航空仲裁机制、国际商事仲裁中的域外法查明机制、仲裁员独立性与公正性的保障机制等。

第一节 塑造中国仲裁的全球竞争力与国际公信力

一、提升中国仲裁的国际公信力

（一）构建区域仲裁中心是打造国际商事仲裁中心的必经阶段

目前，仲裁界已经形成了一种普遍的共识，即商事仲裁在区域经济发展中具有相当大的重要性。商事仲裁水平，尤其是国际商事仲裁水平的发达程度，已经成为衡量区域经济体国际化、开放度的重要指标，也成为法律软环境和营商环境优劣的重要衡量指标，商事仲裁所发挥的风向标的示范意义和标杆作用愈发明显。同时，在现代经济和现代法治社会下，商事仲裁的发达是一个区域、一个城市法治化进程的重要标志，也是法治城市的特定内涵之一。进一步推动仲裁事业发展，早日将中国建设成为全球广泛认可、具有重要影响力的国际商事仲裁中心，这是中央政府和最高司法机关确定的我国商事仲裁发展的总体目标。当下，国际商事仲裁中心出现了由欧洲为代表的西方向以亚洲为代表的东方转移的趋势,伴随着"一带一路"建设的强势推进,可以预见,我国仲裁事业将迎来快速发展的重大机遇。在这个时代背景和奋斗目标下,我们研究和探讨区域仲裁中心这个课题就有着特殊的意义,既有急迫的时代意义,也有前瞻的未来意义。值得思考的是,为什么要打造区域仲裁中心?在商事仲裁实践发展和改革进程中,区域仲裁中心发挥着哪些积极作用?

首先,欲将中国打造成为被全球广泛认可、具有重要影响力的国际商事仲裁中心,首先需要打造好中国国内的区域仲裁中心,并在区域仲裁中心的基础上,通过一定仲裁优势资源集聚,进而向国际商事仲裁中心冲击,在打造国际商事仲裁中心的进程中,区域仲裁中心无疑扮演着率先发展并引领群体的重要作用。

其次,打造仲裁中心的同时,可以更好地践行和引领商事仲裁的发展实践,特别是一些处于前沿领域的商事仲裁业态和模式,通常在区域仲裁中心内诞生。区域仲裁中心往往成为仲裁改革的试验田,先行先试的效应和作用十分突出,如由最高人民法院倡导主持的自由贸易试验区内临时仲裁制度的尝试。

最后,在推动商事仲裁的理论研究和修法建议等活动上,区域仲裁中心的引领作用尤为显著。有关商事仲裁的重要学术成果往往首先在区域仲裁中心内形成和诞生,仲裁法的修法建议也在区域仲裁中心内得到多角度争论和系统提炼总结。

此外,在多元化机制解决商事争议、化解社会矛盾、定分止争上,区域仲裁中心发挥着不可替代的重要作用。仲裁事业的快速发展、区域仲裁中心的形成,客观上来看,离不开各级政府的大力支持。近几年来,不少地方人大或政府陆续出台地方性法规和政府规章,助推本地区商事仲裁事业的发展。

(二) 铸造仲裁公信力是提升中国仲裁国际化的基础

2018年4月,中共中央、国务院公布了《关于支持海南全面

第五章 效应论：我国打造国际商事仲裁中心的改进方向

深化改革开放的指导意见》，赋予海南经济特区建设自由贸易试验区和中国特色自由贸易港的新使命。这标志着中国的自由贸易试验区和自由贸易港建设进入了新的历史阶段。在这一承载了巨大历史意义的意见中，其"保障措施"部分专门提出：要"支持建立国际经济贸易仲裁机构和国际争端调解机构等多元纠纷解决机构。"这意味着中国仲裁事业的发展更加受到重视，强化国际商事仲裁被纳入国家发展战略，中国仲裁将承担起更为重要的社会责任。

在自由贸易试验区推进过程中，很多自由贸易试验区迅速新设了一些"国际仲裁中心"，或者在现有仲裁委员会的基础上增加新的名称，将其称为"国际仲裁中心"。笔者认为，对仲裁委员会进行更名并不是问题的关键，关键是要走"内涵式"发展路线。内涵式发展与创新式发展、特色化发展、现代化发展、国际化发展一样，都是中国仲裁要走的道路，但其根本是以提升仲裁办案质量为核心，而不是盲目增加仲裁机构数量、扩张规模。通过持续提高办案质量和水平，赢得社会广泛认可，从而提升仲裁公信力，这是仲裁应该走的发展道路。应该说，内涵式发展在任何时期都应当坚持，尤其是在快速发展，不断走向国际化的过程中，更应当坚持。总结中国仲裁的发展经验可以发现，政府的推动、社会的支持、仲裁机构的自身发展，尤其是司法有力的支持和适度的监督都发挥了很大的作用。中国仲裁要发展，除了仲裁界自身努力，更需要整体法治环境的完善，特别是司法的支持与监督。

司法的审查与监督，是仲裁公信力的重要保障。在现代商事仲裁制度的发展中，司法的监督和保障从来不可或缺，关键在于把握好"平衡"和"适度"。而这一平衡点的把握，与仲裁的规范化程度、仲裁的裁决质量直接相关。如果仲裁界在当前的发展形势下，过于"冒进"而忽略"内涵"，急于"扩张"而无视

"质量",一方面会影响仲裁赖以生存的自身"公信力",在当前国际竞争格局下彻底失去成为国际仲裁"目的地"的可能;另一方面,则可能导致司法政策的"逆转",在强化监督的名义下实行过度监督,从而使得整个仲裁行业丧失当前的大好发展机会。

(三) 仲裁机构应完善治理结构并强化品牌意识

当然,仲裁司法监督属于提高仲裁公信力的外因,相比于此,仲裁机构自身的努力则属于内因。仲裁界普遍认为,我国仲裁机构的性质亟待明确,仲裁行业的自治性亟待加强。国际商事仲裁属于公共法律服务,应将仲裁机构统一定性为"公共法律服务机构"。由于我国目前尚无对仲裁机构的性质予以明确的法律规定,导致很多仲裁机构将自身作为"行政机构""事业单位"进行运作管理,这无疑将影响仲裁机构的健康独立发展。将仲裁机构统一定性为"公共法律服务机构",在运行机制方面,仲裁机构财务上应实行自收自支,可以按照一定的标准向政府依法纳税和依法享受税收减免,总之在人、财、物等方面保证机构独立发展,进而确保仲裁机构可以为当事人提供独立、公正、专业、高效的商事争议解决服务。由于我国仲裁目前缺乏行业矫正机制,一些仲裁机构以及仲裁员打着创新旗号,随意突破仲裁法律规定,甚至涉嫌违法违纪,导致仲裁行业整体建设显得散乱。因此,我国仲裁界亟待加强行业自律、自治,树立并构建"仲裁职业共同体"的意识,应顾全大局,而不能各自为战,不顾其余,应共同致力于中国仲裁国际公信力的整体建设,使中国仲裁行业步入世界前列。

当中国不断成长为影响世界的巨量经济体时,"中国化"实际上已经逐步转变为"国际化"本身。例如,2013年,深圳国际仲裁院在前海合作区挂牌成立。为消除外界对仲裁独立性的疑虑,该院借鉴国际商事仲裁经验,以特区立法的形式进行了法定

第五章 效应论：我国打造国际商事仲裁中心的改进方向

机构改革，率先引入以国际化的理事会为核心的法人治理机制，三分之一以上理事来自境外，以此避免可能的地方干预、行政干预及内部人控制等弊端，让该院在国际上具有公信力，也成为中国第一个通过立法方式确立法人治理模式的仲裁机构。深圳国际仲裁院被视为中国内地第一家推行法定机构改革并实行以国际化的理事会为核心的法人治理机制的仲裁机构。[1] 2020年8月，深圳市人大常委会公布了《深圳国际仲裁院条例》，其亮点之一是第25条规定："当事人达成按照特定仲裁规则、由特定人员在深圳经济特区对争议进行仲裁的仲裁协议，并据此进行仲裁的，除当事人另有约定以外，仲裁院可以提供代为指定仲裁员等必要的协助。"这一条相当于允许在深圳进行临时仲裁，这是继自由贸易试验区允许临时仲裁后的又一重大突破。再比如，随着海南自由贸易试验区和自由贸易港的建设，为了给全面对外开放提供坚实的法治保障，原海南仲裁委员会于2020年进行了全面改制，改制后更名为海南国际仲裁院，该仲裁院借鉴了深圳仲裁机构改革的经验，实现了决策机构、仲裁规则、仲裁员和治理机制四个方面的国际化，真正走上了国际化的发展道路。在内部机制建设方面，海南国际仲裁院也采取了具有鲜明国际化特征的法人治理结构，这些都是中国仲裁机构在推进制度创新、实现国际化发展模式上的生动体现。

此外，完善仲裁机构的管理方式对于提高仲裁服务水准具有积极作用。仲裁服务水准是影响公众对仲裁机构信任力建设的关键。为了提升市场主体的仲裁意识，有必要对我国仲裁机构的服务方式加以改善。国内各仲裁机构应建立在服务理念、发展体制、用人机制等方面符合商事仲裁客观发展规律的市场化运行模

---

[1] 庹渝、张建：《评〈涉外民事关系法律适用法〉第10条——以国际商事仲裁中的准据法查明问题为中心》，载《仲裁研究》2017年第1期。

式基础上。引入高科技因素,使得仲裁机构服务更加人性化。随着我国互联网经济全面铺开,我们应适时地将大数据、互联网等高科技手段引入仲裁领域,通过打造互联网仲裁领域的高端智库和网络服务平台,实现全流程远程在线仲裁等方式,使得国外商事主体不用千里迢迢来到中国,便可解决国际商事纠纷。如前文所言,中国仲裁要想真正实现"内涵式发展",归根结底是要提高仲裁案件的办案质量,使得国外商事主体在选择国内仲裁机构解决纠纷时,能享受到高质量的仲裁法律服务,以确保每一起国际仲裁案件都能获得公正、高效、便捷、经济的处理。在打造国际一流仲裁机构方面,如下要素皆不可或缺(见图5-1)。

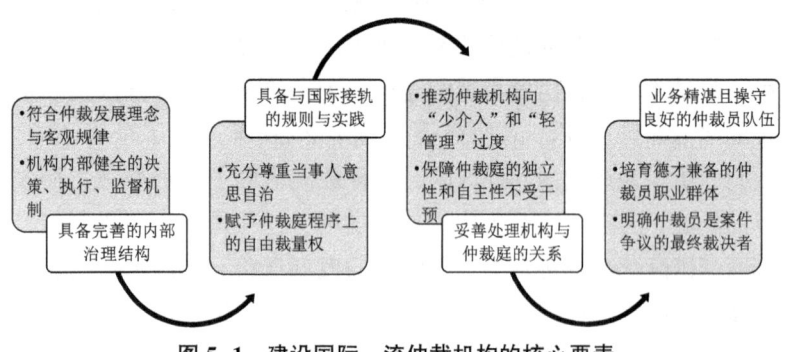

图5-1 建设国际一流仲裁机构的核心要素

- 符合仲裁发展理念与客观规律
- 机构内部健全的决策、执行、监督机制

具备完善的内部治理结构

- 充分尊重当事人意思自治
- 赋予仲裁庭程序上的自由裁量权

具备与国际接轨的规则与实践

- 推动仲裁机构向"少介入"和"轻管理"过度
- 保障仲裁庭的独立性和自主性不受干预

妥善处理机构与仲裁庭的关系

- 培育德才兼备的仲裁员职业群体
- 明确仲裁员是案件争议的最终裁决者

业务精湛且操守良好的仲裁员队伍

一是必须具备完善的内部治理结构。内部治理结构问题是机构发展的头部问题,直接关系到机构能否按照仲裁的正确理念和客观规律专业化健康发展。机构内部决策、执行、监督机制是否完善?我们的理事会或委员会实际上是怎么运行的,国际化程度如何,作用发挥是否到位?党的领导如何体现,怎样做好内控,如何妥善处理?这些都是需要我们认真琢磨的实质性问题。

二是必须具备与国际接轨的规则与实践。要建设国际商事仲裁中心,要成为国际一流仲裁机构,就要吸引外方当事人,让外

第五章　效应论：我国打造国际商事仲裁中心的改进方向

方当事人自愿选择我国机构仲裁。如果仲裁立法、仲裁规则和实践做法未达到国际的通行标准，将无疑使国外的当事人望而却步。没有外方当事人，没有涉外案件，没有国际案件，永远成不了国际商事仲裁中心。涉外案件（至少一方外国当事人）尤其是国际案件（双方均为外国当事人）占比，是国际商事仲裁中心和国际一流仲裁机构的关键评价指标。仲裁专家杨良宜教授在多个场合都讲到，他对国内仲裁比较关切，特别指出两个问题：一个是强调要有合同法的基本理念，一个是强调要重视证据规则，这两条其实道出了仲裁最根本的问题。合同法基本理念就是要尊重契约精神，反映在仲裁中就是要尊重当事人的意思自治。规则规定、机构管理不能剥夺当事人的意思自治，不能损害当事人的正当权益，当事人是仲裁程序的主人，变相剥夺当事人意思自治或损害当事人权益会实质性损害机构公信力，与仲裁理念背道而驰。还有证据规则问题，我们的仲裁实践和国际标准还有距离。实践中不应只重视书面证据，忽视口头证据，因为书面证据可能经过了加工处理，其记载可能一定程度上偏离了案件事实本身。需要结合口头证据，如证人对质、交叉盘问，还原事实真相。

三是必须妥善处理机构与仲裁庭的关系，确保仲裁庭的独立性。这个要素和前述第二个要素有关系，它往往会规定在规则中，但更多地体现在执行层面。对于我国仲裁机构而言，一定要处理好机构和仲裁庭之间的关系。国际仲裁机构不存在这个问题，因为他们对仲裁的管理很简单，案件组庭之后就移交给仲裁庭，程序和实体都由仲裁庭负责管理，后续程序进行知会机构即可。除非规则规定由机构介入的事项，否则机构基本不参与，即"轻管理"。中国仲裁机构从案件受理开始直至作出最终裁决乃至裁决作出之后，均全程深度参与管理。两相比较，国内仲裁机构对仲裁实行"重管理"。这个问题一定要处理好，明确规则规定，厘清边界,提高透明度,规范管理,严格执行,接受社会监督,发挥机构管理的优势。同时,逐步推动机构管理向轻管理过渡,这也是大势所趋。

四是必须要有业务精湛且操守良好的仲裁员队伍。这是一流仲裁机构所必需的。因为仲裁员是审理裁判的主体,裁决是仲裁员作出的,仲裁员必须独立公正,这是底线要求。

二、探索创建仲裁裁决选择性复裁机制

(一)中国现行仲裁法确立了"一裁终局"原则

在中国,与诉讼采"两审终审"制度不同,仲裁实行一裁终局的制度。这是《中华人民共和国仲裁法》第9条确立的基本原则。裁决作出后,当事人就同一纠纷再申请仲裁或者向人民法院起诉的,仲裁委员会或者人民法院不予受理。相比于诉讼,中国仲裁中认可"一裁终局"原则,保证了仲裁可以更高效地解决纠纷,维护了仲裁裁决的既判力,这被视为仲裁相较于诉讼的优势。但是,仲裁"一裁终局"制度也引起了当事人的顾虑,案件一旦裁错,便难以纠正。实践中,仲裁庭对事实认定错误或者法律适用错误导致当事人正当利益受损的情况并不罕见。在中国仲裁司法审查中,法院虽然可以对有错误的仲裁裁决进行撤销或不予执行,但是仅限于程序方面的事项,实体错误却难以得到有效救济。即使认可"一裁终局"原则,其在中国仲裁实践中也并未得到很好的实施。[1]例如,在中国国际经济贸易仲裁委员会1996年审理的一起案件[2]中,因存在不属于当事人负责的原因导致其未能陈述意见的情形,仲裁裁决作出后,一方当事人向北京市

---

[1] 参见刘晓红主编:《仲裁"一裁终局"制度之困境及本位回归》,法律出版社2016年版,第33页。

[2] 中国国际经济贸易仲裁委员会(96)贸仲裁字第0271号仲裁裁决书。

第五章 效应论：我国打造国际商事仲裁中心的改进方向

第二中级人民法院申请撤销仲裁裁决，法院裁定中止撤销程序，通知中国国际经济贸易仲裁委员会重新申请仲裁。1998年，中国国际经济贸易仲裁委员会重新作出仲裁裁决。胜诉方向深圳市中级人民法院申请执行该裁决，败诉方向法院请求不予执行，法院裁定驳回不予执行申请。[1] 1999年，败诉方再次向北京市第二中级人民法院申请撤销本案仲裁裁决，被法院裁定驳回。[2] 2000年，败诉方向最高人民法院提起执行申诉的申请。2002年，最高人民法院作出复函，以裁决的事项超越了仲裁范围、裁决内容违反仲裁规则为由认定应当不予执行仲裁裁决。[3] 本案中，仲裁程序历经六年多，"一裁终局"原则并未体现其应有的优越性，仲裁的高效性优势丝毫没有显现。[4] 究其原因，一方面归结于中国仲裁法没有厘清仲裁裁决撤销程序与不予执行程序的关系，另一方面在于法院仲裁司法审查程序本身没有合理的审限。换个思路，如果能够在仲裁程序内部引入复裁机制，并设定合理的时限，不仅可以纠正裁决的实体与程序错误，而且有助于从整体上提升仲裁的效率。

以比较法视角观之，不少国家和地区（如英国、荷兰和中国香港）肯定了仲裁裁决的有限上诉。[5] 此外，新加坡、法国、印

---

〔1〕 深圳市中级人民法院（1998）深中法经二初字第97号民事裁定书。

〔2〕 北京市第二中级人民法院（1999）二中经仲字第102号民事裁定书。

〔3〕 《最高人民法院关于深圳市广夏文化实业总公司、宁夏伊斯兰国际信托投资公司、深圳兴庆电子公司与密苏尔有限公司仲裁裁决不予执行案的复函》（〔2000〕执监字第96-2号）。

〔4〕 参见黄雁明：《申请撤销和不予执行权利之滥用——对（96）贸仲裁字第0271号裁决书效力的四次挑战》，载《中国国际私法与比较法年刊》2002年。

〔5〕 例如，1996年《英国仲裁法》第58条允许当事人约定仲裁内部上诉或复审程序，同时第69条允许当事人就仲裁裁决中的法律错误向法院上诉；1986年《荷兰民事诉讼法典》第1050条允许当事人约定就仲裁裁决向另一仲裁庭提出上诉；《香港仲裁条例》第73条允许当事人明示选用仲裁实体上诉程序。

度虽然不允许当事人就国际仲裁裁决向法院上诉,但允许国内裁决向法院上诉。由此可见,"一裁终局"原则并不必然是绝对的,而是可以在当事人意思自治原则的基础上进行调整。随着中国国际贸易和对外投资量的日益增长,市场交易方式日趋复杂,市场主体对纠纷解决的需求也日趋多元化,部分仲裁机构开始尝试对"一裁终局"进行重新评估,并引入"选择性复裁"程序。

(二) 中国仲裁机构引入"选择性复裁"机制

2016年10月,深圳国际仲裁院颁布2016年新版仲裁规则和配套文件,成为内地第一家在仲裁规则中正式引入《联合国国际贸易法委员会仲裁规则》的仲裁机构,实现了《联合国国际贸易法委员会仲裁规则》在中国的落地,从仲裁规则上实现了与国际接轨,也显现出中国商事仲裁跨越式发展步伐的加快,对于我国商事仲裁的国际化发展道路有着积极的探索意义。此外,深圳国际仲裁院对现有的仲裁程序进行了创新,引入了复裁机制。深圳国际仲裁院是中国第一个探索仲裁内部上诉机制的仲裁机构。[1] 2016年12月,深圳国际仲裁院发布了《关于适用〈联合国国际贸易法委员会仲裁规则〉的程序指引》,允许当事人选择深圳国际仲裁院依据《联合国国际贸易法委员会仲裁规则》仲裁,其中第3条规定,当事人没有约定仲裁地的,仲裁地默认为香港。鉴于《香港仲裁条例》第73条允许当事人明示约定仲裁裁决实体上诉,因此,当事人有权约定对深圳国际仲裁院仲裁裁决中的实体事项进行上诉,此即"内部上诉"机制,又称为"选择性复裁"机制。

为了增强仲裁内部上诉机制适用程序和范围的可预见性,深圳国际仲裁院理事会修订《深圳国际仲裁院仲裁规则》,正式推出仲裁"选择性复裁"机制的首个中国方案,并于2019年2月

---

[1] 沈四宝、刘晓春、樊其娟:《一裁终局的重新评估与复裁机制的创新实践》,载《法制日报》2019年11月5日,第12版。

21日生效。根据该规则第68条规定:"(一)在仲裁地法律不禁止的前提下,当事人约定任何一方就仲裁庭依照本规则第八章作出的裁决可以向仲裁院提请复裁的,从其约定。适用本规则快速程序的案件,不适用本条规定的选择性复裁程序。(二)选择性复裁程序按照《深圳国际仲裁院选择性复裁程序指引》的规定进行。"为了增强复裁的可操作性,防止当事人恶意申请复裁或滥用复裁权,深圳国际仲裁院制定了《选择性复裁程序指引》,就复裁程序的具体事项予以明确规定。比如,深圳国际仲裁院复裁程序仅适用于争议金额超过人民币300万元的纠纷,且适用快速程序的案件不能进行复裁,对于争议金额较小、当事人约定适用快速程序的案件,争议解决的价值取向应是效率第一、兼顾公平,不适用复裁程序。

2019年10月,北京仲裁委员会制定的《北京仲裁委员会/北京国际仲裁中心国际投资仲裁规则》生效施行。作为创新亮点之一,该规则引入了上诉纠错机制,为在中国进行的国际投资仲裁纳入上诉机制探索了可行方案。在该仲裁规则的制定说明中,北京仲裁委员会披露了引入上诉机制的主要考量:现有的国际投资仲裁程序缺乏针对实体错误的救济机制,国际投资争端解决中心的仲裁裁决撤销机制、《纽约公约》的承认与执行机制只针对仲裁程序问题进行审查,允许当事人对裁决进行内部上诉,有助于增强仲裁裁决的正确性和一致性。具言之,该规则第46条第1款规定:"经双方当事人书面同意,裁决可以依照本规则附录5上诉。"为了增强上诉机制的可操作性,北京仲裁委员会针对该仲裁规则制定了"附录5:国际投资仲裁上诉程序规则",详尽规定了仲裁上诉程序的提起、上诉庭的组成、上诉事由、上诉庭的管辖权、上诉的撤回、上诉程序的终止、上诉费用等事项。

(三)"选择性复裁"机制对高效性与公平性的平衡

深圳国际仲裁院与北京仲裁委员会在引入"选择性复裁"机

制方面的经验既有共性,也有区别。深圳国际仲裁院的复裁主要针对商事仲裁,北京仲裁委员会则仅限于投资者与国家间投资仲裁。深圳国际仲裁院将其命名为"选择性复裁",北京仲裁委员会将其命名为"上诉机制",实际上殊途同归。二者都以双方当事人合意为前提,复裁机制的适用建立在当事人约定的基础上,其核心在于任择性和限定性。首先,复裁程序并非强制,而是采用选择型模式,只有在各方当事人均同意的情况下方可提起,时间与经济成本由当事人承担。其次,复裁事由仅可基于法律适用或解释错误、明显且严重的事实认定错误或缺乏管辖权而提起,既可发挥纠错作用,又防止被当事人滥用。再次,复裁程序对于中国仲裁法规定的"一裁终局"原则是一种挑战,仲裁机构在内地经过复裁作出的仲裁裁决,将因违反仲裁法的"一裁终局"原则而难以得到法院的执行。然而,仲裁机构可以通过仲裁地的选择变通仲裁程序准据法,建议当事人同意适用复裁程序的同时,选择不禁止复裁的国家(地区)或法域作为仲裁地。此时,复裁并不违反仲裁地的法定程序,保障了复裁程序的合法性,使得裁决可在仲裁地得到承认及执行。复裁本身并不必然违反法定程序,仲裁机构主要通过仲裁地的选择变通仲裁程序准据法,建议当事人同意适用复裁程序的同时,选择不禁止复裁的国家(地区)或法域作为仲裁地,从而保障复裁程序的合法性。

特别值得一提的是,复裁机制是在仲裁机构内部设置的裁决纠错程序,是在保证裁决实体公平的基础上最大可能地追求高效的产物。然而,复裁机制不同于外部监督,在通过复裁程序作出终局裁决后,如果裁决错误,当事人仍然可以向法院申请撤销或不予执行仲裁裁决。

近年来,欧盟与一些国家缔结的投资协定已纳入仲裁上诉机制;联合国国际贸易法委员会目前正在审议的投资争端解决机制改革议题也已将上诉机制作为重要议题;国际投资争端解决中心在修订仲裁规则时也重点考虑了纳入上诉机制的可行性,中国仲裁机构在选择性复裁方面的创新符合国际趋势,同时也将为中国仲裁法的修改提供有益的启发。

三、多方当事人仲裁中的仲裁员指定规则

(一)多方当事人仲裁程序的应用场景

传统的商事仲裁案件,主要呈现为申请人与被申请人"一对一"的双方当事人仲裁。近年来,随着交易结构的复杂化,多方当事人仲裁案件日渐增多。[1]所谓的多方当事人仲裁案件,指的是申请人与/或被申请人为多方主体的仲裁案件。其主要应用于以下场景,例如,主合同中订立的仲裁协议及于担保合同,致使债权人、债务人、担保人均参与到同一仲裁程序中,且各方的利益不一致;国际工程承包合同的发包方、承包方、分包方等同时参与到同一仲裁程序中,且各方的利益不一致;对赌协议中订有仲裁条款,大股东、小股东、目标公司参与到同一仲裁程序中,且各方利益不一致;租船运输引发的海事争议中,原船东、二船东、实际承运人参与到同一仲裁程序中,且各方的利益不一致;等等。

在实务当中,多方当事人仲裁通常特指被申请人为多方。这主要是考虑到,如果申请人为多方,且彼此利益不一致时,完全可以选择各自分别去提起仲裁。如果多名主体共同组成仲裁申请人,并决定协商立场、同在一起仲裁案件中提出申请,这本身就表明他们已经具备了协调一致、同步行动的基础,往往比较容易

---

[1] 李晓玲:《多方当事人仲裁程序问题探讨》,载《华东政法学院学报》2004年第4期。

共同指定仲裁员。[1]但是，相比之下，多名被申请人则是被动地参与到同一起仲裁案件中，特别是在他们利益不一致的情况下，在共同选定仲裁员时有可能发生意见不统一乃至对立的情况。

基于同为被申请人的多方主体背后利益是一致的抑或冲突的，可以区分为实质的多方当事人仲裁与形式的多方当事人仲裁。如果多名被申请人是彼此独立的，利益不完全一致，且互不存在关联关系、控股关系、集团关系，这属于实质的多方当事人仲裁。如果多名被申请人之间彼此存在密切的关联关系、控股关系、集团关系等，这属于形式上的多方、实质上的一方，其在仲裁程序中的决策完全可以做到"同仇敌忾"。[2]本书所探讨的，是实质的多方当事人仲裁。对于多方当事人仲裁，如何合理地推进仲裁程序，是仲裁领域的一大难题。[3]特别是在同为被申请人，利益却不一致的多方主体共存的情况下，如果他们在指定仲裁员时意见相左，如何做到既尊重当事人意思自治，又能保障组庭程序的公平性？

（二）多方当事人仲裁之首席仲裁员指定的仲裁规则比较

鉴于多方当事人仲裁已较为普遍，许多仲裁规则专门针对多方当事人仲裁的组庭作出规定，但是，不同的仲裁规则，在这方面

---

[1] 廖鸣：《多方仲裁的仲裁员选定问题》，载《北京仲裁》2020年第3期。
[2] 例如，由我国最高人民法院国际商事法庭审理的张某、盛兰控股集团（BVI）有限公司、俏江南发展有限公司与甜蜜生活美食有限公司申请撤销仲裁裁决案，以及张某、盛兰控股集团（BVI）有限公司与甜蜜生活美食集团控股有限公司申请撤销仲裁裁决案，法院经过查明后认定，涉案买卖协议的四个合同主体张某、盛兰控股集团（BVI）有限公司、俏江南发展有限公司和目标公司均由张兰作为代表签名，属于利益一致的合同一方当事人，在协议的具体履行过程和纠纷中，利益相互对立和冲突的两方主体只有买方和卖方。这就属于典型的形式上的多方、实质上的双方仲裁案件。参见最高人民法院（2019）最高法民特4号民事裁定书、最高人民法院（2019）最高法民特5号民事裁定书。
[3] 邓杰：《伦敦海事仲裁中的多方当事人争议仲裁程序》，载《武汉大学学报（人文社会科学版）》2000年第6期。

的做法不完全一致,这背后代表了对价值理念的重视程度。例如,《中国国际经济贸易仲裁委员会仲裁规则》与《北京仲裁委员会/北京国际仲裁中心仲裁规则》的做法就不完全一致(见表5-1)。

表5-1 关于多方当事人仲裁中的仲裁员指定的仲裁规则条款

	边裁的指定方式	首席仲裁员的指定方式
《中国国际经济贸易仲裁委员会仲裁规则》(2024年版)	第29条 (一)仲裁案件有两个或两个以上申请人及/或被申请人时,申请人方及/或被申请人方应各自协商,各方共同选定或共同委托仲裁委员会主任指定一名仲裁员。	第29条 (二)首席仲裁员或独任仲裁员应按照本规则第二十七条第(二)(四)(五)款规定的程序选定或指定。申请人方及/或被申请人方按照本规则第二十七条的规定选定首席仲裁员或独任仲裁员时,应各方共同协商,提交各方共同选定的候选人名单。 (三)如果申请人方及/或被申请人方未能在收到仲裁通知后15天内各方共同选定或各方共同委托仲裁委员会主任指定一名仲裁员,则由仲裁委员会主任指定仲裁庭三名仲裁员,并从中确定一人担任首席仲裁员。
《北京仲裁委员会/北京国际仲裁中心仲裁规则》(2022年版)	第20条 (三)案件有两个或者两个以上的申请人或者被申请人时,申请人方或者被申请人方应当共同协商选定或者共同委托主任指定一名仲裁员;未能自最后一名当事人收到仲裁通知之日起15日内就选定或者委托主任指定仲裁员达成一致意见的,由主任指定。	第20条 (四)双方当事人应当自被申请人收到仲裁通知之日起15日内共同选定或者共同委托主任指定首席仲裁员。双方当事人也可以在上述期限内,各自推荐一至三名仲裁员作为首席仲裁员人选;经双方当事人申请或者同意,本会也可以提供五至七名首席仲裁员候选名单,由双方当事人在本会规定

续表

边裁的指定方式	首席仲裁员的指定方式
	的期限内从中选择三至四名仲裁员作为首席仲裁员人选。推荐名单或者选择名单中有一名相同的,为双方当事人共同选定的首席仲裁员;有一名以上相同的,由主任根据案件具体情况在相同人选中确定,确定的仲裁员仍为双方当事人共同选定的首席仲裁员;推荐名单或者选择名单中没有相同的人选,由主任在推荐名单或者选择名单之外指定首席仲裁员。

简言之,中国国际经济贸易仲裁委员会的做法是,如果被申请人为多方,且他们无法就己方的仲裁员人选达成一致时,则三名仲裁员(包括首席仲裁员)均由仲裁委员会主任指定,这实际上很好地体现了程序上的公平性。

对比之下,北京仲裁委员会的做法是,如果被申请人为多方,且他们无法就己方仲裁员人选达成一致时,则仅是该方的仲裁员由仲裁委员会指定,申请人方仍可行使仲裁员的指定权,这种做法,给申请人的意思自治权给予了充分的尊重。至于首席仲裁员的人选,则在征询双方当事人(准确地说,是各方当事人)意愿的基础上由仲裁委员会主任综合确定。从本质上讲,此时,首席仲裁员的人选由仲裁委员会主任决定,除非各方当事人所推荐的人选中存在至少一名重合的情况。

除仲裁规则之外,很多当事人在仲裁协议中,对于仲裁庭的组庭方式作出明确的约定,如果仲裁规则与仲裁协议不一致,以谁为准?对这一问题的回答,有必要区分具体的情况加以比较和抉择。

第五章 效应论：我国打造国际商事仲裁中心的改进方向

（三）多方当事人仲裁中仲裁员指定的四种情形及其比较

概括来讲，对于多方当事人仲裁案件，仲裁员的指定方式主要有以下四类情形（见图示）。其中，情形1最为理想，但是现实往往很骨感。情形2是《中国国际经济贸易仲裁委员会仲裁规则》目前的做法，在多方被申请人无法选出仲裁员时，三位仲裁员均由仲裁委员会主任指定，虽然在意思自治方面没有容许任何一方行使直接的指定权，但是非常公平，且当事人选择了仲裁规则，这就属于将仲裁规则并入了仲裁协议，在意思自治方面并无障碍，只不过在仲裁员具体人选的确定上，属于间接的意思自治。情形3是前述第一部分所设定的问题，被申请人未选出仲裁员，申请人已选出仲裁员，首席仲裁员的人选由两位边裁选出，其做法不符合《中国国际经济贸易仲裁委员会仲裁规则》，但是否合乎于仲裁条款，需要打个问号，毕竟，仲裁条款约定的是由双方各自选出的边裁去选出首席仲裁员，而不是由仲裁委员会主任代替被申请人选出的边裁与申请人选出的边裁去共同选定首席仲裁员。严格来讲，情形3是单边的意思自治，被申请人事实上几乎无从参与仲裁员人选的确定。情形4是《北京仲裁委员会/北京国际仲裁中心仲裁规则》所认可的做法，即便被申请人的多方选不出仲裁员，亦不会影响申请人方的指定权，但如果申请人方与被申请人方无法共同选出首席仲裁员，则将主要依从仲裁委员会主任的指定。

情形1：各方当事人的意思自治（均为直接意思自治，依据仲裁条款指定）

```
              首席仲裁员
         （由申请人、被申请人各自
          指定的仲裁员共同委任）
          ┌────────────────┴────────────────┐
    申请人方仲裁员                    被申请人方仲裁员
    （申请人指定）                    （被申请人指定）
```

图 5-2

情形2：各方当事人均无直接的意思自治（均由仲裁委员会主任依据仲裁规则指定）

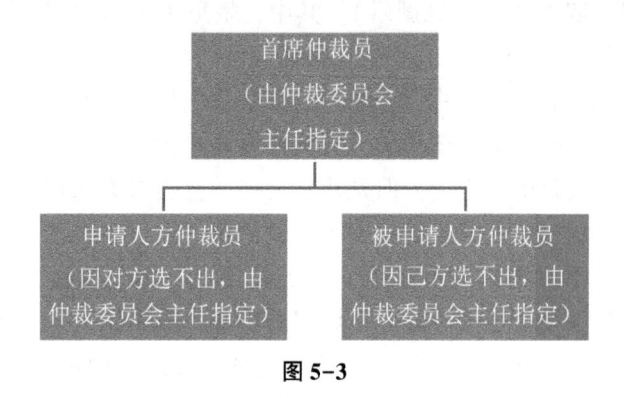

```
             ┌─────────────────┐
             │   首席仲裁员     │
             │ （由仲裁委员会   │
             │   主任指定）     │
             └────────┬────────┘
                ┌─────┴─────┐
  ┌─────────────────┐   ┌─────────────────┐
  │  申请人方仲裁员  │   │ 被申请人方仲裁员 │
  │ （因对方选不出，由│   │ （因己方选不出，由│
  │  仲裁委员会主任指定）│ │  仲裁委员会主任指定）│
  └─────────────────┘   └─────────────────┘
```

图 5-3

情形3：仅体现单方的意思自治（被申请人选不出边裁，首席仲裁员由两位边裁共同指定）

```
             ┌─────────────────┐
             │   首席仲裁员     │
             │ （由两位边裁共同 │
             │     指定）       │
             └────────┬────────┘
                ┌─────┴─────┐
  ┌─────────────────┐   ┌─────────────────┐
  │  申请人方仲裁员  │   │ 被申请人方仲裁员 │
  │ （由申请人指定） │   │ （因选不出，由仲 │
  │                 │   │ 裁委员会主任指定）│
  └─────────────────┘   └─────────────────┘
```

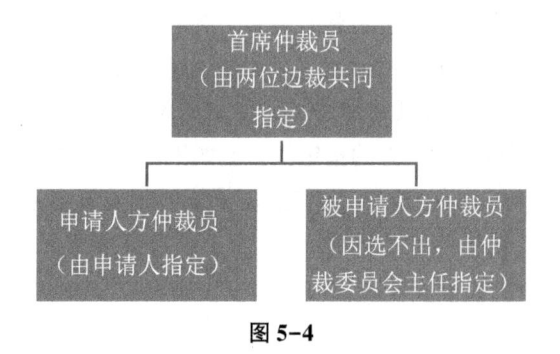

图 5-4

情形4：仅体现单方的意思自治（被申请人选不出边裁，首席仲裁员由仲裁委员会主任指定）

第五章 效应论：我国打造国际商事仲裁中心的改进方向

```
          ┌─────────────────┐
          │   首席仲裁员    │
          │ （由仲裁委员会  │
          │   主任指定）    │
          └────────┬────────┘
           ┌──────┴──────┐
┌──────────────────┐  ┌──────────────────────┐
│  申请人方仲裁员  │  │  被申请人方仲裁员    │
│  （由申请人指定）│  │（因选不出，由仲裁    │
│                  │  │  委员会主任指定）    │
└──────────────────┘  └──────────────────────┘
```

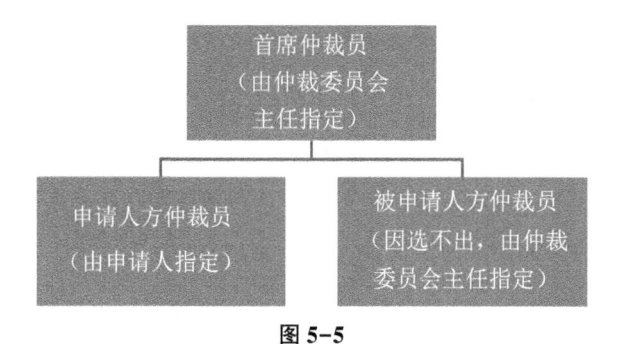

图 5-5

表 5-2　多方当事人仲裁中仲裁员指定的四种情形的比较

在仲裁员指定上的决策意志所占权重（三人合议制仲裁庭）	情形 1：双方公平的意思自治	情形 2：双方虽无直接的意思自治，但选择了仲裁规则，亦属意思自治	情形 3：申请人单方意思自治占优势	情形 4：仲裁委员会主任的指定占优势
申请人	1.5	0	1.5	1
被申请人	1.5	0	0	0
仲裁委员会主任	0	3	1.5	2
评估	理想状态，既符合当事人意思自治，亦符合公平原则，但在多方当事人仲裁中不易实现	《中国国际经济贸易仲裁委员会仲裁规则》的做法，虽未直接体现双方的意思自治，但符合公平原则，按仲裁规则组庭也符合当事人的意思自治	对申请人的指定权给予最大限度的尊重，但在公平方面存疑，被申请人方可能难以接受	对申请人的指定权给予尊重，同时将指定权主要赋予仲裁机构，公平性高于情形3，低于情形1、情形2

（四）我国法院对多方当事人仲裁的司法审查实践

表 5-3 我国法院关于多方当事人仲裁司法审查的典型案例

案件名称	案件编号	仲裁庭的组庭情况	申请撤销仲裁裁决的理由	法院的审查结论及裁判要旨
宁波中泽嘉盟股权投资合伙企业（有限合伙）与孙一桉等申请撤销仲裁裁决案	北京市第四中级人民法院（2020）京04民特602号	本案的仲裁被申请人系多方，且未能在收到仲裁通知后15天内共同选定一名仲裁员，故仲裁委员会主任指定仲裁庭三名仲裁员并从中确定一人担任首席仲裁员。	仲裁庭在收到申请人选定仲裁员的请求后，没有按照申请人指定的人选安排仲裁员，而是单方指定三名仲裁员组成仲裁庭，存在程序违法。	驳回撤裁申请，理由是：本案的仲裁被申请人系多方，其未能在规定时限内共同选出一名仲裁员，故三名仲裁员均由仲裁委员会主任指定，符合《中国国际经济贸易仲裁委员会仲裁规则》第29条第3款，本案不存在程序违法。
上海雁塔科技有限公司与胡黎明等申请撤销仲裁裁决案	北京市第四中级人民法院（2020）京04民特616号	本案的仲裁被申请人系上海雁塔科技有限公司和当代东方投资股份有限公司，二者未能按照《中国国际经济贸易仲裁委员会仲裁规则》第29条的规	上海雁塔科技有限公司先于当代东方投资股份有限公司选定仲裁员，当代东方投资股份有限公司对人选未提出异议，且嗣后当代东方投资股份有限公司	驳回撤裁申请，理由是：经查明，仲裁机构寄送给两被申请人的仲裁通知已于2018年12月25日、2018年12月27日妥投，但雁塔公司直至2019年1月16日才向中国国际经济贸易仲

续表

案件名称	案件编号	仲裁庭的组庭情况	申请撤销仲裁裁决的理由	法院的审查结论及裁判要旨
		定,于收到仲裁通知后15天内各方共同选定或各方共同委托仲裁委员会主任指定一名仲裁员,中国国际经济贸易仲裁委员会主任遂行使职权,指定了三名仲裁员,组成本案仲裁庭。	亦选定该仲裁员,因此,两被申请人已共同选定本案仲裁员,然而仲裁委员会主任擅自指定其他仲裁员组成仲裁庭,违反法定程序。	裁委员会寄出"选定仲裁员的函",当代东方投资股份有限公司于2019年3月5日提交了"选定仲裁员的函"。两名被申请人未在限定时间内共同选定仲裁员,仲裁委员会主任按照《中国国际经济贸易仲裁委员会仲裁规则》指定三名仲裁员,并无不当。
张某、盛兰控股集团(BVI)有限公司申请撤销仲裁裁决案	最高人民法院(2019)最高法民特4号	本案的仲裁被申请人系多方,仲裁机构曾先后四次就仲裁员选定问题向各方当事人发送通知,三名被申请人分别致函仲裁机构,称其无法共同指定仲裁员。后	仲裁庭的组成与仲裁规则不符。三名被申请人无法就仲裁员人选达成一致意见,应适用《中国国际经济贸易仲裁委员会仲裁规则》,仲裁庭三名仲裁员均应由仲裁	驳回撤裁申请,理由是:本案被申请人方虽有三个主体,但其中的自然人是另外两家英属维尔京群岛公司的唯一股东,属于仲裁利益一致的一方当事人,仲裁条款的约定并无无法实施的障碍。

— 265 —

续表

案件名称	案件编号	仲裁庭的组庭情况	申请撤销仲裁裁决的理由	法院的审查结论及裁判要旨
		三名被申请人分别致函仲裁机构，声称为避免仲裁程序权利遭受更大损害，在声明保留异议的前提下，同意指定某专家作为该方指定的仲裁员。	委员会主任指定。本案中，仲裁机构以错误的方式组建了仲裁庭，构成程序违法。	三名被申请人以无法就仲裁员人选达成一致意见为由，多次拒绝共同指定一名仲裁员，有违诚实信用原则。且三名被申请人虽声明保留异议，但最终仍共同指定一名仲裁员，其声明保留异议的行为，仅作为裁决结果对其不利时申请撤裁的砝码，属伺机行为，不应鼓励。
华融渝富基业（天津）股权投资合伙企业（有限合伙）与SCTHoldings等申请撤销仲裁裁决案	北京市第四中级人民法院（2017）京04民特33号	本案申请人在指定期间内选定了仲裁员，但由于案件有多个被申请人，且未在规定期限内共同选定或共同委托仲裁委员会主任指定仲裁	该案仲裁过程中，申请人已按照仲裁机构的要求选定了仲裁员，但仲裁机构在无任何理由未作任何说明及通知的情况下，径行指定了其	驳回撤裁申请，理由是：本案中，被申请人一方存在多名主体，其未能在规定时限内共同选出一名仲裁员，中国国际经济贸易仲裁委员会指定三名仲裁员和首席仲裁员，符合《中国国

续表

案件名称	案件编号	仲裁庭的组庭情况	申请撤销仲裁裁决的理由	法院的审查结论及裁判要旨
		员,中国国际经济贸易仲裁委员会根据《中国国际经济贸易仲裁委员会仲裁规则》第29条第3款之规定指定了全部三名仲裁员。	他仲裁员组成仲裁庭,剥夺了申请人至少有权选定一名仲裁员的权利,仲裁庭的组成违反法定程序。	际经济贸易仲裁委员会仲裁规则》第29条第3款,并无程序违法。

通过检索可以发现,目前,我国法院受理的涉及多方当事人仲裁组庭问题的撤裁案件,最终均以驳回撤裁申请结案。这在一定程度上反映出,法院对于组建仲裁庭的程序性问题,采取的是比较谦抑的做法,非必要不干预、非必要不介入,充分尊重当事人的意思自治以及仲裁机构在组建仲裁庭方面的做法,只要这样做符合仲裁规则的制度安排,便不会认定仲裁庭组庭不当。

(五) 妥当的解决建议

以下仲裁条款,是实践中常见的多方当事人仲裁条款。

因本合同产生或与之有关的任何争议均应当交由中国国际经济贸易仲裁委员会按照其现行有效的仲裁规则提交仲裁解决。仲裁地点应当在北京。仲裁庭应由3人组成。首席仲裁员应由申请人和被申请人各自指定的仲裁员共同委任。

该仲裁条款的难点在于,有多个被申请人且利益不一致的情况下,无法达成指定仲裁员的一致,而仲裁机构代被申请人方指定了仲裁员,那么,仲裁机构代被申请人方指定的仲裁员,能否视为仲裁条款约定的"各方指定的仲裁员",进而在此基础上由两位仲裁员指定首席仲裁员?对此问题,当事人、仲裁机构和法院分歧较大。这涉及仲裁条款的解释、意思自治和公平原则的平衡。笔者认为,虽说仲裁员独立于当事人,但是,当事人自己选定仲裁员与仲裁机构指定仲裁员,所持有的立场、看问题的角度和考量的因素,存在一定差异。仲裁机构指定的仲裁员,不能简单等同于当事人指定的仲裁员。

《中国国际经济贸易仲裁委员会仲裁规则》第4条第3款规定:"当事人约定将争议提交仲裁委员会仲裁但对本规则有关内容进行变更或约定适用其他仲裁规则的,从其约定,但其约定无法实施或与仲裁程序适用法强制性规定相抵触者除外……"由此可见,当事人的约定并不是绝对的,如果当事人的约定不具有可执行性,与仲裁规则相抵触,仍然要适用仲裁规则的规定。从法院关于多方当事人仲裁的司法审查案件看,绝大多数是适用仲裁规则。

对当事人而言,如果其在起草合同、拟定仲裁条款之际,已经明确预知交易对象涉及多方当事人,为了避免自己指定仲裁员的机会因对方难以达成一致意见而被剥夺,则可以考虑两个方面:

第一,在仲裁协议中,可以特别约定以下表述:"如果被申请人方无法一致达成仲裁员指定,不影响申请人一方指定仲裁员的权利"。如此约定,可以在事实上替换《中国国际经济贸易仲裁委员会仲裁规则》第29条第3款的规定,防范对方以仲裁规则为据吞没申请人的全部意思自治,最起码可以保留住申请人单方面至少1名仲裁员的选任机会。不过,要想捍卫住首席仲裁员人选一半的选任机会,单独凭据此种约定,尚难以达到,故而还需要下面第二种方案。

第二,如前所述,《中国国际经济贸易仲裁委员会仲裁规则》

关于多方当事人仲裁中仲裁员选任的制度设计主要建立在公平理念的基础上,按其规定,即使申请人已经选定了仲裁员,但只要被申请人无法共同选出一名仲裁员,则仲裁庭的全部三名仲裁员都由仲裁机构主任指定。这实际上不但剥夺了申请人关于边裁的选任机会,也使得申请人对首席仲裁员的人选不再享有发言权和决策权。但是,《中国国际经济贸易仲裁委员会仲裁规则》第4条第3款规定:"当事人约定将争议提交仲裁委员会仲裁但对本规则有关内容进行变更或约定适用其他仲裁规则的,从其约定,但其约定无法实施或与仲裁程序适用法强制性规定相抵触者除外……"由此可见,仲裁规则的适用并不是绝对的、强制性的,而是具有任意性,可以予以排除或者变更。为了避免自身的仲裁员指定权受到破坏,当事人可以在仲裁协议中以明示的方式约定整体排除适用《中国国际经济贸易仲裁委员会仲裁规则》第29条,同时,明确首席仲裁员的人选应由两位已经选出的边裁共同确定。这样,无论被申请人一方的边裁是他们共同选任的,还是由仲裁机构主任代为选任的,都不会完全地驳回申请人一方在首席仲裁员人选方面的影响力和话语权。

对法院而言,在审查涉及多方当事人仲裁组庭问题的撤裁申请时,需要着重把握两点:其一,是否符合仲裁条款关于组庭方式的具体约定;其二,是否符合仲裁规则中关于多方当事人仲裁案件的组庭规定。如前所述,狭义上的多方当事人仲裁案件,主要指的是仲裁被申请人一方为多个主体。实质意义上的多方当事人仲裁案件,指的是多名被申请人利益不一致的情况。法院在审查中,需要特别把握住这一点,如果有充分的证据表明多位被申请人之间彼此关联、利益同一,但其仍然未能在规定时限内共同选任仲裁员,这时很可能构成蓄意的拖延策略或伺机行动,其本身不应予以鼓励,更不应因其拒绝配合而导致仲裁程序陷入僵局。此时，仲裁机构只要是在遵循仲裁规则安排的情况下完成的组庭，原则上即应认定为合法的组庭程序，当事人的撤裁申请不应得到支持。

四、国际航空仲裁的发展与探索

（一）国际航空争议的妥当解决是实现民航强国的法治保障

国际航空仲裁是随着航空技术的不断进步而衍生出来的航空争议解决方式。1999年《统一国际航空运输某些规则的公约》（即《蒙特利尔公约》）第34条将仲裁方式正式引入，使国际民用航空运输活动中产生的争议可以通过仲裁方式加以解决。相较于传统的国际商事争议，国际航空运输争议具有较强的专业性、技术性、行业性特征，国际航空运输协会与国际民用航空组织在航空仲裁的发展过程中发挥了重要作用。2014年，上海国际航空仲裁院正式成立，这标志着国际航空仲裁在中国正式落地。为了充分发挥国际仲裁定分止争的功能，需要相关立法及仲裁规则等多维视角提供全方位的制度支撑，规则建构是实现制度本土化的法律基础。

2018年，中国民用航空局出台《新时代民航强国建设行动纲要》，对实现民航强国梦提出了八项主要任务。据此，民航强国建设目标的实现，不仅需要强化传统意义上的机场、空管、航空公司等硬件设施，还需要构建强大的航空司法保障体系和争端解决机制等"软实力"来提升我国民航强国建设的话语权和国际影响力。[1]如何梳理和分析国际航空旅客运输争议解决的国际私法制度是一个亟待解决的问题。根据《关于统一国际航空运输某些规则的公约》（即《华沙公约》）和《蒙特利尔公约》的规定，国际航空旅客运输争议的解决必须通过法院诉讼来进行，而两个

---

〔1〕 张超汉：《设立航空运输法院 助推民航强国建设》，载《中国民航报》2019年1月24日，第7版。

第五章 效应论：我国打造国际商事仲裁中心的改进方向

公约关于管辖权的规定带有强制性，缔约国的公民和法院均须遵守。[1]而对于国际航空货物运输中的争议，则具有多元化的争议解决方法，诉讼、调解、仲裁、协商等都存在可能。由于航空运输活动具有天然的国际性，航空争议的解决往往在国际化的平台进行，其中，国际航空仲裁成为近年来日渐重要的新机制。为了探讨航空仲裁机制在中国实现本土化的制度设计，有必要先对域外国际航空仲裁的发展进程及其实践现状进行观察。鉴于此，本书首先梳理域外国际航空仲裁的发展历程，而后分析航空仲裁引入中国所面临的法律障碍及其对策，最后对我国上海自由贸易试验区探索并试行航空仲裁的动因进行前瞻思考。

（二）运用仲裁方式解决国际航空争议的域外考察

1. 国际航空运输活动的发展与仲裁的引入

20世纪初，随着飞机的发明和航空科学技术的进步，航空逐渐发展成为国防、民用交通运输的重要力量。就民用航空而言，航空科技、航空企业及航空服务等有关经济部门的运行，需要法律制度予以保障，航空法便伴随着人类航空事业的发展应运而生。人类的航空活动具有天然的国际性，而航空法作为国际法与国内法的有机组成法律，主要的调整对象是国际民用航空活动。[2]所谓国际民用航空运输，特指在具备航空路线和飞机场的条件下，利用飞机作为运输工具的一种运输方式，其可进一步区分为航空旅客运输与航空货物运输。相比于海运、陆运等传统的国际运输方式，国际航空运输是一种现代化的运输方式，直至1871年才正式开始，距今只有一个多世纪。相应地，航空法也是一门

---

[1] 张望平：《国际航空旅客运输争议解决的国际私法问题研究》，吉林大学2015年博士学位论文。

[2] 董杜骄、顾琳华主编：《航空法教程》，对外经济贸易大学出版社2007年版，第2页。

年轻而富有朝气的法律学科。在国际航空争议的解决方式上,由于各国立法通常对可仲裁事项进行严格限定,当国际航空业主体之间产生争议时,更多地采取国际民事诉讼方式解决。随着航空活动引发的国际争议的增加,不少国际公约都承认了航空争议解决中仲裁制度的客观存在,例如,1977年英美签订的双边航空运输协定《百慕大协定Ⅱ》,但是其并没有为航空仲裁确立完整的规范体系。1999年,《蒙特利尔公约》第34条为国际航空货物运输增加了一种新的争议解决方式,明确认可了当事人可以书面约定选择仲裁方式解决货运争议。[1]这标志着,仲裁方式开始引入国际航空争议解决领域,这为国际航运界利用仲裁这一方法确立了国际法基础。正如学者所言,《蒙特利尔公约》第34条是国际多边运输公约首次对航空仲裁的适用范围、仲裁协议的形式、效力、管辖权以及公约对仲裁的强制适用等一系列问题进行全面正式的规定,是各国航空法专家在多次全球航空法大会上反复研讨、仔细斟酌、发挥集体智慧的最终成果。

根据《蒙特利尔公约》第34条,航空仲裁适用的争议范围仅限于货物运输项下的承运人责任问题,包括承运人对货物毁损、灭失、遗失或延误而承担的责任争议,有关旅客伤亡、行李毁损、遗失、灭失或延误而发生的争议不在可仲裁事项范围之内。关于仲裁协议的形式,《蒙特利尔公约》第34条第1款要求仲裁协议必须以书面形式订立,但是并未对"书面形式"作出明确界定,对此可参考1958年《纽约公约》进行判定。关于仲裁管辖权,《蒙特利尔公约》第34条第2款援引了该公约第33条中的诉讼管辖权,尽管第33条增设了"第五管辖权"(旅客的主要且永久居所地),但由于该类特殊的管辖权仅适用于旅客运输

---

[1] 杜新丽、宣增益主编:《国际私法》(第五版),中国政法大学出版社2017年版,第276页。

第五章 效应论：我国打造国际商事仲裁中心的改进方向

而不适用于货物运输，并未纳入仲裁的管辖权当中，仲裁申请人仅可以选择在承运人住所地、主营业地、订立合同的营业地、运输目的地申请仲裁。此外，《蒙特利尔公约》的适用具有强制性，仲裁庭必须适用公约确立的承运人责任限额、责任豁免、责任性质等实体规则作为裁判准则，仲裁员也不得以其所属国并非公约缔约国为借口而拒绝适用公约。[1] 总的来看，《蒙特利尔公约》第34条为国际航空仲裁确立了基本的制度框架，但是其中的若干细节议题仍然需要借助仲裁规则、仲裁协议及其他仲裁公约进行解释和适用。

2. 航空争议的特殊性对国际航空仲裁提出高要求

与其他的国际商事交易活动相似的是，国际航空运输的进行也建立在一系列协议和合同的基础之上，这些协议和合同由航空企业与其燃料供应商、地勤服务提供商、飞机维护服务提供商、餐饮服务提供商等其他业内参与者共同订立。在当事人因这些合同而产生争议时，往往涉及较强的专业性和技术性问题，不仅争议金额较高，且案件多具有涉外性，案件审理需要熟悉航空法律规则的专业人士。与此同时，国际航空争议还具有另一个突出特征，即争议的双方当事人相对比较固定，争议多发生在航空公司与供应商或服务提供商之间。为了维护稳定而长期的商业合作关系，当事人更希望通过相对和缓的、保密的方式解决争议，对抗性色彩较强的司法解决手段未必是最佳选择。正基于此，仲裁方式被引入国际航空争议解决中，且颇受国际航空从业者青睐，甚至成为首选方式。在国际民航业，航空公司与机场、航空油料、航空餐食等供应企业之间的仲裁运作已相当成熟。为了保障国际航空仲裁程序的规范进行，国际航空运输协会制定并发布了《国

---

[1] 张超汉、张宗师：《国际航空仲裁制度研究——兼评1999年〈蒙特利尔公约〉第34条》，载《北京理工大学学报（社会科学版）》2017年第4期。

际航空运输协会仲裁规则》，被视为国际航空业在解决业内争议时所普遍采用的仲裁规则。[1]值得一提的是，在国际航空运输协会体系内的国际航空仲裁机制是在总干事协助下进行的临时仲裁，这与机构仲裁存在较大的差异。相比于机构仲裁，临时仲裁既有一定的优势，也有一定的弊端。其优势主要在于：程序上比较灵活，符合双方当事人的意愿及实际情况，有学者将临时仲裁喻为"量体裁衣"；在一定条件下费用节省，无须管理服务费；同时可省略机构内部的复杂手续，提高工作效率，加快速度；并有可能在无事实争议（matter of fact），只发生法律争议（matter of law）的案例中发生即时仲裁（instant arbitration）。临时仲裁的主要缺点是：当事人不可能对仲裁涉及的全部问题作出约定，如程序出现问题，当事人需重新作出约定，例如，仲裁员在审理过程中不幸身亡或成为无民事行为能力人；临时仲裁缺乏必要的监督管理，其有效性及其优势的发挥取决于双方一致，如一方当事人延迟时间不愿合作，另一方当事人必须寻求仲裁地法院的司法救济，否则会陷入僵局；在费用方面，当事人在协商过程中往往缺乏讨价还价的经验。

3. 多元化的航空争议对应不同形态的航空仲裁

根据航空争议的性质不同，国际航空仲裁既包括国家间仲裁，也包括私人间商事仲裁。有学者专门对国际航空仲裁的典型实践进行了概括和整理：对于国家间航空仲裁，案件往往围绕双

---

[1] 国际航空运输协会是由世界各国航空公司于1945年成立的大型国际组织，其法律性质具有两面性：一方面，国际民航组织将运价制定权给了国际航空运输协会，因此在运价制定方面国际航空运输协会具有多边性、统一性；另一方面，国际航空运输协会仅仅是非政府组织，其决议不具有法律约束力。总体而言，国际航空运输协会在多边框架内与国际民用航空组织及其他国际组织协力合作，对各种航空运输企业提供合作支持，有利于促进全球航空运输自由化。王瀚、张超汉、孙玉超：《国际航空法专论》，法律出版社2017年版，第43页。

第五章 效应论：我国打造国际商事仲裁中心的改进方向

边航空运输协定引发的条约争端而展开，这方面的案件通常表现为临时仲裁，但往往受到国际社会的高度重视，例如，1963年美国诉伊朗案[1]、1965年美国诉意大利案[2]、1978年美国诉法国案[3]、1981年比利时诉爱尔兰案[4]、1992年美国诉英国案[5]、1993年澳大利亚诉美国案[6]等。相比之下，国际民用航空组织理事会主要受理因《国际民用航空公约》（即《芝加哥公约》）而引起的航空争议，例如，1952年印度诉巴基斯坦案[7]、1969年英国诉西班牙案[8]、1971年巴基斯坦诉印度案[9]、1998年古巴诉美国案[10]、2000年美国诉欧洲十五国案[11]等。

---

[1] Paul B. Larsen, "Arbitration of the United States-France Air Traffic Rights Dispute", *J. Air L. & Com.*, Vol. 30, 1964, p. 231.

[2] Paul B. Larsen, "The United States-Italy Air Transport Arbitration: Problems of Treaty Interpretation and Enforcement", *Am. J. Int'l L.*, Vol. 61, No. 2, 1967, pp. 496-499.

[3] Lori Fisler Damrosch, "Retaliation or Arbitration-or Both? The 1978 United States-France Aviation Dispute", *Am. J. Int'l L.*, Vol. 74, No. 4, 1980, p. 785.

[4] Jacques Naveau, "Away from Bermuda?" *Air L.*, Vol. 8, 1983, pp. 44-45.

[5] Edwin Bailey, "Article 15 of the Chicago Convention and the Duty of States to Avoid Discriminatory User Charges: The US-UK London Heathrow Airport User Charges Arbitration", *Annals Air & Space L.*, Vol. 19, 1994, pp. 81.

[6] Paul Stephen Dempsey, "Flights of Fancy and Fights of Fury: Arbitration and Adjudication of Commercial and Political Disputes in International Aviation", *Ga. J. Int'l & Comp. L.*, Vol. 32, No. 2, 2004, p. 265.

[7] Bin Cheng, *The Law of International Air Transport*, Stevens and Sons Limited, 1962, pp. 100-104.

[8] Gerald F. Fitzgerald, "The Judgment of the International Court of Justice in the Appeal Relating to the Jurisdiction of the ICAO Council", *Can. Y. B. Int'l.*, Vol. 12, 1975, p. 185.

[9] Paul Stephen Dempsey, "Competition in the Air: European Union Regulation of Commercial Aviation", *J. Air L. & Com.*, Vol. 66, No. 3, 2001, p. 1032.

[10] Paul Stephen Dempsey, "Flights of Fancy and Fights of Fury: Arbitration and Adjudication of Commercial and Political Disputes in International Aviation", *Ga. J. Int'l & Comp. L.*, Vol. 32, No. 2, 2004, p. 277.

[11] Benedicte A. Claes, "Aircraft Noise Regulation in the European Union: The Hushkit Problem", *J. Air L. & Com.*, Vol. 65, No. 2, 2000, p. 341.

此外，在"冷战"后期，联合国国际法院也受理了部分国家间航空争端案件，但这些案件主要是以司法方式裁判而非仲裁方式裁决，且所涉争端具有较强的政治性，不属于狭义的国际航空仲裁及航空争议范围内。[1]本书所探讨的航空仲裁，侧重于因航空法上的权利义务关系争议而提起的私人间商事仲裁，而非主权国家间的公法仲裁，相较之下，前者是广义上的国际私法所必须关注的对象，其更加契合国际民商事争议解决的基本程序，也更适宜通过商事仲裁方式加以解决。

（三）将航空仲裁引入中国的法律困境与解决对策

1. 在中国开展航空仲裁的法律困境

国际航空仲裁作为仲裁的分支，其并不脱离仲裁的合意性特征，这意味着，仲裁管辖权的存在与否、仲裁程序如何安排、仲裁员如何选任等具体事宜，均以当事人意思自治作为首要标准。所谓仲裁，是指当事人在争议产生之前或之后，通过签订书面协议，自愿将他们之间已经产生或可能产生的纠纷提交独立第三方裁决的一种"准司法"方式。在国际航空仲裁中，仲裁庭的管辖权也以当事人的共同同意作为基础，而这种合意的表现方式即仲裁协议，具体包括合同中的航空仲裁条款或者独立的航空仲裁协议，但当事人的仲裁协议不得突破立法中划定的可仲裁事项。对此，《中华人民共和国仲裁法》并没有对航空仲裁中的可仲裁事项作出规定，但是对可仲裁事项作出了一般性的规定，这一规定包括正面的纳入式界定（即界定可仲裁事项的范围）和反面的排除性界定（即界定不可仲裁的事项范围），明确平等主体之间的合同纠纷和其他财产权益纠纷均可仲裁，相比于《蒙特利尔公

---

[1] Paul Stephen Dempsey, "Flights of Fancy and Fights of Fury: Arbitration and Adjudication of Commercial and Political Disputes in International Aviation", *Ga. J. Int'l & Comp. L.*, Vol. 32, No. 2, 2004, pp. 231-232.

约》第34条，这一规定较为抽象概括，缺乏对航空争议的聚焦，亟待改进。

此外，国际仲裁的基本分类方式之一是根据当事人是否选定特定的仲裁机构而区分为机构仲裁与临时仲裁。在国际航空仲裁中，临时仲裁的模式比机构仲裁的模式更为成熟。然而，遗憾的是，迄今为止，我国现行仲裁法并不认可在国内约定临时仲裁的协议有效性，仅在自由贸易试验区范围内的特定企业间试行"三特定"仲裁。[1]落实到航空仲裁上，对临时仲裁的否认就导致民航企业遇到合同纠纷时，必须到境外仲裁或是转而采用司法诉讼，企业纠纷调解的时间和资金成本因此居高不下。另一方面，在国际航空中心的建设过程中，航空争议解决服务是航运服务业的高端产业，是航运中心软实力建设的要素之一。仲裁以其程序的灵活性、保密性、自治性、专业性和境外可执行性等特点在航空领域纠纷解决中具有明显优势。鉴于此，我国在加快发展航空制造和航空运输产业的同时，也应积极构建功能完备的国际化的航空仲裁服务体系，从立法层面正式肯定临时仲裁的合法性，成为迫在眉睫的重要议题。

2.《中华人民共和国仲裁法》修改中宜对航空仲裁设置特别规则

如前文所言，现行《中华人民共和国仲裁法》对可仲裁事项的限定过于狭窄，仅限于平等主体之间的合同纠纷或其他财产权益纠纷，排除了我国仲裁机构对私人与外国政府之间的航空争端，从而将此类仲裁的管辖权拱手让与境外仲裁机构，丧失了争端解决的主导权。鉴于此，在《中华人民共和国仲裁法》修改中，首先应当从可仲裁性的角度明确我国的仲裁机构有权对各类

---

[1] 张建：《中国自贸区临时仲裁规则的法律构建》，载《石河子大学学报（哲学社会科学版）》2017年第5期。

航空争议予以管辖，包括航空运输、飞机制造、飞机销售、飞机融资租赁、航空保险、油料供应、通用航空托管、地面服务及票务代理等领域产生的各类航空纠纷。[1]

其次，因历史原因，现行立法区分了国内仲裁机构与涉外仲裁机构，但在实践中，我国各仲裁机构均已可同时受理国内案件与涉外案件，上述区分已经不符合现实状况，对我国仲裁机构的管辖权形成了掣肘。对于国际航空仲裁而言，相关争议的妥当解决既涉及各国国内法，又涉及有关条约所确立的国际义务，因此不能以案件的涉外性而区分哪些机构有管辖权，而应以仲裁服务的国际化和仲裁员队伍的专业化水准为参照来评判其解决航空争议的能力。鉴此，可考虑取消国内仲裁机构与涉外仲裁机构这种"分流"，而是实现各个仲裁机构在管辖权方面的"合流"，允许由当事人自由选择在哪一机构解决其航空争议。

再其次，对国际仲裁中通行的、符合仲裁程序自身规律的法律制度与原则，现行立法应当予以借鉴，例如"仲裁庭自裁管辖权原则"、临时仲裁、友好仲裁、紧急仲裁员制度等。《中华人民共和国仲裁法》修改中有必要放开临时仲裁，实行航空机构仲裁与航空临时仲裁"双轨制"，通过市场竞争分阶段、有秩序、有侧重地打造最为适宜的航空争议解决机制。[2]

此外，现行《中华人民共和国仲裁法》对仲裁程序的具体规定较为严格、存在诉讼化倾向，这不利于保持仲裁程序的灵活性、当事人意思自治等优势。例如，现行法规定仲裁应当开庭进

---

[1] 李乾贵、郑囿君：《航空知识产权纠纷可仲裁性探讨》，载《北京航空航天大学学报（社会科学版）》2012年第4期。

[2] 张超汉、张宗师：《国际航空仲裁制度研究——兼评1999年〈蒙特利尔公约〉第34条》，载《北京理工大学学报（社会科学版）》2017年第4期。

第五章 效应论：我国打造国际商事仲裁中心的改进方向

行、当事人应当对自己的主张提供证据、鉴定部门应当派鉴定人参加开庭、证据应当在开庭时出示、辩论终结时仲裁庭应当征询当事人的最后意见等。简言之，现行《中华人民共和国仲裁法》中没有赋予仲裁庭在程序事项上充分的自由裁量权，例如，在当事人申请保全、财产保全时，只能向仲裁委员会提出，并由仲裁委员会转交法院决定是否保全，这不仅忽视了仲裁庭的权力，而且拉低了仲裁程序的效率。并且，现行立法中只规定了仲裁程序中的保全，没有规定仲裁前的保全，这与《中华人民共和国民事诉讼法》的规定相互冲突。鉴于航空仲裁的专业性，应当从程序角度对案件裁判流程予以优化，借助立法的修订提升仲裁庭处理程序事项的自由裁量权，最大化地凸显仲裁的效率优势。

最后，对于航空仲裁而言，可以考虑由航空运输协会等专门的行业组织来规范航空仲裁员的遴选、航空仲裁机构公信力的评估、统一航空仲裁规则的制定，这对于提升航空法律制度的稳定性、保持航空法律秩序的内在协调也具有重要意义。

总之，现行《中华人民共和国仲裁法》在适用于航空仲裁时具有一定程度的不相适应性，在法律修订的过程中，应充分借鉴《联合国国际商事仲裁示范法》等国际通行规则。[1]当前，中国国际贸易促进委员会正在积极筹建国际商事争端预防与解决中心，该国际组织将为中国当事人提供跨国争议解决的重要平台。

---

[1] 联合国国际贸易法委员会制定的《联合国国际商事仲裁示范法》第18条对仲裁程序的进行确立了基本的正当程序原则，该条规定："各方当事人应当被平等对待，每一方当事人应被给予充分的机会进行案件陈述。"由于该示范法的规则具有较强的科学性，代表了国际社会的广泛共识，很多国家和法域在进行本国仲裁立法或修订时纳入了示范法的主要内容。Petri Taivalkoski, "Ensuring Enforceability of the Award Against Challenges Based on Alleged Violation of Due Process", *Spain Arbitr. Rev.*, Vol. 35, 2019, p. 60.

就其管辖的争议范围而言,该中心成立后将会受理大量的跨国航空争议。[1]然而,现行《中华人民共和国仲裁法》的严重滞后已成为该组织将来运行的障碍。为了使该中心将来能够充分保持公信力、吸引全球尤其是"一带一路"沿线国家的当事人在中国解决争端,必须尽快将《中华人民共和国仲裁法》的修订提上日程,使法律制度与规则保持与时俱进,推动法治进步与仲裁事业的长远与可持续发展。

(四) 中国引入国际航空仲裁制度的尝试与前景展望

为了适应中国航空运输业与航空产业发展的需要,公正且高效地解决国际航空争议,有必要在中国引入国际航空仲裁制度。鉴于国际航空仲裁与惯常的国际商事仲裁相比具有较强的特殊性,而中国的航空法与仲裁法对此未作出具体的制度安排,航空仲裁的政策环境与市场状况导致在中国开展航空仲裁存在一定的不确定性。据此,有学者指出,仲裁机构及仲裁员的专业化、争议解决程序的国际化、国际交流与合作的常态化、仲裁与司法解决的协调化是航空仲裁未来在中国的整体趋势。[2]

中国航空业的迅速发展和巨大市场潜力,使得进入中国市场的国际航空公司日益增多。作为我国首个自由贸易试验区,上海自由贸易试验区本着法治"先行先试"的理念指引,在构建国际

---

[1] 也有学者提出,航空争议可以纳入国际投资争端解决的范畴,其理由是:从投资法的角度看,航空企业在外国的服务具有投资属性,任何违背国际法的国内立法均侵害了企业根据双边投资协定所应享有的公平公正待遇,而当前双边投资保护协定中的最惠国待遇对国际投资争端解决中心的管辖权的同意做了极大扩张。因此,非国家中心主义的国际投资仲裁就成为该类争端解决的另一种可能路径。不过,对于私人间的国际民用航空争议而言,其主要属于广义的国际商事争议,而非国际投资争端。周亚光:《ETS指令的法律遗产:国家与外国航空企业间航空争端解决的投资仲裁路径》,载《河北法学》2013年第10期。

[2] 罗超、平旭:《论航空仲裁机制在中国的发展》,载《南京航空航天大学学报(社会科学版)》2015年第4期。

化、法治化、市场化的营商环境方面起着引领性作用,这在国际航空仲裁方面亦有所体现。2014年,在中国航空运输协会、国际航空运输协会与上海国际仲裁中心三方的合力推动下,经上海市司法局批准,上海国际航空仲裁院得以成立。[1]为了保障该机构的顺利运行,其不仅设置了专门的航空仲裁员名册,还制定了与国际接轨的航空仲裁规则,构建了规范化的机构治理模式。[2]总体来看,上海国际航空仲裁院不仅是全球首个专门服务于民航业的国际仲裁机构,也标志着航空仲裁机制正式引入中国,对于在国际航空市场中提升中国的话语权大有裨益。从前景预估的角度分析,适时地评估上海国际航空仲裁院的运行实践,提炼出可供复制和推广的法制经验并有选择地向全国的其他地区予以推广,将有助于中国航空仲裁的持久发展。

第二节 国际商事仲裁域外法查明的路径与方案

一、国际商事仲裁中域外法查明的独特性

打造具有国际公信力的国际商事仲裁中心,意味着仲裁庭在审理案件(尤其是涉外仲裁案件)时需要保持开放、包容的心态,其中一个具体的表现是仲裁裁断争议实体及程序问题所适用的准据法并不必然是仲裁地法。具言之,国际商事仲裁中的法律适用需要充分尊重当事人意思自治原则,当事人可以在协商一致的基础上选择域外法作为准据法,即便当事人没有选择准据法,仲裁庭也有权在充分考虑案件具体情况的基础上适用与争议具有

---

[1] 辛红:《国际航空仲裁机制首次引入中国》,载《法制日报》2014年8月30日,第6版。
[2] 杜丽君:《对中国引进国际航空仲裁制度的思考》,载《中国对外贸易》2015年第6期。

最密切联系的域外法。除此之外，国际商事仲裁中常常需要适用国际条约或国际惯例等国际法渊源作为裁断争议的法律依据。那么，具有现实性的问题是，仲裁庭应当如何查明案件所需要适用的域外法？值得注意的是，国际私法上存在域外法查明这一专门制度，但是各国的立法主要是为了服务于法院的司法审判，很少充分注意到仲裁庭查明域外法的特殊性。[1]

国际商事仲裁与国内涉外民商事审判有着本质上的差别，在处理准据法的查明问题上，并不能直接照搬法院的模式。《中华人民共和国涉外民事关系法律适用法》第10条规定了域外法查明制度，该条款将仲裁机构与法院并列作为外国法查明的主体。但是，这一规定忽视了仲裁与诉讼的区别，存在一定的疏漏。

近年来，由于跨国交易量和海外直接投资的迅速增长，仲裁庭面临着越来越多涉外民商事纠纷案件。虽然没有官方数据统计这些涉外案件分别适用了何种准据法，但是可以合理推测，至少其中一部分涉及某些国家国内法的适用，并且将来这个数量必然会增加，国际商事仲裁中的外国法查明问题就越发凸显其重要性。

通常情况下，在法律选择过程中，仲裁庭需要处理两个问题，即寻找纠纷应该适用的法律以及确定该种法律的内容。对于寻找准据法的问题，不少国际规则以及国内冲突规范均作出了相关规定。但是第二个问题，即外国法的查明问题却鲜有规则涉及。但是反观国际商事仲裁实践，在涉外民商事法律关系中，各方当事人由于担心不了解对方国家的法律而在将来的裁判中处于不利地位，往往比较倾向于选择各方当事人本国法以外的第三国法律作为解决纠纷的准据法。当准据法对于各方当事人，甚至仲

---

[1] 宋连斌：《比照适用抑或特别规定：从国际商事仲裁的法律适用谈起》，载《武汉大学学报（哲学社会科学版）》2004年第6期。

裁员来说都是外国法的时候，就如何进行该国法律的查明涌现了一系列的问题。《中华人民共和国涉外民事关系法律适用法》第10条[1]开创性地将仲裁机构作为外国法查明的主体之一。仲裁机构作为一种私人主体之间解决纠纷的渠道，被法律以与法院并列的形式规定在《中华人民共和国涉外民事关系法律适用法》中，这无疑说明了通过仲裁解决争议的普遍性。然而仔细观之，这一法律忽视了仲裁庭与法院在查明外国法过程中的区别，其在多大程度上能够指导国际商事仲裁实践仍然需要进行考察。

二、国际商事仲裁中域外法查明的主体

（一）仲裁机构作为域外法的查明主体

当国外仲裁法和仲裁规则还在纠结于仲裁庭是否应该主动对准据法进行查明的时候，我国的立法机关似乎丝毫没有受此困扰，《中华人民共和国涉外民事关系法律适用法》第10条以冲突立法的形式将仲裁机构作为查明外国法的主体规定下来，可以说其立法特点及内容规定，在整个国际商事仲裁实践中都是标新立异的。具言之，按照《中华人民共和国涉外民事关系法律适用法》第10条的规定，涉外民事关系适用的外国法律，由人民法院、仲裁机构或者行政机关查明。在国际商事仲裁实践中，相较于法院和行政机关，涉外民事纠纷往往更频繁地涉及不同国家的法律制度和规则。需要指出的是，在涉外仲裁实务中，更多的是仲裁庭而不是仲裁机构在具体仲裁实践中进行法律内容的查明。并且，严格来讲，国际商事仲裁中并不存在"外国法"这一说法。无论国际商事仲裁程序中适用何种仲裁规则、仲裁地位于何

---

[1] 涉外民事关系适用的外国法律，由人民法院、仲裁机构或者行政机关查明。当事人选择适用外国法律的，应当提供该国法律。不能查明外国法律或者该国法律没有规定的，适用中华人民共和国法律。

处、仲裁员是何国籍，都不必然影响仲裁庭的国籍国。实务中，经常存在三名仲裁员分别来自不同国家的情况，且仲裁地不位于任何一名仲裁员的国籍国，这时，很难说该仲裁庭是某一国家的仲裁庭，相应地，也很难说案件所需要适用的法律是外国法。不过，鉴于仲裁地与申请承认及执行仲裁裁决的法院地在整个国际商事仲裁中具有十分重要的意义，故而，如果仲裁地位于甲国，而案件的准据法依据当事人的选择或仲裁庭依据冲突规范的指引为乙国法时，此时为了与甲国本国的国内法相区分，将乙国法称为外国法或域外法，亦无不当。那么，究竟应当由谁来具体承担查明域外法的义务，各国的实践不尽相同。总体来看，在国际私法关于外国法查明的责任分配方面，主要包括法院依职权查明和当事人自行查明这两类。相比之下，《中华人民共和国涉外民事关系法律适用法》将仲裁机构、行政机关并列为查明域外法的主体，确属制度上的创新。具言之，将仲裁机构与法院并列作为查明外国法的主体，认为仲裁机构有责任依职权查明准据法，这在某种程度上是对国际商事仲裁中查明域外法必要性的默许，同时在一定程度上也是对传统国际私法以诉讼作为中心的立法模式的创新。诉讼与仲裁同为纠纷解决的方式，二者在域外法查明方面虽有区别，但亦不乏共性。正如约翰·唐纳森（John Donadson）法官所说："法官与仲裁员的业务相同，他们都是在执行法律。二者之间唯一的区别是，法官在公共领域执法，而仲裁员则是在私营领域执法。"[1]虽然将仲裁机构而非仲裁庭作为查明的主体，用外国法指代国际商事仲裁中准据法的问题不甚严谨，但是抛开这些术语不谈，《中华人民共和国涉外民事关系法律适用法》第10条的规定毫无疑问涵盖了仲裁地位于我国境内的国际商事仲

---

[1] 庹渝、张建：《评〈涉外民事关系法律适用法〉第10条——以国际商事仲裁中的准据法查明问题为中心》，载《仲裁研究》2017年第1期。

第五章　效应论：我国打造国际商事仲裁中心的改进方向

案件将非中国法作为准据法的情形，这在现实中是存在的。鉴于该条款将仲裁机构查明域外法与法院查明域外法相提并论，那么就有必要去考察法院在涉外案件中是如何查明域外法的，从而为仲裁机构寻求可供借鉴的具体方案。

（二）法院作为域外法的查明主体

在民事诉讼中，不论是普通法系还是大陆法系，外国法的查明主体要么是法官，要么是当事人。也即法官查明模式，或者当事人查明模式。

虽然普通法系和大陆法系都认可事实部分应当由当事人证明，法院则根据事实进行裁决并且法院的判决不应该超过当事人的诉讼请求[1]，但是各国对于外国法的性质存在着不同的理解，这是导致不同国家外国法查明责任不同分配模式[2]的根源。

以德国为代表的民法法系国家，将外国法定性为"法律"，其诉讼程序中确立了"法官知法"[3]这一原则，即罗马法上"你提供事实，我提供法律"的格言。根据三段论的构造，在审理涉外案件时，外国法作为法律与内国法相同，起大前提的作用。此外，根据外国法编入理论，在依据冲突规范应当适用外国法时，外国法即取代了内国法的地位[4]。以英国为代表的普通

---

[1] C. Reymond, "Civil Law and Common Law Procedures: Which Is the More Inquisitorial? A Civil Lawyer's Response", *Arbitration International*, Vol. 5, No. 4, 1989, p. 360.

[2] 对各种查明模式及其代表国家的简要论述，参见 T. C. Hartley, "Pleading and Proof of Foreign Law: The Major European Systems Compared", *I. & C. L. Q.*, Vol. 45, No. 2, 1996, p. 271.

[3] 法官知法原则（jura novit curia）是古代罗马法中的一条法律古谚，此原则之明确历史可追溯至意大利注释法学派时期。古罗马帝国覆亡后，古代罗马法随之式微，直至 12 世纪，随着《查士丁尼法典》被注释法学派重新发现并注解，此原则终于第一次出现于注释法学派的著述之中。Sofie Gerooms, *Foreign Law in Civil Litigation: A Comparative and Functional Analysis*, Oxford University Press, 2004, p. 32.

[4] 高晓力：《涉外民商事审判实践中外国法的查明》，载《武大国际法评论》2014 年第 1 期。

法系国家则采外国法事实说,把外国法视为"事实"。外国法作为事实的一部分,由当事人提出并证明。而美国等国采取更为折中的体系。外国法处于事实和法律的中间地位,外国法的辩护主要依赖于当事人,而外国法内容的查明责任则在法官和当事人之间进行分担。

事实上,不论将外国法看作事实还是法律,两大法系在某种程度上都承认外国法比较特殊的一面,因此在司法实践中出现了不同比例的混合[1],要求当事人和法官共同合作查明外国法。

国际法院的做法大体上类似于大陆法系传统[2]。比如联合国国际法院就比较倾向于适用"法官知法"原则[3],世界贸易组织上诉机构在其判例中很大程度上也认同"法官知法"这一原则[4]。此外,"法官知法"原则也经常被美洲人权法院和欧洲人权法院引用[5]。

反观我国的民事诉讼结构,其比较接近于大陆法系,这也在《中华人民共和国涉外民事关系法律适用法》第10条中有所体

---

[1] 冲突法学者莫里斯曾指出:"在英国,虽然外国法是一个事实问题,但它是一个特殊类型的事实问题。"以及《德国民事诉讼法典》第293条规定:"外国的现行法、习惯法和自治法规,仅限于法院所不知道的,应予以证明。在调查这些法规时法院应不以当事人所提出的证据为限;法院有使用其他调查方法并为使用的目的而发出必要的命令的权限。"可见,德国也并非严格地把外国法视为法律。只是在外国法查明的责任承担上法官是积极主动的,并对外国法的查明具有最终决定权。李旺:《涉外案件所适用的外国法的查明方法初探》,载《政法论坛》2003年第1期。

[2] M. Kazazi, *Burden of Proof and Related Issues: A Study on Evidence Before International Tribunals*, Kluwer Law International, 1996, pp. 42-50。

[3] 常设国际法院也采取了同样的观点。See The Lotus Case, PCIJ, Series A, No. 10 (1927), p. 26.

[4] Appellate Body Report on EC-Hormones, p. 156.

[5] Filip De Ly, Mark Friedman and Luca Radicati Di Brozolo, "International Law Association International Commercial Arbitration Committee's Report and Recommendations on 'Ascertaining the Contents of the Applicable Law in International Commercial Arbitration'", *Arbitration International*, Vol. 26, No. 2, 2010, p. 206.

第五章 效应论：我国打造国际商事仲裁中心的改进方向

现。但是从法律条文来看，在对外国法的定性上，我国没有区分"事实"或"法律"。

关于外国法查明责任的分配，以当事人是否选择了适用外国法为标准，如果当事人选择适用外国法，则必须提供该国法律的内容。如果当事人没有选择适用外国法，而相关涉外民事关系需要适用外国法，则法院应当承担查明外国法的义务。

从该法条的语序来看，法院是有义务查明外国法的。2007年专门针对涉外合同纠纷法律适用的司法解释[1]区分根据最密切联系原则应当适用外国法和由当事人选择适用外国法两种情况，对外国法查明的责任进行分配。根据学者们的解释，之所以在当事人选择适用外国法的时候，由当事人承担外国法查明的义务，是因为在此情况下当事人较法官而言更了解外国法[2]，为了提高审判效率，因而由当事人提供该国法律。所以，在法律层面，我国采取了法院查明外国法为主，当事人查明外国法为辅的模式。

但是，事实上在涉外民事关系中，当事人选择适用外国法并不是因为他们了解该外国法，而可能仅仅由于他们认为适用各方当事人以外的第三国法律更为公平，或者信赖于某国经济发达且法律完备，从而在并不了解外国法的情况下选择其而适用之。因此，以当事人是否选择适用外国法为标准，确定其承担提供外国法的义务来看，并不十分合理。这也是司法实践中，法院往往以

---

[1]《最高人民法院关于审理涉外民事或商事合同纠纷案件法律适用若干问题的规定》（法释〔2007〕14号）第9条第1款规定："当事人选择或者变更选择合同争议应适用的法律为外国法律时，由当事人提供或者证明该外国法律的相关内容。"第2款规定："人民法院根据最密切联系原则确定合同争议应适用的法律为外国法律时，可以依职权查明该外国法律，亦可以要求当事人提供或者证明该外国法律的内容。"

[2] 高晓力：《涉外民商事审判实践中外国法的查明》，载《武大国际法评论》2014年第1期。

当事人不能提供外国法的内容为由确定外国法不能查明[1],而直接适用中国法。另一方面,法条体现的以法院查明为主这一模式的父爱主义精神,其实也低估了外国法查明的难度。以德国模式为例,即使是全球化时代的今天,德国法官查明的外国法一般局限于欧洲近邻国家的法律[2],对于欧美之外国家法律的查明也是力不从心的。反观我国法院适用外国法审理涉外民事法律关系案件的比例更是微乎其微。

所以笔者认为,在外国法查明责任分配这一问题上,以当事人是否选择适用外国法来区分查明责任的分配不甚合理。而"法官知法"原则在诉讼中外国法查明问题的考量上,尚且困难重重,那么对于建立在当事人意思自治基础上而享有管辖权的仲裁机构来说,似乎更是有待考证。

(三) 仲裁庭作为域外法的查明主体

因为准据法的查明大体上是一个程序问题,而国际商事仲裁中程序问题大多属于当事人意思自治或者仲裁庭自行裁量的范畴,所以国际上大部分仲裁法和机构仲裁规则都没有具体规定准据法查明的问题。当然也有一些例外,比如2020年版《伦敦国际仲裁院仲裁规则》第22条第1款就明确规定:"仲裁庭有权应任何一方当事人的申请从事下述行为,或者有权主动从事下述行为,但在任何一种情形下,都必须事先给予各方当事人合理机会陈述其观点,也必须遵守仲裁庭可以决定的(关于费用和其他方面的)条件:……进行仲裁庭认为必要或适宜的询问,包括仲裁庭是否应该以及在何种程度上应该主动识别相关问题,并查明相

---

[1] 林燕萍、黄艳如:《外国法为何难以查明——基于〈涉外民事关系法律适用法〉第10条的实证分析》,载《法学》2014年第10期。

[2] 焦燕:《我国外国法查明新规之检视——评〈涉外民事关系法律适用法〉第10条》,载《清华法学》2013年第2期。

第五章 效应论：我国打造国际商事仲裁中心的改进方向

关事实以及适用于仲裁协议、仲裁和当事人争议是非曲直的法律或法律规则。"再比如，依据1996年《英国仲裁法》第34条第2款g项的规定，在不违背当事人有权商定的任何事项的前提下，仲裁庭得决定所有的程序和证据事项，此类程序和证据事项包括：是否以及在何种程度上仲裁庭可以主动确定事实和法律。现有的关于仲裁庭有查明域外法职权的相关规定，均体现在仲裁规则当中或仲裁法立法中，像我国这种以国际私法单行立法的方式规定国际商事仲裁的域外法查明问题，确属罕见。[1]

在《中华人民共和国涉外民事关系法律适用法》的起草过程中，共有七个草案。其中仲裁机构作为外国法查明主体被写进第一个草案，第二个草案则将其删除，然而又出现在第三个草案中，第四、五个草案又将其删除，到第六个草案重新出现，此后一直保留到正式施行[2]。由此可以看出，将仲裁机构与法院并列作为外国法的查明主体，在《中华人民共和国涉外民事关系法律适用法》的起草历史上，是有所犹豫的。

对比仲裁法和仲裁规则，一国的冲突规则对仲裁庭的约束则没那么明显。冲突规则用"联结因素"将当事人之间的法律关系和特定的法律体系联系起来。但是不同的国家，冲突规则不同。一国的仲裁员可能参照合同履行地来选择准据法，而另一个国家完全可能根据合同签订地来选择适用法律。所以同样的问题可能产生不同的答案，而这完全取决于仲裁庭位于何地。在国际商事仲裁中，仲裁所在地的选择往往总是因为一些跟仲裁地法律的冲突规则无关的原因，比如，涉外民事关系的当事人选择中国国际

---

[1] 刘璐：《国际商事仲裁中的外国法查明制度研究》，西南政法大学2016年硕士学位论文。

[2] Qi Xiangquan, Wu Lili and Zhu Conglin, "Comparison of Drafts of the PRC's 'Law of the Application of Law for Foreign-Related Civil Relations'", *Chinese Law and Government*, Vol. 45, No. 6, 2012, p. 17.

经济贸易仲裁委员会但仲裁地位于纽约,由此推出仲裁庭有义务遵守纽约的冲突法规则,显然是不合理的。所以跟法官不同,国际仲裁庭没有义务遵循其所在地国的法律冲突规则。这种学说在仲裁机构的规则和国际仲裁的实践中都得到了支持[1]。所以,且不论规则的内容是否合理,在国际商事仲裁中,审理地的冲突规则对于仲裁庭并没有强制约束力。

值得一提的是,当事人意思自治是国际商事仲裁制度的基石,而当事人的合意是仲裁庭取得管辖权的基础,也是仲裁法律适用的基础。特别是对于仲裁申请人而言,其在提出仲裁请求的同时,有必要完成初步的法律查明工作,从而证明自己的仲裁请求建立在何种法律依据的基础上。[2]例如,2010年版《联合国国际贸易法委员会仲裁规则》第20条第2款即规定,申请人应在仲裁庭确定的期间内,以书面形式将仲裁申请书递交给被申请人和每一名仲裁员,仲裁申请书中应包括以下事项:……支持本仲裁请求的法律依据或观点。

其实,在国际商事仲裁中,当事人大部分情况下都会对准据法的适用达成合意,而不是将这一问题留给仲裁庭去确定。所以,《中华人民共和国涉外民事关系法律适用法》第10条将仲裁机构与法院并列作为查明的主体,造成一种仲裁机构对准据法进行查明是国际商事仲裁实践中的基本模式的错觉。再者,如果仲裁机构有义务查明准据法,那么当仲裁机构没有履行这一义务或者查明的法律内容有错误时,却没有任何的纠正措施。在我国当前的民事诉讼制度中,根据"法官知法"原则,法院有义务依职

---

[1] Alan Redfern and Martin Hunter, *Law and Practice of International Commercial Arbitration*, 6th ed., Kluwer Arbitration, 2015, p.212.

[2] 李萌萌:《国际商事仲裁中的外国法查明问题研究》,湖南师范大学2012年硕士学位论文。

第五章 效应论：我国打造国际商事仲裁中心的改进方向

权查明外国法，当出现错误时当事人可以采取上诉等措施予以补救。但是，在国际商事仲裁中，《中华人民共和国涉外民事关系法律适用法》第 10 条似乎认为仲裁庭也跟法院一样，仲裁员应该知法，因此其有义务对准据法进行查明。然而，《中华人民共和国民事诉讼法》所规定的拒绝执行仲裁裁决事项中，并不涉及任何实体法的适用问题[1]。一方面认为仲裁机构有义务查明外国法，另一方面对义务的不履行或错误履行并没有提供任何纠正措施，这显然是不合理的。

三、国际商事仲裁中域外法查明的途径

外国法内容的查明包括"查"和"明"两个方面的内容[2]。由于通常情况下，法官或仲裁员都不具备事先通晓涉外民事关系纠纷所适用之准据法内容的能力，法院或者仲裁庭需要"查"，即通过特定途径获取准据法，并且在获取准据法之后"明"，即合理地确定准据法的含义。但是对于如何"查""明"准据法的内容，《中华人民共和国涉外民事关系法律适用法》并没有作任何提示。我们只能从司法解释中看到一些零星的规定。

2005 年最高人民法院印发的《第二次全国涉外商事海事审判工作会议纪要》第 51 条规定："……当事人可以通过法律专家、法律服务机构、行业自律性组织、国际组织、互联网等途径提供

---

[1] 参见《中华人民共和国民事诉讼法》第 291 条关于法院不予执行涉外仲裁裁决事项的规定："（一）当事人在合同中没有订有仲裁条款或者事后没有达成书面仲裁协议的；（二）被申请人没有得到指定仲裁员或者进行仲裁程序的通知，或者由于其他不属于被申请人负责的原因未能陈述意见的；（三）仲裁庭的组成或者仲裁的程序与仲裁规则不符的；（四）裁决的事项不属于仲裁协议的范围或者仲裁机构无权仲裁的。人民法院认定执行该裁决违背社会公共利益的，裁定不予执行。"

[2] 高晓力：《涉外民商事审判实践中外国法的查明》，载《武大国际法评论》2014 年第 1 期。

相关外国法律的成文法或者判例,亦可同时提供相关的法律著述、法律介绍资料、专家意见书等。当事人对提供外国法律确有困难的,可以申请人民法院依职权查明相关外国法律。"可以看出,当事人提供外国法内容的手段是多种多样的,甚至是开放式的。对于外国法信息的来源也包括了相关法律著述、法律介绍资料等辅助性信息来源。这一规定在理论和实践中都比较合理,但是其只是针对商事、海事审判,并且效力层级较低仅为会议纪要,并不能当然将其延伸至司法审判中的其他事项。

2021年12月,最高人民法院制定了《全国法院涉外商事海事审判工作座谈会会议纪要》,第21条就域外法查明的途径作出了详细规定:"人民法院审理案件应当适用域外法律时,可以通过下列途径查明:(1)由当事人提供;(2)由中外法律专家提供;(3)由法律查明服务机构提供;(4)由最高人民法院国际商事专家委员提供;(5)由与我国订立司法协助协定的缔约相对方的中央机关提供;(6)由我国驻该国使领馆提供;(7)由该国驻我国使领馆提供;(8)其他合理途径。通过上述途径提供的域外法律资料以及专家意见,应当在法庭上出示,并充分听取各方当事人的意见。"2023年11月30日,最高人民法院公布《关于适用〈中华人民共和国涉外民事关系法律适用法〉若干问题的解释(二)》(法释〔2023〕12号,以下简称《解释(二)》),并自2024年1月1日起施行。《解释(二)》针对司法实践中存在的查明责任不清、查明途径单一、查明程序不规范、认定标准不统一等长期制约外国法律查明的重点难点问题进行了系统规范。对于查明责任,根据《中华人民共和国涉外民事关系法律适用法》第10条第1款的规定,人民法院有义务查明外国法律,"由当事人提供"只是我国法院查明外国法律的途径之一。立法对选择适用外国法律的当事人课以提供义务,在于此种情形下当事人

第五章 效应论：我国打造国际商事仲裁中心的改进方向

对外国法律更加熟悉，由其提供有利于提高审判效率。针对实践中部分法院存在混淆查明责任和查明途径的错误认识，《解释（二）》第 1 条明确规定人民法院有查明外国法律的责任，当事人选择适用外国法律时负有提供外国法律的义务。同时，《解释（二）》第 2 条明确当事人未选择适用外国法律时，亦不排除人民法院仍然可以要求当事人协助提供外国法律。鉴于我国法律和《诉讼费用交纳办法》并未明确查明外国法律的费用为诉讼费用，《解释（二）》第 11 条就当事人将查明费用作为诉讼请求提出时如何处理进行了规定。当事人约定法律查明费用负担的，应充分尊重当事人的意思自治，按照其约定处理；没有约定的，人民法院需要根据当事人主张，结合外国法律查明情况和案件具体情况酌情支持合理的查明费用。这些制度虽然主要针对我国各级人民法院的涉外民商事审判而设计，但是亦可为国际商事仲裁所参照和借鉴。

值得一提的是，通过特定的途径查明案件所需要适用的域外法后，还需要顾及域外法的体系性解释和适用。具言之，单个法条从原产国的全部法律体系中被摘录出来以后，其在一个法律制度甚至法律文化完全不同的国家被适用，极有可能会丧失其本身的含义。所以，仲裁庭如果追求"如同外国法官那样适用域外法作出裁决"[1]，查明的信息源就有必要包涵国外法院有约束力的判例、法律著述和其他相关资料。这显然不是一个轻松的过程，特别是在有严格审限限制并且法官审判任务繁多的我国民事诉讼中，法官在形成对外国法内容正确理解的过程中，有必要充分让当事人发表对于外国法的意见。

在国际商事仲裁中，仲裁庭会频繁地遇到准据法为非中国法

---

[1] 徐鹏：《外国法查明：规则借鉴中的思考——以德国外国法查明制度为参照》，载《比较法研究》2007 年第 2 期。

的情形,《中华人民共和国涉外民事关系法律适用法》第10条虽然明确将仲裁机构与法院并列作为外国法的查明主体,然而在具体操作方面并没有为其提供任何指导意见。在外国法的查明问题上,仲裁庭与法院确实有相似的处境,也正是基于这一理由,在思考国际商事仲裁中准据法的查明时,我们有必要先考察法院的实践。然而,由于仲裁与诉讼作为纠纷解决的两种不同形式存在的本质区别,前文已经叙述的法院查明外国法的实践对于仲裁庭的启示其实是相当有限的。

首先,法院查明域外法的实践并不一定适合于仲裁庭。对于域外法的查明问题,除仲裁法这种专门针对仲裁的立法外,其他国内法通常都是在考虑国内法律传统、法律特点以及法律目的后,甚至是各方利益妥协的一个结果。这与国际商事仲裁相距甚远。在国际商事仲裁中,仲裁庭的组成人员以及当事人完全可能来自不同的国家,如果统一采用仲裁庭所在地国法院查明外国法的规则进行准据法的查明,似乎不甚合理。而且仲裁庭并不是任何国家任何强制性规则的守护者[1],仲裁庭的目标是作出一个具有执行力的仲裁裁决,也是以这个目的为前提去决定是否需要考虑仲裁地国法律的强制性规则。但是法院则不同,法院必须遵守法院地国一切强制性规则,包括法院地的冲突规则,而前文已经论述过了仲裁庭并没有义务遵守仲裁地的冲突规则。当然,这并不是说国际商事仲裁是规避内国强制性规则的一种方式,只是仲裁员和法官对待内国强制性规则的方法是有区别的。

其次,跟不能期待法官是外国法的专家一样,我们也不能期待对于准据法是其非内国法的情况下,仲裁员一定是该域外法方面的专家。但是,在采取诉讼职权主义的大陆法系背景下,我们

---

[1] 参见2008年《国际商事仲裁中准据法内容查明的最终报告》,第12页。

第五章 效应论：我国打造国际商事仲裁中心的改进方向

有理由认为法官有义务查明以至于正确理解外国法，并作出符合预期的判决结果。但是仲裁庭则不同。没有任何一个规则规定就特定问题或某些特定事项的某份判决，仲裁员有义务在面临相似问题或事实时，作出相同的裁决[1]。仲裁的保密性使得每一份仲裁裁决的结果并非广为人知，所以每一份仲裁裁决都是完全独立的，仲裁员需要考虑的不是怎样做到"如同外国法官那样适用外国法作出裁决"，不是怎样保持裁决的一致性，而是专心致志解决当下的纠纷。虽然不可否认律师和仲裁员都希望裁决尽可能一致、尽可能有规律可循，但是商人需要解决的是所面临的具体争议，而不是希望仲裁员在准据法的查明和正确适用问题上耗时耗力。放眼其他国家，其实在国际商事仲裁中，仲裁员是否有义务查明准据法有很大争议。在一些大陆法系国家[2]的司法实践中，也有跟我国一样，认为仲裁员应该"知法"的看法，但是对于仲裁庭是否有义务查明准据法有不同的回答。其实，在准据法的适用问题上，在笔者看来，我国赋予纠纷的裁决者以义务，应该是基于纠纷解决方式的性质，比如大陆法系的法官的职能，或者裁决者有这个能力胜任之。比如，在国际法院的实践中，法官之所以在准据法的查明和适用上采取比较主动的态度，很大程度上是因为其并不是单纯地解决当事人之间的争端，而是在执行国际规则。对于国际法院来说，准确地理解和阐述国际规则的内容似乎更为重要。而且，国际法院的法官通常都是相关争议事项的国际法专家，因此法官对于法律的适用有很大的发言权。由此观之，在国际商事仲裁中，仲裁庭无论从其性质还是能力来讲，都

---

[1] Alan Redfern and Martin Hunter, *Law and Practice of International Commercial Arbitration*, 6th ed., Kluwer Arbitration, 2015, p.116.

[2] Gary B. Born, *International Commercial Arbitration*, Kluwer Law International, 2009, p.411.

不适合赋予其查明准据法的义务。

最后,如前文所言,严格意义上的"外国法"这一概念在国际商事仲裁中甚至是不存在的。对于国际商事仲裁而言,无论何种仲裁规则予以适用、仲裁地位于何处、仲裁员是何国籍都不必然影响仲裁庭的国籍,所以仲裁地法的地位与其他国家的法律并没有什么不同,仲裁地法并不当然是纠纷应当适用的准据法。所以,不像法院有法院地法并且法官是法院地法适用的专家,在涉外民事诉讼中,当外国法不能查明时,法官可以径直适用法院地法。仲裁庭则不同,在"外国法"不能查明时或者当事人放弃之前约定的准据法的适用时,仲裁庭应当在充分尊重当事人的意思自治的基础上,适用其认为恰当的准据法,如某国际公约、国际贸易惯例甚至商人法等,而不是径直适用中国法。

在国际商事仲裁中,所有仲裁庭都有一个共同目的,就是作出具有执行力的仲裁裁决,所以与其将仲裁庭与国内法院类比,还不如放眼全球其他仲裁机构对准据法查明的实践,以求从中找出适合于我国仲裁机构准据法查明的方式。

由于仲裁庭如何确定准据法的内容大体上是程序性事项,世界上大多数仲裁法和仲裁规则对于程序性事项都赋予了当事人和仲裁庭很大的自由。如《联合国国际商事仲裁示范法》第 19 条规定,程序规则的确定①以不违背本法规定的情况下,当事各方可以自由地就仲裁庭进行仲裁所应遵循的程序达成协议。②如未达成此种协议,仲裁庭可以在本法规定的限制下,按照它认为恰当的方式进行仲裁。授予仲裁庭的权力包括确定任何证据的可采性、相关性、实质性和重要性的权力。由此可以看出,在各国国际商事仲裁实践中,对于程序性事项,当事人可以通过意思自治决定之,同时仲裁庭对此也拥有很大的自由裁量权。因为准据法的查明问题也是程序性事项,所以各国仲裁法和仲裁规则普遍都没有具体性的规定。

按照《荷兰民事诉讼法》第1044条的规定[1]，在仲裁庭处理关于《欧洲外国法资料公约》中的外国法查明时，可以寻求海牙地区法院院长的帮助。《丹麦仲裁法》第27（2）条[2]亦规定，仲裁庭如果认为裁决有必要适用欧盟法，可以通过欧洲共同体法院查明外国法的内容。因此，想要寻找一个国际商事仲裁实践中对于准据法查明的统一方式似乎是不大可能的。但是这并不意味着国际商事仲裁中准据法的查明处于一个完全无规则可言的境地，只是相比起具体的操作指导，仲裁庭在这一过程中更多的应该是遵循一些基本的原则。

第一，遵循正当程序原则。虽然正当程序含义并不是很清晰，在不同国家可能有不同的解释，但是可以说它是仲裁法或仲裁规则赋予仲裁员的，在仲裁程序进行过程中必须尊重程序公平这一基石性规则的义务[3]。在所有被广泛接受的程序规则中，保障当事人双方的听审权是最重要的一项。《伦敦国际仲裁院仲裁规则》第14条第1款规定，仲裁庭的一般义务之一便是"在当事人之间保持公平和公正，给予每一方当事人合理的陈述案件的机会并回应对方的陈述。"《联合国国际商事仲裁示范法》第18条规定："应对当事各方平等相待，应给予每一方充分的机会

---

[1] 仲裁庭可通过海牙地区法院院长的介入，请求提供1968年6月7日在伦敦缔结的《欧洲外国法资料公约》第3条所述的资料。除非法院院长认为请求毫无根据，否则应毫不迟延地将请求送交上述公约第2条所述的机构，并将此事通知仲裁庭。

[2] 如果仲裁庭认为某一欧盟法律问题对仲裁庭作出裁决是必要的，则仲裁庭可请求法院请求欧洲共同体法院就此作出裁决。

[3] Gabrielle Kaufmann-Kohler, "Arbitration Procedure: Identifying and Applying the Law Governing the Arbitration Procedure", in van den Berg and Albert Janed., *Improving the Efficiency of Arbitration Agreements and Awards: 40 Years of Application of the New York Convention*, Kluwer Law International, 1999, p. 346.

陈述其案情"。此外,《美国仲裁协会国际争议解决中心国际仲裁规则》第16条规定:"只要当事人得到平等对待,每一方有权被听取意见并得到陈述案件的公平机会,仲裁庭得按其认为适当的任何方式进行仲裁。"

由此可见,仲裁庭在查明域外法的过程中,要平等地尊重各方当事人的听审权,不能在没有给双方当事人机会发表意见的前提下,就对案件事实或法律适用得出结论[1]。仲裁庭在自行查明准据法内容的过程中,如果认为某一法律观点与案件争议点相关,但是当事人双方都没有提出该法律观点,此时仲裁庭如果决定提出该法律观点,有必要给予当事人合理的机会就该法律观点发表意见,否则裁决很容易构成突袭性裁决,从而由于侵害了当事人的听审权而被认为无效[2]。《瑞典仲裁法》第34条第6款规定:"没有给予当事人呈现案情的机会被认为是程序不当,如果这种不当影响了案件裁决结果,则构成撤销裁决的理由"。瑞典最高法院即有引用该条,宣布仲裁裁决无效的实践[3]。此外,瑞士联邦最高法院、德国联邦最高法院、法国最高法院在处理当事人请求宣布仲裁裁决无效的案件时,都有因为仲裁庭作出突袭性裁决而认定裁决无效的案例[4]。

由此,仲裁庭在查明准据法内容的过程中,如果仲裁庭认为某些当事人没有提出的法律观点与纠纷有关,则应当给当事人双

---

[1] 杨良宜、莫世杰、杨大明:《仲裁法:从1996年英仲裁法到国际商务仲裁》,法律出版社2006年版,第447页。

[2] T. Isele, "The Principle Iura Novit Curia in International Commercial Arbitration", *International Arbitration Law Review*, Vol. 13, 2010, p. 16.

[3] David Sandberg, "Jura Novit Arbiter? How to Apply and Ascertain the Content of the Applicable Law in International Commercial Arbitration in Sweden", *Department of Law*, Master Thesis, 2012, p. 53.

[4] 卢煜林:《论法官知法原则及其在国际商事仲裁之中的运用》,华东政法大学2012年硕士学位论文。

第五章 效应论：我国打造国际商事仲裁中心的改进方向

方机会就仲裁庭的这些法律观点发表意见。由于仲裁庭组成人员与当事人可能有不同的法律背景，仲裁员确定准据法的内容时，很有可能基于自身的法律背景理解准据法，只有充分赋予当事人发表意见的机会，才能避免作出突袭性裁决。

第二，遵循公平原则。在整个纠纷解决的过程中，当事人双方都有权得到公平的待遇。仲裁员则有义务保持中立，不偏不倚地对待双方当事人，不偏袒任何一方或者对其持有偏见或歧视，在处理案件时保持超然态度，公平地作出裁判[1]。《中国国际经济贸易仲裁委员会仲裁规则》第35条第1款即规定："……在任何情形下，仲裁庭均应公平和公正地行事，给予双方当事人陈述与辩论的合理机会。"1996年《英国仲裁法》第33条规定："仲裁庭应当公平及公正地对待当事人，给予各方当事人合理的机会陈述案件并抗辩对方当事人的陈述。"《瑞典仲裁法》第8条规定："仲裁员有责任保持和表现得公平，仲裁庭在处理程序事项上应当以公平的方式。"[2]

之所以在这里强调公平原则，是因为当仲裁庭自行查明准据法时，如果其提出了新的法律观点，该法律观点必然有利于一方当事人，而使另一方当事人处于不利地位，仲裁庭就有偏袒一方之嫌。在此情况下，给予双方当事人辩论和发表法律评论的机会或者采取任何其他适当的方式与双方当事人及时沟通就非常重要。一旦给予当事人对仲裁庭提出的新的法律观点以充分评论的权利，就很难认定仲裁庭的行为是不公平的。当然，如果仲裁庭提出的法律观点仅仅是确证或者加固当事人已经提出的关于准据

---

[1] 乔欣：《仲裁权论》，法律出版社2009年版，第185页。
[2] David Sandberg, "Jura Novit Arbiter? How to Apply and Ascertain the Content of the Applicable Law in International Commercial Arbitration in Sweden", *Department of Law*, Master Thesis, 2012, p.54.

法的观点,则可以不用如此。

第三,遵循公共秩序原则。由于仲裁庭的目的是作出一个能够被承认和执行的仲裁裁决,而公共秩序或者公共政策,可能是国内法或者国际公约撤销或者不予承认和执行仲裁裁决的理由之一,如《中华人民共和国民事诉讼法》第291条第2款规定,法院认定执行涉外仲裁裁决违背社会公共利益的,裁定不予执行。《纽约公约》第5条(2)(b)规定,在承认或执行仲裁裁决将与被请求承认和执行仲裁裁决的国家的公共秩序相抵触时,被请求国管辖当局可以拒绝承认和执行。因此,仲裁庭在查明准据法时,有必要考量公共秩序。

强制性法律规则通常是公共秩序保留的一种表述方式。当事人和仲裁庭有必要特别注意仲裁地和准据法的强制性法律规则。当然,强制性法律规则也有不同的类型。有的法律规则在这个法律体系内是强制性规则,但是在另一个法律体系内则不是,比如我国法律对仲裁协议选定的仲裁委员会的表述要求,在当事人约定纠纷适用的准据法的规定中则没有这样的要求,当事人双方即可以排除其适用。但有的强制性规则则不同,它们对当事人意思自治构成限制,比如当事人不能合意约定使其犯罪行为合法化或者从事不正当竞争的商业行为等。类似这些规则构成当事人不能贬损的强制性法律规则。为了使仲裁裁决最大可能地被承认和执行,仲裁庭在查明这些规则时可以采取更为主动的态度。仲裁庭在自行查明的过程中可以更加关注当事人不能贬损的强制性法律规则,在提出关于该类规则的法律观点时,可以更加主动。当然,还是要以保障双方当事人都有合理的机会发表法律意见为前提。

第四,符合快速解决纠纷原则。相比起前面三个原则,尽可能以高效的方式快速解决纠纷也是仲裁庭在处理域外法查明方面所应当遵循的原则。效率问题是当前国际商事仲裁实践面临的一个现实问题，随着案件的复杂化，多方当事人纠纷越来越普遍，国际商事仲裁案件中所需要查明和适用的法律愈发多元，国际法与国内法并存、多个国家的法律体系交织，导致仲裁庭在域外法查明方面常常颇为困惑。快速解决纠纷的责任存在于一些仲裁法中，比如《瑞典仲裁法》第21条[1]。《中国国际经济贸易仲裁委员会仲裁规则》第71条第1款也规定："仲裁庭应在组庭后4个月内作出裁决书。"此外，在国际商事仲裁中，律师的劳务费往往以小时计算。在这种情况下，仲裁庭在当事人之外查明准据法的过程中，在权衡是否提出当事人没有提出的新的法律观点时，应当考虑耗时的问题。比如案件已经进入合议阶段，此时仲裁庭提出新的对案件结果有较大影响的法律观点，重新开庭以供当事人发表法律意见，同样让当事人承担了额外的成本。因此仲裁庭在查明准据法的过程中，应当适度考量耗时问题。

四、域外法无法查明的处理方案

当然，即使经历了一系列查明过程，仍然可能会出现外国法无法查明或者该外国法律对相关事项没有规定的情形。《中华人民共和国涉外民事关系法律适用法》第10条第2款规定了"不能查明外国法律或者该国法律没有规定的，适用中华人民共和国法律。"这一处理方式，确实简单高效。对于法院而言尚有可供理解的解释，而对于国际商事仲裁而言，难免显得荒谬。跟该法第10条第1款没有区分仲裁机构与法院性质和功能上的不同而将两者并列为外国法查明义务的主体一样，第2款也没有考虑到国

---

[1] David Sandberg, "Jura Novit Arbiter? How to Apply and Ascertain the Content of the Applicable Law in International Commercial Arbitration in Sweden", *Department of Law*, Master Thesis, 2012, p.58.

际商事仲裁在法律适用上的特殊性。

对于法院而言，尚有法院地法可以"返家"。国际商事仲裁中，仲裁庭则没有这样的"家"可以"返"。国际商事合同的当事人几乎总是来自不同的国家，一方当事人的"本地法院"是另一方当事人的"外国法院"，而仲裁作为将争议提交法院解决的替代方式，给予了当事人选择"中立"审理地和"中立"仲裁庭的机会。这种"中立性"是国际商事纠纷中当事人选择仲裁作为争议解决方式最主要的原因[1]。在此情形下，如果准据法无法查明，仲裁庭即径行转而适用中国法，显然是不合理的。

在国际商事仲裁中，仲裁庭如果遵循在准据法无法查明时直接适用中国法将会导致非常严重的后果。当事人意思自治作为仲裁制度的基石，如果准据法无法查明，仲裁庭不顾当事人的意思，而径直适用中国法，可能会使仲裁裁决构成《纽约公约》第5条（1）（c）项下的仲裁被拒绝承认和执行的理由。虽然各国法院对于仲裁的司法监督集中于程序事项上，对于准据法的适用等实体问题不作审查，但是不同于准据法适用错误，适用了一个与双方当事人明示选择的法律不同的法律，在国际商事仲裁中是一个真正的危机[2]。

在各个国际商事仲裁机构竞争如此激烈的背景下，《中华人民共和国涉外民事关系法律适用法》第10条第2款这样的规定很可能使对中国法不了解甚至不信任的商人望而生畏，转而选择其他仲裁机构。所以无论是从仲裁理论还是实践考虑，在准据法无法查明时径直适用中国法都不是一个正确的做法。

---

[1] Alan Redfern and Martin Hunter, *Law and Practice of International Commercial Arbitration*, 6th ed., Kluwer Arbitration, 2015, p. 199.

[2] Yijin Wang, "Ascertaining Foreign Law in PRC Arbitration", *Asian International Arbitration Journal*, Vol. 10, No. 2, 2014, p. 101.

那么在此情形下，仲裁庭对法律适用的选择，可以回到仲裁实体法适用的一般问题，如仲裁地法、《联合国国际货物销售合同公约》《国际商事合同通则》、国际贸易惯例、一般法律原则等，仲裁庭给予合理理由认为可以适用的任何法律或者规则。甚至如果当事人同意，仲裁庭可以采用"公平条款"等友好仲裁的方式解决争议。当然，在准据法无法查明而选择其他法律适用的时候，应当保证当事人的听审权，给予其合理的机会对此发表意见。

域外法查明是适用域外法的前提，以合理的方式查明涉外仲裁所需要适用的域外法，有利于提升中国涉外仲裁的国际公信力。近年来，域外法查明工作日益受到我国立法及司法界的重视，这对于仲裁领域的域外法查明提供了可以借鉴和参考的方案。2021年，最高人民法院的域外法查明平台运作顺畅，地方人民法院对外国法查明开展了不少探索。北京市第四中级人民法院完善外国法查明与适用的规则，对域外法查明的原则、途径、标准以及不能查明的认定等内容进行指引。深圳前海合作区人民法院组建了全国首个服务于"一带一路"倡议的中文法律数据库"一带一路"法治地图。该公共法律数据库的一个重要功能即是便利查明外国法律，并解决对外国法律理解有误所带来的问题。随着《联合国关于调解所产生的国际和解协议公约》（即《新加坡调解公约》）的生效和《承认与执行外国民商事判决公约》的制定，国际民商事争议解决制度正经历深刻的变革，我国法院和仲裁体制也在经历重大改革，以有效因应国际形势的变化。

第三节 仲裁员独立性与公正性的保障机制

一、仲裁员披露制度的确立及其价值

2021年7月，我国司法部发布了《中华人民共和国仲裁法

（修订）（征求意见稿）》，本次修订的亮点之一是在第四章仲裁程序第52条增加仲裁员披露义务，并把披露与回避制度相衔接，进一步规范仲裁员行为。事实上，仲裁员披露制度并非我国仲裁法首创，在域外其他国家的仲裁立法及国际通行的仲裁规则和仲裁员行为规范中，早已确立了仲裁员披露制度，其在仲裁员职业操守和道德规范体系中向来占据一席之地。但此次修法中，将该制度从仲裁规则层面提升到我国的立法层面作统一规定，尚属首次。披露义务的确立，为仲裁员的独立性与公正性确立了相应的制度保障。在相关行业指引、仲裁规则、国际协定及相关典型案例中，均明确了仲裁员披露与仲裁员回避遵循的是不同的审查标准。

就其制度价值而言，披露义务的确立，使仲裁员的行为合乎于职业操守有了更为明确的保障。同时，要求仲裁员对关涉利益冲突的事实予以开诚布公地告知，使得当事人有机会对符合法律和仲裁规则规定的情况及时提出回避申请，不仅为当事人维护自身的程序及实体权益提供了机会，也为保障个案仲裁程序的合法性、仲裁机构的行业声誉乃至整个仲裁制度的社会公信力铺设了基础。[1] 从披露义务的履行效果来看，在仲裁员尽到了披露义务的前提下，如果当事人未及时提出异议或其异议已被仲裁庭驳回，则其无法在后续的程序中再次以同样的理由对仲裁员进行指摘或对仲裁程序及裁决质疑。据此，披露制度的存在，为仲裁员摆脱后续不必要的烦恼和困扰提供了机会，使仲裁庭的组成在一开始便得以奠定合法的基础。但是，披露并非无所不包，其适用范围仍然存在限制，在某些案件中，曾有当事人滥用仲裁员披露制度，而仲裁员本人对披露制度也不熟悉，要么过于保守，以致

---

[1] Aishani Narain, "Transparency in Arbitration Proceedings", *Arbitration Law Review*, Vol. 11, 2019, p. 146.

没有披露本该披露的事项,从而被当事人抓住把柄、不依不饶,又或者是过于宽泛,以致披露了本不应该披露的事项,将一些鸡毛蒜皮、根本无关利益冲突和职业操守的小事亦开诚布公地披露出来,从而使某些知道自己败局已定的当事人将此放大,在小问题上大做文章,最终徒增了国际商事争议解决的时间与金钱成本,从而得不偿失。鉴此,本节将结合关于仲裁员披露的有关理论与实践,对披露义务的适用范围与限制加以阐述。

二、国际商事仲裁中通行的仲裁员披露标准

(一)《国际律师协会国际仲裁利益冲突指引》

鉴于各国在文化传统、道德准则、法治水平方面存在本土差异,每个国家在仲裁员职业操守方面规定并不完全一致,甚至存在一定的冲突。[1]譬如,美国的仲裁实践中容忍非中立仲裁员的存在。[2]但是,在世界上大多数国家和法域并不容忍类似制度,其要求仲裁员应当始终保持中立地位。[3]故而,在国际商事仲裁中,适用不同国家的法律制度和道德范本,可能会依循互斥的标准,据此对仲裁员与当事人之间的关系作出不同的评判。落实到披露制度的适用,关于仲裁员究竟应否披露、具体披露哪些信息,国际社会试图去达成为各国所能接受的通行评判标准,这突出体现在一些行业性文件中,《国际律师协会国际仲裁利益冲突指

---

[1] Juan M. Alcalá, Camilo Cardozo and Jr. Orlando Segura, "Arbitrator's Disclosure Standards: The Uncertainty Continues", in Intenational Centre for Dispute Resdution ed., *ICDR Handbook on International Arbitration Practice*, 3rd ed., Juris Net LLC, 2017, p.307.

[2] [美]加里·B.博恩:《国际仲裁:法律与实践》,白麟等译,商务印书馆2015年版,第175页。

[3] Keisha I. Patrick, "New Era of Disclosure: California Judicial Council Enacts Arbitrator Ethics Standards-Ethics Standards for Neutral Arbitrators in Contractual Arbitration", *Journal of Dispute Resolution*, Vol.2003, No.1, 2003, p.272.

引》即为例证。[1]在《国际律师协会国际仲裁利益冲突指引》的总则部分,确立了仲裁员披露的一般标准,同时采取非穷尽列举的方式规定了四大类统一且明确的披露事由清单。该指引制定于 2004 年,先后于 2014 年和 2024 年进行过修订,最新版本于 2024 年 2 月发布。

实践中,常有当事人在仲裁庭组庭之际、仲裁程序进行当中、仲裁裁决作出后通过仲裁内部或司法审查等外部途径对仲裁员提出异议。但是,现实生活中的情况千差万别,其是否存在利益冲突,此种利益冲突是否构成对独立性和公正性的违反,未予披露和回避是否背离职业操守,这些往往并不容易判定。尽管如此,当事人仍然不时地在案件中不遗余力地行使其救济权,这背后的原因可以归结为很多方面:首先,相比于法官,仲裁员本身并不必然是以其所熟知的法律知识解决争议的,而很可能是以其在专业领域或商务领域的专业技能或从业经验解决争议,故而有资格担任仲裁员者就其教育背景而言更为广泛,只要接受了当事人的选任或仲裁机构的指定,都有可能进入仲裁庭,相比于非法律专业出身的其他仲裁员而言,他们的确有可能存在职业操守和利益冲突的问题,故而也就难免有当事人对其质疑和提出异议;其次,相比于法院作出的裁判文书可以通过提起上诉、申请再审等予以全面监督,仲裁裁决中的错误,尤其是关涉事实认定和法律适用的实体错误,当事人几乎没有救济途径,故而在仲裁员职业操守和利益冲突方面大做文章成为某些潜在败诉方仅有的挑战方法;最后,随着国际仲裁的推广,越来越多的专业人士被纳入仲裁员队伍,同时仲裁程序中还包括当事人、代理人、事实证人、专家证人等多种参与者,这些人士本身常会在不同场合存在

---

[1] Claudia T. Salomon, Juan M. Alcalá and Camilo Cardozo, "Arbitrator's Disclosure Standards", *Dispute Resolution Journal*, Vol. 63, No. 3, 2008, p. 122.

第五章 效应论：我国打造国际商事仲裁中心的改进方向

各式各样的利益关系，彼此之间也会存在各类或明或暗的关联乃至于纠缠不清，这些导致仲裁员常会不由自主地陷入连自己也无法清楚知晓的利益冲突中，难免遭到当事人的质疑。

值得一提的是，《国际律师协会国际仲裁利益冲突指引》在性质上属于"国际软法"，其既不是立法机关制定的国内法，也不是各国经协商和谈判所起草的国际公约，如果当事人没有约定适用或在合同中并入该指引，原则上其对具体当事人之间的个案仲裁程序及仲裁员没有必然的约束力。但是，鉴于《国际律师协会国际仲裁利益冲突指引》在其宗旨的安排和内容的设计上符合国际仲裁的基本需求，且仲裁庭在仲裁程序方面拥有自由裁量权，故而实践当中这份指引已经具有了较强的适用性，其不仅影响了法院在相关案件中的裁判，而且对仲裁委员会委任仲裁员、拟定仲裁员职业操守、判定仲裁员是否存在利益冲突具有深远影响。[1]

从结构来看，《国际律师协会国际仲裁利益冲突指引》包括两个基本的构成部分，第一部分是"一般标准"，第二部分是"实际适用清单"。其中，第一部分是起草小组在深入考察并比照了大量法域规则与判例的基础上提炼出来的，其试图尽可能去平衡和协调好仲裁各参与方的权利，包括但不限于当事人、代理人、仲裁员、仲裁机构等。其中统共列明了七类标准，涵盖了总则、利益冲突、披露、弃权、范围、关系、责任，并且对"合理怀疑"这一国际仲裁伦理学中频繁出现的措辞给出了自己的定义，要求必须是以理性且知情的第三人视角去评判，看仲裁员是否会受到案件本身是非曲直以外的因素影响。当然，对于这些具体的标准，无论是在组庭之时抑或仲裁全程，仲裁员均应予以遵

---

[1] James Ng, "When the Arbitrator Creates the Conflict: Understanding Arbitrator Ethics Through the IBA Guidelines on Conflict of Interest and Published Challenges", *McGill Journal of Dispute Resolution*, Vol. 2, 2015, p. 24.

循。对于某些易于产生分歧和混淆的要点，起草者特意给出了注解。与此相应，在第二部分中，《国际律师协会国际仲裁利益冲突指引》采取红色、橙色、绿色清单的模式进行分门别类。[1]其中，绿色清单最易理解，其指的是那些并不会影响仲裁员职业操守，亦不应成为当事人合理质疑事由的情况。相比之下，红色清单针对那些情形严重的利益冲突，视其严重程度，红色清单又细分为当事人不得弃权的与当事人可予弃权的情况。所谓不可弃权，是指仲裁员必须坚持职业操守、毫无例外地拒绝接受委任的情况，而所谓可予弃权，是指在各方当事人明示达成一致意见认为完全可接受时，仲裁员得继续参与组庭及审理，无需拒绝接受委任。当然，可予弃权的红色清单事项在当事人自决权的范围内，其存在并不触及公共政策，而落入私权自治的事项内。相较之下，橙色清单主要是针对相对次要的、可能会潜在地有碍于仲裁员独立及公正的情况，这些情况并不必然要求仲裁员拒绝接受委任，但是仲裁员出于对职业操守的维护，需主动地予以披露。

当然，正如前文所言，披露的限度并不容易拿捏，过多地披露将为自身招致不必要的麻烦，过少地披露又会被视为背离职业操守，给当事人徒增扯皮和异议的机会，甚至可能向仲裁庭或法院提出回避的要求。[2]尤其是虽然披露是仲裁员主动所为的义务，但其视角是从受影响的当事人出发。譬如，以《国际律师协会国际仲裁利益冲突指引》橙色清单第 3.1.1 条为例，如某仲裁员曾在三年前临时受聘于某一方当事人并提供咨询服务，因当事人系一家规模较大的跨国公司，且服务期十分短暂仅有三天，所

---

[1] 张建、张蓓蓓：《国际商事仲裁第三方资助的费用分摊问题——基于 Essar 诉 Norscot 案的分析》，载《荆楚学刊》2016 年第 6 期。

[2] Antranik Chekemian, "Too Much or Not Enough? The Arbitrator Disclosure Issue, Analyzed", available at: https://blog.cpradr.org/2021/02/19/cpram21-too-much-or-not-enough-the-arbitrator-disclosure-issue-analyzed/, last visited on 2021-8-1.

第五章　效应论：我国打造国际商事仲裁中心的改进方向

以从仲裁员本人的视角来看，并不会有任何不公正或偏私的风险，从而很可能选择不予披露，但对方当事人很可能对此不依不饶并试图要求仲裁员将这些情况予以披露乃至于向法院提出异议。故而，此时受影响的当事人在仲裁中所处的地位和角色很可能会决定他究竟如何采取行动，当该方当事人系仲裁申请人时，其急于推进仲裁程序，很可能选择对这些无碍大局的情形"睁一只眼、闭一只眼"，不再针对这些次要的潜在利益冲突提出怀疑或回避，但如果该方当事人恰恰是仲裁被申请人或被请求担责的一方，其一旦获悉此类情况，无论其对仲裁员职业操守的影响多么微乎其微，都不会轻易放弃，而是宛如抓住了一条可以拖延程序的有效工具，会选择穷其所能地质疑。当然，选择当事人的视角去判定披露的标准，很可能会导致仲裁员不得不披露出一些不必要的情况。但是，鉴于当前国际仲裁越来越强调信息透明和当事人的知情权，在大势所趋下，采取这种披露标准也是可以理解的。

《国际律师协会国际仲裁利益冲突指引》的另一个颇具创意的制度设计是，将仲裁员未披露的责任与仲裁员的辞退进行了一定的区分。即仲裁员应否披露，是以当事人的主观视角审视，而仲裁员应否被辞退、回避或除名，应以合理第三人相对客观的视角审视，且在后者的情况下，对仲裁员违反职业操守的判定应以合理怀疑为限。

（二）《国际商会仲裁院指引》

由于《国际商会仲裁院指引》的理念和文本符合国际仲裁实践的需求，其在仲裁实践当中得到了广泛运用。虽然《国际律师协会国际仲裁利益冲突指引》非常详尽，但现实生活中可能出现的影响仲裁员职业操守的行为往往不胜枚举，根本难以被《国际律师协会国际仲裁利益冲突指引》事无巨细地全部覆盖。换言之，采用非穷尽列举的方式对仲裁员可能出现的利益冲突进行逐一罗列，未必能达到最好的效果，在国际商事争议仲裁员职业操守问题处理的实践当中暴露出一定的滞后性和不周延性，难以较好地应对实践所需。特别是跨国经贸交流的日渐频繁使得解决此类争议的仲裁参与者在国别来源、教育背景、从业经验、法律传统方面愈发多元，对于裁断国际商事争议的仲裁员而言，其在职业操守方面的风险更加多样、可能面临诸多被质疑的事由，无论以正面清单抑或负面清单的模式进行规制，都难以有效协调和弥合不同法域间关于仲裁员道德操守的规则及文化冲突。[1]

为此，国际商会仲裁院于 2016 年通过了《关于披露仲裁员潜在利益冲突的指引》，其采取了有别于《国际律师协会国际仲裁利益冲突指引》的披露规则，兼而采取一般概况与具体列举相结合的模式，分别对披露标准与资格剥夺标准予以规制，以排除当事人合理怀疑作为披露的基础，并据此设置具体的规则。在《国际商会仲裁院关于披露仲裁员潜在利益冲突的指引》中，其试图将仲裁员职业操守中最为关键的两项内涵，即独立性与公正性加以甄别，将其作为仲裁员披露的两项要素，这恰恰是《国际律师协会国际仲裁利益冲突指引》所没有区分的。在《国际商会仲裁院关于披露仲裁员潜在利益冲突的指引》的制度设计者看来，独立性与公正性各有不同侧重，二者并不必然重合，而是存在可分性，将其不假思索地同归于一个标准下，似乎难以体现出二者不同的规制重点。严格来讲，独立性主要指的是仲裁员独立于当事人，其本就不应该与任何一方存在私人关联，对案件的审理和裁断更不应当受到私人关系的影响，这项标准更多是从客观视角进行审查和判定的。相反，公正性则着眼于仲裁员的主观心

---

[1] Peter Halprin and Stephen Wah, "Ethics in International Arbitration", *Journal of Dispute Resolution*, Vol. 2018, No. 1, 2018, p. 88.

第五章　效应论：我国打造国际商事仲裁中心的改进方向

理状态，是一种难以从客观视角予以精确衡量和评判的内在审视。事实上，完全有可能出现仲裁员独立却不公正、公正却不独立的极端个例出现。譬如，除案件审理之外，仲裁员可能与双方均无任何关联关系和私人交往，因此符合独立性的要件，但是在案件裁判之中可能有所偏颇，使争议解决的结果有意偏向某一方，且并没有充分的法律和事实支撑，此时即属独立性有余而公正性不足。再如，仲裁员虽然与某一方当事人甚至与双方当事人都存在私下交谊，故而在独立性方面能够存在显而易见的不称职，但是在案件裁判过程中，却真正表现出大公无私、不偏不倚，严格基于证据和法律裁断，此即属于缺乏独立性但无碍于公正性的情况。按照《国际律师协会国际仲裁利益冲突指引》的要求，确定仲裁员是否应予披露时，可能导致二者之中任何一项受到质疑的事项都应当予以开诚布公地坦白，但是这同样意味着需要逐一审视每项标准。[1] 更何况，有些国家对仲裁员的职业操守仅要求其一，并未要求其他，这便在一定程度上免除了仲裁员基于另一标准下的披露范围。譬如，英国的仲裁立法只着眼于公正性，未对独立性作出单独要求，故而适用英国法律裁断国际商事争议的仲裁员，无需过多纠结于是否需要披露那些对其独立性造成影响的情况。由此可见，在仲裁员应予遵循的职业操守内涵中，是否必然同时存在独立与公正，这一先决问题本身就是需要探究的。换言之，独立性、公正性、职业操守这些措辞间并不存在必然的嵌套或包含关系。缺乏独立性的仲裁员未必违反仲裁员职业操守，其在具体案件的审理当中仍然可能做到公正，而符合独立性标准的仲裁员，并不必然符合仲裁员职业操守，其也很可

---

[1] Catherine A. Rogers, "Regulating International Arbitrators: A Functional Approach to Developing Standards of Conduct", *Stanford Journal of International Law*, Vol. 41, 2005, p. 55.

能在具体个案中存在有失公正性或中立性的情况，相比较之下，独立性是仲裁程序启动前的职业操守预防，公正性是整个仲裁程序过程当中，尤其是裁判过程中贯彻始终的要求。这种二者相互分离的情况，在具体争议事项所导致的利益冲突、中立国籍仲裁员参与貌似与自身无关却实质偏袒的案件当中体现得尤其明显。

　　基于二者间的差异，在区分独立性与公正性这两项不同职业操守的前提下，《国际商会仲裁院关于披露仲裁员潜在利益冲突的指引》将两种情形下仲裁员的披露义务标准进行了分别规定。对于仲裁员可能存在有碍于独立性的情况，披露的限度是此类关联或行为"引起特定案件当事人的怀疑"，这实际上是一种以当事人的怀疑作为判定标准的主观考量，这种怀疑主义的标准更侧重于对当事人内心判断的考察，而不去追问此种怀疑合理与否；对于仲裁员可能存在有碍于公正性的情况，披露的限度是此类关联或行为"会引起通情达理的第三方的合理怀疑"，该标准虽然也立足于内心怀疑，但是其评判以具有理性的第三人视角作为参考的目标群体，且要求怀疑应为"合理怀疑"，相对于当事人而言，毕竟"当局者迷，旁观者清"，故而采第三人视角更为中立且客观。从实践来看，国际投资争端解决中心体系下的国际投资仲裁亦选择采取后一类标准来判定仲裁员回避与披露，对两种标准所潜在的差异，背后折射的是客观方法与主观方法之间的参照系方面的分歧。[1]将影响独立性的披露与影响公正性的披露区分开来，有利于仲裁员准确把握披露标准及尺度，依托于更具可操作性和可参照性的文件而积极履行其应当承担的披露义务，有利于通过强制披露义务的履行达到事先预防，进而避免因存在国际

---

〔1〕 何东闵：《ICSID 仲裁员回避制度的"客观第三方"标准》，载《中国律师》2017 年第 2 期。

第五章 效应论：我国打造国际商事仲裁中心的改进方向

律师协会清单中的违规情形而导致仲裁程序和仲裁裁决的否定性评价，从整体上保障仲裁的公正价值与效率价值二者间的有机融合。

信息披露作为仲裁员职业操守中一项贯穿始终的强制性义务，如果仲裁员对其应当予以披露的事项因故意或过失而未予以披露，则将会因此而承担相应的责任，轻者将导致被剥夺资格、剔除具体个案程序的仲裁庭成员，严重者可能导致被仲裁机构除名，蓄意隐瞒、拒不披露甚至枉法裁决者，在有些国家还要承担相应的民事责任（赔偿受害方当事人相应的损失）、刑事责任（被定罪乃至判处监禁等刑罚）。[1] 当然，如果对仲裁员设定过于广泛且严苛的责任，在一定程度上可能会挫败专业人士担任仲裁员的积极性，甚至造成"后继无人"的局面。《国际商会仲裁院关于披露仲裁员潜在利益冲突的指引》与《国际律师协会国际仲裁利益冲突指引》虽然都对仲裁员的回避、除名等有所规定，但采取了与披露义务不同的条件和标准。特别是除针对利益冲突和仲裁员披露的专门指引外，为了能够为争议解决中最频繁出现的一些典型情况提供指引，国际商会仲裁院于2019年制定了《国际商会仲裁规则下当事人和仲裁庭参与仲裁程序指引》，其中第23段列出了九类披露情形，同时还提及了披露与利益冲突之间的关系，即"披露并不意味着存在利益冲突"。

换言之，仲裁员履行或者未履行披露义务，并不等同于仲裁员"自认其罪"，而恰恰表明仲裁员较为慎重，将有关情况提前公示出来，以供其他仲裁员及当事人予以评判，其为的是"自证清白"。换言之，若是将仲裁员披露视为仲裁员自认"有罪"，则

---

[1] A. Kelly Turner, "The What, Why, and How of Arbitrator Disclosures", available at https://www.adr.org/blog/the-what-why-and-how-of-arbitrator-disclosures, last visited on 2021-8-10.

将会颠覆这一制度的存在基础,仲裁员为了维护声誉,不会主动将真实情况"和盘托出"。恰恰是将披露制度视为仲裁员自证"清白",可以使仲裁员能够结合具体情况,以维护自身的公正性与独立性为出发点,将不利状况无所保留地予以坦陈。这便意味着,仲裁员披露、仲裁员回避、仲裁员除名适用的标准有必要区别设置,视这些行为对仲裁员职业生涯的影响程度,其中应当以披露的范围最为广泛,回避次之,除名的事项范围最窄方为合宜。[1]换言之,仲裁员将有关情况披露出来,并不必然导致其被申请回避,即使当事人以此类已披露的信息为由申请回避,回避申请也并不必然得到支持。与此同时,导致仲裁员在个案中回避的情况,并不必然导致其被剥夺职业资格或除名。当然,前述探讨的前提是仲裁员对于应当披露的事项履行了披露的义务。作为另一种常见的情况,或出于疏漏,或出于延迟,仲裁员没有在获知应当披露情况的第一时间立刻毫无迟延、毫无掩饰地加以披露,此即仲裁员未履行披露义务,或者仲裁员未及时地履行披露义务,这显然属于职业操守的违反,其是否足够严重到使仲裁员被要求回避乃至被剥夺资格,仍然要视情况而定,结合这些状况的严重程度予以专门判断和客观审查,即其采取的处理思路是个案而论(case-by-case)的客观标准,在决定有关仲裁员是否应当受到惩戒时,将案件所涉及的各方面主要客观情况都纳入考量范围。在2019年的SBA公司与VAME公司案中,法国最高法院与巴黎上诉法院均以仲裁庭组成不当为由撤销国际商会仲裁院仲裁裁决。具言之,本案仲裁申请人注意到,自己指定的仲裁员未能披露其所在律所与对方当事人集团公司的关系,故而对该仲裁员的职业操守产生了合理怀疑。法院认为,该仲裁员所

---

[1] Karel Daele, *Challenge and Disqualification of Arbitrators in International Arbitration*, Kluwer Law International, 2012, p.64.

属律所在仲裁期间的第二次代理构成利益冲突,未予披露构成撤裁理由。[1]作为国际商会仲裁院与国际律师协会的共性实践,如果仲裁员应当披露而没有披露,本身只是可能但并不必然违背职业操守,就规避披露义务、疏于披露、延迟披露等行为,将其纳入个案审查,不仅是出于对仲裁员职业的最大尊重,也是为了防范当事人滥用异议权对仲裁员正常执业行为进行不当干扰。

三、国际商事仲裁规则中对仲裁员披露义务的规范

综观《国际律师协会国际仲裁利益冲突指引》与《国际商会仲裁院关于披露仲裁员潜在利益冲突的指引》,二者都对仲裁员披露与仲裁员回避进行了区分,同时在实践运用中试图就疏于披露的责任与后果进行明确。与此相似,以国际商会仲裁院、联合国国际贸易法委员会为代表的仲裁规则也采取了这种区分处理的方案,之所以这样做,主要是为了鼓励仲裁员减少顾忌,使其更加积极地披露主观上可能引发当事人合理怀疑的事宜,而无须过于担心因披露而导致自身被提出回避。特别是《国际商会仲裁规则》进一步明确了不完整披露的后果与责任,据此有效督促仲裁员更加审慎地履行披露义务,提升披露信息的完整性。应当肯定的是,将披露与回避的标准区分开来,能从制度上营造积极披露的氛围。

相比于传统的仲裁规则文本,自2010年版起,《联合国国际贸易法委员会仲裁规则》开始在附录部分增加了供仲裁员参考的独立性声明范文,整体上体现出鼓励披露的倾向。就仲裁实践来看,披露的范围比回避广泛得多:在适用《联合国国际贸易法委员会仲裁规则》进行的一则国际商事仲裁案件中,一方当事人对

---

[1] Société Saad Buzwair Automotive Co c/ Société Audi Volkswagen Middle East FZE LLC, Cour de cassation, chambre civile 1, N° 18-15756, 3 October 2019.

卡伊·霍贝尔教授提出回避申请,理由是其未披露在另案中被与本案相同的律师指定为仲裁员的情况,但这项回避申请最终被海牙常设仲裁法院秘书长驳回,理由是"未引起正当怀疑"的情况,虽然属于《联合国国际贸易法委员会仲裁规则》的披露范围,但是不属于回避事由,因为披露的范围包括了"可能"引起正当怀疑的状况,而回避的范围必须是确实引起正当怀疑的状况。[1]尽管回避与披露的标准不同,但是,海牙常设仲裁法院秘书长也提到,在某些情况下,未披露本身就会使仲裁员面临独立性和公正性方面的质疑,从而被要求回避。

相比于《联合国国际贸易法委员会仲裁规则》和《国际投资争端解决中心仲裁规则》,《国际商会仲裁规则》明确判定仲裁员是否独立或公正,应从当事人的视角展开主观评价,而非基于仲裁员自身的视角。

2020年版《伦敦国际仲裁院仲裁规则》第5条第5款规定:在仲裁最终结束前,每位仲裁员均应持续承担披露义务,在提交书面声明之日后知悉存在可能引起任何一方当事人对其公正性或独立性产生合理怀疑的任何情况,应立即以书面形式披露并提交给伦敦国际仲裁院、仲裁庭的其他成员以及仲裁全体当事人。结合2017年版《伦敦国际仲裁院仲裁员指南》第6条及第8条,仲裁当事人有权期待获得一份公正、论证充分以及可执行的裁决。为此,当事人有权期待仲裁员起初就披露可能存在的利益冲突;在仲裁过程中避免使自身处于可能引发利益冲突的地位;高效、公平地进行仲裁,且充分尊重正当程序;确保仲裁的保密性;以及公正地作出决定。

在接受委任之前,仲裁员应签署一份独立性声明,将包括其

---

[1] Valeri Belokon v. Kyrgyz Republic, PCA Case No. AA518, Decision on Challenges to Arbitrators Professor Kaj Hobér and Professor Jan Paulsson, 6 October 2014.

第五章 效应论：我国打造国际商事仲裁中心的改进方向

与任何一方当事人或仲裁代理人过去或现存的直接或间接关系在内的诸多情形纳入考量范围，任何存疑的事项都应通过披露来解决。在伦敦国际仲裁院所审理的一起案件中，被申请人对首席仲裁员提出异议，理由是其在接受指定时没有披露他曾在两年前的另案接受过对方当事人分支机构的指定而担任仲裁员的情况。伦敦国际仲裁院认定，本案中仲裁员没有披露的情况还没有严重到对其职业操守产生合理怀疑，未充分披露并没有对其裁决结论的正当性造成影响，故驳回了当事人的质疑。[1]

四、国际投资争端解决中对仲裁员披露义务的强化

除传统的国际商事仲裁外，国际社会近年来高度重视投资争端解决中仲裁员职业操守的强化，其中包括通过规范仲裁员的披露义务以强化其独立性和公正性。[2]为达到这一目标，联合国国际贸易法委员会与国际投资争端解决中心联合起草关于仲裁员行为的守则草案，使之成文化。相比于现有的国际软法性质的仲裁员职业操守和利益冲突指引，联合国国际贸易法委员会等正着手拟定的守则具有更高的强制性。

近年来世界上一些新缔结的国际投资及经贸协定中往往也对承担争端解决职责的仲裁员职业操守，尤其是仲裁员披露义务作出了规定。[3]

---

[1] LCIA Reference No. 101642, Decision Rendered 31 January 2011, Decision excerpt.
[2] Katia Fach Gómez, "The Duty of Disclosure: An Overview", in Katia Fach Gómez ed., *Key Duties of International Investment Arbitrators: A Transnational Study of Legal and Ethical Dilemmas*, Springer, 2019, pp.25-77.
[3] 孙华伟、张天舒、卢炼：《仲裁员行为守则建议系列（一）：仲裁员的披露义务》，载 https://mp.weixin.qq.com/s/hODfTQL1eEjsLm6AzbgHnA，最后访问日期：2021年8月16日。

应当肯定的是，在保障仲裁员遵循职业操守的法律规范体系中，仲裁员的披露义务是重要组成部分，引入披露机制，在一定程度上打破了当事人与仲裁员之间信息不对称的情况。这意味着，在仲裁庭组庭之际、仲裁案件审理之中的任何时候，仲裁员应当一如既往地披露所有可能对其独立性及公正性产生合理怀疑的情形。但如前文所言，现行国际仲裁规则就仲裁员的披露义务缺乏统一的法律框架，导致实际案件的仲裁员披露范围因人而异。正是这种仲裁员和当事双方之间的信息不对等，导致了一些潜在的利益冲突无法被及时发现，造成当事方未能及时对于仲裁员的独立性和公正性质疑，逐步动摇了公众对国际投资仲裁体制的信心。为此，各个仲裁机构都试图以披露义务的完善为契机，构建起相对体系化的仲裁员职业操守规制架构和利益冲突审查规则。

2022年6月22日，国际投资争端解决中心公布了新修订的《国际投资争端解决中心仲裁规则》，新规则自2022年7月1日正式生效。新规则第19条第6款就仲裁员披露义务作了明确规定。特别是最新的仲裁规则首次明确将仲裁员的披露义务与第三方资助者的关系囊括在内，并且将仲裁员在其他的国际投资争端中以不同的身份和角色履行职能所可能引发的利益冲突也纳入了考虑的范围。仲裁员在决定是否接受指定之际，需要更为审慎和全面地评估各类潜在和现实的联系，并予以披露。落实到国际投资仲裁实践中，国际投资争端解决中心近年来有了越来越多的关于仲裁员职业操守和披露义务的相关案例。[1]与《国际律师协会国际仲裁利益冲突指引》相似的一点是，披露义务的标准与回避义务的标准并非同一，前者的范围较后者更为宽泛。换言之，仲

---

[1] See Maria Nicole Cleis, *The Independence and Impartiality of ICSID Arbitrators: Current Case Law, Alternative Approaches, and Improvement Suggestions*, Brill, 2017, p.19.

第五章 效应论：我国打造国际商事仲裁中心的改进方向

裁员可能出于疏忽或有所保留而未披露或未充分披露某些情况，此时虽然在披露方面存在履职瑕疵，但是并不必然导致仲裁员回避或被除名，原因是仲裁员回避或除名需要满足更为严格的利益冲突审查标准。譬如，在阿尔普诉乌克兰案中，仲裁庭认定，《华盛顿公约》第14条第1款和第57条规定的取消仲裁员资格程序与《国际投资争端解决中心仲裁规则》第19条第3款的仲裁员披露标准并非完美对应，后者在适用范围方面较前者更广。仲裁员没有披露其与一方当事人代理律师共同的教育背景，尚不足以使该仲裁员被剥夺本案的任职资格。[1]换言之，披露是仲裁员职业操守中一项应当予以履行的义务，但是没有披露应当予以披露的情况，可能出于各种原因，其中不排除仲裁员出于疏忽或者仲裁员认为相关情况没有对其个人的判断造成影响从而决定不披露，但无论如何，未披露或者未充分披露，并不能直接导致该仲裁员"明显缺乏公正性"，更不会必然致使仲裁员被除名或撤出本案程序。[2]在泰德沃特公司诉玻利维亚案中，申请人就对方选任的仲裁员布里吉特·斯特恩教授提出异议，原因是斯特恩教授在声明中没有披露她曾被相同当事人和相同律师在其他案件中多次委任的情况。对于这些质疑，被提出异议的仲裁员试图作出一些解释，她提出，仲裁员披露义务原则上应当仅限于未公开的信息，至于她曾在其他案件中接受委任，这些是能够通过公开渠道被查询和获知的，故而无需予以详细披露和特别声明。对此，仲裁庭的其他成员认定，未予以充分披露并不必然意味着仲裁员明显缺乏公正性，只有不披露的事实对案件程序和裁决结果具有相当严重的影

---

[1] Alpha Projektholding GmbH v. Ukraine, ICSID Case No. ARB/07/16, Decision on Challenge to Arbitrator, 19 March 2010.

[2] Christopher Koch, "Standards and Procedures for Disqualifying Arbitrators", in *Journal of International Arbitration*, Vol. 20, No. 4, 2003, p. 325.

响，并足以左右仲裁员独立、公正裁断时，才会导致仲裁员被除名，故而本案中驳回了当事人的质疑。[1]

概言之，仲裁员没有披露应予披露的事实，并不必然导致仲裁员被除名，当违反披露的情形没有达到严重状况时，仲裁员仍然可以继续裁断，针对他/她的质疑将被驳回，而当违反披露的情形的确较为严重以致影响案件公正进行时，该仲裁员将会被除名，从而无法继续参与本案审理，相应的仲裁员职能将会被新的仲裁员取代并行使。那么，究竟什么情况属于严重的违反，什么情况属于不严重的违反，如何从中加以把握和判定，实际上是摆在仲裁庭其他成员面前的一项难题。在苏伊士公司诉阿根廷一案中，一方就对方选定的仲裁员科勒教授两度质疑，理由均是该仲裁员没有披露她与指定她的当事人之间的某些信息。具体而言，瑞士联合银行持有申请人部分股份，而科勒是瑞士联合银行的董事。不过，这两次质疑均未成立。仲裁庭其他成员特别提到两个方面：其一，科勒是在接受本案仲裁员选任并组庭后才被任命为瑞士联合银行的董事，其在接受选任时并不知晓瑞士联合银行的持股情况，其没有披露是可以理解的，且其并没有主动去调查这些情况的义务。其二，仲裁员未完全、充分地尽到披露义务，并不会必然地导致当事人为此产生合理怀疑，对具体仲裁员人选的质疑，其成立与否，取决于未予披露是出于疏忽大意还是有意为之、是否在仲裁员自由裁量的权限之内、没有披露的情况能否使仲裁员的独立性和公正性受影响、仲裁员未披露特定情况是正当履职的结果还是不尽职的异常行为等，最终的解释权归属仲裁庭

---

[1] Tidewater Inc. et al. v. Bolivarian Republic of Venezuela, ICSID Case No. ARB/10/5, Decision on Claimant's Proposal to Disqualify Professor Brigitte Stern, Arbitrator, 23 December 2010.

的其他成员,由他们在个案中加以酌定和衡量。[1]总体来看,这起案件一方面再次引证了仲裁员披露与仲裁员回避采取的是不同的标准,前者宽松,后者严苛,即仲裁员应当尽可能扩大披露的范围,但是要想质疑仲裁员并要求其回避、退出仲裁庭,则要充分证明其明显有违公正性,而未予以充分披露本身不能径直等同于仲裁员明显违背独立性和公正性。换言之,披露和回避之间虽然不无关联,但是无论是其制度初衷、适用标准还是法律效果都不能等同视之。

五、仲裁员披露制度的共性特征及我国的完善

综合比较《国际律师协会国际仲裁利益冲突指引》《国际商会仲裁院关于披露仲裁员潜在利益冲突的指引》等国际软法、国内外仲裁规则、相关国际条约与协定中关于仲裁员信息披露义务的规定,可以提炼出一些共性特征:首先,披露义务是基于利益冲突而产生的职业操守的组成部分,即仲裁员之所以需要披露,是为了使其所知悉的可能令某一方当事人就其独立性、公正性产生合理怀疑的当事方能够了解这些情况,至于当事人了解后会打消相关顾虑抑或进一步提起仲裁员异议或申请回避,则取决于当事人的行动;其次,披露不同于回避或仲裁员除名,其适用不同的审查和评判标准,无论是采取主观主义抑或客观主义,是基于仲裁员个人的视角抑或当事人的视角,是否要求相关怀疑具备充分的合理性,相较之下,披露的范畴总体上大于回避,即仲裁员应当持续地、尽可能充分地披露,尤其是在针对某一特定情况是否应当披露存疑时,需作

---

[1] Suez Sociedad General de Aguas de Barcelona S. A. et al. and InterAguas Servicios Integrales del Agua S. A. v. The Argentine Republic; Suez, Sociedad General de Aguas de Barcelona S. A. and Vivendi Universal S. A. v. The Argentine Republic, ICSID Case No. ARB/03/17 and ARB/03/18, Decision on Second Proposal for Disqualification, 12 May 2008.

出应予披露的解释;再其次,仲裁员在社会交往中会存在种种无法割裂的事实、商业或法律层面的联系,如果仲裁员与当事人或其关联公司、代理人及其所属律所等存在联系,《国际律师协会国际仲裁利益冲突指引》《国际商会仲裁院关于披露仲裁员潜在利益冲突的指引》及部分仲裁规则的附件采取了列举的方式、结合事态的严重程度区分不同的效果,其中有些是完全无法容忍的负面情况,有些是完全可以接纳的正面情况,此外还包括相对处于中间状态的特定情况,至于具体个案中如何归类,应依据仲裁规则由有权认定的机关综合具体情况予以酌处;[1]最后,在仲裁员不披露某些情况严重到足以对仲裁员的公正性和继续履职造成冲击时,将会导致该名仲裁员回避并被解除具体案件中的职务,同时将会替换新的仲裁员,继续完成仲裁庭的职责与使命。

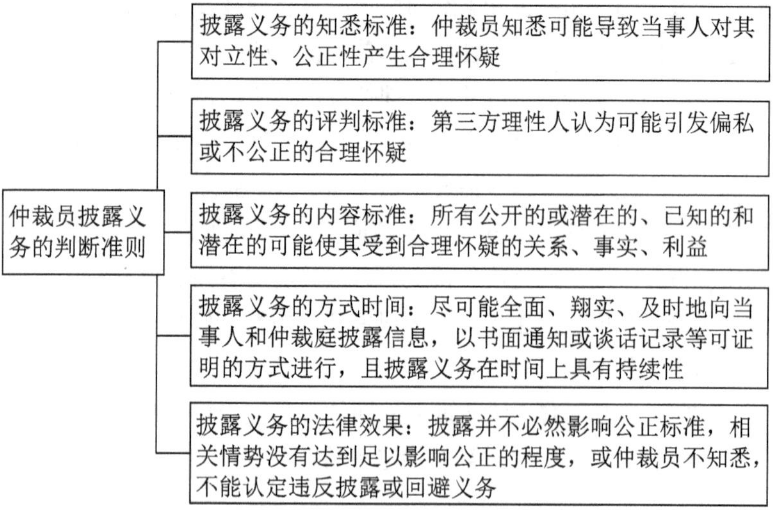

```
仲裁员披露义务的判断准则
├─ 披露义务的知悉标准:仲裁员知悉可能导致当事人对其对立性、公正性产生合理怀疑
├─ 披露义务的评判标准:第三方理性人认为可能引发偏私或不公正的合理怀疑
├─ 披露义务的内容标准:所有公开的或潜在的、已知的和潜在的可能使其受到合理怀疑的关系、事实、利益
├─ 披露义务的方式时间:尽可能全面、翔实、及时地向当事人和仲裁庭披露信息,以书面通知或谈话记录等可证明的方式进行,且披露义务在时间上具有持续性
└─ 披露义务的法律效果:披露并不必然影响公正标准,相关情势没有达到足以影响公正的程度,或仲裁员不知悉,不能认定违反披露或回避义务
```

图 5-6 仲裁员披露义务的判断准则

---

[1] Laurence Shore, "Disclosure and Impartiality: An Arbitrator's Responsibility Vis-a-Vis Legal Standards", *Dispute Resolution Journal*, Vol. 57, No. 1, 2002, p. 32.

第五章　效应论：我国打造国际商事仲裁中心的改进方向

《中华人民共和国仲裁法（修订）（征求意见稿）》第52条规定：仲裁庭组成后，仲裁员应当签署保证独立、公正仲裁的声明书，仲裁机构应当将仲裁庭的组成情况及声明书送达当事人。仲裁员知悉存在可能导致当事人对其独立性、公正性产生合理怀疑的情形的，应当书面披露。当事人收到仲裁员的披露后，如果以披露的事项为由申请该仲裁员回避，应当在十日内书面提出。逾期没有申请回避的，不得以仲裁员曾经披露的事项为由申请该仲裁员回避。

该条款分三个层次对仲裁员披露义务作出了规范：就第1款而言，其明确的是仲裁员披露的方式，即仲裁员应当签署书面的声明书，其将与组庭通知一并送达给当事人；就第2款而言，其将披露的范围进行了限定，其所采取的是以当事人的主观视角出发进行界定的合理怀疑标准，且以仲裁员知悉这些情况为前提；就第3款而言，披露与回避制度进行了一定的衔接，如果仲裁员已经通过书面的方式向当事人披露了相关情况，当事人存有异议应在收到后十日内提出回避申请，逾期将丧失仲裁员异议权。但是，这一条款似乎仍然存在可予商榷之处：首先，第1款明确仲裁员披露义务是在组庭后，披露的主体限于已经选任的仲裁员，那么，在组庭前，有可能被选任的仲裁员候选人，是否仍然有义务向指定他的当事人及其他当事人披露？目前来看并不清晰，即本条款存在适用范围上不周延的情况，没有将组庭前纳入考虑范围，也没有特别突出仲裁员的披露是贯穿于整个仲裁程序的持续性义务，这与国际上的通行规则仍然有差距。其次，该条第1款与第2款规定了两类情况，其中第1款规定的声明书是要求仲裁员确认自己的独立性与公正性，第2款则要求仲裁员对相关情况进行书面披露，二者之间是什么关系？尽管这个问题主要体现在实际操作层面，但如果仲裁员既签署了第一类声明，又作了书面披露，二者一旦存在相互抵触，应以何为准？最后，第3款中明确了对于仲裁员披露的情况当事人可据此提请回避，那么，对于仲裁员应当披露但是没有披露、没有及时披露、没有充分披露的情况，又会产生何种法律效果？是否对于仲裁员所没有主动披露、当事人自行查明的情况，不受提请回避时间的限制？而仲裁员违反披露义务，又会承担何种职业责任或对仲裁程序、仲裁裁决造成何种影响？该条款现有的文本没有回应这些问题，但是实践中更为普遍的情况恰恰是当事人常会就仲裁员没有披露的情况进行质疑，如果该条款没有给出明确的处理方向，显然在今后的适用中仍然面临挑战。

概言之，披露义务本身虽然存在若干共性的标准，但在具体个案中，每一名仲裁员内心的认识与具体的行动终归是个性化的，有的仲裁员倾向于就披露范围采取扩张解释，有的倾向于采取限缩解释，从当下的情况来看，部分仲裁员仅会选择披露那些通过公开渠道无法为当事人及其代理人所查证获知的情况。但无论如何，整体的趋势是鼓励仲裁员就可能诱发潜在偏见的情况予以披露，认真履行信息披露义务，本身就是仲裁员职业操守的重要一环，其对整个程序的公正进行和争议的高效化解起着难以忽视的作用。

本章小结

打造国际商事仲裁中心，既需要从宏观层面优化仲裁理念、提升仲裁法治环境，又需要从微观层面提供配套的人力、物力、资源及制度保障。本章重点探讨了国际商事仲裁中的域外法查明、仲裁员独立性与公正性的保障机制问题。在国际商事仲裁中，当事人常常针对其国际商事合同选择域外法作为准据法，仲

第五章 效应论：我国打造国际商事仲裁中心的改进方向

裁庭能否准确地查明域外法并予以适用，直接关系到当事人对于仲裁公信力的评价。试想，如果当事人选择以中国作为仲裁地，同时约定合同的准据法为英国法，但仲裁庭最终未适用或未能正确适用英国法，这无疑将挫败当事人选择中国仲裁的信心，同时也会使当事人对仲裁员找法、释法、用法的能力产生疑虑乃至深度的不信任。除此之外，当事人之所以愿意选择商事仲裁而不愿意选择法院诉讼，非常关键的考虑因素之一在于仲裁容许当事人自由地选定专业人士担任仲裁员，这是诉讼所无法比拟的优势。不过，当事人在考虑仲裁员的人选时，不仅基于对其经验和能力的考察，而且也希冀该仲裁员以独立且公正的方式裁断案件。由此可见，仲裁员具备独立性与公正性，是当事人选择在中国仲裁的题中应有之义。为此，在打造国际商事仲裁中心的过程中，必须从国际仲裁公约、国内仲裁立法、仲裁机构的仲裁规则、仲裁员行为守则等多个层面确立全方位的仲裁员独立性与公正性保障机制。通过将我国现有的仲裁立法与国际通行仲裁规则进行对比，可以发现，我国立法规定了仲裁员回避制度，但未规定仲裁员披露制度，且各个仲裁机构在甄别和审查仲裁员利益冲突方面缺乏统一的标准。基于此，我国今后有必要学习和借鉴国际通行标准，构建一套完善的仲裁员独立性与公正性保障机制，从而为提升中国仲裁的国际公信力奠定坚实的基础，从根本上增强国内外当事人对中国仲裁的信任。

第六章
实施论：我国打造国际商事仲裁中心的具体举措

本章提要

我国是世界第一大贸易国，以完善的法律制度助推国际商事仲裁中心建设，是仲裁法修订的重要目标。自 1995 年仲裁法正式施行以来，作为一种具有特定优势的纠纷处理机制，仲裁对促进改革开放、经济发展，维护社会稳定，发挥了重要的作用。而随着社会主义市场经济深入发展和改革开放的进一步扩大，仲裁法也显露出与形势发展和仲裁实践需要不适应的问题。2021 年 7 月，司法部公布仲裁法修订草案，向全社会公开征求意见。2022 年以来，全国政协也通过开展相关调研、举行双周协商座谈会，聚焦仲裁法修订。仲裁法修订，关乎我国仲裁的高质量发展和仲裁在提升国家治理与社会治理能力方面作用的发挥。把握仲裁特点、规律和发展趋势，坚持立足中国实际和借鉴国际经验相结合，是统筹推进国内仲裁和涉外仲裁，从而实现中国仲裁事业发展补短板、强弱项、固优势的必然选择。积极与国际仲裁规则接轨，是我国仲裁发展的必由之路。我国已经是世界第一大贸易国，作为一种重要的诉讼替代性争议解决机制，推动我国仲裁走向国际化已经刻不容缓。未来，以完善的法律制度助推国际商事仲裁中心建设，是将我国打造成为面向全球的国际商事仲裁新目

第六章 实施论:我国打造国际商事仲裁中心的具体举措

的地的必经之路。[1]打造国际商事仲裁中心,并不仅仅是某个仲裁机构或某个城市个体的使命,而是整个国家仲裁制度与仲裁法治环境的全方位展现。这具体指的是,通过提升一国或一地的仲裁公信力及仲裁的国际影响力,来吸引中外当事人在选择仲裁时优先考虑将特定国家或地区作为其仲裁协议的仲裁地。由此看来,打造国际商事仲裁中心,具体就是将我国打造成受欢迎的国际商事仲裁地。当然,构建与国际商事仲裁中心实力相匹配的仲裁机构,也是题中应有之义。例如,2020年在北京成立的国际商事争端预防与解决组织,被学者视为以共商共建共享理念为指引的国际商事仲裁合作联盟。[2]但是,单纯从仲裁机构角度下功夫,并不足够,更为关键的是,要从法律制度层面提供坚实的法治保障,这就要求对我国现行仲裁法进行必要的完善,使之契合于国际商事争议解决的时代需求。概言之,仲裁法是全球法律制度竞争的重要内容,而仲裁机构是国际仲裁竞争的重要主体,也是仲裁人才的成长平台和实践基地。仲裁法律制度和仲裁机构的国际竞争力越弱,中国涉外仲裁的发展机会就越少。因此,高校和相关部门、仲裁行业应凝聚力量"协同共进",相互支持,通过修订仲裁法完善仲裁法律制度,通过深化改革激发仲裁机构竞争力,这是"统筹推进国内法治和涉外法治"的重要内容,也是涉外仲裁人才培养的社会基础。

---

[1] 刘华东:《健全仲裁制度 不断提升我国仲裁国际竞争力和影响力》,载《光明日报》2022年6月18日,第5版。
[2] 初北平:《"一带一路"国际商事仲裁合作联盟的构建》,载《现代法学》2019年第3期。

第一节　中国仲裁法律制度的修订与完善

一、构建国际商事仲裁中心的现实需求

(一) 为"三位一体"争端解决机制打基础

若要实现"一带一路"建设行稳致远，公正、高效的争端解决机制是至关重要的法治保障。目前，解决国际商事争议的途径主要由调解、诉讼和仲裁组成。为更好地服务"一带一路"倡议下的经贸往来，我国将打造以仲裁为中心，以调解为优先，以司法为保障的三位一体、优势互补、有机衔接的争端解决中心。[1]

仲裁之所以成为目前商业实践中使用率最高的争端解决方式，主要得益于几个方面。首先，1958年《纽约公约》是在全球范围内对仲裁裁决可执行性的有效保障。其次，"一带一路"沿线国家大多是《纽约公约》的缔约国。最后，商业合同中有许多格式条款，当事人在商业合同签订之初就会约定选择本行业内的仲裁。仲裁是由商人社会通过自治的规则来解决争议，仲裁庭的权力来源于当事人的授权而非国家赋予，仲裁的发展得益于商事主体的认同和自身的信誉。仲裁作为多元纠纷解决机制的关键一环，是构建"一带一路"争端解决机制的重要一环，而把我国打造成为国际商事仲裁中心，是实现"三位一体"争端解决机制的必备选项。

(二) 缓解诉讼压力，促进经贸发展

自我国实行立案登记制以来，人民群众解决纠纷的需求日益

---

[1] 祁壮：《构建国际商事仲裁中心——以〈仲裁法〉的修改为视角》，载《理论视野》2018年第7期。

第六章 实施论：我国打造国际商事仲裁中心的具体举措

增长，但与司法资源的严重不足形成矛盾。据统计，2021年最高人民法院和专门人民法院受理案件33 602件，地方各级人民法院和专门人民法院受理案件3351.6万件，全国法院受案总量约3355万件，其中民商事案件约1188.78万件。2021年，各级法院审结一审民商事案件1574.6万件。[1]相比之下，2021年，全国270家仲裁机构共受理仲裁案件41.59万件，标的额达8593亿余元。[2]从世界范围看，我国已建立起全球最庞大的仲裁组织，实现了仲裁大国的目标。然而，尽管现行仲裁法为推动经济社会发展发挥了重要作用，但随着市场经济深入发展，改革开放不断深化，我国仲裁工作与仲裁事业高质量发展的要求相比，还存在着仲裁公信力与社会的预期不相适应，我国仲裁国际竞争力与对外经贸发展的需求不相适应，仲裁作用发挥与我国社会矛盾纠纷日益增长的形势不相适应等问题。据调研显示，国外有的地区通过仲裁方式解决纠纷的比例超过80%，而我国2021年全国各级法院审结一审民商事案件1574.6万件，全国仲裁案件41.59万件，仲裁案件量仅占诉讼的2.6%。仲裁作用发挥还有很大空间。构建国际商事仲裁中心，可以吸引高素质的外籍仲裁员为我国仲裁事业服务，进一步加大仲裁的受案量，化解社会矛盾，缓解法院诉累。此外，世界经济日益成为紧密联系的一个整体，国际商事仲裁主要为商业、技术、资本和劳务市场提供法律服务，其本身作为服务产品已经成为国际市场的有机组成部分。[3]国际商事仲

---

[1] 周强：《最高人民法院工作报告——2022年3月8日在第十三届全国人民代表大会第五次会议上》，载中国法院网，https://www.chinacourt.org/article/detail/2022/03/id/6577010.shtml，最后访问日期：2022年6月3日。

[2] 张维：《去年全国仲裁机构受案41.5万余件；标的额8500余亿元再创新高》，载《法治日报》2022年3月23日，第2版。

[3] 于喜富：《国际商事仲裁市场竞争机制下国内法院对国际商事仲裁的支持》，载《东岳论丛》2014年第4期。

裁中心的确立可以为我国构建良好的法治环境，吸引外商投资，仲裁服务本身也可以获得相应的报酬。我国的交通运输、酒店餐饮、房地产等相关产业也将为此提供服务，这对扩大就业、增加国民收入具有重要意义。法治是对外开放新体制的基础，积极参与国际规则制定、参与全球经济治理、承担国际责任和义务是法治的具体体现。落实到仲裁领域，提升中国仲裁的国际公信力、打造国际商事仲裁中心，正是我国健全对外开放新体制，积极参与全球经济治理，积极承担国际责任和义务的体现。国际商事仲裁中心的塑造，有助于我国在国际争端解决领域掌握话语权，整合全球纠纷解决资源，建立沟通交流合作关系，在全球治理的法治化进程中阐述中国立场，实现国际法治的中国表达。

二、完善我国仲裁制度的总体方向

习近平总书记高度重视仲裁事业发展，要求"把非诉讼纠纷解决机制挺在前面""把涉外法治保障和服务工作做得更有成效"。中共中央办公厅、国务院办公厅也就完善仲裁制度、提高仲裁公信力专门下发了文件。仲裁法的修订要认真贯彻落实习近平总书记重要指示精神和党中央决策部署，准确把握仲裁规律特点，立足中国实际、适应仲裁发展趋势，促进仲裁事业高质量发展和国际商事仲裁中心建设。

1994年制定的《中华人民共和国仲裁法》，是一部"保障社会主义市场经济健康发展"的重要法律，在我国法律体系中居于"非诉讼程序法"的核心地位，也是我国涉外法治建设的重要组成部分。不过，随着仲裁实践的快速发展，相比于民商法等实体法，仲裁法的立法相对滞后，已经成为我国社会主义法治体系建设的"短板"，难以支撑习近平总书记提出的"将非诉讼纠纷解决机制挺在前面"的法治建设与社会治理要求。特别是随着市场经济深入发展和对外开放进一步扩大,我国全球经贸大国的地位日益凸显,国际商事仲裁需求明显增加,现行仲裁法也显露出一些与形势发展和仲裁实践需要不相适应的问题,仲裁制度的优势和功能还未得到充分发挥,仲裁公信力有待提升,需要进一步完善仲裁制度。具体来讲,我国仲裁制度的完善,应当坚持以下总体方向,从而达到预期目标(见图6-1)。

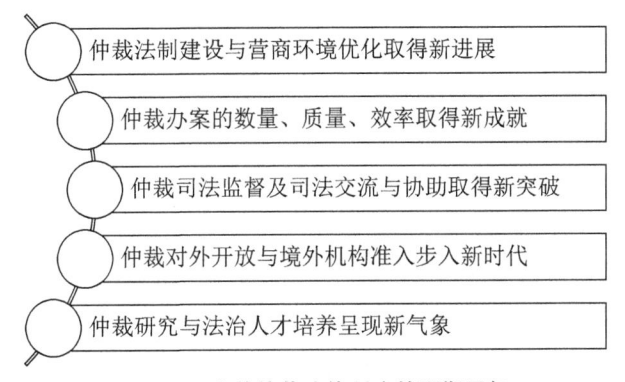

- 仲裁法制建设与营商环境优化取得新进展
- 仲裁办案的数量、质量、效率取得新成就
- 仲裁司法监督及司法交流与协助取得新突破
- 仲裁对外开放与境外机构准入步入新时代
- 仲裁研究与法治人才培养呈现新气象

图6-1 完善仲裁法律制度的预期目标

第一,全面准确贯彻当事人意思自治原则。意思自治是民商事仲裁的基石。既不能因实际存在的一些问题而怀疑、削弱仲裁的自治性,也不能无视意思自治的相对性,模糊自治利益和国家、社会和他人利益的界限。对一些特殊类型纠纷需要作出特别规定,以完整、准确体现意思自治原则。

第二,克服仲裁司法化的惯性思维。仲裁法的修订要充分体现仲裁特色、突出仲裁优势,合理界定仲裁与司法的关系,明确司法对仲裁进行监督的范围限于违反法律规定和违背意思自治原则的情形。司法监督要充分尊重仲裁保密性原则。合理体现仲裁有别于司法的程序自主特性,恰当赋予仲裁庭有关程序性事项的裁量权。

第三，坚持守正与创新的统一。现行仲裁法有许多具有中国特色又行之有效的制度，这些制度不要轻易修改，即使要修改也是使之更完善、更有效。同时，借鉴国际仲裁通行规则中符合仲裁发展趋势的好做法，进一步完善涉外仲裁制度。还需要主动适应数字经济发展新需求，把我国开展互联网仲裁的实践经验及时上升为法律，规定互联网仲裁的基本制度和程序。

第四，厘清法律规定与仲裁规则的界限。准确把握仲裁法的基础性法律定位，修法重在完善仲裁制度的"四梁八柱"，明确仲裁的性质定位、基本原则、基本制度和基础程序，为中国特色仲裁制度明确方向。对仲裁机构的运行管理、仲裁程序的适用等规定应该保有一定弹性。

三、修订我国仲裁法的具体建议

(一) 合理扩大仲裁受案范围

仲裁受案范围问题事关仲裁法的总体定位。随着仲裁事业的发展，仲裁法中有关仲裁受案范围的规定已无法满足现实需要。一方面，一般民商事仲裁以外涌现出投资仲裁、体育仲裁、反垄断纠纷仲裁等新的仲裁类型，亟须仲裁法修订为其提供法律依据。另一方面，仲裁机构为扩大案源，也希望能进一步扩大仲裁受案范围，从而将行政协议纠纷，医疗纠纷，家事纠纷，国际投资、知识产权、反垄断、体育等新型纠纷纳入仲裁范围。

关于国际投资争端纳入仲裁，修法已有所考虑，建议进一步细化，避免国内立法与国际条约声明保留的不一致。关于知识产权、体育、反垄断等不同于传统商事争端的纠纷能否进行仲裁，要作一些类型化分析。知识产权争议，比较常见的是合同纠纷和财产纠纷，当事人之间订立了仲裁协议是可以仲裁的。但是行政机关对知识产权权属认定产生的纠纷，涉及公权力和社会经济秩序,应按照知识产权法和诉讼法有关规定处理,不能仲裁。体育争议也应当作区分。与体育有关的商事纠纷,当事人同意仲裁,可适用一般商事仲裁规则进行仲裁。但对于体育参赛资格、规则适用、兴奋剂检测等竞赛相关问题,主要依据赛会或者协会章程向特定赛会或协会仲裁机构提起仲裁,并且还规定一些上诉机制,这类体育仲裁应当由体育法进行调整。反垄断争议较常见的是商事主体之间的合同纠纷,如果双方愿意仲裁,既能更好化解矛盾,保护商业秘密,维护合作关系,也能节省行政和司法资源。

建议在传统商事仲裁基础上,将国际投资、知识产权、体育、反垄断等不同于传统商事纠纷的争议,以当事人有权处分为原则,以维护国家安全和公共利益为保留,纳入仲裁法调整范围。对不宜由仲裁法调整的争议,规定由知识产权法、体育法、反垄断法等进行调整。

在扩张仲裁受案范围的同时,有必要分门别类地设置仲裁程序。国际投资、知识产权、反垄断、体育等新型纠纷与传统商事纠纷特点不同,不能完全适用传统商事仲裁程序,需要分类设置仲裁程序。建议仲裁法对商事仲裁普遍适用的程序作一般性规定,对国际投资、知识产权、反垄断、体育等特定领域需要适用的特别仲裁程序作出原则性规定,或者授权仲裁机构在仲裁规则中予以规定。

(二) 明确仲裁机构的性质与地位

在我国,仲裁机构究竟具备何种法律属性,常常引发争议。按照现行仲裁法规定,仲裁机构独立于行政机关且无隶属关系。目前,全国半数以上的仲裁机构实行事业单位体制,人事、财务、薪酬等参照事业单位管理,有学者认为,这并不符合仲裁的业务特点、发展规律及其民间性纠纷解决机制的定位,不利于激发仲裁工作的活力，也容易使外方当事人产生误解。[1]现行仲裁法制定时，主要任务是改变原来的行政仲裁体制，建立符合市场经济发展需要的现代商事仲裁制度。如今，仲裁行业面临的不仅仅是要满足国内经济社会发展需要，还要参与国际竞争，服务"走出去"的国家战略，争夺仲裁领域的国际话语权。所以当时参照事业单位解决人员编制经费的做法，就有进一步改革的需要。根据司法部发布的《中华人民共和国仲裁法（修订）（征求意见稿）》，仲裁机构是"为解决合同纠纷和其他财产权益纠纷提供公益性服务的非营利法人"。此外，草案还增加了仲裁机构建立法人治理结构和建立信息公开机制的规定。不过，该征求意见稿并没有根据《民法典》有关"非营利法人包括事业单位、社会团体、基金会、社会服务机构等"的规定，进一步明确仲裁机构的具体类型。不明确仲裁机构作为非营利法人的具体类型，仅将仲裁机构直接登记为"非营利法人"，可能产生以下问题：一是使税收、社保等行政机关陷入执法困境。由于不同类型的非营利法人在税收、社保等方面具有不同管理要求，不明确仲裁机构具体类型，有关行政执法机关在对仲裁机构实施税收、社保等行政管理时将面临困难。二是影响法治的统一，造成全国仲裁管理秩序上的混乱。中共中央办公厅、国务院近日发布《关于加快建设全国统一大市场的意见》，提出要"推进商品和服务市场高水平统一"。如果允许全国仲裁机构属于不同具体类型的法人，势必影响仲裁公共法律服务全国统一大市场的建设。为此，笔者建议：一是仲裁法修订工作应当以《民法典》为基础，紧扣《民法典》的现有规定，进一步明确仲裁机构作为非营利性法人的具体类型。二是仲裁作为公共法律服务，应当属于社会服务的范畴。

---

[1] 罗贤东：《商事仲裁机构的法人治理结构改革研究》，载《商事仲裁与调解》2020年第3期。

应将我国仲裁机构明确为《民法典》规定的"社会服务机构",创建更加有利于仲裁事业改革发展的制度环境。

需要指出的是,虽然学理上普遍认为,仲裁机构应尽量摆脱行政化、确保独立性,但这并不等于仲裁机构可脱离有效的外部监督,科学、合理、规范的监督机制是仲裁事业健康发展所必需的。[1]不过,仲裁不同于诉讼,前者主要面向市场,最大的监督首先来自当事人。只有当事人双方自愿选择特定仲裁机构进行仲裁,该机构才会有业务。从国际上来看,选择仲裁是纠纷主体通过协商形成共同意思表示的行为,仲裁机构的公信力不是来源于外部管理和监督,而是依靠选聘一批高素质专业化的仲裁员,为纠纷主体提供高效合理的争议解决服务。所以,要提高我国仲裁机构的公信力,为一些国际商事纠纷提供法律争端解决机制,不能只通过外在监督,而应进一步考虑引入市场机制,提高其自身的公信力。[2]

(三) 以法律形式明确临时仲裁制度

商事仲裁的发展是基于商事纠纷存在的必然性,由民商事主体摆脱契约和司法权羁绊而自发形成的一种私法自治体系。我国仲裁法在立法之时,将商事仲裁作为一种准司法行为,由各级政府的法制办筹建并监督管理仲裁机构,带有浓厚的行政色彩,是职权主义的产物。因此,中国商事仲裁不是源于民间,不具有商人主义,不是以提供专业服务为出发点,而是由政府行政行为自上而下建立起来的。临时仲裁是市场经济发展到一定程度的产物,只有在市场信用和社会信用体系发展比较完善的情况下,在

---

[1] 刘君之:《我国仲裁机构的独立性及其实现——基于互联网公开数据的实证分析》,载《人大法律评论》2020年第2期。

[2] 胡留燕、徐前权:《论我国仲裁监督制度的完善》,载《长江大学学报(社会科学版)》2018年第6期。

不同的社会经济领域内自然形成特定的行规，并出现一批信望素孚的专业人士的法治环境下才可能确立，过早地开放临时仲裁制度必然会对机构仲裁造成负面影响。开放临时仲裁市场后，我国法院将有权对临时仲裁进行司法审查，如果临时仲裁的裁决违反了我国的公共政策，法院有权对该裁决予以撤销或不予承认和执行。承认临时仲裁可以为商事主体提供更大意思自治的空间，临时仲裁与机构仲裁相互竞争又互为补充。通过两种仲裁方式之间的竞争，可以促使仲裁机构进行改革，防止仲裁机构垄断仲裁服务市场和仲裁腐败的现象发生，这对于我国仲裁制度的发展具有促进作用，同时符合国际主流做法。以法律形式承认临时仲裁的地位，是一国商事仲裁制度成熟的标志。在仲裁国际立法层面，1923年国际联盟主持签订的《仲裁条款议定书》、1927年缔结的第一个《关于执行外国仲裁裁决的公约》、1958年联合国主持通过的《纽约公约》、1961年欧洲国家签订的《欧洲国际商事仲裁公约》、1965年世界银行制定的《华盛顿公约》，以及1976年《联合国国际贸易法委员会仲裁规则》、1985年《联合国国际商事仲裁示范法》等，都承认临时仲裁与机构仲裁应有的地位。

近年来，关于临时仲裁的问题受到学术界的广泛重视。有学者指出，临时仲裁法律制度是衡量一国或地区商事纠纷解决机制是否健全的基本指标之一，在国际商事争端解决机制中具有举足轻重的地位。[1]世界上很多国家都认可临时仲裁的合法性，但相比之下，我国则仅认可机构仲裁，不认可临时仲裁。按照现行《中华人民共和国仲裁法》第16条的规定，有效的仲裁协议必须具备选定的仲裁委员会，这事实上从立法层面否定了约定临时仲裁的仲裁协议有效性。由此便引发了内外有别的情况，具言之，

---

［1］　陈磊：《优化营商环境背景下中国临时仲裁的制度设计——以〈仲裁法〉的修改为中心》，载《广东社会科学》2020年第5期。

第六章　实施论：我国打造国际商事仲裁中心的具体举措

按照我国加入的《纽约公约》，我国法院有义务承认和执行的外国仲裁裁决既包括了外国的机构仲裁裁决，也包括了外国的临时仲裁裁决，但由于我国自身否定了在中国开展临时仲裁的合法性，其他缔约国有义务承认和执行的中国仲裁裁决，仅包括中国的机构仲裁裁决，不包括临时仲裁裁决。针对这种情况，我国最高人民法院于2016年发布的《关于为自由贸易试验区建设提供司法保障的意见》出台，规定"在自贸试验区内注册的企业相互之间约定在内地特定地点、按照特定仲裁规则、由特定人员对有关争议进行仲裁的，可以认定该仲裁协议有效。"实践中该规定被称为"三特定"原则，由于"三特定"原则没有规定当事人之间的仲裁协议需选定仲裁委员会，突破了《中华人民共和国仲裁法》第16条的规定，被认为是为我国自由贸易试验区引入临时仲裁打开了突破口，并为自由贸易试验区临时仲裁合法化提供了制度依据。[1] 2019年，上海自由贸易试验区临港新片区正式批准设立，其后最高人民法院发布《关于人民法院为中国（上海）自由贸易试验区临港新片区建设提供司法服务和保障的意见》，再次强调了"三特定"原则，临时仲裁制度在临港新片区建设中迎来发展契机。[2] 在司法部公布的《中华人民共和国仲裁法（修订）（征求意见稿）》中，也试图认可临时仲裁的合法性，但其适用范围仅限于具有涉外因素的仲裁案件，这实际上反映了中国仲裁立法的改革方向。打造国际商事仲裁中心，其目的是希望能够吸引更多的人来我国仲裁解决纠纷，国外的仲裁大多选择临时仲裁的形式，承认临时仲裁的合法性，可以为当事人提供更多的

---

[1] 陈磊：《自贸区临时仲裁的制度基础与完善路径——以临时仲裁与机构仲裁关系之优化为视角》，载《南京社会科学》2020年第8期。

[2] 曾加、刘昭良：《中国（上海）自由贸易试验区临港新片区临时仲裁制度的构建机遇、挑战与路径》，载《上海法学研究》集刊2021年第13卷。

选择,尊重当事人的意思自治,赋予其更大的自主权。

(四)合理界定仲裁与司法的关系

仲裁与司法的关系,是修订仲裁立法时需要考虑的核心问题。首先,二者相对独立,当事人选择仲裁方式解决纠纷的同时,便排除了司法管辖权;[1]其次,学术界普遍认为,因为仲裁的民间性色彩,其强制力不足,故而在临时措施、仲裁裁决的执行等方面,需要法院的协助;最后,为保障仲裁公信力,法院需要对仲裁进行必要的干预和监督,但如何控制好仲裁司法审查的尺度,使其不至于对仲裁的独立性和自治性构成损害,各国的做法并不一致。[2]在我国历次的民事诉讼法修订中,以及在最高人民法院制定司法解释的过程中,也高度重视仲裁与司法的关系。[3]

目前,司法部的《中华人民共和国仲裁法(修订)(征求意见稿)》中,对仲裁与司法关系的处理仍存在不足:一是对仲裁协议效力的重复审查;二是未明确法院对仲裁庭临时措施的审查权;三是统一了撤销国内和涉外仲裁裁决的审查标准。该征求意见稿明确了司法支持与监督仲裁的原则,还需要在具体制度上落实。为此,笔者建议:①明确司法支持仲裁的具体制度。首先,明确在案件受理阶段,在明确规定仲裁庭自裁管辖权的前提下,当事人达成仲裁协议而起诉的,法院一律不予受理或驳回起诉,删除"仲裁协议无效的除外"规定,同时取消法院对当事人不服仲裁庭管辖而提出异议复议的审查权,把对仲裁协议效力的审查

---

〔1〕 尹忠显:《从司法与仲裁关系的发展趋势看我国仲裁法的改革》,载《政法论丛》2006年第1期。

〔2〕 叶永禄:《以〈仲裁法〉完善为视角:论司法与仲裁的关系》,载《华东政法学院学报》2007年第2期。

〔3〕 宋连斌:《司法与仲裁关系的重构:"民诉法"有关仲裁新规定之解析》,载《仲裁研究》2013年第3期。

留待撤裁程序进行,避免重复审查。其次,明确在案件审理阶段,法院对仲裁庭临时措施的积极协助义务,非因法定事由不得拒绝执行。最后,明确在执行阶段,对仲裁裁决强制执行,非因违反社会公共利益,法院均应给予支持。②坚持司法对仲裁的适度监督。首先,由于仲裁庭没有执行权,也不了解实践中具体执行措施和执行中的问题,可能会出现错误。为防止临时措施被滥用,法院对此应进行必要的审查。其次,对撤销国内仲裁和涉外仲裁宜保留不同的司法审查标准,对涉外仲裁只进行程序性审查。当然,司法监督仲裁应坚持依法监督、被动监督、不主动扩大审查范围的原则。

(五) 加强对仲裁机构与仲裁员的监督

仲裁机构和仲裁员的公信力直接影响仲裁的公信力。仲裁法的修订应当加强对仲裁机构和仲裁员的监督,建立有效约束机制,从制度上促进仲裁公平公正,更好发挥仲裁作用,提高仲裁公信力。为此,笔者建议:一是强化仲裁员披露义务。《中华人民共和国仲裁法(修订)(征求意见稿)》第52条第2款规定"仲裁员知悉存在可能导致当事人对其独立性、公正性产生合理怀疑的情形的,应当书面披露。"但披露与否取决于仲裁员的自觉,而且披露内容的规定过于原则化,也没有明确不披露的法律后果。建议强化对仲裁披露义务的规定,明确必须披露的内容,为仲裁机构制定仲裁规则、仲裁员守则提供指引。二是完善仲裁员准入和退出管理。《中华人民共和国仲裁法(修订)(征求意见稿)》对仲裁员的聘任、考核、培训、监督等没有统一要求和明确规定,现实中各地仲裁机构做法差异较大,对仲裁员的监督管理措施有限。建议修法明确规定仲裁机构应当建立仲裁员遴选、投诉处理、考核评价和退出机制,对严重违法违规和当事人多次投诉、不适合担任仲裁员的从推荐名册除名,并由行业协会予以惩戒。三是加强行业监督。建议仲裁法修订进一步明确仲裁协会监督职责的具体内容，如在全行业建立黑名单和信用惩戒制度，建立投诉处理机制、行业惩戒规则和仲裁机构质量评估指标体系等，督促仲裁机构加强自律管理和对仲裁员的监督，同时加大对违法违规仲裁机构和仲裁员的处理力度。

（六）以仲裁地作为仲裁裁决籍属的判定标准

仲裁地有法律意义和地理意义之分。法律意义上的仲裁地是指仲裁与特定国家的法律制度建立联系的地点。地理意义上的仲裁地，是仲裁程序的实际进行的地点。在理论上，法律意义上的仲裁地和地理意义上的仲裁地可能存在不一致的情况。例如，当事人达成仲裁协议选择伦敦作为仲裁地，而仲裁程序实际上是在新加坡进行的，这时，法律意义上的仲裁地就是伦敦，新加坡是地理意义上的仲裁地。但在大多数情况下，法律意义上的仲裁地和地理意义上的仲裁地是一致的。通常认为，仲裁地的强制性法律规范对仲裁程序具有法律约束力。因此，有关国家的仲裁法制成为当事人选择仲裁地的重要考量因素。当事人选择特定的仲裁地点取决于该仲裁地的仲裁法是否对解决争议更有利、是否对自己具有吸引力。法院对国际商事仲裁司法审查的态度也将对仲裁地竞争力产生重要影响，如果一国法院支持国际商事仲裁，呈现出"仲裁友好型"司法态度，当事人就会更倾向于选择该国作为仲裁地。国际商事仲裁市场的全球竞争既是仲裁地的竞争，也是国家之间仲裁法制、各国对仲裁司法态度的竞争，只要一国能被更多的商事主体选择为国际商事仲裁的仲裁地，该国就会在国际商事仲裁市场上争得更大的市场份额。

第六章　实施论：我国打造国际商事仲裁中心的具体举措

第二节　国际商事仲裁规则的优化

一、合理界定仲裁规则与实体法的关系

国际商事仲裁的发展与国际贸易法的发展相伴而生，打造国际商事仲裁中心，需要把握好二者之间的关系。按照著名法学家施米托夫教授的分析，国际贸易法的演进经历了三重发展阶段，第一阶段为民族国家出现之前，即中世纪的商人习惯法；第二阶段为民族国家出现之后，中世纪的商人习惯法被纳入承袭了中世纪社会封建等级制度的各民族国家的国内法，其顶点是法国1807年通过的商法典、德国1861年统一商法典，以及英国大法官曼斯菲尔德把商人习惯法纳入普通法；第三阶段为当代，即现代的国际贸易法，其包括但不限于以国际条约、国际惯例、示范法等统一实体私法表现的国际贸易规则。商人法和商事仲裁，前者偏重于实体法，后者偏重于程序法，但二者都是商人团体自治的产物，二者均旨在弥补不完备的国内法律。在荷兰法学家格老秀斯提出国家主权的概念后，随着民族国家的建立，仲裁同样经历了被纳入"国内法"的历程，例如，瑞典仲裁法、法国民事诉讼法典、英国仲裁法等。二战之后，伴随着经济全球化的发展，二者又一同迎来国际主义的回归。在国际仲裁领域，仲裁步入成熟的标志性文件莫过于1958年《纽约公约》的制定和1985年《联合国国际商事仲裁示范法》的通过。

通过比照可以发现，国际贸易法的生成仰赖于三方面的基本条件：一是当事人意思自治原则，合同在订约当事人之间具有法律的效力；二是契约必守原则，重诺守信；三是以仲裁方式解决商事争议。可以说，仲裁庭不仅是商人法的适用者和阐释者，也是商人法的发现者、发展者，没有国际仲裁，从某种意义上来说，也就没有国际贸易法，更没有国际贸易规则体系。

对于国际商事仲裁与国际贸易规则体系之间的关系有了这样的认识和定位，我们便不难理解：大约200年前，英国第一部关于商法的现代权威性专著，即1834年英国约翰·威廉·史密斯的《商法》分为四卷，分别是：商人、商事财产、商事合同和商事救济方法。1966年，联合国国际贸易法委员会正式成立，其最早的工作领域是国际货物买卖、国际支付、商事仲裁和海上货物运输。特别是其在国际仲裁领域推出了1976年《联合国国际贸易法委员会仲裁规则》等重要成果。可以看出，作为联合国的核心法律机构，联合国国际贸易法委员会承担着推动国际贸易法协调和统一的历史使命，是将国际贸易实体规则与仲裁规则一体推进的。我国在推动形成开放新格局、健全更高水平对外开放体系的过程中，国务院批准发布的自由贸易试验区、服务贸易创新发展示范区等方案都对发展我国国际仲裁事业提出了明确的要求。概言之，只有对国际仲裁与国际贸易规则体系之间的关系有了准确定位，在国际贸易秩序调整、国际贸易规则变革中，才能自觉提高对推动国际仲裁规则体系、国际仲裁治理体系变革的重要性、必要性和紧迫性的认识，将打造国际商事仲裁中心与进一步深化对外开放紧密地联系起来，主动识变、主动应变、主动求变，努力推动构建公正、合理、透明的国际贸易规则体系[1]。

二、准确把握国际商事仲裁的发展趋势

自1985年《联合国国际商事仲裁示范法》通过后，特别是进入新世纪以来，在世界范围内，国际仲裁快速发展、加速演变。大体来说，有以下发展趋势值得关注。

---

[1] 赵健：《加快国际仲裁中心建设 推动构建公正、合理、透明的国际贸易规则体系》，载 https://mp.weixin.qq.com/s/Q0ybsAXss0fLJY15LuQh-A，最后访问日期：2024年5月24日。

第六章 实施论：我国打造国际商事仲裁中心的具体举措

第一，国际仲裁治理体系"东升西降"与国际仲裁规则体系"东风西渐"。一方面，在国际仲裁中，西方仍主导话语权，仍是"西风烈"；同时，受益于亚太地区经济的飞速发展，亚太地区仲裁机构快速崛起，国际仲裁治理体系开始"东升西降"。据《2021年国际仲裁调查报告》显示，全球最受欢迎的十大仲裁地中，来自亚洲国家城市已占五席，其中，新加坡与伦敦并列第一，香港特区第二，北京与纽约同列第六位，上海紧随其后列第七位；在全球最受欢迎的五大仲裁机构中，来自亚洲国家的仲裁机构占据三席，其中，深圳国际仲裁院名列第二、香港国际仲裁中心名列第三、中国国际经济贸易仲裁委员会名列第五，均取得历史性突破。在国际仲裁规则体系中，我国仲裁实践早已有效运行多年的简易仲裁程序、小额仲裁程序、仲裁秘书制度等，逐渐被西方国家采纳。例如，联合国国际贸易法委员会近年通过的《快速仲裁规则》便是我国仲裁机构简易仲裁程序的"国际版"。

第二，国际仲裁规则趋同化日益凸显。1985年通过的《联合国国际商事仲裁示范法》，旨在为国内仲裁法律达到理想的协调统一和实现改进奠定良好的基础。《联合国国际商事仲裁示范法》与1958年《纽约公约》共同构成现代国际商事仲裁制度的两大基石，并且一同成为判断一个国家仲裁法律制度是否完善、是否先进的"试金石"。截止到2021年，全球已有85个国家118个法域以其为蓝本制定仲裁法，而《纽约公约》的缔约方已达到169个，这在很大程度上促进了各国仲裁立法的趋同化。与此同时，世界各仲裁机构的仲裁程序规则也日渐趋同。不难发现，世界各国的国际贸易法专家在讲着一种"共同的语言"。现如今，在国际商事仲裁领域，这种情况尤其明显。

第三，国际仲裁更加开放包容。多样性（diversity）成为国际仲裁界的热词。仲裁员的多样性是仲裁公正性的重要保障。近年来的一种显著趋势是，世界各主要仲裁机构愈发注重女性仲裁员参与仲裁活动的比例，包括国际商会仲裁院、香港国际仲裁中心、新加坡国际仲裁中心在内的仲裁机构纷纷对外公布女性仲裁员参与仲裁案件的比例，并主动加大指定女性仲裁员的力度，为更多女性仲裁员谋求参与国际仲裁的机会。在国际仲裁机构治理结构上，更加注重管理人员在性别、种族、地域分布、语言等方面的平衡性和代表性。美国女律师克劳迪娅·所罗门出任国际商会仲裁院主席，她是该仲裁机构在近百年历史上第一位女性"掌门人"，既是偶然，更是当前国际仲裁大环境的必然。

第四，国际仲裁更加追求仲裁效能。近年来，仲裁时间长、费用高、效率低，为广大仲裁当事人所诟病。为提高国际仲裁的竞争力，回应广大仲裁当事人的关切，世界各仲裁机构及相关机构通过出台简易仲裁程序规则、允许多份合同仲裁、合并仲裁、追加第三人、简化证据开示、压缩开庭时间和推广书面审理、鼓励和解、加强仲裁员报酬核算等各种方式方法，控制仲裁在解决国际商事争议方面的时间和金钱成本，减少仲裁耗时、降低仲裁成本、提高仲裁质效。

第五，国际仲裁信息化迅猛发展。进入新世纪，新一轮科技革命加速发展，互联网、大数据、人工智能等正深刻重塑国际供应链和产业链，仲裁只有拥抱新科技才能不断满足当事人日益增长的仲裁需求。近几年，仲裁拥抱新科技的步伐逐渐加快。传统的现场开庭、邮寄送达等方式已无法满足互联网时代推进仲裁程序的需求，远程开庭、电子送达等科技手段对推进仲裁程序的重要性逐渐凸显，包括国际商会仲裁院、中国国际经济贸易仲裁委员会、香港国际仲裁中心、维也纳国际仲裁中心在内的仲裁机构，或者修改仲裁规则明确赋予远程开庭合法性，或者出台指引鼓励仲裁庭远程开庭，或者推出智能化的办案信息平台，便利当事人通过电子方式提交仲裁申请等仲裁文件。在仲裁中开始使用人工智能技术。同时,如何保护数据和信息安全也成为仲裁机构关注的热点问题。

第六,国际仲裁的绿色转型渐露端倪。气候变化是人类生存和发展面临的严峻挑战,世界只有一个地球,积极应对气候变化是全人类共同的责任。国际仲裁业虽然不是高耗能高污染行业,但是作为地球大家庭的一员,国际仲裁从业人员同样承担着节能减排、可持续发展的社会责任。为此,在国际仲裁实践中,应逐渐鼓励当事人和仲裁员签署绿色仲裁承诺书,推广使用远程庭审会议、远程询问证人和远程开庭、以电子方式提交文件和证据、使用电子卷宗、电子送达等,减少不必要的文件打印、避免不必要的国际国内旅行等,将这些逐渐提上仲裁机构工作日程。一些机构业已推出绿色仲裁与可持续仲裁计划,开启了国际仲裁绿色转型进程。国际仲裁绿色发展前景广阔。

总体来看,国际仲裁呈现出的上述发展趋势对我国仲裁事业发展、对提高我国仲裁的国际地位是有利的。积极推动国际仲裁规则体系变革,就应当正确认识和把握国际仲裁的晚近发展趋势,顺势而为、乘势而上,为营造更加公正合理的国际仲裁规则体系不懈努力。

三、全面提升国际经贸仲裁的法治保障

推动国际仲裁规则体系变革是一项系统工程,需要多方努力、综合施策,但关键是办好自己的事,加快我国国际商事仲裁中心建设,提高我国仲裁的国际吸引力、国际竞争力和国际公信力。仲裁作为独特的争议解决机制,对促进改革开放、经济发展、维护社会稳定,发挥了重要作用。为推动构建公正、合理、透明的国际贸易规则体系,应当加快我国国际商事仲裁中心建设,努力把我国建设成为世界各国当事人乐于选择的仲裁地。

在未来的几年内，中国商事仲裁应在总结已有成绩并借鉴域外经验的基础上，着力做好以下几项工作。

第一，按照立法规划，加快仲裁立法的修订和相关配套法律体系的完善。习近平总书记多次强调，"把非诉讼纠纷解决机制挺在前面"。这是适应新时代我国社会主要矛盾变化，推动社会治理创新的重要论断，为推动包括仲裁在内的多元化纠纷化解体系建设，促进国家治理体系和治理能力现代化指明了方向，提供了基本原则。修订仲裁法，要坚持稳定性与适度创新相统一，坚持中国特色与国际融合相统一，重点对标《联合国国际商事仲裁示范法》，修改制约仲裁制度完善和公信力提高的相关内容和条款，顺应国际潮流，解决实际问题（如仲裁机构性质和治理结构、仲裁员自裁管辖、仲裁保全、临时仲裁、境外仲裁机构在华仲裁、仲裁收费、仲裁免责等），创造友好型仲裁的法律软环境，使中国成为受欢迎的仲裁地和东方仲裁中心。

第二，中国仲裁机构要加快机构改革和内部治理调整，落实中共中央办公厅、国务院办公厅《关于完善仲裁制度提高仲裁公信力的若干意见》提出的各项要求，改革完善内部治理结构和管理机制，参照国际惯例改革仲裁员报酬和机构管理费的收取、分配制度，增强机构之于外界的透明度，尽早把仲裁委员会建设成公益性、非营利性质的争议解决机构，提升中国仲裁的质量和公信力。在仲裁机构的改制和转型方面，深圳国际仲裁院和海南国际仲裁院已经率先垂范，完成了全面改制任务，他们的经验对于国内其他仲裁机构颇有参考借鉴意义。

第三，仲裁司法监督水平要进一步提高。仲裁离不开司法机关的监督和支持。中国法院在过往的司法监督中体现出了越来越高的水准，这是无可置疑的。但是在少数案件中，司法机关的监督也存在偏差。例如，在友拓亚洲投资有限公司诉国勘公司申请执行中国国际经济贸易仲裁委员会仲裁裁决一案中，北京市第四中级人民法院以后案和前案纠纷系"同一纠纷"、后案裁决违反"一裁终局"原则为由撤销后案裁决，在程序和实体问题上都引发了较大争议。严格来说，违反一裁终局原则并非《中华人民共和国仲裁法》规定的撤销裁决的理由，更何况法院在不同案件中对"同一纠纷"的判断标准也不尽统一。在仲裁法规定存在疏漏的情况下，法院应尽量谦抑行使司法监督权、做到类案同判。

第四，要重视发展互联网仲裁。近几年，随着现代信息技术的发展，在传统仲裁的基础上催生了互联网仲裁的巨大需求。利用现代科技信息技术，建设一体化、便利化、多接口的智能办案系统，建立面向世界和未来、开放多元的在线纠纷仲裁资源整合平台，在管辖范围、程序设计、电子证据的认定以及裁决的执行等方面进行具体构建，提升智慧仲裁服务水平，是现代仲裁的当务之急。法律、规则和技术之间的有机联系从来没有像今天这样迫切。中国仲裁要迎难而上，在未来几年加快推进仲裁与信息技术和新兴行业领域的深度融合，迎接新时代的挑战。

第三节 涉外仲裁人才的培育与养成

一、我国现有仲裁人才难以满足实践需求

打造国际商事仲裁中心，关键得要培养一批合格的涉外仲裁人才。国际商事仲裁，不仅是国际社会普遍接受、广泛认可的国际民商事争议解决机制，而且也是沟通谈判、辩论交锋、利益博弈、法律适用的国际平台。在裁断国际商事争议的过程中，仲裁员对规则的解释和适用将对裁决结果产生直接影响，而一国能否培育出卓越的涉外仲裁人才，直接关系到该国能否提升国际影响力、抢占国际人才竞争的新高地。

据中国政法大学仲裁研究院统计，截至2020年，我国仲裁机构在聘涉外仲裁员（含境外）共计2000余人，但境内仲裁员能够参与国际仲裁实践的比例极低。中国政法大学仲裁研究院2020年联合12家地方律师协会进行的专项调研显示，全国50余万名律师中，真正具备国际仲裁代理或仲裁员出庭经验的，全国不过100人；能够参与代理、与境外律师合作管理境外仲裁案件的律师不足1000人，占全国律师的0.2%。此外，中国政法大学仲裁研究院通过对国务院国有资产监督管理委员会推荐的100余家"走出去"的大型央企、国企进行的调研发现，在涉外业务中90%以上企业选择仲裁作为纠纷解决方式；但与外方订立合同时，外方100%不愿选择中国仲裁，实际80%以上约定了境外仲裁条款。65%受访企业表示在境外仲裁时，难以选出适格的中国籍或了解中国法律的仲裁员。65%的受访企业认为境外仲裁员、代理律师专业性强、经验丰富，并普遍反映我国的仲裁员、律师在国际仲裁中实力欠缺，无法满足企业需求。由此可见，在经济全球化的过程中，我国企业必然要应对涉外仲裁，但涉外仲裁人才供给侧严重不足。[1]

根据公开资料，全国开设法学本科专业的高等院校近700所，但开设涉外仲裁课程的院校不超过30个，从事涉外仲裁教学科研的师资队伍不足百人。这与近半世纪以来全球"非诉讼纠纷解决"潮流风起云涌、国际仲裁争端解决实践突飞猛进、各国法学院仲裁与争端解决专业纷纷设立的国际趋势背道而驰。[2]以美国为例，其被视为全球争议解决教育和实践最为成熟和发达的国家之一，其在国际规则制定和国际争议解决中发挥了重要作

---

〔1〕 参见姜丽丽：《加快中国特色涉外仲裁人才培养步伐》，载《法治日报》2021年8月31日，第10版。

〔2〕 参见姜丽丽：《加快中国特色涉外仲裁人才培养步伐》，载《法治日报》2021年8月31日，第10版。

第六章 实施论：我国打造国际商事仲裁中心的具体举措

用，这在很大程度上可以归因于其法学教育对涉外人才培养的重视，并且将仲裁、调解等争议解决课程纳入教学体系。由此可见，仲裁法，尤其是涉外仲裁、国际商事仲裁、国际投资仲裁等内容，有必要纳入我国的法学教育当中，并不断提升对其重视程度，使未来的法学人才培养能够契合于国家和社会的需要。

二、培养涉外仲裁人才的指导思想

2021 年 12 月，习近平总书记在中共中央政治局就建设中国特色社会主义法治体系进行第三十五次集体学习中强调，我国正处在实现中华民族伟大复兴的关键时期，世界百年未有之大变局加速演进，改革发展稳定任务艰巨繁重，对外开放深入推进，需要更好发挥法治固根本、稳预期、利长远的作用。要坚定不移走中国特色社会主义法治道路，以解决法治领域突出问题为着力点，更好推进中国特色社会主义法治体系建设，提高全面依法治国能力和水平，为全面建设社会主义现代化国家、实现第二个百年奋斗目标提供有力法治保障。其中特别提到，要完善法治人才培养体系，加快发展仲裁等法律服务队伍。

新形势下，加强涉外法治人才队伍培养建设，是全面提升我国跨境法律服务竞争力、更好地维护国家安全与利益以及"走出去"中国企业合法权益的迫切需要，也是向世界彰显我国全面推进依法治国水平的重要举措。2022 年 3 月，司法部、教育部、科学技术部、国务院国有资产监督管理委员会、中华全国工商业联合会、中国国际贸易促进委员会联合印发了《关于做好涉外仲裁人才培养项目实施工作的通知》。其中要求，到 2025 年，建立起与国际通行仲裁制度相适应的涉外仲裁人才培养体系，遴选 1000 名高端领军人才、培训 1000 名职业进阶人才、培养 1000 名青年后备人才，打造一支坚定不移走中国特色社会主义法治道路的高素质专业化涉外仲裁人才队伍。该通知围绕着中共中央《法治中国建设规划（2020—2025年）》和中央人才工作会议关于做好涉外仲裁人才培养的任务要求，针对涉外仲裁人才队伍建设提出了明确的指导思想和培养目标，旨在采取具体的举措。

《关于做好涉外仲裁人才培养项目实施工作的通知》中指出，就培育涉外仲裁人才的指导思想而言，应坚持以习近平新时代中国特色社会主义思想为指导，深入学习贯彻习近平法治思想，全面贯彻落实党的十九大和十九届历次全会精神，紧紧围绕推进国家治理体系和治理能力现代化总体目标，适应世界多极化、经济全球化深入发展和高水平对外开放的需要，以全面推动新时代涉外仲裁人才培养工作为主题，以提高我国涉外仲裁人才队伍质量为核心，以完善涉外仲裁人才梯队体系建设为着力点，创新涉外仲裁人才培养机制，优化涉外仲裁人才培养路径，着力培养一批具有国际视野、通晓国际规则，能够在跨境法律服务市场提供专业服务的中国涉外仲裁人才，建立适应中国国际仲裁品牌和国际商事仲裁中心建设的专业人才培育、培训工作格局，为建设法治中国提供坚实人才支撑和智力支持。特别是高等院校在开展仲裁教学的过程中，要坚持立德树人、德法兼修，尊重涉外仲裁人才培养基本规律，造就一大批德才兼备的高素质涉外仲裁人才；要坚持问题导向，立足国情，改革创新，面向世界，推进涉外仲裁人才资源科学配置、健康有序发展。

《关于做好涉外仲裁人才培养项目实施工作的通知》中还提出，要聚力实施涉外仲裁人才培养项目，统筹利用现有资源培育涉外仲裁人才。该通知的发布和贯彻实施，为我国涉外仲裁人才培养指明了方向。具言之，涉外仲裁人才培养应当发挥我国体制优势，以国家计划为引领，着眼未来，持续进行。从政府层面，国家出台专项人才培养支持政策，将涉外仲裁人才纳入国家专项高端人才发展战略，提供人才培养的支持和保障措施。从教育层面，我国有必要因时制宜地设定人才梯队培养连接机制，从高到低设立"高端领军人才""职业进阶人才"和"青年后备人才"三类人才计划，逐步建立起涉外仲裁人才可持续发展梯队。从培养计划层面，涉外仲裁人才是复合型、实践型的专门性人才，相应地，师资、教学、培养过程都要创新高校和社会之间的协同培养体制，在法律外语、逻辑思维、谈判、人工智能、跨文化沟通内容基础上，强化职业伦理、人文素养、政治素养教育。

三、培养涉外仲裁人才的重点举措

（一）组建涉外仲裁人才培养专家委员会

涉外仲裁人才培养专家委员会是专家咨询协调机构，承担开展涉外仲裁人才培养的研究、咨询、指导和服务等工作，主要对涉外仲裁人才培养工作的重大政策、重大事项、重大项目进行研究论证，对涉外仲裁人才培养工作重大问题进行调查研究，对涉外仲裁人才培养工作的重点、难点、热点问题提供咨询意见，组织协调开展涉外仲裁人才培养年度规划。专家委员会由政府部门、仲裁委员会和高等学校等单位的专家、学者组成，为政府制定规划、政策发挥专家"外脑"和智库作用。

（二）建立涉外仲裁人才培训基地

根据国家培养涉外仲裁人才开展培训和实践训练的实际需要，司法部会同教育部在全国范围内遴选10余家具备相关学科综合优势、专业师资配置完善的高校，成立多语种、各具特色的涉外仲裁人才培训基地。培训基地要充分发挥自身教学优势，以国际商事争端解决相关法律和实践作为教学内容，发布项目课程计划，制定与国际知名仲裁机构培训课程相贯通的项目课程体系，采取理论和实践相结合的教学方式开展教学活动。教育部及科学技术部外专部门通过现有项目和经费渠道，对国外仲裁专家来华开展教学活动提供支持。

（三）组建涉外仲裁高端人才库

司法部负责牵头组建涉外仲裁高端人才库，首期入库300名涉外仲裁高端人才，计划到2025年入库1000名，逐步选拔一批通晓国际规则、具有世界眼光和国际视野的高质量、高水准、高素质的涉外仲裁高端人才。高端人才库可对接列入法律硕士专业学位（国际仲裁）研究生培养项目师资库，并向有关部门和企业提供推介、咨询等服务。[1]推荐入库的涉外仲裁高端领军人才参与有关国际规则制定或多边贸易谈判等工作。鼓励支持涉外仲裁高端领军人才参与国际组织合作项目或者到国际组织、国际仲裁机构担任职务，更好地为"一带一路"建设、为中国企业和公民"走出去"、为我国重大涉外经贸活动提供仲裁法律服务，提升我国仲裁法律服务业国际影响力。

（四）开展涉外仲裁项目证书教育

司法部会同教育部、科学技术部、国务院国有资产监督管理委员会、中华全国工商业联合会、中国国际贸易促进委员会等单位，依托涉外仲裁人才培训基地开展涉外仲裁项目证书教育，统筹国内高校和仲裁委员会等培训资源，面向大型国企、民企、国际贸易企业法务部门、涉外律所、有关商（协）会组织等单位招录有学习意愿和外语基础的法律实务人才，以自主选学方式开展

---

[1] 2022年7月，教育部办公厅与司法部办公厅联合发布了《关于实施法律硕士专业学位（国际仲裁）研究生培养项目的通知》（教研厅函〔2022〕5号）。其中提到，我国急需加快涉外法治工作战略布局，完善涉外仲裁人才培养体系，着力培养一批高层次涉外仲裁后备人才，维护我国企业和公民海外合法权益，服务和保障高水平对外开放。为此，通过实施法律硕士专业学位（国际仲裁）研究生培养项目，支持有关高校和仲裁委员会、律师事务所等法律实务部门积极探索和创新涉外法治高层次人才培养模式。本项目2023年至2025年招生，合计招收培养不少于1000人。

为期 2—6 个月的涉外仲裁培训课程研修,开展规范的涉外仲裁人才培训,课程结束后颁发各培训基地结业证书,计划到 2025 年完成 1000 名涉外仲裁进阶人才的培养工作。完成涉外仲裁项目证书教育的,可以优先考虑纳入涉外仲裁高端人才库。

(五) 实施国际仲裁研究生培养项目(培养 1000 名国际仲裁青年基础人才)

教育部、司法部实施法律硕士专业学位(国际仲裁)研究生培养项目。由司法部牵头,组织仲裁委员会、律师事务所等涉外仲裁实务单位与高校签订联合培养协议,开展联合办学,开发优质课程,强化实践教学。探索将涉外仲裁项目证书教育与法律硕士专业学位(国际仲裁)研究生培养项目相衔接,鼓励和吸引外国语言文学类专业和法学专业的优秀本科毕业生报考法律硕士专业学位(国际仲裁)研究生。到 2025 年,完成 1000 名涉外仲裁青年后备人才招生培养工作。

(六) 组织开展专题教育

鼓励国内知名仲裁机构,会同涉外仲裁人才培养基地,通过定期举办专题研讨、系列讲座、短期培训等方式,加大涉外仲裁人才培训力度。有关培训要纳入涉外仲裁人才培养基地项目培训课程,面向国内相关行业和仲裁机构招生。支持具有国际影响力的仲裁机构举办大型涉外仲裁模拟比赛,打造涉外仲裁人才培养品牌。支持中国籍仲裁员和律师积极参加国(境)外知名仲裁机构开展的中短期培训项目,提升涉外仲裁水平。

第四节　国际商事仲裁收费模式的改革

一、仲裁费用的含义、特征及其收取

仲裁费用是指当事人申请仲裁或提出反请求时,依法向仲裁

机构缴纳的一定数量的费用。当事人申请仲裁应当缴纳仲裁费用，这是各国通行的做法，其原因在于：仲裁是一种服务，当事人在享受仲裁服务的时候应当向仲裁机构缴纳一定的费用；仲裁机构是民间性机构，其所有的开支不由国家财政负担，为了维持仲裁机构管理和服务工作的正常运转，仲裁机构就需要在受理案件时向当事人收取一定数量的仲裁费用，否则仲裁机构就无法生存下去；仲裁机构向当事人征收仲裁费用，有利于防止当事人滥用仲裁权，促使他们通过自行协商的方式解决纠纷。通常认为，仲裁费用具有以下特征：①仲裁费用是一种服务费用。仲裁是一种法律服务，当事人在提起仲裁的时候就与仲裁机构达成了一项服务合同。根据该合同，仲裁机构要向当事人提供符合法律程序和规则的仲裁服务，当事人则要向仲裁机构支付服务费，该服务费即为仲裁费用。②仲裁费用是仲裁机构向当事人收取的费用。通常情况下，在申请人向仲裁机构提起仲裁申请后，由仲裁机构将应缴纳的仲裁费用通知申请人，在申请人足额缴纳仲裁费用后，仲裁程序才开始。若被申请人提出反请求，仲裁机构也只有在其按规定缴纳仲裁费用后才会受理该反请求。③仲裁费用的收取不以营利为目的。仲裁机构大多为非营利性机构，因此仲裁费用的收取也主要是以补偿仲裁机构和仲裁员的办案支出而不是以营利为目的。仲裁机构向当事人收取的仲裁费用主要用于三方面的支出：一是用于仲裁机构的管理和正常运转；二是用于支付仲裁员报酬；三是用于仲裁审理中的实际支出，如咨询、勘验、翻译等费用。

仲裁费用有狭义和广义之分，狭义上的仲裁费用指的是仲裁机构向当事人收取的，用以支付仲裁员报酬、补偿仲裁机构办理仲裁案件开支的专门费用；广义上的仲裁费用除仲裁机构收取的费用外，还包括当事人在仲裁中发生的律师费用及其他办案费用，如《英国仲裁法》第59条第1款规定："仲裁费用是指仲裁员的报酬和开支，有关仲裁机构的报酬和开支，即当事人的律师或其他费用。"《中华人民共和国仲裁法》及《仲裁委员会仲裁收费办法》所规定的仲裁费用是狭义上的，由仲裁案件受理费和仲裁案件处理费两部分构成。仲裁案件受理费是由仲裁机构在受理当事人的仲裁申请时，按照规定向当事人收取的费用。仲裁案件受理费主要用于：①维持仲裁机构正常运转的必要开支。主要指仲裁机构的管理费用包括仲裁机构行政人员的开支等。②支付仲裁员报酬。从理论上来说，仲裁员报酬是仲裁费用中的一项重要开支。仲裁员参与仲裁，提供了当事人期望的法律服务，理应获取报酬；而且仲裁机构本身并不裁断纠纷，仲裁员才是受当事人委任而实际解决纠纷的人，有时当事人甚至仅因信赖仲裁员的声望和能力而选择仲裁；仲裁员获得适当报酬，可激发其责任心，保证仲裁质量；也只有当仲裁员获得了报酬，在仲裁中出现重大失误或恶意损害当事人利益时，追究其仲裁责任才理所当然。

但目前，在我国部分仲裁机构的仲裁收费实践中，并没有按管理费、仲裁员报酬、实际开支等来计收仲裁费用。仲裁员报酬由仲裁机构决定，当事人不清楚费用的构成也无权约定仲裁员报酬。在实践中，仲裁案件受理费的大部分都成了仲裁机构的管理费用，仲裁员所得报酬相对较少，这在一定程度上增加了仲裁机构与仲裁员产生利益冲突的可能性，不利于充分发挥仲裁员的积极性和能动性。而且仲裁员报酬支付方式存在一定的随意性，有时不能全面反映仲裁员付出的劳动，也忽视了仲裁员之间水平、地位的差异。造成这种情形的一个重要原因就是，在我国一直有这样一个根深蒂固的认识，即仲裁是非营利性的社会公益事业，仲裁员的劳动因此也应该是公益性的。

我国当前这种将管理费用和仲裁员报酬集中起来收费的方式

与国际仲裁界的惯常做法大相径庭。国外很多仲裁机构如国际商会仲裁院、瑞典斯德哥尔摩商会仲裁院、世界知识产权组织仲裁与调解中心、美国仲裁协会等都就仲裁机构管理费、仲裁员报酬以及可能有的案件登记费等分别制定不同的收费标准而向当事人收取仲裁费用。《斯德哥尔摩商会仲裁院仲裁规则》第39条及附录第3条第1款规定：仲裁费用包括仲裁员的报酬；除非当事人另有约定，仲裁院按照争议金额，根据费用表确定仲裁员报酬；……仲裁庭一般仲裁员的报酬应是首席仲裁员报酬的60%。《国际商会仲裁规则》第31条及其附件三第2条也规定：仲裁费应包括仲裁员酬金……仲裁院在确定仲裁员报酬时应考虑仲裁员的勤勉、所花费时间、进行程序的速度和争议的复杂程度等因素，在规定的限额内确定数额，但在例外情况下，其数额可高于或低于限额。

仲裁案件处理费是指仲裁机构在审理仲裁案件中实际支出的、按规定应由当事人负担的各种费用。这些费用主要包括：①仲裁员因办理案件出差、开庭而支出的食宿费、交通费及其他合理费用。如当事人选定的仲裁员的居住地不在仲裁机构的所在地，该仲裁员到仲裁机构开庭、合议等发生的实际费用；或者当事人选定的仲裁员在仲裁机构所在地，但仲裁案件要到其他地方进行开庭或调查发生的实际费用等。②证人、鉴定人、翻译人员因出庭而支出的食宿费、交通费、误工补贴。③咨询、鉴定、勘验、翻译等费用。如当案件涉及某些领域的专业问题时，仲裁庭就需要聘请专家就该问题发表咨询意见，从而发生咨询费用；在涉及货物品质问题而当事人争执分歧重大时，仲裁庭有时会委托独立的品质检验机构对货物进行检验，从而发生检验费用；在涉及公司经营、财务账目问题而双方当事人又无法共同认可时，当事人有时会请求仲裁机构委托会计师或审计师事务所进行查账或审计而产生审计费；在涉外案件中，经常会涉及文书材料的翻译，另

第六章　实施论：我国打造国际商事仲裁中心的具体举措

外若当事人选定了外籍仲裁员或者聘请了外国代理人，同样会产生翻译费用等。④复制、送达案件材料、文书的费用。⑤其他应当由当事人承担的合理费用。如通信费、租开庭室等一些特殊情况下的辅助费用。[1]

国际仲裁界有格言称：仲裁的好坏取决于仲裁员的好坏（The arbitration is only as good as its arbitrators）。在仲裁中，仲裁员是争议的实际裁判者（adjudicator），然而在中国，仲裁员的报酬却普遍较低。在过去很长一段时间内，中国仲裁机构的普遍实践是，仲裁费用由机构收取，作为仲裁核心的仲裁员应当从中分得多少报酬，缺少规范。对此，曾有学者提出了问题：仲裁员到底是为当事人提供服务，还是为仲裁机构提供服务？[2]针对仲裁收费及仲裁费用的分配问题，部分仲裁机构作出了有益的探索与尝试，其中以北京仲裁委员会、深圳国际仲裁院、廊坊仲裁委员会最具典型性。仲裁费用制度在国际仲裁界已有相对成熟的做法，但确是我国仲裁界亟待突破的"瓶颈"。特别是在过往的仲裁制度改革中，我国很少重视当事人付出的争议解决成本及其分配，这种现象主要归结为两方面原因：一方面，受制于大部分仲裁机构"参公管理的事业单位性质"，仲裁收费遵循具有较强行政色彩的"收支两条线"模式，费用如何收、如何用、如何管，取决于当地财政部门，仲裁机构在仲裁费用的收取和分配方面缺乏必要的自主权；另一方面，国务院办公厅在1995年发布了《仲裁委员会仲裁收费办法》，这被视为我国仲裁机构收费的强制性法律依据，仲裁机构很难突破该办法的约束自行探索新的做法。[3]由此

---

[1]　宋连斌主编：《仲裁法》，武汉大学出版社2010年版，第214页。
[2]　2007年，在全国政协十届委员会第五次会议上，梁慧星等15名全国政协委员向大会提交了《关于纠正将"仲裁收费"作为"行政事业性收费"错误的提案》。
[3]　宋连斌、陈曦：《仲裁费收取及管理的基础问题思辨》，载《仲裁研究》2021年第2期。

就导致，在我国，仲裁员报酬在仲裁费用中所占比例极低，与国际商事仲裁的普遍做法并不一致。打造国际商事仲裁中心，有必要对仲裁收费模式进行合理的改革。

自2022年2月1日起，北京仲裁委员会新修订通过的《北京仲裁委员会仲裁规则》及附录收费标准正式施行。该规则对现行的仲裁收费标准作了重大调整。特别是其将仲裁费用明确区分为仲裁员报酬与机构费用，这是中国仲裁机构在仲裁收费改革方面的第一次尝试。这一大胆创新有利于提高仲裁员的积极性，彰显出对仲裁员专家价值和专业工作的尊重，引发仲裁理论界与实务界的热议。[1]

二、先前的北京仲裁委员会收费标准

根据修改前的《北京仲裁委员会仲裁规则》，仲裁收费标准适用仲裁规则附录1；对于国际仲裁（涉港澳台案件参照适用国际商事仲裁的相关规定）的收费，当事人可以约定适用仲裁规则附录2。

附录1及附录2规定的收费项目及收费标准不同。按照附录1，仲裁费用包括仲裁案件受理费及仲裁案件处理费，均以案件争议金额为基础计算。按照附录2，仲裁费用包括立案费、案件管理费及仲裁员报酬。其中，立案费、案件管理费以案件争议金额为基础计算；仲裁员报酬可由当事人约定按照小时费率计算，或者在当事人未约定按照小时费率计费的情况下以争议金额为基础计算。在仲裁实践中，罕见有中国当事人约定适用附录2，因此附录1事实上充当了北京仲裁委员会收取仲裁费用的一般标准。

---

[1] 姜秋菊：《国内仲裁收费制度的变革与发展趋势——以北京仲裁委员会/北京国际仲裁中心的实践为视角》，载《北京仲裁》2019年第3期。

第六章　实施论：我国打造国际商事仲裁中心的具体举措

从现有的有限披露的数据来看，上述仲裁收费标准带来的直接后果是，多数中国仲裁机构在审结案件时发放给仲裁员的报酬总和不到案件所收全部仲裁费用总额的40%。相比之下，在国外仲裁机构的收费实践中，仲裁员报酬的总和通常占仲裁机构收取的该案仲裁费用的80%左右，相应地，仲裁机构的管理费用占比很低，为20%左右。相比之下，中国仲裁机构的管理费用因此占到了仲裁费用的主要部分，客观上形成了仲裁员报酬普遍较低、仲裁机构留存比例畸高的奇特现象。[1]

三、修订后的北京仲裁委员会收费标准

2022年《北京仲裁委员会仲裁规则》不再就国内仲裁收费及国际仲裁收费作任何区分，而是规定所有案件均适用附录1《北京仲裁委员会案件收费标准》，并将收费项目统一分为仲裁员报酬及机构费用。根据2022年《北京仲裁委员会仲裁规则》，仲裁机构收取的费用与仲裁员收取的报酬属于两类不同性质的收费项目。这表明，仲裁员的报酬由当事人支付，仲裁员为当事人提供仲裁服务，二者事实上形成了提供仲裁服务的合同关系。更准确地说，机构费用以案件争议金额为基础计算；仲裁员报酬可由当事人约定按照小时费率计算，或者在当事人未约定按照小时费率计算的情况下以争议金额为基础计算。

此外，就仲裁费用问题，2022年《北京仲裁委员会仲裁规则》附录1规定，北京仲裁委员会可以根据案件具体情况加收一定比例的仲裁员报酬和机构费用，上述情况包括但不限于：案件有两个或两个以上的申请人或被申请人；仲裁依据为多份合同；

---

[1] 汇仲仲裁研究小组：《中国涉外商事仲裁案件仲裁员报酬制度改革之探讨：突出问题和改革建议》，载 https://mp.weixin.qq.com/s/rkcubhyra8ms8BbavOPjKg，最后访问日期：2022年3月16日。

当事人约定语言为双语或多种语言;其他特殊情况。

根据 2022 年《北京仲裁委员会仲裁规则》,仲裁收费制度的改革将直接产生如下效果。

第一,从仲裁员的角度来看,新规则中仲裁收费项目统一变更为仲裁员报酬及机构费用,提高仲裁员报酬的最低数额,同时提高仲裁员报酬在全部仲裁费用中的比例,激励仲裁员对仲裁工作投入更多的精力。比如,争议额 500 万元的案件,仲裁员报酬占了仲裁收费的 70%;争议额 1000 万元的案件,仲裁员报酬占了仲裁收费的 63%。

第二,从当事人的角度来看,设定了仲裁费用的上限与下限,最低收费由 5100 元提高到 17 000 元,且仲裁费的总额最高不超过 2500 万元,通过设置收费上限,有效帮助当事人合理控制争议解决成本。

第三,从仲裁服务质量的角度来看,允许当事人约定按照小时费率计算仲裁员报酬,符合国际标准,有利于吸收更多优秀的国际仲裁专业人士在北京仲裁委员会担任仲裁员,从而提升中国仲裁服务的国际化。

第四,从同工同酬的角度来看,过去我国多数仲裁机构长期对中外仲裁员的报酬实行不同标准。在发放仲裁员报酬时,即使中外籍仲裁员在该案中的地位和贡献相同,外籍仲裁员的报酬也要明显高于中国籍仲裁员,而北京仲裁委员会的改革则贯彻了同工同酬的原则,相同的工作量有相同的报酬,仲裁员报酬不因仲裁员国籍、所在地区的不同而有差别待遇。

作为中国仲裁机构的第一次尝试,北京仲裁委员会新修订的收费标准符合国际仲裁实践,其敢为人先的创新精神值得肯定。2022 年《北京仲裁委员会仲裁规则》彻底改变了由仲裁机构给仲裁员"发钱""发报酬"的做法,厘清了仲裁机构与仲裁员在

"钱"上面的关系,明确了仲裁员报酬直接来自当事人。根据2022年《北京仲裁委员会仲裁规则》,当事人清楚自己交的某部分费用专款专用于仲裁员报酬,仲裁机构只是暂时代管该部分费用。这在仲裁收费方面确立了仲裁员的核心主导地位,明确回答了学者的质疑,即仲裁员为当事人提供仲裁服务,而当事人为服务支付报酬。

然而,2022年《北京仲裁委员会仲裁规则》仍然存在部分未解决的问题。例如,为了打消中国境内当事人对按小时费率计费的顾虑,北京仲裁委员会是否可以制定更为具体、合理的计费与收费细则,将仲裁员开展的工作加以量化并公开,完善当事人对费用的异议规则?在当事人达成仲裁和解、撤回仲裁申请等特殊情形下,是否应设定详细的退费规则?在未来的仲裁实践中,随着经验的积累,相信北京仲裁委员会将会继续不断完善其收费规则,进一步增进仲裁公信力。

本章小结

打造国际商事仲裁中心,本质上就是增强中国仲裁对于国内外当事人的吸引力、促使更多的当事人自愿地将争议约定提交中国的仲裁机构或以中国作为仲裁地解决。为了达到这一目标,中国仲裁需要从两个方面重点进行完善:其一,向国际标准看齐,与国际规则接轨,具体包括我国的仲裁立法需要达到《联合国国际商事仲裁示范法》的水准,我国仲裁机构制定的仲裁规则与国际商事仲裁中最为常用的仲裁规则保持一致;其二,强化中国仲裁中所特有的元素,使之进一步发扬,从而突出中国仲裁相比于其他国家的独特优势和魅力所在,这包括但不限于被誉为"东方经验"的仲裁与调解相结合、仲裁机构对仲裁庭作出的裁决书进行核阅的制度等。与此同时，为了加深中国仲裁的国际化，除了完善仲裁立法和仲裁规则，还要从仲裁法律服务市场的角度进一步对外开放，在履行必要的法定程序基础上，允许境外仲裁机构在我国内地设立业务机构、受理仲裁案件，通过"引凤"实现"筑巢"，借助"鲶鱼效应"倒逼中国内地自身已有的仲裁机构实施改革。此外，需要看到，仲裁机构、仲裁规则、仲裁立法只是打造国际商事仲裁中心的客观指标，要将中国打造为国际商事仲裁中心，最核心的步骤是强化中国涉外仲裁人才培养，具体包括培养德才兼备的仲裁员队伍、律师队伍、法官队伍，使其在处理与仲裁相关的工作方面达到甚至超越国际同行的水准，从而真正地保障中国仲裁事业发展后继有人。需要指出的是，要提升中国涉外仲裁人才的培养质量，并不仅仅是高等院校法学院的任务，也是中国仲裁机构、司法机关、行业协会、律师事务所的共同使命。合格的涉外仲裁人才，既要具备扎实的法学理论，又要拥有过硬的法律实践能力。除此之外，在我国打造涉外仲裁员队伍时，不仅要注重本土人才的培育，还要适度吸引国际上优秀的仲裁员进入我国的仲裁员名册供当事人挑选，而要实现这一目标，有必要对我国现有的仲裁收费模式加以必要的调整。概言之，打造国际商事仲裁中心，是一个综合性的工程和长期性的使命，必须立足于当事人的需求，从全方位提供完善的法治保障，铸造中国仲裁的国际公信力。

结 论

中国商事仲裁在近几年展现了旺盛的生命力，这说明中国仲裁具有很强的适应性，当事人对以中国为仲裁地的争议解决机制有充分信心。围绕国内国际双循环、"十四五"规划及二〇三五年远景目标等国家发展战略，京津冀协同发展、长三角一体化示范区建设、粤港澳大湾区建设、自由贸易试验区以及"一带一路"建设，面对我国发展重要战略机遇期，中国仲裁在未来大有可为。

加快建设国际商事仲裁中心，应当重点做好以下五个方面的工作。

第一，完善仲裁法律制度。当前，《中华人民共和国仲裁法》修订工作正在紧张进行。仲裁具有天然的国际性，施米托夫指出，仲裁是商人社会的万民法。协调统一的仲裁立法有助于降低交易成本，增强市场主体的信心。在坚持中国特色社会主义仲裁制度的前提下，《中华人民共和国仲裁法》应当更多地吸收借鉴《联合国国际商事仲裁示范法》的基本原则和主要内容，提高我国仲裁制度的现代化水平，提升我国仲裁制度的国际竞争力和国际公信力。

第二，优化仲裁司法环境。仲裁的生命力离不开司法对仲裁的支持、协助与监督。早在2004年，时任最高人民法院院长肖扬出席由中国国际经济贸易仲裁委员会承办的国际商事仲裁委员会第十七届大会时就指出，中国法院依法对仲裁活动予以有力支持,为外国仲裁裁决在中国的承认和执行提供有力的司法保障。2013年,最高人民法院院长周强在中国国际经济贸易仲裁委员会承办的亚太区域仲裁组织大会上发表了题为"亚太新时代的国际仲裁、司法与法治"的主旨演讲,强调仲裁与司法优势互补,是合作伙伴关系,不是对手关系。

在长期的仲裁司法审查实践中,中国法院出台了一系列支持仲裁发展的司法解释和司法文件,始终恪守条约义务,从严适用公共政策,最大限度地尊重仲裁的特有规律,维护仲裁裁决的终局性,促进了我国仲裁事业的发展。近期,最高人民法院国际商事法庭和地方人民法院审理的运裕公司案、黄金置地案、布兰特伍德案为业界所称道。人民法院支持仲裁的司法监督政策已经越来越稳固地确立起来。同时,人民法院法官应进一步牢固树立支持仲裁发展的司法理念,不断加强仲裁法和仲裁理论的学习,熟悉和掌握仲裁的特点和特有规律,严格按照《中华人民共和国仲裁法》的规定监督仲裁,避免随意扩大法定的监督范围,避免将法官习以为常的诉讼中的做法不恰当地扩展适用到仲裁,拿诉讼中的规定来错误地要求和限定仲裁。法官还应提高对仲裁司法审查的效率,以避免损害当事人对仲裁高效进行的合理期待,为我国仲裁事业发展创造更加优良的司法环境。

第三,强化仲裁行政支持。根据《2021年国际仲裁调查报告》,新加坡已经跃升为世界排名第一的仲裁地。总结新加坡的经验,不难发现,政府的全力支持是其成功的秘诀之一。为推动新加坡国际仲裁中心的发展,将新加坡打造成为国际商事仲裁中心,新加坡政府在财政资金、办公用房、税收政策、出入境政策等方面给予了仲裁机构和仲裁从业人员极大的支持和便利。可以说,没有新加坡政府的努力,也就没有今天新加坡仲裁的良好局面。我国仲裁机构的发展、我国国际商事仲裁中心的建设,同样离不开政府的大力支持。结合我国仲裁发展的国情，笔者认为，政府首先应在体制上为仲裁机构松绑，全力支持仲裁机构进行体制机制改革，充分尊重仲裁机构的独立法人地位，全面维护仲裁机构的人事、财务自主权，真正让仲裁机构按市场化规律独立进行运营；其次，在税收政策、外汇管理、出入境管理等方面给予仲裁机构、仲裁员和参与仲裁活动的人员相应的便利，为国内外仲裁机构开展仲裁活动创造良好环境。

第四，加快仲裁机构发展。回顾世界仲裁发展的历史，仲裁经历了由临时仲裁到机构仲裁的发展过程。当今世界，仲裁机构越来越成为推动仲裁制度滚滚向前的最为重要的力量，仲裁机构越来越成为仲裁服务最为重要的"供给侧"和"供给端"。世界上每一个国际商事仲裁中心背后都有一家甚至一批国际知名的仲裁机构。加快仲裁机构发展，是推动国际商事仲裁中心建设的必然要求。具言之，加快我国仲裁机构发展，首先，要全面推进我国仲裁机构体制机制改革。特别是要坚持仲裁机构的民间性，坚持仲裁机构的公益性，坚持仲裁机构的专业性，严格落实中共中央办公厅、国务院办公厅《关于完善仲裁制度提高仲裁公信力的若干意见》，按照决策权、执行权、监督权相互分离、有效制衡、权责对等的原则，建立和完善非营利法人治理结构，由专业人员而非行政人员来管理仲裁机构。其次，要大力提高我国仲裁机构的国际化水平。要借鉴国际经验，不断完善仲裁规则，始终保持仲裁规则与国际接轨并处于领先水平。要吸引更多的境外优秀专业人士加入仲裁员队伍，创造条件让更多外籍仲裁员参与仲裁办案，提高仲裁员队伍的国际化水平。要吸收境外专业人士加入仲裁管理和仲裁秘书队伍，提升仲裁机构的国际治理能力和为外籍当事人服务的能力。要深化国际仲裁事务合作，对外讲好中国仲裁故事，不断提高中国仲裁机构的国际影响力和国际竞争力。此外，加快仲裁机构发展，要坚持开门办仲裁。从法律的角度来看，契约性是仲裁制度的本质特征，仲裁没有地域管辖和专属管辖，当事人约定管辖是仲裁管辖权的唯一来源。当事人的仲裁需求是不受省域、地域、疆域限制的。从经济学的视角来看，作为一种现代高端服务业，仲裁市场本身具有开放性和国际性。闭门造车、划地割据，是走不通的。因此，建设国际商事仲裁中心，加快仲裁机构发展，不仅要做大做强做优本地本国的仲裁机构，还要创造条件，积极吸引省外、域外、境外优秀的仲裁机构来此"筑巢"。仲裁机构之间要秉持"和平合作、开放包容、互学互鉴、互利共赢"精神，加强职业共同体建设，既讲竞争更求合作，优势互补，错位发展，为市场主体提供立体的、全面的、多方位的争议解决服务，不断满足市场主体多元化、多样性的争议解决需求。

第五，建设仲裁友好型社会。当前，仲裁在我国认知度不高，市场主体仲裁意识不强，社会对仲裁还比较陌生。加快国际商事仲裁中心建设，要结合《中华人民共和国仲裁法》修订，大力开展仲裁法律制度宣传，提高整个社会的仲裁认知度。仲裁机构应加大与法学院校的联系，在仲裁机构设立实习基地，加大仲裁机构进校园的力度，经常性地举办仲裁讲座、模拟仲裁庭比赛，条件成熟的合作开设固定的仲裁课程，提高法学院校学生的仲裁知识储备。大力发展律师业，对律师开展仲裁培训，提高律师的仲裁执业水平。结合企业法治建设，特别是合规建设，面向企业大力开展仲裁业务培训，提高企业运用仲裁防范和化解经营风险的能力。要聚合法律服务资源，鼓励涉外商事调解组织、公证处、法律查明机构等法律服务机构的发展，建立与仲裁相互有机衔接、融合发展的国际商事争议解决平台。

附件一
《上海市推进国际商事仲裁中心建设条例》

(2023年11月22日上海市第十六届人民代表大会常务委员会第八次会议通过)

第一章 总 则

第一条 为了推进国际商事仲裁中心建设,加强涉外法治保障和服务工作,营造市场化、法治化、国际化一流营商环境,根据《中华人民共和国仲裁法》(以下简称《仲裁法》)等有关法律、行政法规的规定,结合本市实际,制定本条例。

第二条 本市优化仲裁发展环境,推动仲裁业务对外开放,培育国际一流仲裁机构,打响上海仲裁品牌,提高上海仲裁的公信力、影响力和国际市场竞争力,加快打造仲裁制度接轨国际、仲裁资源高度集聚、仲裁服务功能健全的面向全球的亚太仲裁中心。

第三条 市人民政府应当加强对本市推进国际商事仲裁中心建设工作的领导,统筹协调工作中的重大事项。

市司法行政部门负责指导监督本市仲裁工作,协调推进国际商事仲裁中心建设有关工作。

市发展改革、财政、人力资源社会保障、经济信息化、教育、金融、商务、交通、知识产权、市场监管、公安、房屋管理等部门和相关区人民政府应当按照各自职责,加强协同配合,具体落实推进国际商事仲裁中心建设相关工作。

第四条 本市优化完善推进国际商事仲裁中心建设财政资金投入机制,支持仲裁行业发展、人才培养和机构建设等,发挥财政资金的引导和激励作用。

第五条 人民法院依法支持仲裁探索创新,优化对仲裁的司法监督与保障机制,完善仲裁司法审查标准,加强平台和信息化建设,促进仲裁与诉讼相互衔接,为推进国际商事仲裁中心建设提供优质高效的司法保障。

第六条 本市支持建立长三角仲裁一体化发展联盟,并与国内其他地区开展仲裁协作。

本市推动国际商事仲裁领域的交流合作,通过举办国际仲裁论坛、参与规则制定、建立合作机制等方式,与境外仲裁机构和相关国际组织加强信息和人员交流。

第二章 机构和人员队伍建设

第七条 本市仲裁机构是依法组建并经市司法行政部门登记设立,提供仲裁服务的非营利法人,纳入本市法人库管理。

本市仲裁机构依法独立开展仲裁活动,自主管理仲裁业务。

第八条 本市仲裁机构应当依法制定章程,建立健全决策、执行、监督相互分离、有效制衡的法人治理结构。

本市仲裁机构按照国家和本市有关规定,享有财务、人事、经费、薪酬等方面的决策和管理自主权。

第九条 鼓励本市仲裁机构运用大数据、云计算、区块链、人工智能等新兴信息技术,在符合数据安全法律规定和仲裁保密原则的前提下,加强智慧仲裁、绿色仲裁建设,完善仲裁案件信息化管理系统,优化线上仲裁程序和工作流程,实现线上仲裁与线下仲裁协同发展,提供优质、高效、便捷的商事争议解决服务。

第十条 鼓励本市仲裁机构聘请境外专业人士担任决策机构组成人员、仲裁员和仲裁秘书,提高机构管理和仲裁从业人员的国际化水平。

支持本市仲裁机构在境外设立分支机构或者办事机构,拓展国际仲裁业务,提高涉外仲裁服务能力。

第十一条 本市仲裁机构应当建立健全仲裁员聘任管理办法,完善仲裁员资格审查、管理监督、考核奖惩、退出等机制;加强业务培训,提高仲裁员专业能力、办案水平和职业素养;探索成立仲裁员职业道德委员会,加强仲裁员职业道德建设。

本市仲裁机构应当依法聘任仲裁员,并按照不同专业设仲裁员名册。本市仲裁机构可以在仲裁规则中明确名册外仲裁员选定规则,当事人可以按照规则,从名册外选择符合《仲裁法》规定条件的仲裁员。

第十二条 本市仲裁机构应当加强仲裁秘书的业务能力培训和职业道德教育,建立分类分级管理制度和职级晋升、考核评价机制,推进仲裁秘书职业化和专业化建设。

第十三条 支持本市仲裁机构实行符合国情、接轨国际、适应发展的仲裁收费制度,建立具有国际市场竞争力的仲裁员报酬体系。

第十四条 本市仲裁机构应当按照国家和本市有关规定设立仲裁事业发展基金,每年投入一定比例的净收益,主要用于加强仲裁法律制度研究,参与国际仲裁、调解和商事法律规则制定,培养和引进仲裁高端人才,支持仲裁事业发展。

本市仲裁机构应当在机构章程中明确基金的用途、使用条件和决策机制。

第十五条 对受自然灾害、公共卫生事件等突发事件影响的当事人,鼓励本市仲裁机构减免或者暂缓收取服务费用。

鼓励本市仲裁机构提供商事争议解决、法律风险防范的公益性咨询服务。

第十六条 经市司法行政部门登记并报国务院司法行政部门备案，境外知名仲裁及争议解决机构可以在本市设立业务机构，在国际商事、海事、投资等领域开展涉外仲裁业务。

本市优化设立登记程序，便利办理手续，为境外知名仲裁及争议解决机构设立业务机构（以下简称境外仲裁业务机构）提供支持。

第三章 仲裁机制创新

第十七条 支持本市仲裁机构立足国情，研究和借鉴国际仲裁先进经验，制定实施并及时优化与国际通行规则接轨、适应仲裁业务发展的仲裁规则。

第十八条 本市仲裁机构应当保障仲裁庭依法独立办理仲裁案件，规范仲裁员选定程序和利益冲突审查机制，健全仲裁员指定工作规则，完善仲裁员利益冲突披露和回避制度。

本市仲裁机构应当在遵循仲裁保密原则的前提下，完善有关规则和程序指引，发布可以免费获取的经当事人同意并作脱敏处理的裁决摘要，增强仲裁裁决的可预见性。

支持本市仲裁机构优化仲裁程序和工作流程，建立快速、简易仲裁程序，提高仲裁案件快速结案率。

第十九条 支持本市仲裁机构在海事海商、航空航运、知识产权、建设工程、生态环保、金融证券期货以及数字经济、跨境投资、跨境交易、跨境物流等领域开展专业仲裁服务品牌建设，制定专门仲裁规则，提升仲裁专业化水平。

第二十条 本市按照国家部署，探索在具有涉外因素的商事、海事领域，可以约定在上海、按照特定仲裁规则、由特定人员进行临时仲裁。

依据前款规定开展的仲裁活动应当遵循诚实信用、公正独立、意思自治的原则，不得损害国家利益、社会公共利益和第三方合法权益，不得违反法律、行政法规的强制性规定。具体工作推进办法，由市司法行政部门制定。

鼓励本市仲裁机构和境外仲裁业务机构根据当事人的约定或者请求，提供协助组庭等服务。

第二十一条　在申请仲裁前和仲裁程序进行期间，为了保障仲裁程序的开展、查明争议事实或者裁决执行，当事人可以依法向人民法院申请采取财产保全、证据保全等措施。

在仲裁程序进行期间，当事人也可以向仲裁庭申请采取前款所规定的措施，仲裁庭可以根据仲裁案件的情况提出意见后提交有管辖权的本市人民法院。人民法院依法进行审查后作出裁定，并依法执行。

第二十二条　本市仲裁机构和境外仲裁业务机构管理的仲裁地在上海的仲裁案件，当事人及其代理人因客观原因不能自行收集证据，仲裁庭调查收集亦有困难，但确有必要收集，且证据所在地或者可收集地在本市的，本市人民法院可以根据仲裁机构的申请给予支持。

第二十三条　仲裁机构和仲裁员应当加强对虚假仲裁的识别防范。

人民法院应当在司法审查过程中，依法对虚假仲裁进行甄别和处理。

第四章　监督与保障

第二十四条　本市仲裁机构和境外仲裁业务机构管理的涉外仲裁案件，以及依据本条例第二十条开展的仲裁案件，本市人民法院依法对仲裁协议效力认定以及撤销仲裁裁决申请进行司法审查。

本市仲裁机构和境外仲裁业务机构管理的涉外仲裁案件，以及依据本条例第二十条开展的仲裁案件，被执行人住所地、财产所在地在本市的，本市人民法院依法对相关仲裁裁决执行或者不予执行进行司法审查；被执行人住所地、财产所在地不在本市的，按照有关法律的规定执行。

第二十五条 市司法行政部门依法对本市仲裁工作进行指导和监督，通过探索开展定期评估、建立仲裁机构登记事项监督检查机制、指导仲裁事业发展基金的设立和使用等措施，提升管理质效，提高本市仲裁的公信力。

市司法行政部门应当按照国家有关规定对仲裁机构违反登记管理规定、违规开展仲裁业务等行为进行督促整改。任何组织和个人发现仲裁机构违反登记管理规定的，可以向市司法行政部门反映，市司法行政部门应当及时核实、处理。

第二十六条 本市仲裁机构和境外仲裁业务机构应当建立健全内部监督机制，加强对仲裁员、仲裁秘书以及其他工作人员的监督管理。

本市仲裁机构和境外仲裁业务机构应当公开仲裁规则、仲裁员名册、服务流程、收费标准等信息，接受社会监督；及时发布年度业务报告，公布仲裁案件数量、平均办案时间、仲裁员性别统计数据等信息，但涉及国家秘密、商业秘密和个人隐私的除外。

第二十七条 本市仲裁行业协会应当加强行业自律和行业诚信建设，实施行业监督，规范行业秩序，维护仲裁机构和从业人员的合法权益。

鼓励本市仲裁机构聘任的境外仲裁员、境外仲裁业务机构自愿申请加入本市仲裁行业协会。

第二十八条 支持中国（上海）自由贸易试验区及临港新片区、虹桥国际中央商务区等区域根据各自功能定位和发展需要，完善仲裁机构空间布局，发挥仲裁对本市国际经济、金融、贸易、航运和科技创新中心建设的服务保障作用。

鼓励有关区人民政府和相关管理委员会制定促进仲裁发展的政策措施，对符合条件的组织和机构给予场地、人才保障等方面支持。

第二十九条 支持本市仲裁机构与人民法院和有关部门的信息系统进行对接，为文书送达、保全措施、调查取证等程序顺利进行提供便利。

第三十条 本市探索建立调解、仲裁、诉讼相衔接的涉外商事争议解决机制，引导当事人选择适宜的途径解决争议。

鼓励本市仲裁机构和境外仲裁业务机构入驻本市建立的国际商事争议解决平台，提供一站式、国际化、便利化争议解决服务。

支持本市仲裁机构和境外仲裁业务机构采取调解、谈判促进、专家评审以及其他与仲裁相衔接的方式解决争议，提高案件自愿和解率与自动履行率。

第三十一条 本市支持金融机构为本市仲裁机构和境外仲裁业务机构、仲裁员及其他仲裁从业人员开展国际仲裁活动，提供方便快捷的购付汇服务。

符合条件的外籍仲裁从业人员可以依法开立多币种自由贸易账户，享受与其境内就业和生活相关的金融服务以及与境外医疗保健、子女教育等相关的跨境金融服务。

第三十二条 来本市参与仲裁程序的仲裁员、当事人、代理人、证人等外籍人员和参加仲裁相关会议、访问、交流等活动的外籍人员，可以凭本市仲裁机构和境外仲裁业务机构出具的仲裁开庭通知或者邀请函等材料依法办理口岸签证。

本市仲裁机构和境外仲裁业务机构委派出境参与仲裁程序和参加仲裁相关会议、访问、交流等活动的境内仲裁从业人员，可以按照规定享受出入境证件办理便利。

第三十三条 司法行政部门应当将仲裁作为法治宣传和普法教育的重要内容，推广仲裁理念，提高仲裁知晓率和影响力，形成理解、信赖和选择仲裁的良好氛围。

鼓励本市仲裁行业协会加强与相关行业协会、商会和经济贸易组织的联系，推动与境内外仲裁机构、相关国际组织之间的交流，弘扬传播仲裁文化。

第三十四条 支持本市仲裁机构、境外仲裁业务机构加强仲裁宣传推广和品牌建设，引导经营主体选择仲裁作为争议解决方式。

鼓励经营主体选择本市仲裁机构或者境外仲裁业务机构进行仲裁，并选择上海作为仲裁地。

鼓励行业主管部门和行业组织在合同示范文本中将仲裁列为争议解决方式。

第三十五条 本市建立国际仲裁专家库，为推进国际商事仲裁中心建设提供智力支持。

支持符合条件的本市仲裁从业人员申报相关人才计划，享受有关人才支持和保障政策。公安、人力资源社会保障、房屋管理等部门应当按照有关规定，为符合条件的仲裁从业人员落实户籍办理、工作和居留许可、住房保障、社会保障等方面待遇。

第三十六条 本市加大对仲裁紧缺人才、涉外复合型人才、青年后备人才的培养力度。

鼓励本市仲裁行业协会会同境内外高等院校、行业协会、商会和相关国际组织开展业务培训与交流活动，加强仲裁员等从业人员能力培养。

鼓励本市仲裁机构建立涉外仲裁法治人才培养基地，开展仲裁理论研究、业务培训和交流研讨；组织优秀仲裁人才赴境外知名仲裁及争议解决机构、相关法律服务机构和国际组织交流、实习、培训和任职。

支持本市高等院校、行业协会、商会等在鉴定评估、域外法律查明、海事事故处理等领域培养为仲裁提供服务的专业人员。

第五章 附 则

第三十七条 本市仲裁机构根据国家有关规定，研究运用仲裁等多种争端解决机制和国际实践，为防范化解我国企业海外投资争议提供相关服务。

第三十八条 本条例自2023年12月1日起施行。

附件二

《境外仲裁机构在中国（北京）自由贸易试验区设立业务机构登记管理办法》

(2020年12月28日北京市司法局第15次局长办公会议审议通过)

第一条 为了落实《国务院关于深化北京市新一轮服务业扩大开放综合试点 建设国家服务业扩大开放综合示范区工作方案的批复》和《国务院关于印发北京、湖南、安徽自由贸易试验区总体方案及浙江自由贸易试验区扩展区域方案的通知》，做好境外仲裁机构在中国（北京）自由贸易试验区设立业务机构登记工作，推动自由贸易试验区建设，根据《仲裁法》等规定，结合实际，制定本办法。

第二条 境外仲裁机构在中国（北京）自由贸易试验区设立业务机构的登记管理及其相关活动，适用本办法。

本办法所称境外仲裁机构，是指在外国或者我国香港特别行政区、澳门特别行政区、台湾地区合法成立的不以营利为目的的仲裁机构，以及我国加入的国际组织设立的开展仲裁业务的机构。

第三条 境外仲裁机构经登记可以在中国（北京）自由贸易试验区设立业务机构，就国际商事、投资等领域民商事争议开展涉外仲裁业务。

境外仲裁机构在中国（北京）自由贸易试验区设立的业务机

附件二 《境外仲裁机构在中国（北京）自由贸易试验区设立业务机构登记管理办法》

构（以下简称业务机构）不得再设立分支机构或者派出机构。

第四条 业务机构负责人、工作人员、仲裁员在中国工作、生活期间应当遵守我国法律法规，恪守职业道德，不得损害我国国家利益、社会公共利益和公民、法人以及其他组织的合法权益。

第五条 业务机构及其工作人员依法开展仲裁业务受法律保护。

第六条 北京市司法局（以下简称市司法局）负责境外仲裁机构在中国（北京）自由贸易试验区设立业务机构的登记，对其开展涉外仲裁业务依法实施管理。

第七条 境外仲裁机构申请在中国（北京）自由贸易试验区设立业务机构的，应当具备下列条件：

（一）在境外合法成立；

（二）实质性开展仲裁及相关争议解决业务5年以上；

（三）具备较高的公信力和国际影响力；

（四）拟确定的业务机构负责人根据中国法律规定具备完全民事行为能力，没有因故意犯罪受过刑事处罚；

（五）拟确定的业务机构负责人为专职人员，负责人和其他工作人员未在其他机构任职。

第八条 境外仲裁机构申请在中国（北京）自由贸易试验区设立业务机构的，应当向市司法局提出申请并提交下列材料一式两份：

（一）设立业务机构的申请书；

（二）在境外合法成立的证明材料；

（三）符合本办法第七条第（二）至（五）项规定的相关情况说明及承诺书；

（四）仲裁机构的章程、仲裁规则、机构组成人员名单及其简介。

申请材料为外文的，应当附具中文译文，以中文为准。

第九条 市司法局应当自收到申请材料之日起 5 个工作日内告知申请人是否受理，或者一次性告知需要补正的材料；自正式受理之日起 20 日内作出是否准予登记的决定。20 日内不能作出决定的，经市司法局负责人批准，可以延长 10 日，并将延长期限的理由告知申请人。

市司法局自作出准予登记决定之日起 10 个工作日内应当就业务机构登记事项向司法部备案，待司法部确定统一社会信用代码后向业务机构颁发登记证书。

第十条 业务机构应当自市司法局颁发登记证书之日起 3 个月内，将以下材料提交市司法局备案：

（一）业务机构基本情况说明，包括名称、住所、负责人、业务范围等内容；

（二）业务机构的仲裁员/专家名册或者推荐的仲裁员/专家名册（如有）；业务机构办公场所证明材料；

（三）业务机构负责人、工作人员的登记表和身份证明材料；

（四）税务登记证件复印件、印章式样、银行账户。

因特殊原因无法在规定时限内备案前款规定的材料的，可以向市司法局提出延期申请。

第十一条 业务机构登记、备案的信息发生变更的，自变更之日起 15 日内业务机构应当就有关情况向市司法局备案。

第十二条 鼓励业务机构开展仲裁业务国际交流与合作，支持业务机构与设立在本市的仲裁机构开展下列交流与合作：

（一）签署合作协议；

（二）相互推荐仲裁员、调解员；

（三）相互提供实习、交流岗位；

附件二 《境外仲裁机构在中国（北京）自由贸易试验区设立业务机构登记管理办法》

（四）相互为庭审、听证等仲裁业务活动提供便利；

（五）联合举办培训、会议、研讨、推广活动；

（六）其他仲裁业务交流与合作。

第十三条 业务机构应当在其官方网站或者本市公共法律服务网公开章程、仲裁规则等重要信息，并于每年3月31日前公布上一年度工作报告，主要内容包括：

（一）开展仲裁业务情况；

（二）发生裁决被法院裁定撤销或者不予执行、不予承认和执行的情况；

（三）财务审计报告；

（四）仲裁员/专家名册或者推荐的仲裁员/专家名册变化；

（五）需要公开的其他情况。

第十四条 设立业务机构的境外仲裁机构决定终止的，或者决定终止业务机构的，应当向市司法局提交注销登记申请。

第十五条 业务机构有下列情形之一的，市司法局应当办理注销登记手续，并报司法部备案：

（一）设立业务机构的境外仲裁机构终止的；

（二）境外仲裁机构申请终止业务机构的；

（三）业务机构设立登记被依法撤销的；

（四）法律、法规和规章规定的其他情形。

按照前款规定拟注销的业务机构，应当在注销前进行清算。

第十六条 有下列情形之一的业务机构申请终止的，不予注销：

（一）尚有仲裁案件未结案的；

（二）未缴清应缴税款的；

（三）涉嫌单位犯罪未查清的；

（四）法律、法规或者规章规定的其他不宜申请终止的情形。

第十七条 市司法局应当通过官方网站或者本市公共法律服务网等渠道公开业务机构的设立、变更以及注销登记信息。

第十八条 境外仲裁机构弄虚作假，骗取业务机构登记的，市司法局应当撤销业务机构登记，并报司法部备案。

第十九条 业务机构及其负责人、其他工作人员在涉外仲裁业务活动过程中违反我国法律法规规章以及本办法规定的，市司法局应当依法处理或者移送有关部门处理。

第二十条 境外仲裁机构在中国（河北）自由贸易试验区大兴机场片区（北京区域）设立业务机构，参照本办法执行。

第二十一条 本办法自2021年1月1日起施行。

参考文献

一、中文著作

1. 黄进主编:《国际商事争议解决机制研究》,武汉大学出版社 2010 年版。
2. 黄进主编:《国际私法》(第二版),法律出版社 2005 年版。
3. 黄进:《宏观国际法学论》,武汉大学出版社 2007 年版。
4. 周鲠生:《国际法》(上下册),商务印书馆 1976 年版。
5. 李浩培:《国籍问题的比较研究》,商务印书馆 1979 年版。
6. 李浩培:《国际法的概念和渊源》,贵州人民出版社 1994 年版。
7. 王铁崖:《国际法引论》,北京大学出版社 1998 年版。
8. 韩德培主编:《国际私法》(第二版),高等教育出版社、北京大学出版社 2007 年版。
9. 赵秀文:《国际商事仲裁现代化研究》,法律出版社 2010 年版。
10. 刘晓红主编:《国际商事仲裁专题研究》,法律出版社 2009 年版。
11. 张春良等:《中国涉外商事仲裁法律实务》,厦门大学出版社 2019 年版。
12. 张圣翠:《中国仲裁法制改革研究》,北京大学出版社 2018 年版。
13. 陈福勇:《未竟的转型:中国仲裁机构现状与发展趋势实证研究》,法律出版社 2010 年版。
14. 梁堃:《英国 1996 年仲裁法与中国仲裁法的修改:与仲裁协议有关的问题》,法律出版社 2006 年版。
15. 姜霞:《仲裁司法审查程序要论》,湘潭大学出版社 2009 年版。
16. 杜新丽:《国际商事仲裁理论与实践专题研究》,中国政法大学出版社 2009 年版。

17. 齐湘泉：《外国仲裁裁决承认及执行论》，法律出版社 2010 年版。

18. 杨玲：《国际商事仲裁程序研究》，法律出版社 2011 年版。

19. 石现明：《国际商事仲裁当事人权利救济制度研究》，人民出版社 2011 年版。

20. 石现明：《东盟国家国际商事仲裁法律制度研究》，云南大学出版社 2013 年版。

21. 李莉、乔欣编著：《东盟国家商事仲裁制度研究》，中国社会科学出版社 2012 年版。

22. 钟澄：《国际商事仲裁中的弃权规则研究》，法律出版社 2012 年版。

23. 池漫郊：《国际仲裁体制的若干问题及完善——基于中外仲裁规则的比较研究》，法律出版社 2014 年版。

24. 宋建立编著：《涉外仲裁裁决司法审查：原理与实践》，法律出版社 2016 年版。

25. 毛晓飞：《仲裁的司法边界：基于中国仲裁司法审查规范与实践的考察》，中国市场出版社 2020 年版。

26. 马占军：《仲裁法修改新论》，法律出版社 2011 年版。

27. 陈正健：《投资者—国家争端解决：理论与实践》，当代世界出版社 2019 年版。

28. 孙佳佳、李静：《"一带一路"投资争端解决机制及案例研究》，中国法制出版社 2020 年版。

29. 刘梦非：《国际投资争端解决的平行程序研究》，法律出版社 2020 年版。

30. 罗楚湘：《英国仲裁法研究》，武汉大学出版社 2012 年版。

31. 王芳：《英国承认与执行外国仲裁裁决制度研究》，中国政法大学出版社 2012 年版。

32. 韩平：《中英仲裁法比较研究》，厦门大学出版社 2019 年版。

33. 杨良宜、莫世杰、杨大明：《仲裁法：从 1996 年英国仲裁法到国际商务仲裁》，法律出版社 2006 年版。

34. 丁颖：《美国商事仲裁制度研究——以仲裁协议和仲裁裁决为中

心》,武汉大学出版社 2007 年版。

35. 马其家:《美国证券纠纷仲裁法律制度研究》,北京大学出版社 2006 年版。

36. 李钦:《印度仲裁法精要》,中国法制出版社 2020 年版。

37. 傅攀峰:《法国国际商事仲裁制度研究——以 2011 年〈法国仲裁法〉为中心》,中国社会科学出版社 2019 年版。

38. 傅攀峰:《仲裁裁决既判力问题研究》,中国社会科学出版社 2020 年版。

39. 黄世席:《投资者—国家争端解决机制的发展与应对》,法律出版社 2021 年版。

40. 伍穗龙、林惠玲、梅盛军编著:《从 NAFTA 到 USMCA:投资争端解决机制——美国 NAFTA 争端解决胜诉案评析》,上海人民出版社 2021 年版。

41. 张正怡等:《"一带一路"沿线国家与投资者争端解决问题研究》,上海社会科学院出版社 2019 年版。

42. 田海:《最惠国条款适用于国际投资争端解决程序问题研究》,中国社会科学出版社 2017 年版。

43. 袁小珺:《国际投资仲裁透明度改革》,武汉大学出版社 2020 年版。

44. 高峰:《国际投资仲裁机制之改革路径研究》,华中科技大学出版社 2022 年版。

45. 魏彬彬:《国际投资条约仲裁司法审查制度研究》,天津人民出版社 2022 年版。

46. 李尊然:《国际投资争端解决中的补偿计算》,武汉大学出版社 2019 年版。

47. 肖灵敏:《投资者与东道国争端解决机制的改革模式研究》,中国政法大学出版社 2020 年版。

48. 宁红玲:《投资者—国家仲裁与国内法院相互关系研究》,法律出版社 2020 年版。

49. 杨桦:《国际商事仲裁裁决效力研究》,上海三联书店 2021 年版。

50. 黄进:《国家及其财产豁免问题研究》,中国政法大学出版社 1987 年版。

51. 龚刃韧：《国家豁免问题的比较研究——当代国际公法、国际私法和国际经济法的一个共同课题》，北京大学出版社 2005 年版。

52. 黄德明：《现代外交特权与豁免问题研究》，武汉大学出版社 2005 年版。

53. 夏林华：《不得援引国家豁免的诉讼——国家及其财产管辖豁免例外问题研究》，暨南大学出版社 2011 年版。

54. 陈雅丽：《豁免权研究——基于宪法的视域》，中国法制出版社 2011 年版。

55. 李颖：《国家豁免例外研究》，知识产权出版社 2014 年版。

56. 齐静：《国家豁免立法研究》，人民出版社 2015 年版。

57. 王佳：《国家侵权行为的管辖豁免问题研究》，世界知识出版社 2016 年版。

58. 陆寰：《国家豁免中的商业例外问题研究》，武汉大学出版社 2016 年版。

59. 刘元元：《国家财产执行豁免问题研究》，厦门大学出版社 2015 年版。

60. 纪林繁：《不得援引国家豁免的商业交易诉讼研究》，法律出版社 2016 年版。

61. 伍利斌：《国际刑事管辖与国家官员的豁免问题研究》，中国法制出版社 2017 年版。

62. 徐宏主编：《国家豁免国内立法和国际法律文件汇编》，知识产权出版社 2019 年版。

63. 严文君：《主权债务违约的国家豁免问题研究》，中国政法大学出版社 2019 年版。

64. 张建：《北京"两区"建设下境外仲裁机构准入的法治保障研究》，首都经济贸易大学出版社 2022 年版。

65. 张建：《中国仲裁法治现代化研究》，中国政法大学出版社 2022 年版。

66. 张建：《国际投资仲裁管辖权研究》，中国政法大学出版社 2019 年版。

67. 石育斌：《国际商事仲裁第三人制度比较研究》，上海人民出版社 2008 年版。

68. 何晶晶、石绍良：《临时仲裁制度的国际比较研究》，中国社会科学出版社 2021 年版。

69. 彭丽明：《仲裁员责任制度比较研究》，法律出版社 2017 年版。

70. 詹礼愿：《中国内地与中国港澳台地区仲裁制度比较研究》，武汉大学出版社 2006 年版。

71. 王鹏：《论国际混合仲裁的性质：与国际商事仲裁和国家间仲裁的比较研究》，人民出版社 2007 年版。

72. 赵生祥主编：《海峡两岸商务仲裁制度比较研究》，法律出版社 2010 年版。

73. 张志：《仲裁立法的自由化、国际化和本土化——以贸法会仲裁示范法为比较》，中国社会科学出版社 2016 年版。

74. 乔欣主编：《比较商事仲裁》，法律出版社 2004 年版。

75. 中国国际仲裁 30 人编著：《1958 年〈承认与执行外国仲裁裁决公约〉（〈纽约公约〉）理论与适用》，法律出版社 2020 年版。

76. ［德］马丁·沃尔夫：《国际私法》，李浩培、汤宗舜译，法律出版社 1988 年版。

77. ［英］伊恩·布朗利：《国际公法原理》，曾令良等译，法律出版社 2007 年版。

二、中文论文

1. 王威：《CAFTA 国际海商事仲裁中心构建的法律问题》，载《社会科学家》2022 年第 1 期。

2. 祁壮：《构建国际商事仲裁中心——以〈仲裁法〉的修改为视角》，载《理论视野》2018 年第 7 期。

3. 刘禹、王茜：《构建北京自贸试验区国际商事仲裁机制疏纾》，载《北方经贸》2022 年第 2 期。

4. 李庆明：《境外仲裁机构在中国内地仲裁的法律问题研究》，载《环球法律评论》2016 年第 3 期。

5. 刘晓红、冯硕：《制度型开放背景下境外仲裁机构内地仲裁的改革因应》，载《法学评论》2020年第3期。

6. 高燕：《打造国际商事仲裁目的地 加强涉外法律人才队伍建设》，载《国际法研究》2020年第3期。

7. 蔡从燕：《国际投资仲裁的商事化与"去商事化"》，载《现代法学》2011年第1期。

8. 陈治东、沈伟：《国际商事仲裁裁决承认与执行的国际化趋势》，载《中国法学》1998年第2期。

9. 朱克鹏：《论国际商事仲裁中的法院干预》，载《法学评论》1995年第4期。

10. 何其生：《国际商事仲裁司法审查中的公共政策》，载《中国社会科学》2014年第7期。

11. 赵秀文：《论国际商事仲裁裁决的国籍及其撤销的理论与实践》，载《法制与社会发展》2002年第1期。

12. 赵秀文：《论仲裁条款独立原则》，载《法学研究》1997年第4期。

13. 宋连斌、董海洲：《国际商会仲裁裁决国籍研究：从最高人民法院的一份复函谈起》，载《北京科技大学学报（社会科学版）》2009年第3期。

14. 宁敏、宋连斌：《评国际商事仲裁中的管辖权原则》，载《法学评论》2000年第2期。

15. 郭玉军、陈芝兰：《论国际商事仲裁中的"非国内化"理论》，载《法制与社会发展》2003年第1期。

16. 刘晓红：《从国际商事仲裁证据制度的一般特质看我国涉外仲裁证据制度的完善》，载《政治与法律》2009年第5期。

17. 张春良：《论国际商事仲裁价值》，载《河北法学》2006年第6期。

18. 马占军：《国际商事仲裁员披露义务规则研究》，载《法学论坛》2011年第4期。

19. 杜新丽：《论国际商事仲裁的司法审查与立法完善》，载《现代法学》2005年第6期。

20. 周松：《努力打造中国区域性国际仲裁中心》，载《重庆日报》2021

年12月9日,第5版。

21. 张文广:《建设国际仲裁中心 需要扩大"中国声音"》,载《中国航务周刊》2021年第32期。

22. 谭国戬、刘琦、陈晓冰:《粤港澳大湾区多元仲裁机制的融合与联通——以中国南沙国际仲裁中心为例》,载《法治论坛》2021年第1期。

23. 濮云涛:《外国仲裁机构准入的法律问题研究——借鉴迪拜国际金融中心相关制度》,载《中国国际私法与比较法年刊》2018年第1期。

24. 伍俐斌:《香港建设"一带一路"仲裁中心的机遇、挑战与路径》,载《特区实践与理论》2018年第3期。

25. 何晶晶、惠宁宁:《全力打造贸仲委国际一流争端解决机构 助力我国国际仲裁中心建设——专访中国国际经济贸易仲裁委员会副主任兼秘书长王承杰》,载《人民法治》2018年第3期。

26. 盛雷鸣:《关于尽快打造面向全球的亚太仲裁中心的建议》,载《上海人大月刊》2017年第6期。

27. 齐力:《打造中国成为国际仲裁中心》,载《中国对外贸易》2016年第10期。

28. 杜涛、朱德沛:《〈仲裁法〉修订背景下境外仲裁机构准入问题研究》,载《商事仲裁与调解》2021年第6期。

29. 秦男:《论选择境外仲裁机构仲裁协议效力的司法审查路径》,载《法律适用》2021年第10期。

30. 沈健、张迎:《境外仲裁机构在中国内地的裁决国籍认定》,载《商事仲裁与调解》2021年第5期。

31. 冯硕:《境外仲裁机构内地仲裁的政策动因与法治保障》,载《商事仲裁与调解》2021年第1期。

32. 程佳丽:《境外仲裁机构落地中国的法律问题研究》,载《仲裁研究》2019年第2期。

33. 桑远棵:《无涉外因素案件不得提交境外仲裁机构之研究——以十个法院案例为研究对象》,载《北京仲裁》2017年第2期。

34. 张正怡、董奕玮:《境外仲裁裁决在中国内地法院的承认与执行的实证研究》,载《商事仲裁与调解》2021年第4期。

35. 初北平：《"一带一路"多元争端解决中心构建的当下与未来》，载《中国法学》2017年第6期。

36. 池泽梅、吴亚辉：《深圳前海：全力建设国际商事争议解决中心》，载《民主与法制时报》2021年8月26日，第4版。

37. 成协中、王杰：《北京"两区"建设的法治保障：现状、挑战与完善建议》，载中国政法大学法治政府研究院主编：《中国法治政府发展报告（2021）》，社会科学文献出版社2022年版。

38. 靳也：《"两区"建设背景下北京市法律服务市场的对外开放》，载《北京社会科学》2022年第6期。

三、英文著作

1. Emilia Onyema, *International Commercial Arbitration and the Arbitrator's Contract*, Routledge, 2010.

2. International Chamber of Commerce, *The Arbitral Process and the Independence of Arbitrators*, ICC Publication, 1991.

3. N. Rubins and B. Lauhterburg, *Independence, Impartiality and Duty of Disclosure in Investment Arbitration*, Eleven International Publishing, 2010.

4. Alan Redfern and M. Hunter, *The Law and Practice of International Commercial Arbitration*, 2nd ed., Sweet & Maxwell, 1991.

5. Gary B. Born, *International Commercial Arbitration*, Kluwer Law International, 2009.

6. Gary B. Born, *International Arbitration: Law and Practice*, 2nd ed., Kluwer Law International, 2016.

7. Jeswald W. Salacuse, *The Three Laws of International Investment: National, Contractual, and International Frameworks for Foreign Capital*, Oxford University Press, 2013.

8. Jingzhou Tao, *Arbitration Law and Practice in China*, 2nd ed., Kluwer Law International, 2008.

9. Mauro Rubino-Sammartano, *International Arbitration Law and Practice*, 3rd ed., JurisNet, LLC, 2014.

10. Nigel Blackaby et al. , *Redfern and Hunter on International Arbitration*, 6th ed. , Oxford University Press, 2015.

11. Philippe Fouchard, *Fouchard, Gaillard, Goldman on International Commercial Arbitration*, Kluwer Law International, 1999.

12. Wenhua Shan and Jinyuan Su, *China and International Investment Law: Twenty Years of ICSID Membership*, Brill/Nijhoff, 2015.

13. Jan Engelmann, *International Commercial Arbitration and the Commercial Agency Directive: A Perspective from Law and Economics*, Springer, 2018.

14. Margaret L. Moses, *The Principles and Practice of International Commercial Arbitration*, 3rd ed. , Cambridge University Press, 2017.

15. Giorka Mara, *International Commercial Arbitration: Flaws and Possible Remedies*, Lambert Academic Publishing, 2015.

16. Kyriaki Noussia, *Confidentiality in International Commercial Arbitration: A Comparative Analysis of the Position Under English, US, German and French Law*, Springer, 2014.

17. Symeon C. Symeonides, *Private International Law at the End of the 20th Century: Progress or Regress?* Kluwer Law International, 2000.

四、英文论文

1. Jonathan Hill, "Determining the Seat of an International Arbitration: Party Autonomy and the Interpretation of Arbitration Agreements", *International & Comparative Law Quarterly*, Vol. 63, No. 3, 2014.

2. Meng Chen, "Reforming Judicial Supervision of Chinese Arbitration", *Journal of International Dispute Settlement*, Vol. 10, No. 4, 2019.

3. Mimi Zou, "An Empirical Study of Reforming Commercial Arbitration in China", *Pepperdine Dispute Resolution Law Journal*, Vol. 20, No. 3, 2020.

4. Jerome A. Cohen, "Settling International Business Disputes with China: Then and Now", *Cornell International Law Journal*, Vol. 47, 2014.

5. Doak Bishop and Lucy Reed, "Practical Guidelines for Interviewing, Selecting and Challenging Party-Appointed Arbitrators in International Commercial Arbi-

tration", *Arbitration International*, Vol. 14, No. 4, 1998.

6. L. Malintoppi, "Remarks on Arbitrators' Independence, Impartiality and Duty to Disclose in Investment Arbitration", *The Law and Practice of International Courts and Tribunals*, Vol. 7, 2008.

7. D. Branson, "Sympathetic Party – Appointed Arbitrators: Sophisticated Strangers and Governments Demand Them", *ICSID Review–Foreign Investment Law Journal*, Vol. 25, No. 2, 2010.

8. Ahmed Mohammad Al-Hawamdeh, Noor Akief Dabbas and Qais Enaizan Al-Sharariri, "The Effects of Arbitrator's Lack of Impartiality and Independence on the Arbitration Proceedings and the Task of Arbitrators Under the UNCITRAL Model Law", *Journal of Politics and Law*, Vol. 11, No. 3, 2018.

9. Emily Sipiorski and Karsten Nowrot, "Approaches to Arbitrator Intimidation in Investor-State Dispute Settlement: Impartiality, Independence, and the Challenge of Regulating Behaviour", *The Law & Practice of International Courts and Tribunals*, Vol. 17, No. 1, 2018.

10. Peter Horn, "A Matter of Appearances: Arbitrator Independence and Impartiality in ICSID Arbitration", *New York University Journal of Law & Business*, Vol. 11, No. 2, 2014.

11. Matthias Leemann, "Challenging International Arbitration Awards in Switzerland on the Ground of a Lack of Independence and Impartiality of an Arbitrator", *ASA Bulletin*, Vol. 29, No. 1, 2011.

12. Caroline Duclercq and Talel Aronowicz, "Obligation of Disclosure. Notorious Fact. Declaration of Independence. Independence and Impartiality of the Arbitrator. Public and Accessible Information. Annulment of Arbitral Awards. Paris Court of Appeal", *Revista Brasileira de Arbitragem*, Vol. 15, No. 60, 2018.

13. Luca Beffa, "Challenge of International Arbitration Awards in Switzerland for Lack of Independence and/or Impartiality of an Arbitrator–Is It Time to Change the Approach?" *ASA Bulletin*, Vol. 29, No. 3, 2011.

14. Stavroula Angoura, "Arbitrator's Impartiality Under Article V (1) (D) of the New York Convention", *Asian International Arbitration Journal*, Vol. 15,

No. 1, 2019.

15. Marko Ketler, "Independence on Impartiality of an Arbitrator in International Commercial Arbitration", *Pravnik*, Vol. 66, No. 3-4, 2011.

16. Albert Jan van den Berg, "Justifiable Doubts as to the Arbitrator's Impartiality or Independence", *Leiden Journal of International Law*, Vol. 10, No. 3, 1997.

17. Bryan Gottfredson and Michael Harris, "Should a Judge, Jury, or Arbitrator Decide Your Complex Commercial Case?" *Trial Practice*, Vol. 34, No. 2, 2020.

18. Daniel-Mihail Sandru, "The Appointment of the Arbitrator-Fundamental Pillar of the Procedure: Observations Regarding the New Rules of Arbitration Procedure of the Court of International Commercial Arbitration Attached to the Chamber of Commerce and Industry of Romania Arbitration", *Revista Romana de Drept al Afacerilor*, Vol. 2018, No. 2, 2018.

19. L. Trakman, "The Impartiality and Independence of Arbitrators Reconsidered", *International Arbitration Law Review*, 2007.

后 记

书稿完成之际，恰逢北京的酷暑，今年的盛夏显得格外漫长。近几年，全球贸易投资活动大幅萎缩，不确定、不稳定因素显著增多。面对持续低迷的经济环境和日趋激烈的市场竞争，各国商事主体对能够有效维护交易安全与稳定、妥善公平化解纷争的跨境法律服务需求持续扩大。

在此种背景下，我国北京、上海等地鼓励并支持境外仲裁机构入驻并开展仲裁业务，充分重视仲裁在争议解决和纠纷预防方面的功能，不断探索国际经贸风险评估、预防预警、合规管理，主动挖掘非政府间国际组织等民间跨境法律服务机构的潜力，推动构建运行高效、成本相对经济且具有普惠性的全链条跨境法律服务机制，这些举措充分彰显了中国负责任大国的形象，同时也是推进涉外法治建设的生动实践。

涉外法治工作是全面依法治国的重要组成部分。习近平总书记在中央全面依法治国工作会议上强调：要坚持统筹推进国内法治和涉外法治。随着对外开放的不断深入，我国涉外事务领域不断拓宽，对涉外法治工作提出了新的要求。2021年，全国人大常委会委员长在工作报告中提出，未来的立法工作要加快推进涉外领域立法，围绕反制裁、反干涉、反制长臂管辖等，充实应对挑战、防范风险的法律"工具箱"，推动形成系统完备的涉外法律法规体系。值得重点关注的是，国际商事仲裁是涉外法治建设的重要方面，一方面，要推动完善我国涉外仲裁法律制度，将中国

后 记

打造为国际商事仲裁中心,另一方面,应不断提升中国的自然人、法人、其他组织运用国际商事仲裁解决争议、维护自身利益的能力。

2022年3月,司法部、教育部等联合发布《关于做好涉外仲裁人才培养项目实施工作的通知》,其中提出,到2025年,我国要建立起与国际通行仲裁制度相适应的涉外仲裁人才培养体系。这为开展国际商事仲裁的教学与研究提供了绝佳的契机。特别是这份通知中提到,要创新涉外仲裁人才培养机制、优化涉外仲裁人才培养路径,着力培养一批具有国际视野、通晓国际规则,能够在跨境法律服务市场提供专业服务的中国涉外仲裁人才,建立适应中国国际仲裁品牌和国际商事仲裁中心建设的专业人才培育、培训工作格局,为建设法治中国提供坚实人才支撑和智力支持。

从目的上看,打造国际商事仲裁中心,其核心是把中国打造成国际商事仲裁的"目的地"。所谓仲裁目的地,更准确的理解是当事人愿意把国际商事仲裁案件提交到中国,由中国仲裁机构或者在中国内解决。换言之,要将中国打造为国际商事仲裁中心,其目标是使中国成为国际上广泛认可并受到欢迎的理想仲裁地,使中国的仲裁机构成为具备国际公信力的争议解决机构。中国要打造世界级国际商事仲裁中心,必须符合四个方面的前提条件,有观点将其概括为"四个一流",即一流的法治环境、一流的仲裁法律制度、一流的仲裁管理服务、一流的仲裁品牌机构,此种概括涵盖了法律制度、服务质量、人员素质、服务理念等方面,满足仲裁国际化发展所提出的要求。

鉴于成为最佳仲裁地或成为具有吸引力的国际商事仲裁中心能够带来巨大的经济效益,同时有助于提高一国在国际经贸交往中的国际声誉,并促使国内法治向国际法治转化从而争夺国际规则制定的话语权,故而国内外均对此予以高度重视。良好的仲裁法律规范是竞争获取最佳仲裁地的根本前提之一,故许多国家近年来对国内仲裁立法进行大刀阔斧地修订和完善,其中包括但不限于澳大利亚、荷兰、法国、比利时、印度等。从学术研究的着力点来看,境外学者的多数研究关注于其本国或国际仲裁的制度和实践,但随着中国不断扩大对外开放,中国仲裁的国际影响力渐增,亦有外国学者试图分析中国涉外仲裁法制对外国当事人的影响力,剖析中国最高人民法院关于仲裁司法审查的解释与批复,并据此评估中国作为仲裁地的优劣。

在未来,为了将中国打造为中外当事人公认的国际商事仲裁中心,还需要在以下方面进一步努力:其一,积极回应各类商事主体对解纷法律服务"效率与效益"并重的现实需求,加快诉讼、仲裁、调解等主要解纷渠道融合发展的"一站式"平台建设,形成"各司其职、程序衔接、功能互补"的多元化跨境解纷法律服务新格局。其二,不断探索现代科技与法律服务的深度融合之路,合理运用互联网技术和数字化工具提升法律服务质量、降低法律服务成本、优化法律服务方式,积极应对远程运营、在线办公等新业态新模式对法律服务提出的新挑战,不断提升跨境法律服务的便捷性、可靠性和安全性。其三,坚持促进跨境贸易和投融资便利化的价值导向,推动涉外仲裁人才培养的"供给侧改革",提高人才培养的方向性、针对性和国际竞争力,打破人才流动的体制界限,建立健全让法律人才能够在政府、企业、智库间有序流动的"旋转门"机制。

本书的顺利出版,特别感谢我校法学院院长张世君教授,他吸纳我加入了其主持的北京市哲学社会科学基金重点项目《主动治理中的多元参与机制研究》的研究团队,并引导我立足于我国的国情开展仲裁法的学术研究,这毫无疑问给我的写作指明了方

后 记

向。除此之外，还要特别感谢中国政法大学出版社的编辑老师，正是他们的辛勤付出，才能够保障书稿的质量。

当前，各国面临来自许多方面的挑战，如何将无法避免的挑战变为新的发展机遇考验着我们的智慧。而今天，中国综合采取多方面举措推进国际商事仲裁中心建设，足见国际商事仲裁在当今世界经贸争议解决中占据越来越重要的地位。衷心希望，借助于国际商事仲裁中心建设，国内外当事人不断增进对彼此法律制度的了解，深化彼此之间的交流互鉴，共同携手以更优质的跨境法律服务推动法治化、便利化、市场化的国际营商环境建设，为促进世界经济复苏注入新的活力、信心和希望！

张建

2023 年 8 月于北京长辛店